問津文庫

津沽文化研究集刊第十七种

主编 王振良

契学初曙
天津甲骨学论集

朱彦民 著

天津出版传媒集团
天津古籍出版社

图书在版编目（CIP）数据

契学初曙：天津甲骨学论集/朱彦民著. -- 天津：天津古籍出版社，2022.3
（津沽文化研究集刊/王振良主编）
ISBN 978-7-5528-1207-7

Ⅰ.①契… Ⅱ.①朱… Ⅲ.①甲骨学—文集 Ⅳ.①K877.14-53

中国版本图书馆 CIP 数据核字（2022）第 029272 号

契学初曙：天津甲骨学论集
QIXUE CHUSHU TIANJIN JIAGUXUE LUNJI

朱彦民/著

出　　版	天津古籍出版社
出版人	张　玮
地　　址	天津市和平区西康路 35 号康岳大厦
邮政编码	300051
邮购电话	（022）23517902

策　　划	唐　舰
责任编辑	郑　伟
责任校对	金　达　王浩辰
翻　　译	天津乐译通翻译服务有限公司

印　　制	天津市天办行通数码印刷有限公司
经　　销	新华书店
开　　本	880 毫米×1230 毫米　1/32
印　　张	15.875
字　　数	400 千字
版次印次	2022 年 3 月第 1 版　2022 年 3 月第 1 次印刷
定　　价	88.00 元

版权所有　侵权必究
图书如出现印装质量问题，请致电联系调换（022-23517902）

序　言

汉字为华夏重要文化载体。自始皇帝"书同文"后,地不分南北,人不分族属,无论大一统抑或列国割据,九州各处,方音千差万别,而汉字始终"一统",为华夏子民所共奉,齐识读、同使用,汉字沟通语言、传递信息、载录文献,成万众同心、民族凝聚、文化认同之沧海舟桥。中华文明生生不息,历久弥新,汉字居间之传承与促进,功莫大焉。

远在秦皇之前,殷商汉字已臻成熟。殷商文明荦荦大者在甲骨文,或谓其后华夏文明三千五百载中道不辍,未见式微,皆以有此基石奠定文明大厦,此诚非虚言也。探究甲骨文源流、识读甲骨文字,宜为中华文化宝库重构之至要,亦将大有裨于中华民族复兴之伟业。

考源甲骨文发现与研究,必涉津门。甲骨文发现之丰功,收藏、研究与传扬之成就,津门有耆宿大贤与荣焉。今拜阅彦民学兄《天津甲骨学论集》书稿,此间繁复掌故,学问渊薮,尽皆条分缕析,一睹朗然在卷。其首言甲骨文问世公案,力辩1899年北京王懿荣于药房买"龙骨"而发现甲骨文旧说之非,谓1898年天津孟广慧(定生)、王襄(簠室)闻"龙骨"有字而意其为古物,嘱古董商介意。次年古董商携甲骨先至津叩孟、王,甲骨被其认定为殷商古物,并购买若干;嗣后古董商方抵京请王懿荣寓目。由此宜认定,孟广慧、王襄、王懿荣三人皆为甲骨文发现者。其次论甲骨文鉴藏,盛赞孟广慧诸学人艰辛收藏龟甲,早年甲骨精品,多入其手。后其藏多捐国家,天津博物馆遂成甲骨文初出精品收藏要地。其三言津门诸研究名家,广征博采其人宏论,不啻树立一津门甲骨文研究碑林。其四言甲骨文书法与天津,此素不为甲骨文研究界所重,且孰为甲骨文入书法艺术首倡者,孰为甲骨文入印第一人,颇存异说,是书为之释疑解惑,又详述津门甲骨文书法篆刻艺术源流,足为津门乡土史料。

  彦民钩沉史实,梳理异说,新著固多新论,足纠纷纭旧说;文中亦不乏掌故轶闻、学人佳话,足资茶余闲话;而在下尤叹赏其论说诸卜辞名家学问。王襄、陈邦怀、戴家祥、王玉哲,皆国故大家,学养深厚,于甲骨文考辨新说迭见,多成定论;朱凤瀚,当下犹纵横于先秦史苑,于甲骨学颇获嘉声;而彦民兄亦可称甲骨学"新锐",其以卜辞为据探究殷商起源,考论殷商都城、方国,皆独步一时。诸甲骨文学者在津之成就,实津门之荣耀。在此可举一例以见其概。《甲骨文合集》6063正:"癸巳卜,争贞:旬亡祸?……允有来艰自西。沚告曰……[戋]、𩵋、夹方相四邑。"其中"夹方相四邑"前一字,郭沫若释"魌",谓"象人戴面具之形,当是'魌'之初文"。"得此字,可知魌头之俗,实自殷代以来矣"。按魌即方相,为戴面具驱邪之形象。各地先民多有此俗。然郭沫若又谓此卜辞"方""相"皆邑名,其说遂前后龃龉。而本此说之专家犹不在少,皆称"方""相"之间须断句。陈邦怀先生则于《殷代社会史料征存》卷下"方相"篇,独排众议:"卜辞'方相'二字当连读,即《周礼》之'方相'……今绎卜辞辞意,夹为人名,即执行方相之事者。之上截为方相氏逐疫时所戴之头饰,'魁魁然盛大',遂称为魁。而所掌者为逐疫之事,即所谓方相是也。'方相',《周礼》为名词,而卜辞为动词。"且言"有魁名夹者,执行方相氏逐疫之事。四邑,犹言四方也"。文献载"方相"初见于《周礼·夏官·方相氏》,此卜辞由周代上溯至殷商,可补史阙。而郭沫若、于省吾、唐兰众名家皆视方、相为邑名,唯陈邦怀力主为"方相"。愚以为,陈说近乎实际,毋庸置喙。甲骨文一词之义,每每歧议纷然,而弹见洽闻,存乎其间。读此类文字,虽多奥义,然柳暗花明之际,实亦赏心悦目。

彦民是书,又言甲骨文书法艺术甚力,篇幅尤多。以此题尘埃未定,犹存异说也。"甲骨四堂"之首罗振玉1921年于津门编《集殷虚文字楹帖》,人称此乃甲骨文入书法之发轫。实则津门孟广慧早有甲骨文摹本。陈梦家先生《殷虚卜辞综述》两度言及:"庚子那年,孟定生已经摹写过卜辞。""庚子冬,孟定生选其所藏之字精者抚摹之。"庚子即甲骨文发现之次年(1900年),先于罗振玉集卜辞楹帖二十载矣。而王襄《孟定生殷契序》亦云,庚子国难间,孟广慧"摹其所得(殷契)成书一卷"。是故开甲骨文书法风气之先者,非孟广慧莫属。又甲骨文入印,旧说多指简经纶或杨萌浏为第一人。彦民以为,旧说陈陈相因,皆不能举其始自何时,宜从王襄入室弟子杨鲁安、王雪民再传弟子孙家潭等甲骨文篆刻名家之说,谓"最早以甲骨文入印者,当属王襄之弟王雪民。王家收藏甲骨甚富,雪民平时耳濡目染,自清宣统末年已开始以甲骨文入印,到1920年前后日益成熟,并以甲骨文刻边款,迄1942年已臻化境。杨仲子、简经纶用甲骨文刻印远远晚于王氏,约在1930年以后"。以长兄王襄家藏甲骨之便利,王雪民非但长于篆刻,于卜辞研究亦颇见功底。其尝与王襄辨甲文"戍"字:"伐、戍二字,许书皆训从人持戈,甚难辨别。按伐字,段注:'戍者,守也。故从人在戈下,入戈部。伐者,外击也。故从人杖戈,入人部。'此字从人在戈下,即戍字。"王襄赞叹:"说甚确!"故推其早在清末以甲骨文治印,亦由来有自,当非虚声。此外有关罗振玉以下数代津门甲骨文书法家之论说,皆见津门甲骨文书风之强劲。凡此种种,尽显甲骨学与津门渊源之深、研习之广。

彦民兄为安阳浚县(朱注:浚县原属安阳地区,现归鹤壁市)人,地近殷墟,又专攻先秦史,考问殷商文明有得天独厚根基。后至津门,师从大家王玉哲教授,于商周史功力甚厚,尤以甲骨文研究声名远著;又师从书画名家范曾先生,好书甲骨文字,有飘逸特立书风。勤耕砚田,著述甚丰,有《商族的起源、迁徙与发展》《殷墟都城探论》《殷墟考古发掘与甲骨文研究》《巫史重光——殷墟甲骨发现记》《商代社会的文化与观念》《甲骨文书法探微》诸大作问世,内多宏大博雅之论,别出机杼之说,足使之立当世甲骨学奥区扛鼎之席。而目下复有新著付梓矣,五车腹笥,韦编三绝,令人叹服。兄不避鄙陋,向愚请序。愚因草成序文,敬呈如上。

陈益民

丁酉岁仲冬于津门一统居

Preface

Chinese characters serve as an important embodiment of Chinese culture. Since the Qin Shi Huang (259—210 B.C) issued orders for written language, China and Chinese people have been unified. In the past, China went through both unifications and divisions by vassals which resulted in many co-existing dialects in the country. However, the written language has always been consecrated and respected, recognized, and used by generations of Chinese people in communications, transmitting information and recording documents. The Chinese characters are the bridge and vessel to unify Chinese people, consolidate national bonding, and strengthen cultural identity. The Chinese culture is innovating and thriving eternally which is greatly promoted and enhanced by the Chinese characters with a great contribution.

Long before Qin Shi Huang's era, the Chinese characters had reached its maturity in Yin–Shang Dynasty. As the most important emblem of Yin-Shang civilization, oracle bone inscriptions are regarded as the foundation of Chinese civilization which passed down through 3,500 years and is still thriving and prosperous. This opinion is indeed helpful. Therefore, exploring the origin of oracle bone inscriptions and studying the characters of oracle bone inscriptions should be the key to rebuild the cultural treasure of China, and will offer great support to the rejuvenation of Chinese nation.

The study on the origin of the discovery and research of oracle bone inscriptions will inevitably involve the city of Tianjin. The renowned Tianjin scholars are honored to have contributed to the discovery, collection, research and dissemination of oracle bone inscriptions. Now I'm honored to read my fellow scholar Yanmin's *An Anthology of Tianjin Oracle Bones Studies*. The manuscript provides a deep and detailed analysis of the rich history of oracle bone inscriptions and the historical studies of them. In terms of the discovery of oracle bone inscriptions, the author argues against the old theory of Beijing Wang Yirong's discovery of them when purchasing the "dragon bones" in a pharmacy. The author holds that oracle bone inscriptions were first noted by Meng Guanghui (Dingsheng) and Wang Xiang (Fushi) who heard that there are characters on "dragon bones" and thought those might be antiques and informed the curio dealer of such. In the next year, the curio dealer brought the bones to Meng and Wang in Tianjin and those bones were identified as the antique of Yin-Shang Dynasty and were purchased by Meng and Wang. Afterwards, the curio dealer went to Beijing and showed Wang Yirong the rest of the bones. Therefore, it should be confirmed that Meng Guanghui, Wang Xiang and Wang Yirong are all discoverers of oracle bone inscriptions. Second, the author commends on Meng Guanghui and other scholars' contributions and hard work on the research and collection of oracle bones, arguing that the high-quality oracle bones at the time were in their collections. Their collections were later donated to the state. Thus, Tianjin Museum became the site of high-quality collections of oracle bones. Third, the author cites multiple renowned scholars of oracle bone inscriptions in Tianjin which taken together will be the milestone of oracle bone inscriptions studies of Tianjin. Fourth, the author mentions the relationship between oracle bone inscriptions calligraphy and Tianjin. Oracle bone inscriptions calligraphy has not been the pointcut of research for oracle bones. In addition, there have been confusions regarding the initiator for including oracle bone inscriptions in calligraphy art and the first person who introduce such characters in seal making. Therefore, the author dispels confusions and explores in detail the history of Tianjin's oracle bone inscriptions calligraphy art and seal making art, which constitutes a historical document of the local culture of Tianjin.

Yanmin reveals the history of oracle bone inscriptions, and compared and contrasted different theories. He also established multiple new theories which are sufficient to clarify the old theories. In this book, the author introduces stories, anecdotes and touching stories of the scholars and their hard work, which will be legends told to future generations. Yanmin's book humbles me by his studies of the various oracle bone augury scholars and their works. Wang Xiang, Chen Banghuai, Dai Jiaxiang and Wang Yuzhe are great scholars in history with rich experience and knowledge in their research. Therefore, new theories in the study of oracle bone inscriptions mostly become conclusive. Among them, scholar Zhu Fenghan devoted himself to the historical studies of the Pre-Qin era and has been praised in the oracle bone circle. My fellow scholar Yanmin can be called an "emerging scholar" in oracle bones studies with his research and exploration of Yin-Shang Dynasty's origin based on augury words and his unique theory on the study of the capital of Yin-Shang Dynasty as well as Fangguo Kingdom. The achievement of Tianjin oracle bone scholars is the honor of Tianjin, which will be illustrated with an example here. *In A Collection of Oracle Bone Literature (6063 Front Side)*, it stated that "Augury on this day, the augury officials debated on whether there will be disasters in the next 10 days. The oracle bones showed there would be disaster in the west, and the officials confirmed that 魌 the enemy invaded Siyi (四邑)." In this sentence, the character 魌 before the sentence "the enemy invaded Siyi" was explained by Guo Moruo as the character "Qi"(魌). He believes that "it indicates the image of a man in a mask, therefore, the character 魌 should be the ancient writing for 'Qi'(魌)." Guo further stated that "with this character, we know the origin of the character of 'Qi'(魌) is from Yin-Shang Dynasty." That is to say, Guo believed that "Qi"(魌) referred to the enemies wearing masks for sorcery purposes, which represented a custom of ancient culture across China. However, Guo also stated that in this augury script, both Fang and Xiang ("方" and "相") refer to the name of the cities being invaded. This was self-contradictory to his previous statements. To properly parse this sentence, different experts also proposed various theories, all of which stated that "Fang" and "Xiang" should be separated into two sentences. Mr. Chen Banghuai proposed a unique theory in one of his works *A Historical Record of Yin Dynasty Society* that is different from all the other theories. He believed that "Fang Xiang (方相) was one phrase, just as in the *Rituals of Zhou Dynasty*." He wrote that "when interpreting the oracle bones script, Jia (夹) should be understood as the name of the official for the augury. In the character 夔, the upper part represents the headwear of the augury official when trying to drive away plague, and the beautiful look of the headwear was represented by the character of 'Qi'. The augury official was in charge of driving away the plague. Therefore, he was called 'Fang Xiang' (方相). The same characters 'Fang Xiang (方相)' was a noun phrase in the Rituals of Zhou Dynasty. But in oracle bone script, they are a verb phrase." He also wrote that the translation for the sentence should be "there was an augury official with mask named Jia (夹) who was conducting the sorcery against plague. Siyi (四邑) refers to the different places in the world." In the literature, the earliest record of Fang Xiang was in *The Rituals of Zhou Dynasty · Summer Official · Fang Xiang Family*. This oracle bone script traces back to Yin-Shang Dynasty from Zhou Dynasty, which fills an important gap in historical literature. Guo Moruo, Yu Xingwu, Tang Lan and other renowned scholars have all interpreted Fang and Xiang as names of the ancient cities, which is different from the theory proposed by Chen Banghuai. However, in my humble opinion, I believe that Chen's theory is the closest to reality and there is no need for further disputes. For the meaning of each character in the oracle bone inscriptions, though quite often there are different theories, we can still find sound ones among them. It is difficult to read such theories, but the fresh idea proposed here brings new perspectives to the readers.

In this book, Yanmin also emphasized the origin and popularity of oracle bone inscriptions calligraphy art, as this topic was also disputed and has not been concluded. The head of the "Four Top Calligraphers of Oracle Bone Inscriptions", Luo Zhenyu, complied *A Calligraphy Script of Characters in Yin Xu*, which was later dubbed the first work of oracle bone inscriptions calligraphy art. As a matter of fact, Meng Guanghui of Tianjin had already completed a facsimile of oracle bone inscriptions before Luo. Mr. Chen Mengjia has written twice in his work *An Overview of the Augury Script in Yin Xu*: "In 1900, Mr. Meng selected some of the oracle bone inscriptions which were very clear and made a facsimile of them." 1900 was the year right after the discovery of oracle bone inscriptions, which was 20 years earlier than Luo Zhenyu's *A Calligraphy Script of Characters in Yin Xu*. In *Wang Xiang's Preface to Meng Dingsheng's Yin Dynasty Script*, he also wrote, "During the national calamity of 1900, Meng Guanghui copied his oracle bone inscriptions into a facsimile." Therefore, it is no doubt that it was Meng Guanghui who first established the oracle bone inscriptions calligraphy art. In terms of the introduction of oracle bone inscriptions into seal making, the old theories referred to Jian Jinglun or Yang Yinliu as the initiator. Yanmin believes that the old theories are just following a fixed routine without improvements and none of them truly traces back to the origin of using oracle bone inscriptions in seal making. Therefore, he proposed that the initiation of such practice should be traced back to Wang Xiang's apprentice Yang Lu'an and Wang Xuemin's second generation apprentice Sun Jiatan. He said that, the initiator of introducing oracle bone inscriptions in seal making is Wang Xiang's younger brother Wang Xuemin. In Wang Xiang's family, there was a rich collection of oracle bones. Xuemin was able to learn from the collection and start using oracle bone inscriptions in seal making since the last years of Xuantong Emperor's reign of the Qing Dynasty. The art became mature around 1920 and most of the seals had oracle bone inscriptions on their sides or backs. This art later became highly developed in 1942. Yang Zhongzi and Jian Jinglun used oracle bone inscriptions in seals much later than Wang, i.e. after 1930. Taking advantage of his elder brother's rich collection of oracle bones, Wang Xuemin not only excelled in seal making, but also made achievements in the augury script research. Once he took an argument with Wang Xiang for making sure whether the character in Oracle is Shu (戍). Xuemin said, *"Shuowen Jiezi (Origin of Chinese Characters* by Xu Shen) interprets both Fa (伐) and Shu (戍) as a Ren (人, Man in English) holding a Ge (戈,

Spear in English), which is of no use in distinguishing the two characters. For Fa, Duan Yucai's annotation on Shuowen Jiezi once noted, 'Using Shu is to guard oneself. The configuration of Shu, therefore, is a Ren standing under a Ge with Ge as the radical. While using Fa is to attack others, so its configuration is like a Ren taking a Ge with Ren as the radical.' For this character, Ren is under Ge, so it must be Ge." Xiang exclaimed, "You are truly correct! " This confirms our inference that Xuemin made seals by oracle bone inscriptions at the end of Qing dynasty. In addition, we can see how prevail oracle bone inscriptions are in Tianjin judging from the works of generations of oracle bone inscriptions calligraphers here after Luo Zhenyu. All these have proven that the study of Oracle is closely connected with Tianjin and quite extensive research and practice about it have been made here.

Yanmin's hometown is Xun County, Anyang City (now Xun County is under the administration of Hebi City), close to Yin Xu (the ruins of Yin), and he is also a scholar specializing in Pre-Qin history. Therefore, he has the best resources to inquire the civilization of Yin-Shang dynasty. Then he goes to Tianjin and studies under Professor Wang Yuzhe, a distinguished scholar of oracle bone history as well as the history of Shang and Zhou dynasties. Yanmin also learns oracle bone inscriptions calligraphy from Mr. Fan Zeng, an artist and calligrapher, who has a strong interest in oracle bone inscriptions calligraphy with elegant style of his own. Yanmin is a diligent scholar with multiple works published, including *The Origin, Mi-*

gration and Development of the Shang Ethnic Group*; *The Exploration of Yin Xu*; *Archeological Excavation of Yin Xu and the Studies of Oracle Bones Inscriptions*; *Rediscovering Witchcraft- The Discovery of Oracle Bones Inscriptions of Yin Relics*; *Culture and Ideas of the Society in Shang Dynasty* and *An Exploration of Oracle Bone Inscriptions Calligraphy*. With the significative theories and unique perspectives, he is qualified as the best scholar of oracle bone research works. Currently, Yanmin has just published this new book. His diligence in academic research is comparable to the great ancient scholars of China and is quite awe-inspiring. Yanmin does not mind my lack of knowledge, inviting me to write a preface for his book. Thus, I drafted this one in response to the invitation and present it here.

Chen Yimin
Mid-winter, 2017, in Yitongju of Tianjin

目 录

甲编　甲骨文发现在天津

近代学术史上的一大公案
　　——关于甲骨文发现研究诸说的概括与评议 ············· 003
论甲骨文发现之初的甲骨学家
　　——王懿荣、孟广慧、王襄之交往与关系 ················· 022

乙编　甲骨文收藏在天津

甲骨收藏在天津 ·· 031
天津博物馆馆藏甲骨概要 ··· 042

丙编　甲骨学研究在天津

《簠室殷契类纂》在甲骨学史上的地位与贡献 ······················ 057

试论《簠室殷契类纂》在考释文字方面的成就 …………… 082
陈邦怀的甲骨学研究 …………………………………………… 111
戴家祥先生在津古文字研究述评 ……………………………… 161
王玉哲教授甲骨学研究述评 …………………………………… 187
朱凤瀚教授甲骨文殷商史研究 ………………………………… 219
朱彦民教授甲骨文殷商史研究 ………………………………… 241

丁编　甲骨文书法在天津

甲骨书法艺术的先驱
　　——孟广慧及其甲骨文书法 ……………………………… 285
甲骨文入印的先驱
　　——王雪民先生 …………………………………………… 312
罗振玉与甲骨文书法 …………………………………………… 333
六十年来津门甲骨文书法篆刻艺术发展述略 ………………… 346

戊编　附录

《甲骨学在天津》讲座提纲 …………………………………… 395
《甲骨学在天津》讲座学者点评 ……………………………… 436
孟昭联《甲骨文字汇》序言 …………………………………… 463

后记 ……………………………………………………………… 479

甲编

甲骨文发现在天津

近代学术史上的一大公案
——关于甲骨文发现研究诸说的概括与评议

自从殷墟甲骨文1899年被学术界发现以来,甲骨学已经有了上百年的历史了。如今的甲骨学,包括后来加入的西周甲骨学、甲骨书法学等学科分支等,经过几代学人坚持不懈的辛勤研究,蔚为壮观,已然成为一门深受世人瞩目的国际性显学。一些与之相关的历史学、考古学课题也随之相继展开,并先后取得了巨大的成绩。作为二十世纪初四大文化史发现①之一,甲骨文的发现为开创新时期的文化学术事业提供了一批极为重要的学术资料,从而奠定了一个坚实的基础。正如著名学者李学勤先生所云:"甲骨文的发现研究,重新确定了殷商一代的历史,把中国的文明追溯上推千年,并导致了殷墟的调查和发掘,使现代考古学在中国生根发育,这不仅是中国考古学史,而且是世界考古学史的重大事件。"②

---

① 19世纪末20世纪初的中国四大文化史发现:殷墟甲骨、敦煌经卷、流沙坠简、明清档案。
② 李学勤《王懿荣集》序,齐鲁书社1999年版。

但是到目前为止,有关于甲骨文发现这样一个极为初始又极为重要的课题,并没有完全研究清楚和彻底解决,而是长期存在着不同的甚至是激烈的争论意见。这在众多甲骨学的研究课题之中,也是一个非常有趣味的现象。

综计一百年来的甲骨学研究,其中有关甲骨文发现的研究论著,共有几十位学者的上百篇论文[①]。这是甲骨学史上学者和研究成果最为集中的一个课题,明显可以看出也是一个最为热门、最为重要的课题。所以学术界普遍认为,"对甲骨文发现的时间和谁是最早考订甲骨文的人,的确是甲骨学史上的一个重要问题,很有必要加以讨论和澄清。"[②]

一、甲骨文发现研究的概括总结

对殷墟甲骨文发现研究的回顾,笔者另有文字述及[③]。因原文太长,兹不备引。

综括甲骨文发现以来上百年的研究历史,对于甲骨文发现的的研究,大致可以概括为以下几个方面:

对于甲骨文的最早发现者,这是最为分歧的一个方面,迄今有:王懿荣、王襄、孟广慧、刘鹗、端方、罗振玉、胡石查、陈介祺、潘祖荫、古董商、小屯村民等十多种不同的说法。现在学术界一般倾

---

① 为做此课题,笔者做了一个资料长编,统计到的专门研究甲骨文发现的成果,计87位学者、136种论文和著作。这还不包括那些提及甲骨文发现而持某种观点的论著,如果那些论著也包括进去的话,应在100位学者和200种论著以上。1999年7月语文出版社出版的《百年甲骨学论著目》统计,其第一部分"甲骨文发现",共列有257种论著。
② 马如森《关于研究殷墟甲骨文发现的述评》,《殷都学刊》1991年第2期。
③ 朱彦民《关于殷墟甲骨文发现研究的世纪回顾》,待刊稿。

向于前三者即王懿荣、王襄、孟广慧是甲骨文发现的最早人物,而后几说则多是在不大了解全面情况下作出的结论。有些结论如刘鹗说、端方说、胡石查说等前人已经批驳,不复成立。有些结论如罗振玉说、陈介祺说、潘祖荫说等,因与事实相距较远而不值一辩。而有些结论如古董商说和小屯村民说则是因为对"发现"一词概念理解的不同而造成的误解。对后几种说法的排除之外,也还有王懿荣发现说,王襄、孟广慧发现说,王懿荣、王襄和孟广慧共同发现说即所谓两说兼顾(或称三人发现说)等三种不同的观点。其中的两说兼顾说,并非骑墙之论,而是一种在审视了众多的相关材料之后所做的慎重判断。相对而言,单持王懿荣说或王襄、孟广慧说,则各有其固执一端的片面之嫌。对两说的优长利害之评说,详见下文。

对于甲骨文发现的时间,也因为发现者不同而有不同的认识,计有:秦汉时期①、古代②、1899年前二三十年、1890年、1894年、1897年、1898年、1899年等多个不同的说法。前两种说法,是因为对"发现"一词的不同理解而形成的,如果把用眼看见甲骨文就算是发现了,那么说古代已经发现甲骨文是可能的。1890年和1894年两说,分别是说陈介祺或潘祖荫发现甲骨文及胡石查发现甲骨文时间。这两个说法都是证据不足,不能信据。现在可以讨论的发现时间就只剩下了1897年、1898年和1899年三个年份了。其中1897年是一些学者对王襄先生文字的误读所致,可以排除在外。而剩下的1898年和1899年这两个发现时间,过去分别系于王襄、孟广慧发现说和王懿荣发现说之下,但从这些年的研究情况来看,持

---

① 卫聚贤《秦汉时发现甲骨文说》,《说文月刊》,第一卷合订本,第435—438页,1940年8月;《秦汉时发现甲骨文说补正》,《说文月刊》,第三卷第9期,第8页,1943年1月。
② 何天行:《甲骨文已现于古代说》,《学术》第1辑,1940年。

王懿荣发现说者中也有人(如邓华)认为王懿荣是1898年发现甲骨文的。所以究竟是1898年发现甲骨文,还是1899年发现甲骨文,以现有的资料还真不易遽定。

关于甲骨文的发现方式或说发现途径,目前主要有两种说法:其一是吃中药发现甲骨文说;其二是通过古董商发现甲骨文说。对于王懿荣吃中药在"龙骨"上发现甲骨文一说,因为有汐翁《龟甲文》的原因,遭到了众多学者的质疑和唾弃,众口一词,兹不再赘。因而现在甲骨学界普遍相信甲骨文是通过古董商之手送到金石学家和收藏家之手的,甲骨文也就是因此而发现的。不过从后来的研究情况来看,对于吃药发现甲骨故事,虽有可疑之处,但此说也并非空穴来风。除了罗琨、李学勤等人的观点以及周绍良先生的证据之外,其实分析服药说个中的原因,未必没有其存在之合理性。因为毕竟,甲骨一开始是作为药材被小屯村民卖到中药铺的。这是将这种朽版败骨等无用之物变得有用起来的第一步。开始被李成辈作为刀尖药在庙会上贩卖,后来被中药铺当作药材收购。虽然买进价格非常低廉,大约几文钱一斤,但到了药材商手里,是当作中药中非常稀缺的"龙骨"卖的,其中获利甚巨。这种"龙骨"卖到北京,就是向被发现为甲骨文靠近的第二步。这种情况给我们这样一种启示,甲骨文的发现方式或者途径,是否就是限于一元,有没有两途并行、互相促进的可能。这确实有待研究。

对于首先将甲骨贩卖到京津地区的古董商人,过去的研究中对其多有忽视之处。其实,古董商虽然以图利为目的,甚至为了达到他们独专其利目的而故意制造某些混乱局面,给学术研究带来不必要的人为障碍,但是古董商毕竟是甲骨文发现之中重要的环节,他们对甲骨文发现这样一个重要事件的独特作用是不容置疑的。因此转而从古董商研究入手，可能是揭开甲骨文发现之密的一个重要途径。明义士牧师利用古董商提供的资料对早期甲骨文部分历史的成功复原，对我们就是一个非常重要的启示。目前，我们对首先贩卖甲骨的古董商究竟是谁（是潍县范姓估客还是陈姓估客）、其人姓甚名谁和生平事迹等最简单的情况，并不是非常清楚。比如，对于大家经常起到的那位范姓估客的姓名，究竟是范寿轩，还是范维卿；究竟是范维卿，还是范维清等，前人记载不一，后人难道其详。有人认为范寿轩就是范维卿，范维卿字寿轩①；也有人认为范维卿与范寿轩并非一人（如王襄文、陈梦家文所称）；有人认为应作范春清，其他称呼如"范维卿""范寿轩""范守轩""范椿青""范雄清"等均是讹误之称①；也有人认为范维卿是范寿轩的侄子②；还有人认为范椿青（即范春清）与范潍清（即范维卿、范维清）是同族祖孙辈关系③。近年的一份调查研究表明，范维卿与范寿轩（名范椿青，寿轩为其字）并非一人，他们在潍县范家庄既不是同支系也不是同辈分，前者属四支十七世，后者属三支十五世。范维卿首先将甲骨文带进北京，而范寿轩之孙范之津将范寿轩说成是携甲骨进京之人，致使《潍县志稿》将此二人物关系搞错弄混④。这对研究甲

---

① 《潍县志稿》记载："范春清字守轩，范家庄人，好贩鬻古器，与弟怀清游彰德小屯得商鬻一……"；朱凤瀚《近百年来的殷墟甲骨文研究》，《历史研究》1997年第1期；任秉鉴《王懿荣买甲骨》，《今晚报》2004年5月17日；烟花痣《手铲释天书——11月19日曹博士讲座的记录全文》，BBS水木清华站，http://www.inferable.com/THAArchea/17/xiehuidong-tai/1/2/00000000.htm 等。
① 邓华《关于甲骨文发现的一段疑案》，《收藏》1999年第12期。
② 方辉《明义士和他的藏品》，山东大学出版社2000年版，第44页。
③ 周庆元、高伟《潍县古董商与甲骨文》，《人民政协报》2007年4月18日。
④ 邓华《甲骨文发现史上的另一桩公案》，《寻根》2002年第5期；于家干《一百年前的一桩疑案——甲骨进京的功臣到底是谁》，http://blogzhaowocc/user/563/archives/2007/29826shtml.

骨文发现即甲骨学早期历史具有重要意义。此事还有待于文物收藏界人士或山东潍县县志办学者对当地古董商人物材料的进一步挖掘和整理。

二、对王懿荣说和王襄、孟广慧两说的评议

对于目前甲骨文发现的主要两说,即王懿荣发现说和王襄、孟广慧发现说,究竟应该何所选择,实在不好作非此即彼、一优一劣之简单判断。所以那些两说兼顾的学者观点,我们决不能视为和稀泥式的骑墙之论,而是在目前情况下的一种明智的做法。因为甲骨文发现和"四大发现"中的其他文化史料的发现,并不一样。比如敦煌石室经卷的发现,洞口打开之日,就是经卷的发现之时。而甲骨文的发现就没有这么简单,涉及面宽,问题复杂。其发现可能是在不同层次、不同范围、不同地域、不同程度的递进发现过程。对此,应该订立一个"发现"的标准,即什么叫做"发现",是看到就算发现,还是经过研究知道其年代和性质才算发现。现在的研究中所以形成两说并立的局面,主要是在"发现"一词词义上双方的理解不一。

在甲骨文发现的两说中,都有年代相互出入和矛盾地方,如分别有戊戌、己亥、庚子等不同年份的矛盾等。对于王国维、刘鹗的庚子说,胡厚宣有弥封其说的嫌疑;而对于王襄前后所说不一的情况,李鹤年等人也有自己的不能自圆其说的解释。

所以在此,我们且以持王懿荣说者胡厚宣、王宇信等人论著为一方代表,持王襄、孟广慧说者李先登、李鹤年等人论著为另一方代表,尝试评价两说的利害得失,分析其优劣短长。

(一)对于王懿荣发现说的评议

对于王懿荣首先发现甲骨文一说而言,固然有早期多种甲骨学著作的记载可作证据,但王懿荣本人没有留下任何发现甲骨的记载资料,而且他人记载也多有时间和方式上的歧异,这不能不说是该说的尴尬之处。

持王懿荣发现说者多引用早期甲骨学文献,其中引用最多的就是刘鹗《铁云藏龟》的自序和罗序。而这两个序言,虽然都说了甲骨出土年在光绪廿四年己亥年(1899),并没有说明王懿荣就是这一年收购的。如刘鹗自序云:"……龟版己亥岁出土在河南汤阴县属之古牖里城……庚子岁有范姓客,挟百余片走京师,福山王文敏公懿荣见之狂喜,以厚价留之。"说得是己亥年出龟板,而庚子年王懿荣始见之。而罗序云"至光绪己亥而古龟古骨乃出焉",也只说己亥年出古龟古骨,但并未说这一年王懿荣就开始购藏甲骨。论者引用这些文字之时,只是将有关词句引上,而将"庚子"字眼略去,以利于自己的观点,这种做法是显然不妥当的。

同样,王懿荣四子王汉章(崇焕)的记述也说明了他父亲是庚子年买的甲骨。如《殷虚甲骨纪略》云:"光绪己亥,河南安阳县西,五里之小屯,有乡人见地坟起,掘之得龟甲……庚子有范某者,挟百余片走京师。自炫以求售,先文敏公见之狂喜,以厚值留之。"①王汉章《古董录》亦云:"回忆光绪己亥、庚子间,潍县估人陈姓,闻河南汤阴县境小商屯地方(志称河亶甲城,俗呼何三家城七村,总名小商屯)出有大宗商代铜器,至则已为他估席载以去,仅获残鳞剩

---

① 王汉章《殷墟甲骨纪略》,天津美术馆《美术丛刊》创刊号,1931 年 10 月。

甲,为之嗒然。……估取其一稍大者,则文字行列整齐,非篆非籀,携归京师,为先公述之。先公索阅,细为考订,始知为商代卜骨,至其文字,则确在篆籀之前。乃畀以重金,嘱令悉数购归。仅至一批而庚子难作,先公殉国。"①《古董录》虽未说明是古董商携甲骨去见王懿荣是在己亥年还是庚子年,但从《殷墟甲骨纪略》来看,他应是指庚子这一年,而且也只有一次。这说明至晚到了二十世纪的三十年代,王家后人还是认为王懿荣发现甲骨是在庚子(1900)年而不是己亥(1899)年。

至于早期甲骨学者罗振玉、王国维等人的著作中说到这一问题时,或是在己亥,或说在戊戌己亥之间,或说在己亥庚子之间。如《铁云藏龟》罗序云:"至光绪己亥而古龟古骨乃出焉。"②罗振玉《殷商贞卜文字考》自序中称:"光绪己亥,予闻河南之汤阴发现古龟甲兽骨,其上皆有刻辞,为福山王文敏公所得,恨不得遽见也。"③《殷虚书契前编》自序云:"光绪二十五年,岁在己亥年,实为洹阳出龟之年。"④罗氏《松翁自序》云:"洹滨甲骨,自庚子岁始由山东估人,携来都门,福山王文敏公懿荣首得之。"⑤或说光绪己亥年是甲骨出土之年,或说己亥年是王懿荣购藏甲骨之年,或说庚子年是王懿荣购藏之年,前后说法并不统一。王国维《戬寿堂所藏殷虚文字》⑥序

---

① 王汉章《古董录》,《河北第一博物院画报》,第 50、51 期,1933 年 10 月 10 日、25 日。
② 刘鹗《铁云藏龟》,抱残守缺斋石印本六册,1903 年 10 月;又上海蟫隐庐石印本,1931 年 5 月。
③ 罗振玉《殷商贞卜文字考》,玉简斋石印本,1910 年。
④ 罗振玉《殷虚书契前编》,日本影印本,1912 年。
⑤ 罗振玉《松翁自序》,《考古社刊》第三期,1935 年(亦即《集蓼编》,《贞松老人遗稿甲集》,1941 年版)。
⑥ 王国维《戬寿堂所藏殷虚文字》,《艺术丛编》第三集,石印本,1917 年。

言,《最近二三十年中中国新发现之学问》①皆称"光绪戊戌己亥间"为甲骨文出土时间,而对于王懿荣购藏甲骨的年份并未说明。其中除了罗振玉《殷商贞卜文字考》自序中所云是王懿荣于己亥年购藏甲骨文,其余的甲骨著作序录皆不能证明这一结论。而持王懿荣首先发现甲骨文说者在引用这些序录时,都含糊其辞,把甲骨文出土的时间当作王懿荣购藏甲骨的时间。这种研究方法属于实用主义,完全要不得的。

按说这个破绽,很容易被持王襄、孟广慧发现说者所揭穿、所利用,成为王襄、孟广慧发现甲骨文早于王懿荣的证据。但可惜这一方的学者只顾自言自说了,可能就不去读这些甲骨序录文字,因此并没有发现这样一个对自己有利的问题。不过在我看来,这也不能成为什么特别的致对方于死地的证据。在这里,我愿意对此事的原委做一个如下的解释。

所以这样,我认为可能跟王懿荣初始发现甲骨时命人严密其事、秘而不宣的做法有关。所以连刘鹗、罗振玉甚至连王氏的儿子也都不晓得还有己亥年第一次收藏甲骨的情况。而这件事,可能除了王懿荣本人外,就只有古董商范维清一人知晓而已了。这就是为什么别的论著中多未提及此事,而只有明义士的《甲骨研究》一书中由于明问到了范维清本人,所以他回忆了卖给王懿荣第一次甲骨即己亥年那一次的情形。

胡厚宣在《再论甲骨文发现问题》②中,似乎对王襄关于发现甲骨文的记载表示怀疑,从而对孟广慧、王襄发现甲骨文一说持否

---

①王国维《最近二三十年中中国新发现之学问》,《学衡》第 25 期,1925 年;又收入《静安文集续编》。
②胡厚宣《再论甲骨文发现问题》,《中国文化》第十五、十六期,1997 年 12 月,第 69—83 页。

定的态度。比如说商人只能去找京官而不会去津门找穷秀才的，又说商人的最终目的是北京，而天津只是其中一站而已。其实这也是不正确的说法。当时由河南或山东去北京，天津是必经之路，尽管古董商的最终目的是北京，但他毕竟是先在天津出现了；王、孟等人虽是穷秀才，但因在天津毕竟有接触甲骨的可能。所以怀疑王襄记载的真伪是不明智的。况且，王襄是个真正的学者，治学严谨，对此事的记载和回忆自然是实事求是，不容怀疑。胡厚宣先生是最早重视王襄、孟广慧较早发现甲骨的一个学者，是他最早将王襄发表的文字进行摘引转述，从而确定了王襄、孟广慧等人在甲骨学发现史上的地位的。如其《甲骨文发现之历史及其材料之统计》《五十年甲骨文发现的总结》和《殷墟发掘》[1]等都持这样的观点。怎么到了后来因为有天津学者要将甲骨文发现时间提前的意向，就对自己曾经信服并反复征引的材料产生了怀疑呢？这样做不是自相矛盾吗？

汐翁《龟甲文》只是画报小文，漏洞百出，本来不会引起学界和世人的重视，但经董作宾、胡厚宣两先生的多次引证，名声大噪，因为董、胡都是著名甲骨学家，世人于是就相信了这样一个甲骨发现的故事，致使混淆视听，又何有益于学术界呢？在此我们不禁要问，我们是应该相信汐翁《龟甲文》所述呢？还是应该相信甲骨学家王襄的回忆呢？

至于吕伟达先生在其文中对王襄《簠室殷契》中所述"马家店买骨"一节的怀疑，说什么对交易场所描写"笔墨较浓，造作之语令

---

[1] 胡厚宣《甲骨文发现之历史及其材料之统计》，《甲骨学商史论丛》初集，齐鲁大学国学研究所1944年版；《五十年甲骨文发现的总结》，商务印书馆1955年版，第14页、第20—22页；《殷墟发掘》，学习生活出版社1955年版，第13—15页。

人生疑",一些词句"纯属胡编,极不可信",因而怀疑是整理者的"篡改",我看大可不必。因为记载甲骨文发现的早期文献较少,作为甲骨文发现的当事者之一,王氏的记述无疑是极为珍贵的资料,哪能因为不符合自己的观点而对原始资料进行怀疑和否定呢?吕先生不是自己也希望早日找到王懿荣自己记载的关于甲骨文发现的材料吗?对尚未找到的材料信誓旦旦,而怎么对已有的材料反要怀疑作伪呢?况且,天津老城"西门外马家店"确有此地,过去是个著名的鸟虫花市所在和文物摊贩落脚的地方,天津老人无所不知,首先不应有此怀疑。其次,与王襄同去马家店看甲骨的人,除了孟广慧、王襄之外,还有王襄弟弟著名印家王钊(雪民)、画家马景会(嘉桐)等人。作为一个令人尊敬的学者,王襄是不会置这些人于不顾而乱写一气的。再者,后来王襄此文被收在《王襄著作选集》中,由唐石父、王巨儒编辑,2005年天津古籍出版社影印出版,图文比发在《历史教学》上的要大而清晰且全面,正是没有经过删改的王襄本人的字迹。王襄是著名书法家,其后辈人中学者不少,但都没有继承家学,尚无人能形神毕肖地摹写出王氏的字迹来。怀疑整理者的"篡改"也是没有根据的。

吕氏在文中还说,自河南安阳进京古道不走天津,因此也怀疑王襄所记的真实性,因此说:"作为潍县古董商人,范氏携甲骨不去京师找王懿荣,而偏到津西马家店中找孟定生、王襄,真是令人费解。"其实这也是个历史地理常识,有关于此,胡厚宣先生在《再论甲骨文发现的问题》一文中,对此问题作了很好的解释,当时京汉铁路未通,河南、山东人来京,天津是其中必经之站,正可以不必再起疑心。

在持王懿荣发现者说中,有人主张王懿荣生前已经判断出甲骨文时代和性质,已经将其称为"商代卜骨"。这一个说法主要是依据王懿荣四子王汉章《古董录》等后来追忆文字而定的,言其"细为考订","审定为殷商古物"。而许多支持王懿荣发现甲骨文说的人,都是以此为依据的。如王宇信《建国以来甲骨文研究》:

> 一八九九年,著名的古文字学家王懿荣在一个偶然的机会,从中药的"龙骨"上发现了甲骨文。……王懿荣不仅第一个发现了甲骨文,而且也是他第一个将其时代断为商代。他曾"细为考订,始知为商代卜骨,至其文字,则确在篆籀之间。"[1]

这个结论能否可信,尚在两可。因为甲骨文发现之时,王汉章年纪很小,只八岁左右,对当时之事可能是听家人说的。从他的《古董录》和《殷墟甲骨纪略》来看,其中有许多错误和自相矛盾之处。除了陈梦家提出的几点之外,还有多处不实或莫名其妙。以之为据,实在危险。再者,到了刘鹗《铁云藏龟》出版之时的1903年,刘鹗自序判断为"殷人刀笔文字",而罗振玉序还称其为"夏殷之龟"。1904年孙诒让著《契文举例》,还笼统地称其为"周以前"之物。何以王懿荣甫一接触,就能就立即判断出为"商代卜骨",则颇令人生疑。在这一点上,罗琨女士已经用王懿荣最后一年繁忙而困顿的活动日程,说明了这一说法在时间上的不可能。[2]我们则从学术发现研究的阶梯性认识过程角度来说,更觉其学理上的不可能。关于王

---

[1] 王宇信《建国以来甲骨文研究》,中国社会科学出版社1981年版,第3、8页。到了1989年王宇信先生出版《甲骨学通论》时,就不再这样说了,这或许也意味着持这一说法的学者自己也改变了看法。
[2] 罗琨《甲骨文解谜》,第8、9页,长江文艺出版社2002年版。

懿荣究竟有没有对甲骨文进行研究，后来的一些持王懿荣发现说者作了种种的推测，但这些材料可靠性究竟有大多，值得怀疑。除非将来真的从传世的王懿荣散佚手稿中发现这方面的记载，那时再作此种判断也不为迟①。

持王懿荣说者，近年来又进行了新材料的发掘，希望找到支持王懿荣发现说的更早更有力的证据。于是就有了邓华的采访范家庄，以范维清后人的回忆作为证据来形成新的说法。这种积极的研究态度以及由此而形成的研究进展，令人佩服。但是话也要说回来，古董商固然是甲骨发现史研究的重要线索，但因其本身就有因利欺诈的一面，他们的一些言行给甲骨学史研究带来的诸多障碍足以证明这一点。他们的言论尚且需要再三斟酌，更遑论起后辈之说。况且，在这一研究中，是以一个范姓古董商的后辈对另外一个范姓古董商后辈的反驳为据，其中似有家族恩怨牵扯其中，如此形成的结论能否定于一尊，也足以令人生疑。

（二）对王襄、孟广慧发现说的评议

对于王襄、孟广慧首先发现甲骨文的说法，固然有王襄自己的记载可以为凭，但也有一个极易为人抓为把柄的漏洞。即在王襄于二十世纪二十年代所出的两部甲骨学著作中，并未提及此事。到了三十年代，才在一些题跋之中说到此事。这很容易让人觉得是夫子

---

① 按说王懿荣是会有关于甲骨文鉴赏、鉴定或研究的文字留下来的，但现在还未被发现。一些学者如王明阁（《甲骨学初论》，黑龙江人民出版社1985年）和王重年（吕伟达文中所引）也对此有所推测。将来如果这些文字能够找到，对于甲骨文发现的具体过程的描述，将会更详细和更准确。我们期待着这些文字的早日重见天日。至于对于王懿荣发现说者的新证据，如邓华、吕伟达等文章的的新说法，仍需要再作审慎的研究，不可全信，也不可置之不理。

自道，自己为自己的观点作证。这是其一。

其二，"世人知有殷契，自公元一八九八年始"。被后来的整理者据此将甲骨文发现之时提前了一年。这提前一年不要紧，正好与王氏其他著作里所言的甲骨发现时间相矛盾。于是被持反对观点的学者（比如吕伟达）这样追问：在世时他深知甲骨文领域研究之"行情"，对于甲骨文发现的时间和发现者及其个人在这个领域的地位，他比任何人都清楚，如果此文是他原意的话，为什么生前不光明正大、"实事求是"纠正"旧说""之错误"呢？

其实对于这两点，我们愿意这样理解。王襄先生写作《簠室殷契类纂》和《簠室殷契征文》两部甲骨学著作之时，大约是在二十世纪二十年代以前（出版于1920年和1925年），而此时甲骨学研究还不成规模，对于像甲骨文发现及谁先发现甲骨文这样的问题，不管是罗振玉也好，王国维也好，并没有做多少追究。这从他们自己的一些甲骨论著中对此事的含糊其辞和前后矛盾之处就可以看得出来。所以王襄此二书的写作与出版，并没有想到在这些方面与人争短长。但是到了三十年代则不然，先后有一些论文或著作在有意无意地讲究这个问题。于是王襄就在三十年代的一些题跋文字中将此事原委道了出来。这没有什么不可。

实际上在早期的甲骨学者中，对于谁是甲骨文的发现者，他们自己并没有多少在意之处。尤其是与甲骨文发现相关的当事者，没有什么争名夺利的思想。如王懿荣、王襄、孟广慧，自己不立文字，而是待后人评说。就是王襄先生有自己的记述，也是自然地讲述自己收藏的经过，并不说自己或谁谁是第一发现者等话。这也可见老一辈学人的治学风采。而后来的所谓第一第二、谁先谁后的争论，恐怕均非第一代甲骨学家们的本意。对于这一点，我们从"甲骨四堂"之一郭沫若的一席话，也可以领略出一些意味来："此人（指加拿大人明义士牧师——朱按）颇以发现殷虚之第一人自负，库林（指法国人库寿龄——朱按）亦颇以甲骨之发现者自居，然事实上小屯之得以考证为'洹水南之殷虚'（见《项羽本纪》）是罗振玉氏，而甲骨之第一发现者则当为潍县之范商，更广义的说则当是小屯的农民。第一第二之争，殊觉是无聊的意气。"①与此相似的说法，我们在孟世凯先生的著作中也曾见到："在甲骨学的研究中曾发生过是北京的京官首先发现甲骨文的呢？还是天津的秀才首先发现的呢？这种争论现在看来意义实在不大。实际情况是，'殷墟'甲骨被小屯村农民发现以后，到了清朝光绪后期，社会上研究金石学的人开始搜集和研究，都认为它是古代遗留下的遗物和文字。"②

对于王襄的"世人知有殷契，自公元一八九八年始"一句话，可以有不同的理解。这就涉及到关于甲骨文发现标准的问题，即究竟什么才能说是"发现"。不同人有不同的标准。如有人将小屯村民视为甲骨文的首先发现者，也有人将古董商视为甲骨文的发现者，这方面的例子很多，不胜枚举。但我们更愿意接受的说法是，所谓发现是指经过学者对文物的鉴定、研究从而知道其年代、性质和学术价值，并在一定学术范围之内将这一信息传播，而不只是用肉眼看见文物。实际上，关于甲骨文的发现，不是一蹴而就的，而是一个漫长的发现过程。从百年甲骨学发展的情况来看，学术界关于甲骨文的认识是逐渐深入下去的。但在这里，必须有一个时间界限，即对甲骨文有一个基本的年代和性质判断的时间，不能说无限期地发

---

①郭沫若《卜辞中之古代社会》，《中国古代社会》，上海联合书店1930年版。
②孟世凯《殷墟甲骨文简述》，第26页，文物出版社1980年版。

现甲骨文。这样说,就基本上可以断定,甲骨文的发现是在学者或收藏家之间的事,而不关乎小屯村民和古董商贩。这样就可以将甲骨文的真正发现者缩小到一个较小的学术范围之中,而少受一些干扰。

那么回过头来我们再看看这一句话的含义。正是因为对于"发现"一词的理解不同,就可以形成两种不同的观点。首先,它既可以被理解为这一年(1898)由古董商将此消息传到了京津地区,所以世人知道了有这种文物存在是从这一年开始。因为该句下面所引是这件事发展的过程,第二年范估真的携带来了甲骨实物。也就是说,这一年并没有真正发现甲骨文究为何物及其价值所在,只是知道有了此物存在的这种讯息,虽然孟广慧根据范估"讼言"也作了可能是"古简"的推测,但还不能肯定。这样的理解我认为是对的。再说第二种解释,这就是由整理者作了另外一种意思的理解,即认为世人真正发现甲骨文是从这一年开始。从该句的逻辑关系和语法习惯上看,这样的推测也不是不可以。但是否是王襄先生自己本来的用意,则可以商榷。因为这样做与王襄一贯的说法不一,也找不出更多的理由。这也是持王懿荣说者最容易攻击的对方软肋所在。所以天津一些学者以此为据或仅以此为据而称王襄、孟广慧于1898年即已发现了甲骨文、甚至认为提前到1897年的说法,是不大明智的。其实,持王懿荣说者中也有人认为王懿荣于1898年发现了甲骨文,其证据也同样是太薄弱,尚不足以立论。

实际上,从现有的有关甲骨文发现的早期文字资料来看,京津两地的情况略有不同,天津的学者知道北京的情况,即王襄、孟广慧购余之甲骨被卖到北京王懿荣处了;而北京学者则未必知道天津的情况,所以北京学人的早期记述中绝口不提天津之事,致使世人只知北京王懿荣发现了甲骨文而对天津学者的事功知之甚少。这是持王襄、孟广慧发现甲骨文说者没有注意到的一点，也是没有交待清楚的关键所在。如果认定王襄所记马家店一事的真实性，那么就要认定这样一个事实，即古董商范寿轩是先到天津（不管是否为最终目的地），孟广慧、王襄等人先买了一些（不管买的多少），之后范寿轩才将大多数背到北京卖给了王懿荣。这中间虽然可以看作是几乎同时，但是如果一定要分出个早晚和先后来，那必定是孟广慧、王襄在先而王懿荣在后。事实如此，不管双方的社会地位悬殊和经济能力差别多大。

可是在胡厚宣先生的论著中，早先承认这样一个事实，还多次引用，以此来提醒世人不要忘记王襄、孟广慧等人的发现之功；但在《再论》中，可能是觉得如果再承认这样一个事实，就必须承认李鹤年所得出的孟广慧、王襄比王懿荣早发现甲骨文的结论，所以态度明显不同于以往了，认为"古董商人，目的赚钱，往往是秘藏宝物，待价而沽，怎么可能抛开有钱有势的京官不顾，而先去找二十几岁的小孩子、穷书生呢？似乎与情理不符。况且范估与王懿荣之间又有'同乡'及'多年交易'这一层关系""再者，从安阳到北京间的京汉铁路那时尚未通车……估人直接前来京师不便，如由家乡转来，山东北京间，天津是其中一站，但其最终目的是京师，天津只是路过而已"。似乎是在怀疑王襄所记事情的可能性和可靠性。对同一材料的前后取舍态度如此不同，并非所谓科学态度。持王襄、孟广慧发现甲骨文说者，如果能发现更多的诸如此类的对方的破绽和前后矛盾之处，其立说相对就会容易一些。

持王襄、孟广慧说者多有从吃中药发现甲骨文故事质疑而否定对方，从而论述己说。其实这一点并非对方死角，说得多了也便没有多少新奇之处,因为对方会说这本是个市井小报的花边新闻,本不足信,对方立论早已不再借助此据了,而对其穷追猛打,殊有计穷之嫌。况且从近年一些学者的研究来看,汐翁《龟甲文》固不足以传信,但吃中药"龙骨"与甲骨文发现途径并非绝然无缘。如果能像对方的一些学者那样在新材料、新证据上多做些文章,则立说就更会丰满一些了。

三、余论

最后想说的是,实际上,王懿荣、王襄、孟广慧虽然睽隔京津,但他们之间的关系非常融洽,王襄、孟广慧对于王懿荣非常尊敬。甲骨文刚一发现不久,孟广慧就曾前往北京拜访王懿荣,借观那片因自己财力有限未能到手的著名半版整甲,并请教相关问题①;而王襄也和在津生活的王懿荣次子王汉辅交往甚密,时时切磋,交换甲骨学研究的看法,并以兄弟相称②。王襄在自己的文集中,多次提到王懿荣,或尊崇其气节道德与金石学问(《庚子辛亥忠烈像赞》),或题跋其信札书法册页(《王莲生书牍册》),并对李鹤年搜求的王

---

① 陈梦家《殷虚卜辞综述》,第648页,中华书局1988年版。
② 1918年7月,王襄将《簠室殷契类纂》初稿送王懿荣次子王崇烈(字汉辅)教正。王崇烈阅后题字:"古人多有为著述,且见某人撰述与己所见同,且高于己,即置笔而让之,或襄助赞补。余今于治殷文字之学,见纶阁二弟此著,其有同情乎?西人古之学者亦多此恉。余为此学二年,实不逮我纶阁之精且细,今而后将以余之一得坿于此书,亦涓埃之益,则吾昆弟二人可成此业,不但为余二人之幸,亦上古文字之幸也。当共勉之。戊午六月,福山王崇烈展阅并记。"9月,王襄见王崇烈所释《殷虚书契待问编》,假归录副并题:"余集贞卜文字书成,阅汉辅兄治肆学有年,因就正之,冀有所理董也。出其所释《殷虚书契待问编》各文授襄,嘻,汉辅兄于此学致力深矣。录副于册,以原书归之。戊午八月,纶阁记。"

懿荣旧藏甲骨拓本作了序言(《题王廉生所藏甲骨文拓》)。从中正可见早期甲骨学家之间惺惺相惜、敬佩对方道德学问的古人之风。如今,推究甲骨文发现者究竟是谁,从而形成的两说并立局面,似乎成了甲骨学研究上的难题。这恐非两个王家人当初所愿意看到的结果吧!

其实对于甲骨文发现的这两种主要说法,也许并不矛盾。我们完全没有理由怀疑早期学者的道德文章以及对学术事业的真诚,因此他们遗留下来的关于甲骨文发现的有限记载,已经成为不可置疑的珍贵资料。他们之间的记述所以会有相互抵牾或颇不相能的地方,很可能是限于当时他们所掌握的材料不足或者信息的不够灵通。我们如果综合这些材料进行研究,用来复原甲骨文发现过程和早期甲骨学史,相信将会得出一个较为全面和较为真实的结论。

(原文刊于《邯郸学院学报》第 18 卷第 2 期,2008 年 6 月,此处有所改正)

论甲骨文发现之初的甲骨学家
——王懿荣、孟广慧、王襄之交往与关系

自从殷墟甲骨文1899年被学术界发现以来,甲骨学已经有了一百一十年的历史了。如今的甲骨学已然成为一门深受世人瞩目的国际性显学。但是到目前为止,有关于甲骨文发现这样一个极为初始又极为重要的课题,并没有完全研究清楚和彻底解决,而是长期存在着不同的甚至是激烈的争论意见。

综括甲骨文发现以来上百年的研究历史,对于甲骨文发现的的研究,大致可以概括为以下几个方面:对于甲骨文的最早发现者,这是最为分歧的一个方面,迄今有:王懿荣、王襄、孟广慧、刘鹗、端方、罗振玉、胡石查、陈介祺、潘祖荫、古董商、小屯村民等十多种不同的说法。对于甲骨文发现的时间,也因为发现者不同而有不同的认识,计有:秦汉时期、古代、1899年前二三十年、1890年、1894年、1897年、1898年、1899年等多个不同的说法。关于甲骨文的发现方式或说发现途径,目前主要有两种说法:其一是学者吃中药发现甲骨文说;其二是学者通过古董商发现甲骨文说。关于对首

先将甲骨贩卖到京津地区的古董商,近年也是研究的焦点之一。比如:首先贩卖甲骨的古董商究竟是潍县范姓估客还是陈姓估客;那位范姓估客的姓名,有范寿轩、范维卿、范维清、范春清、范守轩、范雄清、范椿青、范潍清等名字,究竟如何,也并未确定。

现在学术界一般倾向于北京的京官王懿荣、天津秀才王襄、孟广慧是甲骨文发现的最早人物。对于目前甲骨文发现的主要两说,即王懿荣发现说和王襄、孟广慧发现说,究竟应该何所选择,实在不好作非此即彼、一优一劣之简单判断。因为双方都有一些含混和矛盾的地方,比如两说中,都有年代相互出入和矛盾地方,如分别有戊戌、己亥、庚子等不同年份的矛盾等。所以那些两说兼顾的学者观点,我们决不能视为和稀泥式的骑墙之论,而是在目前情况下的一种明智的做法。

实际上在早期的甲骨学者中,对于谁是甲骨文的发现者,他们自己并没有多少在意之处。尤其是与甲骨文发现相关的当事者,没有什么争名夺利的思想。如王懿荣、王襄、孟广慧,自己不立文字,而是待后人评说。即使到了王襄先生写作《簠室殷契类纂》和《簠室殷契征文》两部甲骨学著作之时,也是这样。此时大约是在二十世纪二十年代以前(出版于1920年和1925年),而此时甲骨学研究还不成规模,对于像甲骨文发现及谁先发现甲骨文这样的问题,不管是罗振玉也好,王国维也好,并没有做多少追究。这从他们自己的一些甲骨论著中对此事的含糊其辞和前后矛盾之处就可以看得出来。所以王襄此二书的写作与出版,并没有想到在这些方面与人争短长。就是王襄先生后来有了关于甲骨文发现的记述,也是自然地讲述自己收藏的经过,并不说自己或谁谁是第一发现者等话。这也可见老一辈学人的治学风采。而后来的所谓第一第二、谁先谁后的争论,恐怕均非第一代甲骨学家们的本意。

对于这一点,我们从"甲骨四堂"之一郭沫若的一席话,也可以领略出一些意味来:"此人(指加拿大人明义士牧师——朱按)颇以发现殷虚之第一人自负,库林(指法国人库寿龄——朱按)亦颇以甲骨之发现者自居,然事实上小屯之得以考证为'洹水南之殷虚'(见《项羽本纪》)是罗振玉氏,而甲骨之第一发现者则当为潍县之范商,更广义的说则当是小屯的农民。第一第二之争,殊觉是无聊的意气。"①与此相似的说法,我们在孟世凯先生的著作中也曾见到:"在甲骨学的研究中曾发生过是北京的京官首先发现甲骨文的呢?还是天津的秀才首先发现的呢?这种争论现在看来意义实在不大。实际情况是,'殷墟'甲骨被小屯村农民发现以后,到了清朝光绪后期,社会上研究金石学的人开始搜集和研究,都认为它是古代遗留下的遗物和文字。"②

从现有的有关甲骨文发现的早期文字资料来看,京津两地的情况略有不同,天津的学者知道北京的情况,即王襄、孟广慧购余之甲骨被卖到北京王懿荣处了;而北京学者则未必知道天津的情况,所以北京学人的早期记述中绝口不提天津之事,致使世人只知北京王懿荣发现了甲骨文而对天津学者的事功知之甚少。这是两种说者都没有注意到的一点,也是没有交待清楚的关键所在。

实际上,王懿荣、王襄、孟广慧虽然睽隔京津,但他们之间的关系非常融洽,尤其是作为晚辈的王襄、孟广慧对于王懿荣非常尊敬。

甲骨文刚一发现不久,孟广慧因自己财力有限,经济拮据,未

---

① 郭沫若《卜辞中之古代社会》,《中国古代社会》,上海联合书店1930年版。
② 孟世凯《殷墟甲骨文简述》,第26页,文物出版社1980年版。

能将那片著名"半版整甲"买到手,而是由古董商拿到北京卖给了王懿荣。孟广慧闻讯后,对这片"半版整甲",十分羡慕,不能忘怀。为此,特烦请当时在天津任候补道员的举人、王懿荣次子王崇烈(字翰甫、汉辅)写信介绍,于1899年初冬,专程赴北京拜访王懿荣。到京后,见到王懿荣,王向孟询问如何得知他(王懿荣)藏有甲骨,孟告知古董商范寿轩曾在天津销售甲骨事,并提到自己因财力不足,未能买下大块的甲骨。孟在王懿荣处,见到范寿轩来津未能售出的"半版整甲",并释出甲骨48个字(实际为52个字)。此事,后来被著名甲骨学者陈梦家记录在专著《殷虚卜辞综述》中①。

　　王襄青年时期就喜爱收藏,原有室号符斋,后来因为获藏王懿荣旧藏的中白作旅簠,因号簠室。同时,王襄也和在津生活的王懿荣次子王崇烈交往甚密,时时切磋,交换甲骨学研究的看法,并以兄弟相称。比如1918年7月,王襄将《簠室殷契类纂》初稿送王崇烈教正。王崇烈阅后题字:"古人多有自为著述,且见某人撰述与己所见同,且高于己,即置笔而让之,或襄助赞补。余今于治殷文字之学,见纶阁二弟此著,其有同情乎?西人古之学者亦多此恉。余为此学二年,实不逮我纶阁之精且细,今而后将以余之一得坿于此书,亦涓埃之益,则吾昆弟二人可成此业,不但为余二人之幸,亦上古文字之幸也。当共勉之。戊午六月,福山王崇烈展阅并记。"②9月,王襄见王崇烈所释《殷虚书契待问编》,假归录副并题:"余集贞卜文字书成,阅汉辅兄治斯学有年,因就正之,冀有所理董也。出其所释《殷虚书契待问编》各文授襄,噫,汉辅兄于此学致力深矣。录副

---

①陈梦家《殷虚卜辞综述》,第十二章附录:一、有关甲骨材料的记载,第648页,中华书局1988年版。
②王襄《王襄著作选集》,附录《王襄年谱》,第2601页,天津古籍出版社2005年版。

于册,以原书归之。戊午八月,纶阁记。"①

不仅如此,王襄在自己的文集中,多次提到王懿荣,或对李鹤年搜求的王懿荣旧藏甲骨拓本作了序言,如《题王廉生所藏甲骨文拓》:"王廉生所藏甲骨文,后归刘铁云。其拓本在昔难遇,今日尤难求。鹤年勤于搜访,得此百余种,皆未经著录之品。可谓物聚所好矣。"②或题跋其信札书法册页,如《王莲生书牍册》:"此册为王莲生致同乡尹慈经之函件,内多言古物之事。昔其子汉辅言公于通候信札认真,不信手涂抹。当时盛伯兮、黄仲弢两先生尝谓,公之信札及团折扇,为专门名家。册中书不成字一言,可见公之经意。公殉庚子之难。兹将庚子辛亥忠烈像赞所书小传,附录于后……"③或尊崇其

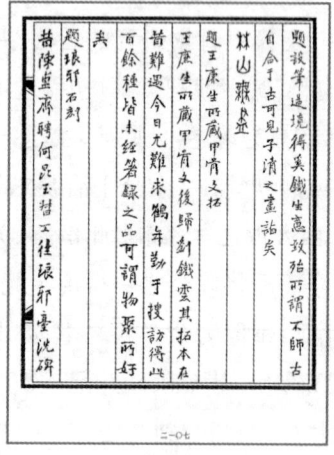

王襄题王廉生所藏甲骨文拓

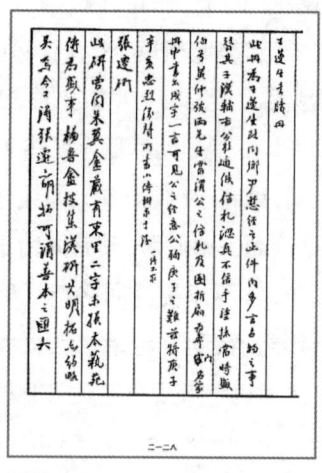

王襄题王廉生手迹册

---

① 王襄《王襄著作选集》,附录《王襄年谱》,第2601页,天津古籍出版社2005年版。
② 王襄《王襄著作选集》,第2107页,天津古籍出版社2005年版。
③ 王襄《王襄著作选集》,第2128页,天津古籍出版社2005年版。

气节道德与金石学问,如《庚子辛亥忠烈像赞》,此略不录。

凡此种种,我们从中正可见早期甲骨学家之间惺惺相惜、敬佩对方道德学问的古人之风。如今,推究甲骨文发现者究竟是谁,从而形成的两说并立局面,似乎成了甲骨学研究上的难题。这恐非两个王家人当初所愿意看到的结果吧!

其实对于甲骨文发现的这两种主要说法,也许并不矛盾。我们完全没有理由怀疑早期学者的道德文章以及对学术事业的真诚,因此他们遗留下来的关于甲骨文发现的有限记载,已经成为珍贵资料。他们之间的记述所以会有相互抵牾或颇不相能的地方,很可能是限于当时他们所掌握的材料不足或者信息的不够灵通。我们如果综合这些材料进行研究,用来复原甲骨文发现过程和早期甲骨学史,相信将会得出一个较为全面和较为真实的结论。

(原文刊于《纪念王懿荣发现甲骨文110周年国际学术研讨会论文集》,社会科学文献出版社2009年版,此处有所修改)

乙编

甲骨文收藏在天津

甲骨收藏在天津

编者按： 近日，为庆祝甲骨文发现110周年和天津市国学研究会成立一周年，由天津市社联和天津市国学研究会主办的"甲骨学在天津"学术报告会在天津举行。殷墟甲骨文作为我国最早的系统而成熟的文字，其发现至今已过百年，但关于其最初的发现者、发现地和发现渠道等问题，学术界迄无定论。报告会主题发言人、天津市国学研究会副会长、南开大学历史学院朱彦民教授对此提出了自己的见解，并论述了天津学者在甲骨收藏、甲骨学研究等方面的卓著贡献，同时结合自己的书法实践畅谈了甲骨文书法，还介绍了甲骨学在海外的发展情况以及学习、研究甲骨文的意义。本刊特摘选了部分章节，以飨读者。

2004年7月，上海最大的艺术品拍卖公司——崇源公司公开拍卖20片殷墟甲骨，结果拍出了4800万元的天价。拍卖师在接受记者采访时称，这是全球首次甲骨拍卖，不但"空前"，也极有可能

"绝后"。

为什么20片残缺不全的殷墟甲骨,就能拍出如此令人不可思议的天价呢?其原因不仅在于殷墟甲骨是世所罕见的文物珍品,而且还在于这20片甲骨本身非同寻常的收藏经历。原来它们是天津文物收藏名家孟广慧的旧藏(后来转到李鹤年手中),是学术界最早收藏的甲骨实物的一部分。

说到天津学者收藏和保护流散殷墟甲骨的过程,大多充满了艰辛与磨难,可歌可泣,背后隐藏着许多不为人知的故事,凝聚着几代学人的爱国情怀。实际上,在天津研究和收藏甲骨的不是一个人,而是一个群体,他们对甲骨的发现、收藏和甲骨学的研究都做出了不可磨灭的贡献。

甲骨的收藏与保护,与其他文物完全不同。甲骨经过占卜使用后,本身极易破碎,再加上经过三千年的土埋与水浸,多数已经腐朽质脆,一片甲骨稍不注意就会断裂破碎为数片或十数片。更不用说这是有利可图的珍贵文物,一经古董商介入买卖,更加重了对甲骨的破损。甲骨的收藏与保管都需要收藏者费尽心机、历经艰辛才能使国宝保存下来。

应该说,甲骨的早期收藏与甲骨学的研究都与天津有着密不可分的关系,特别是天津第一代甲骨收藏家王襄、孟广慧和王懿荣以及他们的后人,对中国甲骨的收藏、保护与甲骨学的研究做出了重大的贡献。

王襄是殷墟甲骨的发现者之一,也是著名的甲骨收藏家,同时也是唯一一位记载早期甲骨发现和收藏过程的学者。这是非常珍贵的甲骨学史料。从他的文集中我们知道,他对甲骨的收藏可以说是一波三折,十分传奇。

王襄早年家境清贫,但当他于1899年秋天第一次从古董商范寿轩那里看到了珍贵的甲骨之后,就开始了千方百计购买殷墟甲骨的历程。由于当时他还是个穷书生,第一次只是力所能及地买了些小片。之后,他长期坚持收藏、鉴赏甲骨,总计约收藏有甲骨4000余片(然据李鹤年、杨鲁安称,王襄一生藏甲骨5000片)。

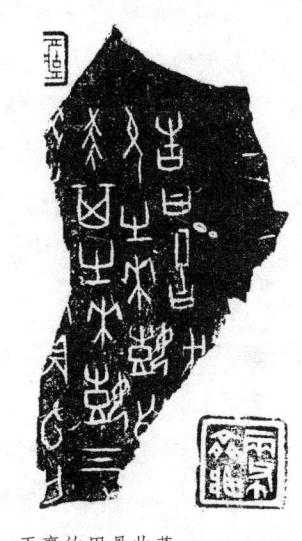

王襄的甲骨收藏

他对这批通过节衣缩食购入的甲骨,视若至宝,爱护备至。

1900年5月,八国联军进攻天津,炮声隆隆。当时王襄老母重病在床,妻子也身怀六甲。他家的破房子在枪炮声中摇摇欲坠。王襄抱着一箱甲骨藏来躲去,生怕有半点儿闪失。6月18日,天津形势更加危急。王襄带着母亲、妻子逃到城外避难。老母终因贫病交加,撒手人寰。这时八国联军加紧攻城,猛炮轰击,东门里仓门口孙家胡同王襄家的房屋顷刻之间化为乌有。匆匆赶回家里的王襄望着一片瓦砾,伤心地痛哭起来。天亮了,王襄与其他人一样,在废墟上刨挖起来。老天有眼,王襄找到了自己床下那一箱甲骨。原来,他们一家逃难时,他用被子包住装有甲骨的箱子,塞到床底。结果甲骨完好无损,真是不幸中之万幸。待战乱平息后,王襄全家移居城内东门里大刘家胡同,他把甲骨埋在母亲坟旁,直到抗战胜利才取出来。

王襄把珍藏的每一片甲骨都用新的棉纸或棉花包裹好，然后分门别类地存放在大小不等的硬纸盒中（鞋盒子、点心食品盒子等），在包装纸（盒）上用毛笔标明甲骨文原形字、殷干支或帝系人名等，存放在家里的大柜中，对自己极为喜爱和珍贵的部分甲骨，另觅安全、稳妥之地收藏。民国初年，一次家中夜间闹贼，存放在前院西屋客房箱柜中的甲骨，险些被窃。一场虚惊后，王襄便将所藏甲骨时刻携带在身边，自1914年开始王襄供职于当时的盐政系统，奔波于江南闽、粤、川、浙诸省，甲骨跟随王襄辗转各地，也从未分开。

1934年夏，王襄由湖北沔阳乘火车返津休假，为了参观河南省博物馆举办的"新郑出土晚周文物"展览，决定途经河南开封作短暂停留。为了行动方便，便将随身携带的行李及装有甲骨的木箱，全部交由铁路部门托运回天津。并千叮万嘱，让火车押运员一定要小心再小心。当王襄返津提取行李时，却发现装有甲骨的木箱不见了，顿时大为惊慌，便急忙去车站询问、查找、交涉，可是怎么也找不到。后来又托友人去北京沿途各火车站查找，仍无下落，这样反复折腾了近五十余天，仍无结果。这可是他辛辛苦苦收集多年的甲骨精品啊。王襄为此事一个多月缓不过劲儿来，闷闷不乐，郁郁寡欢。

就在无可奈何之际，突然一天有人把他的箱子送到了家里。王襄捧着箱子，不禁欣喜若狂。他急忙打开箱子，细加审视，木箱上盖前额已被撬开，但其中的甲骨竟毫发无损。这令他高兴之余又感到不可思议。原来，火车上有窃贼，在行李过秤时，就看准了王襄的这个用铁丝捆成双十字形、包裹得十分结实的箱子，断定必为珍贵物品。待偷去打开一看，原来箱内并无金银珠宝，而只是些破纸、烂棉花包裹着的"朽骨败甲","不值几个钱",懊丧之极,认为不大吉利,就把箱子扔在车厢里的隐蔽处。后来这箱子随车被运到张家口的一个车站。因为箱子上有王襄的姓名和地址,所以就有好心人送到他家里。王襄十分感激,留客人吃饭,并酬以厚礼,以示不负于人。这件事后来他经常讲给人听,听者皆以为离奇而不敢置信。王襄十分庆幸珍藏的甲骨失而复得,从此,他再也不敢将甲骨随身携带至外地了。

1939年天津遇上了罕见的大水灾,大水殃及王家宅院,王襄及全家人惊恐万分,决定暂时移居英租界的元兴里避难,家中仅留有少数人护院。为了确保存放在大柜中的甲骨不被水淹,王襄先生特意将装有甲骨的纸盒放在大柜的顶层,四周用衣物垫牢,并嘱托护院人要经常查看。待水灾过后,家人返回旧宅,查看大柜中的衣物和甲骨,安然无恙,王襄这才放下心来。

自甲骨被发现以来,很快就受到了国内外学术界的重视。一些外国学者和传教士也纷纷加入了高价收购甲骨的行列,于是一时间,众多珍贵的殷墟甲骨流向了海外。对于王襄等人收藏的第一批殷墟甲骨,因为时代较早,意义重大,经济价值自然不菲,这自然就引起了一些外国学人和传教士们的注意。

七七事变后,天津沦陷。王襄为了不给日本人做事,辞去工作失业在家,生计艰难。家中的财路已断,仅能靠卖点什物来维持生活。天津"大罗天"(今和平区鞍山道与山西路交口西南侧,五十八中学所在地,过去天津著名的古玩市场)一带的古董商常去他家,游说他用大价钱将甲骨出售给日本人,以解决生活之需。王襄不忍使甲骨这种珍贵的国之瑰宝流入异邦,便以甲骨在内地封存,未带在身边为由,搪塞过去。他宁肯典卖衣服和家中物品以勉强糊口,也不肯把一片甲骨卖给日本人。

1945年抗战胜利以后,物价飞涨,民不聊生。王襄家中已再无零散杂物可变卖,仅靠卖字难以维持全家的生活。北京来薰阁的陈济川(陈杭)先生、藻玉堂的王经理以及几位专家学者等,纷纷来到天津登门洽谈,要高价购买他收藏的甲骨,反反复复纠缠了一个多月。当他得知这些人是为外国机构收集甲骨的,便不为重金所动,一口回绝了他们。王襄曾说过:"甲骨是祖国的瑰宝,现在没有新的发现,将来也很难说会发现很多。卖给那些教会大学,将来也会流失异邦。等到中国人想研究就困难了!"

为保护辛勤搜集来的甲骨瑰宝,王襄历经艰难困苦,自始至终将其带在身边,时时拿出欣赏、研究,没有出售,没有失散,最终得以较为完整地保存了下来。

1952年,王襄出任新成立的天津文史馆首任馆长。他为自己晚年能为国家做一点工作而激动不已。1956年,王襄以81岁高龄加入了中国共产党。他逢人就讲:"我这一把老骨头也枯木逢春了!"为了表示自己对新中国的一片真情,他毅然决定,把自己含辛茹苦珍藏了一生的珍贵甲骨全部捐献给国家,为甲骨的收藏找到了最安全最可靠的归宿。

王襄所藏的那部分甲骨文,1925年曾著录于《簠室殷契征文》,然因"印刷不精,且多割剪",书出之后,受到一些学者诟病,"多以材料可疑,摒而不用"。比如1930年郭沫若在《中国古代社会研究》中即说:"伪片之传播者,在中国则当推天津王襄的《簠室殷契征文》一书,此书所列几于片片可疑,在未见原片之前,作者实不敢妄事征引。"商承祚也认为:"王书纸厚墨重,笔划侵蚀,字形恶劣,讹误百出。"1932年商氏在《甲骨文字研究》一书中还怀疑说:"殆王

（襄）氏摹刻而自欺欺世也。"但到1935年，郭沫若在《卜辞通纂》"述例"中对自己的看法作了郑重纠正："余曩声言其伪，今案乃拓印不精，文字多上粉，原物不伪，特坿正于此。"孙海波有专文《簠室殷契征文校录》，力证其片片皆真。邵子风在《甲骨书录解题》也辨析说："今观书中所录各版，颇多讹误，去真已远，故书初出时，论者见其文字契刻殊劣，疑为赝品。然……王书材料非伪，惟因各版割裂剽夺之处甚多，复由作者手加摹写，故文字失真，有似于伪耳。"著名甲骨学家胡厚宣在《殷墟发掘》一书中也明确指出："王氏精于鉴别，书中并无伪品。"可惜受限于诸多原因，新中国成立后的大型甲骨著录书《甲骨文合集》仅选收了其中一部分，有500多片失收。

和王襄一样，孟广慧对收藏的甲骨，也是珍爱有加，奉若拱璧，其中的收藏经历也是一波三折，多有磨难。

关于孟广慧最早的甲骨收藏，是其与王襄一起，于清光绪二十五年（1899）秋，在天津城西头"马家店"开始的。他挪用了他叔叔寄给他赴湖北省亲的盘缠钱，首次从范寿轩手中，以"一字一金"的价格购得一些甲骨。从而成为殷墟甲骨的第一批收藏者之一。

此后，孟广慧续有甲骨收藏，其甲骨藏品最终达到了430多片。

据孟广慧的小儿子、年届望九的著名书法家孟昭联先生讲，孟广慧所藏甲骨430片，分装在两个纸盒子里，大小片数不等地用《两汉残石编》样稿纸包裹着。每个包裹

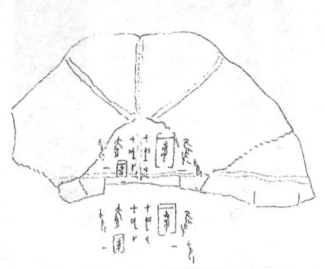

孟广慧的甲骨收藏

上都写着收藏说明。

1939年,天津发大水,老城一片汪洋泽国。时间急迫,来不及搬家。为了不使珍贵的甲骨遭到损毁,孟广慧毅然放弃了其他文物(比如墙上挂的唐伯虎绘画真迹),雇用黄包车把甲骨运到了地势较高的住所。最终使这批收藏较早的珍贵甲骨幸免于难,完好地保存了下来。

日伪时期,也有一些外国收藏家多次打孟广慧这批甲骨的主意。但孟先生大都推说把甲骨拿到外地求人制作拓片,以不在手边为由,婉言谢绝,从而避免了珍贵甲骨向海外的流失。

1940年12月,孟广慧去世。由于家境窘迫,家人为了殓葬,先后将孟广慧收藏的古钱、字画、碑帖文玩等卖出。孟的继夫人诗氏委托孟的学生李鹤年整理其部分遗物,李于此时见到了这批甲骨。李鹤年托茹乡阁书店老板杨富村从中搭桥,将孟所藏多年的430片甲骨,以现金200元的价格收购。李鹤年计划将这些甲骨拓印出版,用来纪念自己的老师。从此,这批早期发现的珍贵甲骨,就到了另一位收藏主人、同样也是收藏家、书法家的李鹤年先生手中。

李鹤年是津门著名书法家,同时也是天津甲骨收藏家。对李鹤年的甲骨情缘,世人知道的不多。但甲骨学界都知道,李先生不仅是收藏大家,而且与王襄、孟广慧一样,为保存第一批珍贵的殷墟甲骨,含辛茹苦,忍辱负重,非常不易。2004

李鹤年的甲骨收藏

年上海崇源艺术品拍卖公司天价拍卖的孟广慧早期甲骨，就是出于李鹤年之手。

中华人民共和国成立前，瑞宝斋古玩店经理邢宝华曾两次介绍英国人和日本人来找李鹤年，愿意出几十倍的高价买其收藏的甲骨。此时李鹤年虽然经济拮据，但不忍心这批国宝外流，就推说这批甲骨现在外地雇人制作拓本，不在手边，看都没让他们看到。

1951年，经郭沫若介绍，李鹤年将400片甲骨以极低的价钱半捐半卖给文化部，现藏国家图书馆。自己留了30片用以继续研究和观赏。

"文革"期间，李鹤年因为出身问题被抄家，这30片甲骨被查抄归公。当时李鹤年下放到葛沽劳动改造，李夫人厉声对红卫兵说："这不是四旧，而是国家文物，你们一定要交给国家保管！"

直至1970年，著名学者李先登先生在天津清理"文革"查抄文物时才发现了这批珍贵甲骨。到20世纪80年代，李先登将这批甲骨进行整理，撰文《孟广慧旧藏甲骨选介》发表在《古文字研究》①上，将这一珍贵的学术资料介绍给学术界。后来根据国家政策返还给李家20片，另外10片不知所终。

李鹤年去世后，这些甲骨由其夫人及子女收藏。2004年上海崇源拍卖公司以天价拍出的20片殷墟甲骨，正是孟广慧的当年旧藏，是学者收藏的第一批殷墟甲骨，非常珍贵。在这批甲骨出手之前，李夫人特意在李鹤年的遗像前点燃了三炷香，祈祷说："一定要找个好人家。"其情形就像闺女远嫁一样，感人至深。

天津的甲骨学研究，还应该包括王懿荣的甲骨旧藏。王懿荣当

---

① 李先登《孟广慧旧藏甲骨选介》，《古文字研究》第八辑，中华书局1983年版。

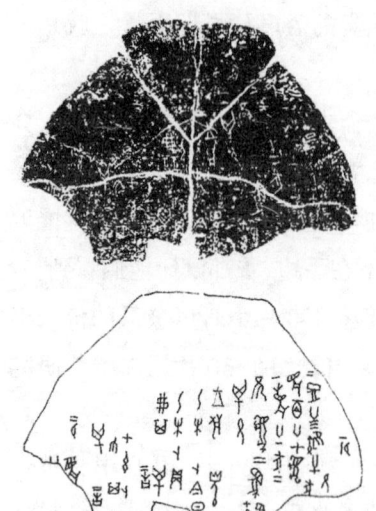

王懿荣藏"半版整甲"拓本摹本

时在北京是清朝的国子监祭酒，怎么会与天津甲骨学研究有关呢？

王懿荣与天津甲骨学是密切相关的。这是因为：其一，范寿轩是将殷墟甲骨首先带到天津兜售的，天津的王襄、孟广慧买不起这么多，才将剩余的甲骨背到北京卖给了王懿荣；其二，王懿荣虽然是京城国子监祭酒，但他的儿子王崇烈当时在天津居住，与孟广慧、王襄关系友善，而且孟广慧曾经通过王崇烈介绍到京城拜访了王懿荣，观赏了其收藏的甲骨，尤其是当初自己无力购买的"半版整甲"，并请教了有关收藏的问题。

尤其重要的是，王懿荣殉难之后，家人变卖家中收藏，最后将所藏大部分甲骨卖给了刘鹗，而只留了一小部分由其子女收藏。王懿荣留给后人的这些甲骨，大多数留在了天津，其中一部分收藏在天津新声书院，一部分后来捐赠给了中国历史博物馆和天津市博物馆。

王懿荣是著名的爱国志士，其后人对甲骨的妥善保存和无私奉献，同样也是一种爱国情怀。这是非常值得赞扬的。

王襄、孟广慧、王懿荣、李鹤年等人的甲骨收藏，代表了甲骨早期收藏的大致情况。但是实际上，天津的甲骨收藏还远不仅如此。后来的罗振玉、陈邦怀、方若（药雨）、方尔谦（联圣大方）、杨鲁安以及许多不知名的收藏家和南开大学博物馆等，他们都有很多很好的甲骨藏品。另外，当年著名的甲骨学家明义士牧师的一些甲骨收藏，也曾在天津停留过相当长一段时间。英国驻天津总领事金璋，也在天津开始了他的甲骨收藏和初步研究历程。正是他们的共同努力，构成了天津甲骨学研究的坚实基础。

天津博物馆收藏甲骨

在近年落成并投入使用的天津博物馆中，珍贵地收藏着王襄、王懿荣、陈邦怀、方若等人的早期藏品。这些甲骨收藏家，他们视甲骨为生命，想方设法收集甲骨，完好无缺地保存甲骨，后来又大都无偿地捐献给了国家。这不仅是甲骨之幸，也是中华文化之幸，是天津收藏界的骄傲。他们为中国古代文化瑰宝的继承发扬做出了卓越的贡献，也为后来的甲骨学研究打下了坚实的基础。

（本文刊于《天津日报》2009年7月9日，这里有所增补）

天津博物馆馆藏甲骨概要

天津博物馆是全国收藏大宗殷墟甲骨文的著名文博单位之一，数量多达 1800 余片，主要为早期甲骨文收藏家王懿荣、王襄、孟广慧、罗振玉、王福重、李鹤年、陈邦怀、方若、魏智、徐宝祠等人的原藏品，其中王懿荣、王襄、孟广慧三位是甲骨文最早发现者。

天津博物馆所藏甲骨文，属于甲骨文发现史上最早期的传世品，片大字多，内容丰富，涉及殷商政治制度、王室结构、社会生活、经济生产、天文历法、自然生态、交通地理、方国外交、军事战争、宗教祭祀、文化礼制等方方面面，具有极高的文物价值、史料价值和学术史研究价值，弥足珍贵。

为纪念殷墟甲骨文发现 110 周年和庆祝天津市国学研究会甲骨学专业委员会成立，2009 年 11 月 28 日，由天津市社会科学界联合会、天津市国学研究会、南开大学历史学院和天津师范大学文学院共同主办，天津咸宁文化传播有限公司协办的"建国六十年来甲骨学研究暨天津市甲骨学专业委员会成立"高层学术论坛在天津市社会科学界联合会四楼会议室召开，来自国内著名甲骨学专家李学勤、王宇信、杨升南、葛英会等，及各省市甲骨文学会会长和天津市国学爱好者150余人齐聚一堂，就甲骨学相关问题展开了热烈的学术讨论。上午由李学勤先生做了专题报告。在下午举行的学术讨论会发言中，天津市著名玉器专家和博物馆学家云希正先生做了《天津博物馆馆藏甲骨简介》的专题发言。这里将其发言内容概括如下：

王襄、孟广慧、王懿荣、李鹤年等人的甲骨收藏，代表了甲骨文早期收藏的大致情况。

天津这些学者的甲骨收藏有一个共同的特点，都是在非常困难条件下收藏的，而且都保存得很好，后来大都捐给了国家，这非常不容易，令人感动。这表明他们都具有崇高的爱国精神，值得后人学习。

这些学者专家所收藏的甲骨虽历尽艰辛，但大部分精品没有失散，没有流失国外。值得庆幸的是，这些学者本人或者是他们的后代在新中国成立后，出于对新中国的热爱和对人民政府的信赖，纷纷化私为公，自愿捐献家藏甲骨。再加上天津文博机构通过各种途径，如征集、购买、接收、调拨等方式，至今天津博物馆所藏甲骨已经达到1300余片（朱按：实为1800余片），这在全国省市级博物馆中也占有显要的位置。正如江苏甲骨文学会所致贺信中说，天津甲骨文研究起步早成果大，对我们天津的评价都是非常高的。

盘点天津博物馆馆藏甲骨，具有以下几个特点：

第一，多系清季殷墟早年出土，很少赝品。李学勤先生说了九省二十一个地点都发现了甲骨，这都是中华人民共和国成立后考古工作的进展，有像龙山文化的，有的到西周等等。但是天津这批甲骨都是殷墟早年出土的，是1898年这个时候。上午提到伪片的问题，天津博物馆的伪片都剔除了。胡厚宣先生，还有商复九先生，他是商承祚老先生的一个亲属。胡厚宣先生来天津搞过甲骨文鉴定，商复九先生搞《甲骨文合集》拓片，拓得都非常好。

第二，流传有序，流传经过比较清楚。天津的甲骨文都是著名藏家的旧藏，像王懿荣。王懿荣的东西也在天津，一般都以为到刘鹗那里去了；像王襄，王襄是我们天津籍的甲骨文学者；还有方若，方若就是搞古钱币，也是搞金石的收藏家；还有王希明，对于他大家可能不是很清楚，他是天津的一个收藏家，但是他的甲骨来源，据说是孟广慧的，还有陈邦怀等人的。

第三，收藏的甲骨文中卜辞的文例有相间卜辞和对贞卜辞。董作宾先生将甲骨文断代为五期，这五期的甲骨天津博物馆多少都具备了。另外这里有叙、命、占、验四部分很完全的卜辞，天津博物馆还有涂朱的卜辞，商王占卜的时候都十分隆重，都要大肆地涂朱。

第四，卜辞的内容涉及田猎、祭祀、生育、疾病等。

二十世纪六十年代初，天津市文化局邀请胡厚宣先生、陈邦怀先生等老一辈专家来馆鉴定甲骨。他们认为天津馆藏的甲骨精品很多，鉴选出所记内容具有特别重要的史料价值，龟甲兽骨比较完整，所刻文字精美或具有特点，能起断代作用的列为一级藏品，上报国家文物局。在由郭沫若任主编、胡厚宣任总编辑的十三巨册的《甲骨文合集》中，入选的天津馆藏的甲骨为数众多。

云希正先生在二十世纪五十年代初，刚参加工作，就分配在天津市文化局的社会文化科的文物组。文物组也是天津文物保管委员会的日常办事机构，征集流散文物和受理各界人士捐献文物是文管会的工作职责。因为天津历史博物馆 1952 年才建立，所以文管会早在 1951 年就开始开展文物征集和接受社会各界捐献文物，受捐文物中当然就包括甲骨。有一阶段文管会接收文物需要自行保管一个时段，因为文管会没有展览的任务，所以清点、编号、登账，完成以上这些登录手续后，才调拨给博物馆，有时候甚至得等到若干年以后。因此征集入藏的甲骨，一部分云先生是亲历者，直接参与其事，还有一部分是由其领导和同事经办的。云先生所在的市文化局社会文化科 1956 年由科升处，处领导和其他同事承办了一部分，还有一部分是历史博物馆的同事直接征集的。客观地说，有那么三部分情况，云先生经历了一部分的事情。因为这些事距今已经半个世纪了，云先生的记忆也不一定准确，再加上博物馆入藏甲骨不可能按原户头保管，它打乱以后都重新分类了，藏品来源一项只笼统地登记市文化局拨交，现在在市文化局拨交项下，很难按原户头一一拨交清楚。因为云先生当年在天津文物保管委员会也就是天津文化局文物组，后来调到艺术博物馆，后来当了馆长，现在历史博物馆和艺术博物馆合并了，叫天津博物馆。艺术博物馆和历史博物馆都不存在了，现在建的新馆，2004 年对外开放了。云先生只能大致做些回顾，有错误的话再另行更正。

第一就是王襄先生旧藏甲骨入馆经过。王襄先生早年家境清贫，当年山东潍县古董商人范寿轩向王襄、孟广慧出售甲骨时，要价甚昂，"骨之巨者，一字一金"，就是说大片甲骨上一个字就是一两银子。因为那时王襄先生年岁不大，他不是一个很显赫的人，那时他还是比较清贫的，所以王襄先生只能购买块小的龟甲一包。但是以后，在 1900 年和 1917 年，他又购进了甲骨四千多片。1925 年王襄先生出版《簠室殷契征文》，发表自藏甲骨拓片 1125 版，实实在在是960版,因为它有重复的有割裂的,缀合以后是960版,其中有165版拼对了。另外还附两册考释,自藏甲骨重要者都已收进该书。随着工作岗位的调动变更,王襄先生辗转各地,但所收藏甲骨却物不离身,甚至有一次甲骨在运回天津的途中,下落不明,后来跑张家口去了,王老费尽周折,几经查找,才在异地找到,终于物归原主。王襄先生不顾家中生计之艰辛,也不为日本人、美国人重金收购所动,坚决反对甲骨流失异邦。1951年10月22日,王老毅然决然向市文化局出让甲骨831块,云先生有幸参加了这项工作,和王老有过直接的接触。王老原来住在旧城厢大刘家胡同。当年市文化局开给王老的油印本接收文物收据,还是云先生亲笔写的,那时收据是很简陋的。云先生记得王老出让甲骨是定向出让,与把一批珍贵文物捐给国家,国家再给一点奖励没有什么区别,也就是其他方面给再高的价钱我也不卖,我就是定向给博物馆。而且出让价格也是市文化局负责同志与王老很快就商定了,王老未提及任何异议,他认为交给国家,由博物馆保存就是这批甲骨最好的归宿。1965年1月31日,王老病逝,家属遵照先人的遗志,于同年的9月15日,将王老全部的遗稿、书法作品和原藏的较完整和刻辞字数最多的甲骨15件,以及腰牌、封泥、陶文、砖瓦、旧砚等文物共483件毫无保留地交给国家。当年,市文物保管委员会和市文史馆等单位联合在辽宁路艺林阁举办了"王襄遗作暨捐献文物展览",展览中将这15片甲骨公诸于世。这15片甲骨很多都是一级藏品,赫赫有名,如"旬壬申夕月有食"的牛骨卜辞,在《天津博物馆文物精华图录·图版二》可以看到,前些年夏商周断代工程常引用。今天夏商周断代工程首席科学家李学勤先生到场,下午王宇信先生、杨升南先生也来了,这些甲骨文的学术价值一定会得到学者们的公认。关于日月食内容的甲骨文，据说国内只有两个，一个就在我们天津博物馆。此外反映商王征伐活动前的甲骨卜辞，占卜后有长篇验辞，验证有不顺利的事到来。还有武丁时期，商王南图虎方，北克舌方，东却夷方，西降羌方等一些列军战活动都有实物例证。现存甲骨中所存南图虎方的甲骨本来就不多，15件甲骨中有一件南图虎方的牛骨卜辞，记载内容丰富，记事完整，是不可多得的卜辞。另一件征伐土方的牛骨卜辞，片大字多，还出现了商王册命，是伐土方的第一手资料，文献价值很高。用羌人做人祭的龟腹甲卜辞，真实反映了奴隶社会的阶级本性，同时也验证了西降羌方以及用羌人做人祭的史实。在这15件的甲骨中，还有一件引人注目，即商王占卜在洹水岸边建立都邑，洹水将发生灾难。这对商王建都历史也有一定的参考价值。

到了1986年12月30日，也就是王老诞辰110周年，市历史博物馆、艺术博物馆、市文史研究馆、市社科院历史研究所、市图书馆等单位联合举办"王襄纪念展览"和"纪念王襄110周年座谈会"。其中，前者在艺术博物馆举办，云先生当时任馆长，是策划人之一；后者在市政协小礼堂，是南开大学历史系王玉哲先生主持的，国内著名学者如胡厚宣、蔡美彪、史树青、赵诚、王世民及本市社会科学界、书法界的专家都到会出席。胡厚宣先生在会上郑重提出：在我国最早发现和收集甲骨文的三位学者中，除了王襄，其他两位像王懿荣、孟广慧都没有留下什么具体的记录，应该指出王懿荣在北京开始收集甲骨时，在天津的孟、王两位已经开始收集了，他们的共同贡献现在已是不争的事实了。这是胡厚宣先生在那个会上郑重指出的。胡先生还非常推崇王老的人品，深感王老学问扎实，品德高尚，很值得崇慕。座谈会上大家对王老不图名利，献身学术事业所取得的学术成绩给予了高度评价，特别指出在黑暗的旧中国，王老表现出的崇高的民族气节；1952年以后，王老以76岁高龄担任天津市文史研究馆第一任馆长，仍表现出孜孜不倦的治学精神和高度的爱国热忱。他逝世后，由胡厚宣先生出面请郭沫若先生给写了碑文。

第二个方面是王懿荣旧藏甲骨入馆经过。过去一般认为，王懿荣旧藏甲骨在他死后，转到了刘鹗之手。刘鹗加上自己收集的甲骨于1903年出版了我国第一部甲骨文著录书《铁云藏龟》，书中共收录甲骨1058片。现在看来这部书还不能反映王懿荣旧藏甲骨的全貌，在天津居住的王懿荣后人还保存了一部分甲骨，并把这批甲骨全部捐献给国家。王懿荣旧藏甲骨是几经易主。1939年唐兰《甲骨文存》著录了一片龟腹甲"田猎获兽二百零五"的卜辞，现在也保存在天津博物馆，入藏过程特别曲折。新中国成立前，天津北疆博物院到华北大力收集古生物化石，同时也包括甲骨、石器等人文遗物，解放后被人民政府接收，改建为人文科学馆，以后又改建为天津自然博物馆。1953年原人文科学馆所保存的北疆博物院的人文遗物移交给天津历史博物馆，其中就包括了这些著名的甲骨。胡厚宣先生看过其中一片甲骨文后说：此片是王懿荣早期买的最好的一片，也是文字最长的一片，该片记载商王一次田猎获兽数量最多，不但有虎、鹿、猪、豕，还有亚热带的动物犀牛，对研究商代田猎、气象和自然环境都有重要的帮助。2004年天津博物馆新馆开幕，出版《天津博物馆文物精华图录》，几片甲骨被作为一号精品出版了，这本书的第一件就是龟腹甲刻辞，十分引人注目。现在我们天津博物馆没有出专门的甲骨文图录，只是在《甲骨文合集》上收了。王懿荣在京的后人其四子王汉章先生在《故宫博物院院刊》上发表了文章。他的孙女王福重曾任天津市重点中学新华中学的副校长、全国政协委员。1961年王福重主动将家藏甲骨351片捐赠给国家，这肯定是王懿荣的旧藏，市文化局的领导与其接洽，很快办理了捐献手续和奖励事宜。这批甲骨到了1963年的12月由市文化局拨交给市历史博物馆，王福重捐献的甲骨在新中国成立前著录不太明了，其中定有不少珍品。由于博物馆记文物来源只记市文化局拨交，在1963年拨交的甲骨中恰恰分不清哪些是文化局从文物公司购藏的，就混在一起拨交给博物馆，所以一时难以一一查清了。

第三项陈邦怀甲骨入藏经过。陈邦怀先生也是我市著名的甲骨学者，继王襄之后也担任过市文史馆的馆长。1958年陈邦怀先生主动定向捐赠自藏甲骨。这些甲骨有些在1959年陈先生的《甲骨文零拾》和《殷代社会史料征存》两部书中做过考证，其中不乏珍品，比如一龟腹甲"告夷方征伐商某地"的卜辞，辞意特别完整，事情特别重要；其二，龟腹甲"余一人"卜辞是标准的第五期甲骨，商代甲骨文中反映田官的卜辞特别少，此片内容特别重要；第三件牛骨"赐黄兵"的卜辞，记载商王赏赐给兵器，兵字在所发现的甲骨文中仅见三四条，在研究商代军事制度和军事组织上兵字有重要的意义；第四，牛骨"小多马羌臣"卜辞，这个《天津博物馆文物精华图录》著录了，在发现的甲骨文中仅见两例，是研究商王朝官制的重要史料；第五是牛骨"受稻年"的卜辞，是反映商代农业方面的重要资料。

第四方面，其他方面入藏甲骨经过。这部分甲骨包括新中国成立以来天津法院、天津海关查没的物品，查没的物品移交给市文化局，后转拨给历史博物馆，有些不太清楚了。还有一部分是从市文物公司购进的。据艺林阁老业务员介绍，王希明是天津的一个文物收藏家，王家的东西自藏的部分来自于孟广慧，李鹤年的东西也来自孟广慧,可惜孟广慧没有完整的著录。法院没收的甲骨中,有方若(方药雨)的旧藏,方若就是著名的古钱币的一个大家了,如"用五百宰",胡厚宣先生认为是"五百仆",《天津博物馆文物精华》(三)著录了,胡厚宣先生认为一次杀五百仆,宰不是高官,而是商王的奴隶,疑为臣仆之"仆"的本字。此片甲骨对研究商朝的社会制度,比中国历史博物馆从天津借去的那片"王大令众人曰协田"还能说明问题。从艺林阁购进的甲骨也有很多珍品,如祭祀先公的牛骨卜辞,出现了三个先公的名字,增添了新的资料;又如赐牛的卜辞,句子完整,字刻得也很好;另外还有占卜晚上军队会不会溃乱的牛骨卜辞,也很有研究参考价值。

如今在近年落成并投入使用的天津博物馆中,珍贵地收藏着王襄、王懿荣、陈邦怀、方药雨等人的早期藏品。这些甲骨文收藏家,他们视甲骨文为生命,想方设法收集甲骨,完好无缺的保存甲骨,后来又大都无偿地捐献给了国家。这些天津学者们也都不重金钱,虽千辛万苦,却百折不挠,有着无私的奉献精神,可歌可泣,感人至深。这不仅是甲骨之幸,也是中华文化之幸,是天津收藏界的骄傲。他们为中国古代文化瑰宝的继承发扬做出了卓越的贡献,也为后来的甲骨学研究打下了坚实的基础,真可谓是功在千秋,值得敬仰!

如今,云先生亲自经历过的这些天津博物馆藏甲骨文,终于迎来了重见天日的机会。天津博物馆甲骨文藏品其实从未彻底系统整理和全面公布过,成为甲骨文发现近120年来的一大憾事。天津博物馆馆藏甲骨文经过长达近90年的"冷封",有的骨片面临破碎粉化,有的文字残泐消磨,如不及时清除污垢虫蠹对甲骨的腐蚀,则将因人为物故或其他自然因素而招致"甲骨文收藏之日即澌灭之期"的时代遗憾,更不要说对甲骨文字研究、出土文献学与中国上古史研究所将造成的损失了。

2016年12月21日，中国社会科学院历史研究所甲骨文与殷商史研究中心，立项承担了国家社科基金重大委托项目"大数据、云平台支持下的甲骨文字考释研究"，其中的一个子课题就是"天津博物馆藏甲骨文的整理与研究"。天津博物馆所藏甲骨文，大部分没有照片、拓本和摹本，"天津博物馆藏甲骨文的整理与研究"课题，不是因循守旧，必须别开生面，遵循"保护第一，整理第二"的原则，全面彻底保护性整理研究天津博物馆全部甲骨文藏品，进行多角度高清晰拍摄、整体性毡墨传拓与文字文例考释研究，将会编辑出版一部融学术研究与资料著录为一体的《天津博物馆藏殷墟甲骨集》，使这批中华古文化遗产齐整地公诸于世，也有助于保护这批3000多年前古文明瑰宝的可贵信息完善地留传给子孙后代，同时要通过课题的实施，推动甲骨学科的建设，加强甲骨文专业人才的历练和培养。

附：天津博物馆藏殷墟甲骨文举例

一、小多马羌臣卜骨

商代武丁时期刻辞。正面刻辞15字："丁亥卜，宾贞：叀羽呼小多马羌臣？十月。"记载商王向小多马发号施令之事。"小多马"是管马的官，已发现的卜辞中仅两件，是研究商代职官制的珍稀资料。陈邦怀鉴藏。著录于《甲骨文合集》5717（《合集》将拓片放倒了）。

小多马羌臣卜骨

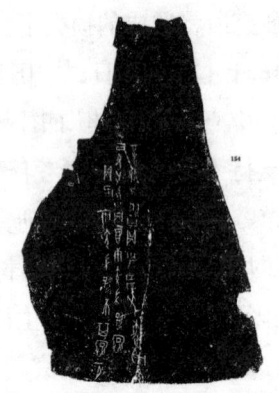

令多子族从犬侯璞周卜骨　　　妇好冥卜骨

二、令多子族从犬侯璞周卜骨

商代武丁时期刻辞。正面刻辞 5 条 31 字,其中有"己卯卜,允贞:令多子族从犬侯璞(扑)周,叶王事? 五月。"意即商王命令多子族跟从犬侯扑伐周国,是研究商代方国及商周关系的史料。王襄鉴藏。著录于《甲骨文合集》6812 正、臼。

三、妇好冥卜骨

商代武丁时期刻辞。正面刻辞 3 条 33 字,其中有:"己丑卜,贞:翌庚寅妇好冥(娩)?"即卜问己丑的第二天庚寅妇好是否会生子。此辞是研究武丁王妃生育后辈的重要资料。王襄鉴藏。著录于《甲骨文合集》154。

四、用五百羌卜骨

商代武丁时期刻辞。正面刻辞 6 条 45 字。此中有:"癸丑卜,殻贞:五百羌用?"即商王一次杀五百个羌(仆)做祭品,数量惊人,极为罕见,是研讨商代祭

用五百羌卜骨

祀制度的宝贵材料。方若鉴藏。著录于《甲骨文合集》559。

五、月有食卜骨

商代武丁时期刻辞。反面刻辞 7 字："旬壬申夕月有食"，是世界上对月食的最早的完整记录之一。国家"夏商周断代工程"将其视为重要文物标本。据研究此次月食发生在公元前 1189 年 10 月 25 日，科学价值极高。王襄鉴藏，1964 年其亲属捐献。著录于《甲骨文合集》11482 正反。

月有食卜骨

六、田猎获兽二百零五卜甲

商代武丁王时期刻辞。正面刻辞 2 条 27 字，个中有："乙未卜，今日王狩光？允获兕二兕一鹿一豕二麑百廿七虎二兔廿三雉廿七。十一月。"记录了商王一次田猎捕获各种野兽 205 只，其数目之大，极端罕见，是研究殷代社会生活与生态环境的重要史料。王懿荣鉴藏，1961 年王懿荣孙女王福重捐献。著录于《甲骨文合集》10197①。

田猎获兽二百零五卜甲

---

① 此片甲骨，在天津人民美术出版社 2012 年版的《天津博物馆》第 14 页，照片和拓本都放倒了。

丙编

甲骨学研究在天津

《簠室殷契类纂》在甲骨学史上的地位与贡献

天津著名学者王襄先生不仅是殷墟甲骨文的发现者,是甲骨文早期的鉴定与收藏者,也是唯一一位详细记录早期甲骨文发现过程的学者,而且同样更是一位集甲骨收藏与甲骨学研究为一身的著名甲骨学家。他艰苦卓绝的甲骨收藏经历,他苦心孤诣的甲骨学研究,他著成的甲骨学名著《簠室殷契类纂》和《簠室殷契征文》,都是他对甲骨学体系建立做出的不可磨灭的巨大贡献,同时也为他带来了尊贵的学术荣誉,从而奠定了他在甲骨学史上较高的学术地位。

此文,仅试述其集字释与字典为一身的《簠室殷契类纂》[①]在甲骨学史上的地位与贡献。

---

① 以唐石父、王巨儒整理,天津古籍出版社 2005 年版的《王襄著作选集》之上册《簠室殷契类纂》为依据。

一、《簠室殷契类纂》的著成经过

自从 1989 年开始鉴定并大力搜集殷墟甲骨以来,研究甲骨文字就成为王襄一生治学的主要方向。

据王襄年谱可知,于 29 岁那年即 1904 年(清光绪三十年),王襄开始研究与释读甲骨文字。1906 年(清光绪三十二年),还在北京清廷农工商部高等实业学堂求学的王襄,于课余时间继续研究甲骨文字。该年四月,王襄做成了《贞卜文临本》第一册,收录了孟广慧藏、王襄自藏及录自潍贾的甲骨共 564 片,并对这些甲骨进行了文字考释①。这是王襄从事甲骨文研究的开始。送给孟广慧审阅,孟题曰:"纶阁所橅。光绪丙午四月初一日,广慧拜读释文题记。广慧拜题。"此后,该甲骨文临摹写本,续有增补,最终多达 681 片②。

1910 年(清宣统二年),35 岁的王襄毕业。此年秋王襄结识了著名甲骨学家罗振玉先生,相互研讨卜辞文义,所见多同,这对王襄的甲骨文研究是很大的鼓舞③。该年,王襄继续研究甲骨文,分别

---

① 王襄《题所录贞卜文册》:"未久,拳匪乱作,避地他乡,不复讲求此学。比归乡里,定老出所藏贞卜文写本见示,因假录之为一编,凡三百三十品。集予自藏者为二编,凡二百二十品。三编十四品,录自潍贾。最括五百六十四品,成书一卷。其文多残阙,字又简古,不易属读。迩时究不知为何物,予方肆力于帖括业,遂亦置之不复校理。后学于京师高等实业学堂,甲辰乙巳年间,日课余闲,始治其文字,知此骨有甲、象骨二种,乃古人占卜之用品。文即卜时所记,所谓命龟之辞,与占验之兆也。字之可识者多,因加诠释,与同志讨论之。"
② 后又辑录《殷历谱》34 片,《殷墟文字存真》35 片,叶氏 30 片,共 681 片。
③ 王襄《题所录贞卜文册》:"庚戌秋,罗朿老贻所著《殷商贞卜文字考》,说多符合,益证予说不诬。罗氏定为殷商遗物,亦足征信。"(《簠室题跋》第一册)

写作了《题甲子表》①《题十七权钱》②等题跋文字。对于甲骨上的甲子表题注曰:"此殷契记六十干支为表,无他文字,其旁或背间刻卜文,疑备卜时检校日辰之用。"

1910年,王襄毕业于高等实业学堂,"奖给举人",候补知县,分省河南,翌秋赴任,未及百日,而辛亥革命爆发,遂返归天津家居。后来迫于生活,谋食于盐务工作。自1914年进入长芦至1939年告退,前后徙任冀、闽、粤、浙、川、鄂诸省,由39岁至64岁,劳形案牍达25年之久。但是,就是这样漂泊不定的生活,并未影响他对甲骨学研究的决心。外出工作,纵使轻装简行,但是甲骨及书籍、拓本,却装得满箱满箧。工暇之余,执卷而读,秉笔而书,有述有作,先后撰成了《簠室殷契类纂》《簠室殷契征文》以及《秦前文字韵林》(未刊行)等多种著述。

至1918年,王襄先后历时十余年,积研契所得而成《簠室殷契类纂》初稿。7月,王襄将《簠室殷契类纂》初稿送给在津的王懿荣次子王崇烈(汉辅)教正。王崇烈阅后题字:"古人多有自为著述,且见某人撰述与己所见同,且高于己,即置笔而让之,或襄助赞补。余今于治殷文字之学,见纶阁二弟此著,其有同情乎?西人古之学者亦多此恉。余为此学二年,实不逮我纶阁之精且细,今而后将以余之

---

① 王襄《题甲子表》:"此兽骨拓本三,由甲子至癸亥,合为全文甲子表,与贞卜文同出安阳小屯村,备古人推部之用,故无他文字。此表可以书契视之,较贞卜文为可贵。早即古巳字。有宋以来,金文中遇到早字,均释子,纷纷聚讼,迄无定论。得此表足解纠纷矣。"(《簠室题跋》第一册)
② 王襄《题十七权钱》:"近安阳所出龟甲兽骨之贞卜文,托克托所出古日晷盘,其纪数字七皆作十,十作𠁈或十。七之篆文,横画长竖画短,十则反之。赵宋以后,释十为七,至十十则释为十十,曲为之说,未得确解。自十与十之释定,数百年之误始得是正矣。"(《簠室题跋》第一册)

一得坿于此书,亦涓埃之益,则吾昆弟二人可成此业,不但为余二人之幸,亦上古文字之幸也。当共勉之。戊午六月,福山王崇烈展阅并记。"果然于9月,王崇烈将其所释《殷虚书契待问编》赠给王襄使用,王襄假归录副并题:"余集贞卜文字书成,阅汉辅兄治肆学有年,因就正之,冀有所理董也。出其所释《殷虚书契待问编》各文授襄,噫,汉辅兄于此学致力深矣。录副于册,以原书归之。戊午八月,纶阁记。"这也当是甲骨学史上一段值得称道的佳话。

1920年12月,王襄的甲骨文字考释著作《簠室殷契类纂》,由天津河北第一博物院出版。摹写石印,线装两册。书前有《自序》,书后有王守恂及华石斧的《书后》。全书分正编、重文、附编、存疑、待考,全书共收甲骨文单字2867字①。

当时王襄尚在广东、福建一带的盐务所工作,《簠室殷契类纂》以及后来的《簠室殷契征文》能在天津印刷出版,与其老友俞祖鑫先生的大力支持和帮助分不开。俞祖鑫,字品三,富藏图书,颇善书法,对古文字学也有研究兴趣,著有《汉字偏旁溯源》《说文古籀补校笺》《草法举例》等,当时供职于河北第一博物院。王襄是将《簠室殷契类纂》初稿寄给俞先生,俞不负友情重托,力任其烦,终于将《簠室殷契类纂》石印成功。

《簠室殷契类纂》初版之后,王襄先生对甲骨文字续有研究,写

---

① 王襄《簠室殷契类纂》(庚申)自序:"……第殷契文字,刻诸龟甲兽骨,沉埋且四千年,脆弱易损,欲其寿世,传其文字为先,用纂所藏所见甲骨及摹本。最录可识之字八百七十三,重文二千百有十。凡二千九百八十三,为正编一;《说文》所无及难确释之字,凡千八百五十二,取其偏旁类似者次之,为存疑一;不能收入存疑之字,又百四十二,为待考一。殷契文中每多合文,因辑为附编,凡二百四十三,重者九十八,亦与数焉。参稽旧籍,间附己见,记于各字行间,至卜辞原文,并以录入,略事发凡。未达神旨,深冀通人是而正之……"

了《题贞卜文》等考释文字。在这些新见材料及新发见解基础上,于1927年、1928年间,在四川三台及返津休假之际,重检《簠室殷契类纂》,予以厘订。修订后的《簠室殷契类纂》中,新识与勘误者27字,增补异文者11字①。最后,用了三个月的时间,写全稿本,至1929年10月,将《簠室殷契类纂》再版出书,仍由天津河北第一博物院印行。

至此,王襄先生的甲骨文字考释及《簠室殷契类纂》的编撰工作,暂时告一段落。

关于王襄《簠室殷契类纂》的版本,除了二十世纪二十年代的这两个初印本和增订本之外,还有新近的两个版本。其一,1988年3月台北艺文印书馆重新影印出版了王襄《簠室殷契类纂》。其二,由唐石父、王巨儒整理的《王襄著作选集》,在上册收录了增订版的《簠室殷契类纂》,2005年1月,天津古籍出版社出版发行。

《簠室殷契类纂》书影

二、《簠室殷契类纂》的内容简介

《簠室殷契类纂》一书,体例庞大,内容宏富,集甲骨文释字与

---

① 王襄《簠室殷契类纂》(己巳)修订本序言:"戊辰冬,自蜀告归,里居事简,检旧著《殷契类纂》,旦夕研讨。于《存疑》《待考》二编,识未识之字,凡八十四名,据形增附正编。所收未安者,是正之;讹误者,勘校之。凡十三名,重分部居。往游厂肆,收殷契墨拓百数十本,迄秘箧衍。今事董理,获异文十一名,并以补入。阅时三月,稿本写全,付诸石印。"

甲骨文字典为一身,是甲骨学史上非常重要的早期著作之一。

全书分《正编》十四卷,《附编》一卷,《存疑》十四卷,《待考》一卷。初印本《正编》录《说文》中可识文字873个,重文2110个;《附编》录合文243个,重文98个;《存疑》录《说文》所无及难确识的文字1852个;《待考》录存疑文字142个。重订本《正编》录957字;《存疑》《待考》收1808字;《补录》收11字;重订本又增附《后序》一篇于卷前。

《簠室殷契类纂》两版比较信息表

版次	时间	结构与内容	字数	所采用甲骨文材料
初印本	1920年版	《正编》873、《附编》243、《存疑》1852、《待考》142	3110字	《铁》《前》《后》《菁》《余》《簠》等6种
重订本	1929年版	《正编》957、《附编》271、《存疑》《待考》1808、《补录》11	3047字	《铁》《前》《后》《菁》《余》《簠》等6种

今以其重订本为据,简介一下《簠室殷契类纂》的主要内容。

第一册包括:著者王襄先生初印本自序,重订本自序,王襄师辈天津学人王守恂及华石斧书后,正编卷一至卷七。

其中王守恂的书后语曰:"显晦之于时亦奇矣哉!文字之兴,由来已远,迭相传衍,愈失本真。近世贤杰知识闳达,不囿浅近,由法帖而碑版,由碑版而彝器,立志远大,固已探索穷隐,今又以贞卜文字考索古文之源来,学人进而益上。然则贞卜文字,灼龟刻契,终古埋藏于地下,夫又谁得而见之?夫又谁得而考之耶?数千年埋藏之物,一朝而发现之。不发现于昌明之时,而发现于陵夷之时。虽显晦之偶然,要不得为时会之来,而于世变无所关系也。方今西人文字传播宇内,其学说亦复渊雅,有追溯于数千年以上者。吾国学子于彼人文字惊为自古流传,原原本本,转于我国文字,鲜能道其详者。

适于此时发现商时旧物,又得深心好古之士,相与博证而详说之,若有人默与主持,显晦之于时亦奇矣哉。纶阁以所集是编,商体例于余,余披而读之,因以文系其后,期与留心世教者一探其消息也。天津王守恂。"

华石斧的书后语这样写道:"读王氏《殷契类纂》竟,知此书有特长四。……今此书所列之文,皆将原文依式录入,无论传之何时何地,皆得依原文考证之,一洗历代传述之弊。其特长一。……此书特将合书之名辞,别著一编,足征三代确定之书式,且有祖甲盘庚数见经典之名,及𠀙(朱某注:"十二月"合文)卅(朱某注:"二十人"合文)习见之事,以为铁证,使后人得据此例以考三代彝器遗文,得知古文之书法读法。如𠀙必读祖甲,𠀙必读十二月,断不能别读一音……数百年之哑谜一旦打破,为文学界开一新纪元。以此例读诸古书,必可多所新发见,不至陈陈相因也。其特长二。……此书分正编、存疑二册,正编取严,少有迁就者必去,使人省审择也。存疑取宽,稍有所知必录,又加以待考一册,使人之欲研求者,尽可详加考证。如是则可聚多人之精力从事一途,而无所触背。不必掊击附会以争门户,庶几可有继长增高之望,不致多一书添一歧途也。其特长三。……殷虚骨甲发见实为吾族改造文字最良之利器,虽云地不爱宝,羲轩仓沮之灵,实式凭之,非妄语也。第朽骨埋藏三千余年,一旦发掘,燥湿寒暑,皆足损其质。偶经拓抚,剥泐立见,此物出土仅二十余年,毁灭已不知凡几。王君所采已多仅存纸本者,再数十年,此物必销毁无存,后世决不得见。先是罗、孙诸君,对此虽皆考证,而无统系之著述,网罗亦多遗漏。此书乘今萃集之时,集而存之。非见诸实物及拓本者不录,都得四千余文,足以上征皇古,下接籀(鼎彝诸文)篆,使欲知文字之真原委而谋改造者,得一正确珍材。其特长四。当骨甲初出,刘氏铁云在京拓抚,实为骨甲文字传世之嚆矢。予亦在京寓即见而爱之。予家与簠室王氏累世文字交。予又与王君共砚二十余年。王君书成,示予,往者既得窥其荄䓃,今复观其大成,予与骨甲文字殊奇缘也。反复籀读,见其特具四长,皆大有造于来者,即为之泐石以传,略书管见所及于后。中华民国九年十二月华鬱磭(朱某注:学涑、石斧两名字合文,此乃华氏自造字也)书于碶楼。"

第一卷所收甲骨文字有:一、元、天、上、帝、旁、下、示、禮、禄、福、祐、祭、祀、祖、祠、禘、祼、祝、祈、三、王、玉、珇、珍、士、中、每、莊、茅、萌、兹、若、芻、蘴、芳、莫;

第二卷所收甲骨文字有:小、少、八、分、㸰、介、公、余、釆、牛、牡、犅、特、牝、牢、物、告、名、命、召、問、唯、㖞、启、咸、吉、周、唐、喬、夅、各、㫖、膚、嚻、單、赾、止、前、歷、歸、登、步、歲、此、正、衒、征、逆、遘、逢、通、徙、遣、逮、避、違、逋、逃、追、逐、遷、迥、復、往、徐、後、得、御、延、行、衒、衛、踐、品、龠、龢、冊;

第三卷所收甲骨文字有:䛾、囂、𦚰、㕣、商、句、古、十、千、廿、世(卅)、言、諾、識、謝、乎、訥、競、辛、立、妾、對、廾(収)、丞、畀、龏、與、異、収、農、爨、䜌、羹、為、埶(藝)、鬥、又、右、叉、父、㝅、尹、敧、叜、及、秉、反、支、敊、叔、取、㬎、友、ナ(左)、史、事、肅、聿、晝、臤、豎、臣、殺、寸、專、啟、徹、筆、敏、效、故、敷、更、數、攸、敦、敤、鼓、畋、改、叙、牧、教、敩(學)、卜、叶、貞、占、用、甫、葡、簴、爻;

第四卷所收甲骨文字有:眣、目、眔、相、暊、省、自、魯、者、智、百、羽、隹、雙、雀、雉、雞、離、雝、雇、萑、萑、雈、蔑、羊、羔、美、羌、羴、靃、雙、鶱、集(欒)、鳥、鳳、鳴、畢、棄、菁、再、爯、幺、幼、丝(兹)、幽、惠、虘、爱、㽵、受、爭、歺、死、冎、膏、臘、刀、利、初、剛、剝、剌、剐（刵、劓）、半、角、解；

第五卷所收甲骨文字有：箄、箙、籥、其（箕）、匚、奠、左、工、巫、曰、猒、甘、曰、啓、甗、乃、卤、丂、分、羲、乎、于、粤、旨、喜、壴、尌、彭、鼓、豆、登、豊、豐、虞、盧（虘）、虎、虤、盤、皿、盂、益、盡、盥、去、血、宁（寧）、卹、彤、丼（井）、刱（創）、皀、即、既、鬯、爵、食、鄉（饗）、饓、今、合、舍、入、矢、射、侯、知、高、亳、冘、郭、京、亯、臺、良、廩、啚、嗇、來、麥、舞、韋、韍、夆、中、乘；

第六卷所收甲骨文字有：木、櫡、杏、柳、杞、樹、果、格、槀、茱、槃、臬、樂、采、休、東、棘、林、楸、麓、森、才、桑、之、往、帀、師、出、南、華、束、橐、回、圖、面、闸、因、囚、囝、員、貝、贲、貯、亾（賓）、邑、邦、鄙、郊、郁、鄭、邯、鄒、郝、鄉；

第七卷所收甲骨文字有：日、昧、啓、昃、昱（翌）、昔、认、旂、斿（游）、旋、旅、族、月、朔、有、明、夕、夜、夙、多、冊、貫、卤（卣）、栗、齊、束、棗、鼎、克、录、禾、穯、私、康、年、秦、黍、米、春、朮、尙、家、宅、室、宣、向、宇、㝃（寧）、定、安、宂、寶、宦、宿、寢、客、宗、宮、窆、宀、宷、疾、瘣、疥、同、網、巾、带、幌、尋、席、布、幟、市（韍）、帛、白、敝；

第二册包括：正编卷八至卷十四，附编。

第八卷所收甲骨文字有：人、企、伯、仲、伊、徇、寮、佣、位、依、付、㑹、俩、代、使、傳、伏、係、伐、俘、咎、弔（吊）、匕、从、并、比、北、丘、眾、壬、䀠、殷、衣、卒、求（裘）、耋、考、毛、舟、彤（彤）、朕、般、方、兒、允、兌、兄、旡、兟、先、見、觀、欸（隸）、次、兓、兂；

第九卷所收甲骨文字有：首、文、司、卩、令、厄、卯、印（抑）、卯、鄉、辟、旬、敬、鬼、彪、醜、畏、厶、山、嵒、龐、厭、磬、長、勿、易、豕、豪、豕、豦、豚、豸、豹、狸、𡇁（兕）、易、象；

第十卷所收甲骨文字有：馬、驪、駁、騮、驅、騋、鷙、麇、薦、鹿、麈、麇、麂、麟、塵、兔、鲁、兔、莧、犬、尨、戾、狩、臭、獲、獎、獻、猶、狼、犾(狱)、狱、熊、火、焌、尞、燕(蓺)、烝、囧、炆、妻、焚、光、炎、燮、燊、赤、赫、大、夜、亦、矢、吳、天、交、亣、壺、夲、囧、奚、夫、扶、立、竝、心、惟、悤、忢(淑)；

第十一卷所收甲骨文字有：水、涂、汝、沉、淮、濼、洹、衍、汭、溥、沖、洌、淑、淵、沚、派、氾、潢、砅、灑、濩、涿、沈、淫、淡、洒、沫、浴、澡、洗、濯、涷、太(泰)、涉、畎、川、巛、州、泉、辰、谷、仌(冰)、雨、電、雪、雹、霝、霖、霽、霎、零、魚、漁、燕、龍；

第十二卷所收甲骨文字有：乳、不、至、西、鹵、庫(肇)、門、耳、聽、聇、臣、摯、扔、拕、柬(拳、拱)、扞、女、姓、姜、姞、妻、嬌、母、妣、妹、姪、奴、妦、娍、娥、妖、好、婐、妌、如、嬪、婿(侑)、嬖、雔、毋、义、弗、弌、也、氏、乎、氏、戈、肇、戎、戍、戰、或、戔、戠、戔、戉、我、義、亡、望、無、勾、匸、匽、曲、甗、弓、彊(强)、弘、彈、弜、系、孫；

第十三卷所收甲骨文字有：糸、戠(織)、績、約、綏、彝、絲、絆、率、虫、蜀、蚰、蟲、蠱、風、它、龜、二、恒、亙、凡、土、堣、在、封、堇、艱、野(埜、壄)、田、疇、畯、疆、男、勇；

第十四卷所收甲骨文字有：錫、鏤、且(祖)、俎、斤、罜、矛、車、輿、(自)、官、阜、陵、陸、陮、陟、隊、降、陣、四、宁、亞、五、六、七、九、萬、禼、曾、獸、甲、乙、丙、丁、戊、成、己、曼、庚、辛、壬、癸、子、季、疑、毓(育)、丑、羞、寅、卯、辰、辱、

《篁室殷契類纂》书影1

巳、以、午、未、申、酉、酒、醴、配、酋、尊、戌、亥；

　　附编所收甲骨文字合文有：大乙、大丁、卜(外)丙、大甲、大庚、小甲、大戊、中丁、卜(外)壬、祖乙、祖辛、祖丁、南庚、羊甲、盘庚、小辛、小乙、武丁、祖庚、祖甲、武乙、示丁、上甲、示壬、示癸、示弹、妣甲、妣乙、妣丙、妣丁、妣戊、妣己、妣庚、妣辛、妣壬、妣癸、妣巳、妣戌、祖丙、祖戊、祖己、祖卯、父甲、父乙、父丁、父戊、父己、父卯、母甲、母丁、母己、母庚、母辛、母壬、母癸、兄丁、兄己、兄庚、兄辛、兄壬、兄癸、王乙、小丁、羊丁、宗丁、爻戊、仲己、大巳、仲巳、南壬、父寅、庚己、戊咸、戊囗、戊囗、戊、羗甲、象甲、箋甲、小王、小臣、王父、王母、示羊(羗)丁、我姐、下(上)虞、上(下)危、小土、风雨、母雨、今日、八日、今夕、二旬、六旬、小旬、五月、六月、七月、八月、九月、十月、十一月、十二月、十三月、廿一祀、廿人、小配、四宰、五宰、小宰、六牛、牝牡、十朋、上吉、弘吉、大吉、小吉、上下(下上)、亡戋、上小吉、辛亥贞、十一、十五(五十)、十六(六十)、二百、三百、五百、六百、二千、三千、五千、六又、争兄；

　　第三册包括：存疑卷一至卷七。（略）

　　第四册包括：存疑卷八至卷十四，待考，勘误。（略）①

三、《簠室殷契类纂》的体例创新

　　在王襄出版《类纂》之前，甲骨文的研究者主要有最早考释文字的孙诒让，著有《契文举例》；有初步建立甲骨学体系的罗振玉，著有《殷商贞卜文字考》《殷虚书契考释》；有以甲骨文材料考证殷

---

①此处收录的文字均依原貌，不作修改。

商历史的王国维，著有《戬寿堂所藏殷墟文字考释》《殷卜辞中所见先公先王考》及《续考》；除此之外，甲骨文研究著作寥寥无几，考释文字的所依据的甲骨文材料著录书也只有刘鹗的《铁云藏龟》、罗振玉的《殷虚书契前编》《殷虚书契后编》《殷虚书契菁华》、林泰辅《龟甲兽骨文字》和王襄自己尚未出版的《簠室殷契征文》等几种，所以此时编纂甲骨文字典根本没有可以参考的范本，筚路蓝缕，以启山林，故其发凡体例、规模格局的原创功劳，自然是非同寻常的，值得大书特书的。

《簠室殷契类纂》不仅是王襄先生多年研究甲骨文的重要成果，而且也是我国第一部甲骨文字典，开创了编纂甲骨文字典之先河。《簠室殷契类纂》最突出之处，在于编订体例方面的创见。

其一，全书以《说文解字》部首顺序排列，检索极为方便。

以《说文》部首顺序编排古文字学字汇，是传统金石学字汇的一个特点。但以该方法编排甲骨文字字典，王襄则首发其嵩。王襄《类纂》之后的商承祚《殷虚文字类编》和孙海波《甲骨文编》，徐中舒主编的《甲骨文字典》等较有影响的甲骨文字典工具书，大都受王氏《类纂》的影响，采取了以《说文》部首排列顺序的编辑方法。

其二，《簠室殷契类纂》在每一辞条下既有考释文字，并于每字之下临写卜辞整句原文，便于读者了解该字在卜辞中的位置和意义，使读者既能了解甲骨文字的结构特点，又便于探究出现该字的卜辞所记载和反映的商代社会历史内容。

在此之前的孙诒让、罗振玉等人的文字考释著作，都是就字考字，都没有引述全句卜辞者。引述甲骨卜辞句子于考释文字之后，这是王襄的创举。虽然王襄的文字摹写有失真之处，但这种科学认真的编排体例,对后世影响颇巨。其后出版的《殷虚文字类编》《甲骨学文字编》《甲骨文编》等书虽然都晚于王襄此书,但均未引用全段卜辞做为辞例,对读者读之多有不便。直到日本学者岛邦男编著《殷墟卜辞综类》,虽然采用了与王襄不同的新偏旁分部首方法,但也在每字之下照录全句卜辞。徐中舒先生主编的《甲骨文字典》,也是在考释文字之下列出卜辞原句。凡此这些,应当都是受王襄《簠室殷契类纂》的影响。

其三,《簠室殷契类纂》将甲骨文中的合文单独编纂为《附编》,凡243字,重98字。这也是一个非常了不起的创意。

合文是古文字中的一个独特现象,即两个或两个以上的字占据一个字的位置,称为合文。甲骨文中的合文尤其为多,主要是商代王室先公先王名讳、十以上的较大数字、地名、贞卜术语等,多以合文形式出现于卜辞之中。虽然孙诒让、罗振玉、王国维等学者对合文有所注意,并各有抉发,但像王襄这样将甲骨文中的合文进行集中分类编排,还是第一人。这样做的一个好处就是利于甲骨文字的考释和甲骨卜辞的释读,也方便学者对这一文字现象的研究。

其四,《簠室殷契类纂》除了《正编》《附编》之外,还有《存疑》和《待考》两部分。王襄先生的做法是,凡能考释的字而为《说文》所有的字,编入正编;其《说文》所无及稍有所知或难以确识者,取其偏旁类似者次之为《存疑》,共1852字;完全不能识别的字列入《待考》,凡142字,留待古文字学者今后进一步作深入研究。

这样做不仅对文字释读的不同层次做了清楚交待,也为后来的学者进一步考释提供了方便,而且更彰显了作者治学所秉承的实事求是、审慎阙疑的严谨态度,令人敬仰。

《簠室殷契类纂》的编纂,就犹如现代字典的编排,具有科学性和开创性,有较高的学术价值。其编纂体例大多为后来的甲骨文工具书所仿照和继承。正如著名甲骨学家陈梦家先生所评价的:《簠室殷契类纂》是"值得我们重视的创作性的字汇",但过去"没有得到应有的表扬,是不公允的"①。《簠室殷契类纂》至今仍不失为一部有学术价值的工具书。

四、《簠室殷契类纂》的学术盛名

王襄《簠室殷契类纂》于 1920 年出版之后,就在学术界引起了持续反响。学者中或于著述征引王说,或通函讨论商量,或对其大要旨意进行介绍,充分显示了该书在甲骨学史上的地位和作用。

比如 1925 年,陈邦怀《殷虚书契考释小笺》石印本刊布,陈氏在该书"附识"中云:"此稿粗就,置诸行箧,忽忽五六年矣。先后见王君襄《簠室殷契类纂》、商君承祚《殷虚文字类编》,乡所解说之与合者,悉为芟薙,犹前志也。二书所收之字,亦时征引而考究之,以补罗参事所未及……"②

1933 年商承祚在其《甲骨文字研究》中云:"继罗先生而治斯学者,则为王国维先生。……天津王襄(纶阁)《簠室殷契类纂》及余之《殷虚文字类编》,则皆依说文之例,而类次之,俾文字有系统,而便读者之检阅也。"③

1933 年容庚、瞿润缗在《殷契卜辞》"自序"中云:"撰集字书则有王襄之《簠室殷契类纂》、番禺商承祚之《殷虚文字类编》。昔人释

---

①陈梦家《殷虚卜辞综述》,第 64 页,中华书局 1988 年版。
②陈邦怀《殷虚书契考释小笺》,延目楼石印本一册,1925 年 2 月。
③商承祚《甲骨文字研究》(1933 年写成),上编第 9 页,天津古籍出版社 2008 年版。

文,多于字形上推求,夫字形之变异,诚可于二书求之,然今后之释文,必有从文法古读上比较参证以得之者,则研究之功,必非字形所可尽。且二书所举之字,亦嫌太少,未足以应吾人今日之求索也。"①

1944年胡厚宣在其《甲骨学商史论丛》初集序言中说:"罗、王之后,作者渐多,其于甲骨学最有贡献者,曰王襄。其所作《簠室殷契类纂》为纂辑字书之始,《簠室殷契征文·考释》释字考文,不无精到。"②

至1947年容庚《甲骨学概况》中,于第三章"著作·字书类"一栏中,首列王襄《簠室殷契类纂》一书,云:"一《簠室殷契类纂正编》十四卷《附编》一卷《存疑》十四卷《待考》一卷,天津王襄(纶阁)著,民国九年手写石印本,民国十八年重订石印本。甲骨文之有字书,自是书始。依《说文解字》次序排比。其可识而见于《说文》者为《正编》,凡八百七十三文,重二千一百一十文。其合文者为《附编》,凡二百四十三文,重九十八文。其《说文》所无及难确识者,取其偏旁类似者次之为《存疑》,凡一千八百五十二文。其偏旁亦不可识者则为《待考》,凡一百四十二文。每字之下,录写卜辞全句。前有自序及王守恂序,华黼砼书后。重订本将《存疑》《待考》之字改入《正编》者八十四,《正编》中讹误删改者十二文,异文增人者十　文。有重订序。"③

1955年胡厚宣在其《殷墟发掘》一书中云:"第三个十年又增加了王襄、商承祚、叶玉森、陆懋德、胡光炜、程憬和丁山。王襄的《簠室殷契类纂》和商承祚的《殷虚文字类编》,是最早的甲骨

---

① 容庚、瞿润缗《殷契卜辞》,北京哈佛燕京学社1933年版石印本三册。
② 胡厚宣《甲骨学商史论丛》初集,成都齐鲁大学国学研究所专刊,1944年版。
③ 容庚《甲骨学概况》,《岭南学报》第七卷第二期,1947年。

文字典。"①

1956年初版的陈梦家《殷虚卜辞综述》对《簠室殷契类纂》一书,作了深入的研究和详细的论述。他说:"2—5(朱某注:陈氏是指前文所列王襄《簠室殷契类纂》、商承祚《殷墟文字类编》、朱芳圃《甲骨学文字编》、孙海波《甲骨文编》四种甲骨文字汇)是按照《说文》次第分为十四卷排列的,而将《说文》所无的字附隶于各部之后。商、朱、孙只排列各字,不引卜辞;只有王书每字之下引卜辞,然而也不甚完备。朱书采各家之说平列而不加评论,亦少己见,虽无所发明,但尚便利于初学者的翻检。商、孙两书先后从罗书挈长,增入罗、王以后新释之字。但两书在王襄书出版之后,颇多与王襄相同之处,并不表明。"②

"王(襄)所用材料:罗书所引,《簠》。所采各说:孙、罗、王、王襄、华学涑(少数)。初印本和重订本的材料大致相同,后者不过又据所购得的数十拓本增入11字。他的材料除了采用罗书外,大多数用他自藏的甲骨并少数别家的拓本。他所藏的甲骨后来石印为《簠室殷契征文》,共1125条,因有165片分割为二条或三四条,分类排比,故其原藏的为960片。又因石印不精,上石之先曾加摹改,所以自郭沫若以来尝疑其伪。后来他的未剪裁的拓本由罗氏重新影印于《续编》中,商承祚又曾借他的拓本照了一部分相片,他所用材料的真实性才为世人所知。""此书所释采用了孙、罗、王三家之说,而于孙说不大注明,或因孙书有已为罗书所包括。但有些条虽已见于罗书的,编者只写'古某字'而未标明来源。编者异于商、孙

---

① 胡厚宣《殷墟发掘》,第38页,学习生活出版社1955年版。
② 陈梦家《殷虚卜辞综述》,第62页,科学出版社1956年初版,中华书局1988年再版。

两种字汇之处,在其不尽受罗书的范围,有罗书考释而他不认以为对的,或附入于《存疑》之中,或在《正编》中以己意改释。他在《正编》与《存疑》中所释的,约有200字以上。这些大部分在商、孙两书之中。""因为此书所用材料以他自藏甲骨为主,而此等材料曾被怀疑;因为罗书在奠定甲骨文字考释上有极大的声威;因为《甲骨文编》取材较广,摹写较真,故流行远过;有此数因,使此值得我们重视的创造性的字汇,没有得到应有的表扬,是不公允的。但我们不是说他的考释胜于罗、王,只是说他的创造性胜于商、孙两种字汇,而有些字至今还是认作正确的。孙、罗、王以后,郭沫若、唐兰、于省吾之前,王襄对于文字考释是有其贡献的。""此书《正编》所收是认为《说文》所有的,《说文》所无的大多数列于《附编》,少数无法定偏旁的列于《待考》。《正编》初印本873字(朱注:1929年《簠室殷契类纂》再版时,《正编》已增至957字)较罗书的初印本485字多出了许多。"①

关于各家引用王襄所作甲骨文考释时,多数未做说明,陈梦家在同书中一一指出:"罗振玉撰《殷虚书契考释》一书增订本较初印本新增了87字,实际上只有86字。增订本出版之时,王国维的《观堂集林》和《戬释》,王襄的《类纂》,孙诒让的《契文举例》等都已出版。在此86字中可以分为:引用王国维的6,采用王国维的5(其中2同于王襄),同于王襄的60(其中6同于孙诒让),罗氏自己的18(其中4于《类编》有祚案),我们认为6条王襄同于孙氏的,应归之于孙氏。此处有54字已见于王襄书。据日记增订本作于1916年,

---

①陈梦家《殷虚卜辞综述》,第64—65页,科学出版社1956年初版,中华书局1988年再版。

罗氏庚申日记(1920)记采录王襄32字,而不是增订本增入之字。王襄初印本中于'汭、珍、仆、彻'等字(罗氏新增87字中)下引述罗说,此时罗氏的的增订本尚未出世,因此,它可能受了罗氏尚未发表的考释的影响。"①

"此书(朱某注:指商承祚《殷虚文字类编》)说解一仍罗氏之旧,其'或有引申则称祚案以别之'。我们检查,凡有祚案的可有三类:(1)罗氏《考释》所定而无说解者,或有说解而商氏引申者;(2)罗氏初印本《考释》所无而已见于王襄书者;(3)商氏的考释。最后的一项为数不多,而属于已见于王襄书者居多。王国维于此书序对于商氏所释六字认为精确,而其中三字(觥、壬、狼)则为王襄所已释,是王国维检查未及之处。此书未提及王襄,但商氏编辑此书时(朱某注:商氏此书1927年出版),王氏《类纂》业已出版数年(朱某注:王襄书1920年初版)之久。……此书正编790字,实际上是罗氏增订本《考释》加上依偏旁隶定之字。除了一部分同于王襄之外,很少加入新字。"②

"(孙海波《甲骨文编》)……正编所录《说文》所有765字,其来源如下:罗振玉332(《考释》及《贞卜》),孙诒让184(《契文举例》及《名原》),王襄133(《类纂》及《征文》),王国维25(《观堂集林》及《戬释》),叶玉森23(《说契》及《钩沈》及《拾遗》释文等),商承祚15(《类编》),陈邦怀9(《殷虚书契考释小笺》),余永梁6(《殷虚文字考》),林泰辅3(《林抄释》),郭沫若2,徐中舒2(《耒耜考》),胡光炜

---

①陈梦家《殷虚卜辞综述》,第64页,科学出版社1956年初版,中华书局1988年再版。
②陈梦家《殷虚卜辞综述》,第65页,科学出版社1956年初版,中华书局1988年再版。

2(《甲骨文例》),容庚2,唐兰2。据此可知《甲骨文编》765字中,孙、罗、两王占了674字,而实际上采用王襄之说130字以上。然而,编者除于凡例中怀疑《簠》的真实性以外,亦未引述王襄。""孙、罗、王三家所释字,只有过多的采录了,遗漏的并很少;王襄所释有些字还有采录备考的价值,此书多未用。总之,这本字汇结束了罗、王之学中倾向于保守的一支脉。"①

"从1919年到1933年,是甲骨文字审释的第二个时期。这个时期中出现了四种字汇(朱某注:即1920年出版、1929年再版的王襄著的《簠室殷契类纂》,1923年刻、1927年删校的商承祚类次、罗振玉考释的《殷虚文字类编》,1933年朱芳圃编的《甲骨学文字篇》和1934年孙海波集、商承祚校的《甲骨文编》),只有王襄的比较有着创造性的贡献,增加了一些新认识的字。属于罗、王之派的商承祚、柯昌济、孙海波和王国维的学生余永梁、戴家祥、刘盼遂、吴其昌等人,对于文字考释承袭了罗、王的传统,加以引申、补充和集释,并没有很重大的发明。上述诸人所释的字本来就不多,所释的至今仍然可以认为正确的,每人不过数字而已。"②

此外,陈梦家在同书中还特指出:"……其它如王襄的《簠》的考释,容庚等《燕》的考释,也还比较平实。"又说"除了《戬》《簠》的考释以外,其他的释文都是从一九三三年开始印行的。"③

1965年9月,天津市文物保管委员会和天津市文史研究馆主

---

①陈梦家《殷虚卜辞综述》,第66—67页,科学出版社1956年初版,中华书局1988年再版。
②陈梦家《殷虚卜辞综述》,第67页,科学出版社1956年初版,中华书局1988年再版。
③陈梦家《殷虚卜辞综述》,第67—68页,科学出版社1956年初版,中华书局1988年再版。

办《王襄同志遗著及收藏文物展览会》介绍此书:"此书所集,皆是殷契文字。全书分四部分……其特点是每个篆字之下,注明整句原文,研究契文者认为这是一部创造性的甲骨字汇。"

1965年董作宾《甲骨学六十年》在台湾出版,对王襄此书也多有评价:说到甲骨文的名称"殷契"时,称:"《簠室殷契类纂》,王襄(著),这是甲骨文字第一部字典,收录可识的文字八七三,民国九年(一九二〇)十二月出版。""字典的编辑,有王襄、商承祚、朱芳圃、孙海波四家。李孝定君的《甲骨文字集释》一书最后写成……""字句的考释,在前期,应当提到的,还有王襄、叶玉森二氏。王氏于民国九年刊布所著《簠室殷契类纂》一书,正编十四卷,依说文次序,载甲骨文中可识之字八百七十三;附有存疑一千八百五十二字,待考四百十二字,合文二百四十三条,实为甲骨学中第一部字典。惜所引原文不注出处,考释也难免疏略讹误;但创始之功是不可没的。"说到"索引工具之编制",称:"过去各家所作《甲骨文字典》,均可为索引之用,但取材过少,每觉不敷应用。如王襄之《簠室殷契类纂》、商承祚氏《殷墟文字类编》、孙海波之《甲骨文编》、朱芳圃之《甲骨学文字编》,均限于著录,未臻完备……"[1]

1980年孟世凯出版其《殷墟甲骨文简述》,也对王襄《簠室殷契类纂》做了较高评价:"这阶段,专门从事甲骨文研究的人,在国内外约有二十多人。发表了约一百五十种专著和论文。其中包括两部起到字典作用的专著,一是王襄在一九二〇年出版的《簠室殷契类纂》,收录了到一九二〇年初认识出来的甲骨文单字八百七十三个,在此书的附编中还收录了二百多个合文,还有存疑的字一百四

---

[1] 董作宾《甲骨学六十年》,艺文印书馆1965年版。

十多个,和不认识的字列为待考一并附在其中。这也可以说是一部最早的甲骨文字典。另一部是商承祚在一九二三年出版的《殷虚文字类编》,……这两部书的编辑出版,给后来研究甲骨文的人提供了很大的方便,在甲骨学上是起了甲骨文字典开创的作用。"①

同年出版的萧艾《甲骨文史话》也对王襄先生此书有所评述:"与叶玉森同时的有天津王襄,著有《簠室殷契征文》。其书间有赝品,但绝大部分是可靠的。王氏考释时,引证详明,贡献亦多。王氏又尝据刘鹗、罗振玉、王国维三家所著录,仿《说文古籀补》体例,印行《簠室殷契类纂》,虽无发明,而便于检查。郭沫若尝谓叶、王两家,随波逐流,不足重,是不恰当的。"②

崔志远先生是最早系统研究王襄甲骨学论著的天津学者,1982年在其论文《王襄及其甲骨文研究》中说:"《类纂》的创造性,并不仅仅在于考释文字,它最突出之处是在每个字的下面引用整句卜辞,便于读者稽考征引;宛如现代字典的编排,每条词目下包括释文和词例。《类纂》不仅按《说文》部首排列文字,摹书甲骨文,并举出卜辞辞例,使读者既能了解甲骨文的结构特点,又便于探求卜辞所反映的社会历史内容,这种方法是具有科学性的。"又说:"《类纂》出版四十七年后,日本甲骨学家岛邦男在他的《殷墟卜辞综类》采用了和王襄同样的方法,在每字之下举出卜辞原文。"③

1987年初版的孟世凯《甲骨学小词典》,对王氏此书做了非常详明的解说:"《簠室殷契类纂》,书名,王襄编。1920年12月天津博物院出版。摹写石印,线装二册。有《自序》、王守恂和华石斧之《书

---

①孟世凯《殷墟甲骨文简述》,第43—44页,文物出版社1980年版。
②萧艾《甲骨文史话》,第67—68页,文物出版社1980年版。
③崔志远《王襄及其甲骨文研究》,《天津社会科学》1982年第5期。

后》,正编十四卷,附编合文一卷,存疑一卷,待考一卷,共十八卷。收甲骨文单字二千八百六十七字。正编八百七十三字,存疑为《说文》所无一千八百五十二字,待考一百四十二字。正编按《说文》部首顺序编排。所收甲骨文字是据1920年以前著录出版各书和编者自藏甲骨文拓本。每字都未注明出处。1929年10月出版增订本,摹写石印,线装二册,有《增订后序》,仍为十八卷,共收甲骨文单字二千七百七十六字,正编九百五十七字,存疑和待考共一千八百零八字。增补十一字。本书所收甲骨文字,按《说文解字》部首顺序编排,具有字典之体例和性质,在甲骨学中实为甲骨文之第一部字典。1988年3月台北艺文印书馆重新影印出版。"①

同年出版的陈炜湛《甲骨文简论》一书,对王襄此书也做了较为客观公正的评价:"《簠室殷契类纂》……这是甲骨文出土以来第一部工具书,依《说文》次序编次,每字之下略加诠释,并录卜辞文句为证。但所引卜辞全无出处,无可复核,且多残辞断句,无补于文意的理解。其解释文字颇有精到之见,如埶、壬、狼、堊等字。其明显之错误亦至多,诸如上……等等,均是其例。此书于一九二九年重订,将《存疑》《待考》之字改入正编者八十四字,正编中讹误删改者十三字,异文增入者十一字,有重订序。"②

1988年由刘一曼、郭振录编著的《北京图书馆藏甲骨文书籍提要》对《簠室殷契类纂》也做了公正的评介:"王襄编著。1920年(民国九年)12月天津市博物馆石印本,线装,四册。又,1929年(民国十八年)10月增订本,四册。……本书取材于《前》《后》《菁》等书及

---

①孟世凯《甲骨学小词典》,第208页,上海古籍出版社1987年版;孟世凯《甲骨学辞典》,第660页,上海人民出版社2009年版。
②陈炜湛《甲骨文简论》,第28页,上海古籍出版社1987年第1版,1999年再版。

王氏自己所藏的甲骨。书中考释出来的字,比罗振玉《殷虚书契考释》要多三百八十多个。而且,在内容编排上也有创造性:正编、存疑是按《说文》的次第排列;各字之下列出卜辞的原文,便于读者了解该字在卜辞中的意义;合文特著一编;能考释的字入正编,稍有所知,不能确识的字入存疑,完全不能识别的字入待考,留待古文字学者今后进一步作深入研究。这几点为后来出版的字典所仿照。但此书也有一些不足之处,如:各字及各字之下所引的卜辞不注书名、页数、片号,不便读者核对原文。"①

王宇信《甲骨学通论》是大陆地区最重要的一部甲骨学综论性著作,其对王襄此书的评价,应该说代表了学术界的共识。"首先,《簠室殷契类纂》是甲骨学史上的第一部字汇。此书于一九二〇年出版,其后,才有几部字汇,诸如商承祚的《殷虚文字类编》(一九二三年)、朱芳圃的《甲骨学文字编》(一九三三年)和孙海波的《甲骨文编》(一九三四年)陆续出版。王襄的《簠室殷契类纂》一书,编入了他对甲骨文字的研究心得并吸收了当时文字考释的最新成果。此外,《簠室殷契类纂》,在每字之下,不仅释义,而且还引用整条卜辞做为辞例。既可使读者了解有关文字在卜辞中的位置和意义,还可使读者了解出现该字的卜辞所记载的商代社会历史内容。这就较其后出版的《殷虚文字类编》《甲骨学文字编》《甲骨文编》等书未引用全段卜辞做为辞例,对读者要方便得多了。《簠室殷契类纂》一书所开创的这一编辑体例,对后世大型工具书的编纂有一定的影响。"②

---

①刘一曼、郭振录《北京图书馆藏甲骨文书籍提要》,第174页,书目文献出版社1988年版。
②王宇信《甲骨学通论》,第3243—25页,中国社会科学出版社1989年版。

同样,在王宇信、杨升南《甲骨学一百年》中,也对王襄此书有如此评价:"天津王襄是甲骨文最早的发现者之一,他在 1920 年出版有《簠室殷契类纂》,属于甲骨字汇书,除广采孙、罗、王诸氏字释外,主要本之自藏甲骨材料,多有创获。《簠室殷契征文》是他释读甲骨文字所得的具体运用。"①

宋镇豪曾对《百年来甲骨文集成性工具书的编纂》,做过深入统计和研究,历史地评价了王襄此书在甲骨学工具书编纂史上的地位:"在百年甲骨学史上,这类工具书的编纂,大体有过三个热盛时期:一在本世纪二三十年代,以王襄《簠室殷契类纂》(1920,天津博物院)、商承祚《殷虚文字类编》(1923,决定不移轩;又 1927 年删校本;又 1971,台北艺文印书馆翻印本)、孙海波《甲骨文编》(1934,哈佛燕京学社)、曾毅公《甲骨地名通检》(1939,齐鲁大学国学研究所)以及日本高田忠周《古籀篇》(1925,古籀篇刊行会)等为代表。""1920 年王襄的《簠室殷契类纂》,就上述罗氏五种甲骨著录书,又益以簠室私藏甲骨进行汇总,得已识未识的甲骨单字数共为 2867 个,几超出近一倍。王襄此书也是首部合甲骨文已识与未识字于一编的字汇工具书。"②

近年赵诚先生也对甲骨学史颇为留心,著成《二十世纪甲骨文研究述要》,对王襄此书之介绍之同时,对其地位及声誉之褒贬之词,也颇公允:"《簠室殷契类纂》,1920 年 12 月天津博物院石印出版,线装四册。此书将经过各家考论,认为可以辨识的 873 字(重文 2110 个)作为《正编》,一依《说文》次第编排,计 14 卷。其《说文》所

---

① 王宇信、杨升南《甲骨学一百年》,第 97 页,社会科学文献出版社 1999 年版。
② 宋镇豪《百年来甲骨文集成性工具书的编纂》,《历史文献》第五辑,上海科技文献出版社 2001 年版。

无以及难以确识的1852字,则基本上取其偏旁类似者依次编排,作为《存疑》。不能入于《存疑》的142字,作为《待考》。共收甲骨文单字2867个。另有数字合文者,计其重复,共243条,作为《附编》。此书是甲骨文出土之后的第一部工具书,书中所纂集的各字,均为临摹,基本上是以作者所见所藏的甲骨及拓本为依据。但所摹写,为了求得整齐美观,不完全符合原刻文字的真实状况,不足以存真,应是其缺点。每字之下均略作解释,则是其优点。从简略的考释之语,可以看出当时甲骨文字研究的一般水平以及作者的识见,有助于学术史的研究,当是一大贡献。如就甲骨文字研究本身而言,此为第一部工具书,则草创之功也不可没。每字下另录有卜辞文句为证,可惜所引卜辞均未注明出处,容易使读者疑惑,也是美中不足。到了1929年,此书出了修订本,石印线装二册,将原属于《存疑》《待考》的84字改入《正编》,将原属于《正编》的13个字以为有误而加以删改。初印本有作者《自序》及王守恂、华石斧《书后》。修订本有《重订序》。后有《勘误》63条。此书编辑体例,基本上为后来的同类书所沿用。"[1]

---

[1] 赵诚《二十世纪甲骨文研究述要》,第575—579页,书海出版社2006年版。

试论《簠室殷契类纂》在考释文字方面的成就

天津著名学者王襄先生不仅是殷墟甲骨文的发现者,是甲骨文早期的鉴定与收藏者,也是唯一一位详细记录早期甲骨文发现过程的学者,而且同样更是一位集甲骨收藏与甲骨学研究为一身的著名甲骨学家。他艰苦卓绝的甲骨收藏经历,他苦心孤诣的甲骨学研究,他著成的甲骨学名著《簠室殷契类纂》和《簠室殷契征文》,都是他对甲骨学体系建立做出的不可磨灭的巨大贡献,同时也为他带来了尊贵的学术荣誉,从而奠定了他在甲骨学史上较高的学术地位。

王襄的《簠室殷契类纂》是一部集字释与字典为一身的甲骨学著作。但它首先是王襄个人考释文字的汇集,所以这部书集中反映了王襄早期甲骨文字研究的考字成果。此文,仅试述其《簠室殷契类纂》[①]在甲骨文字考释方面的成就。

[①] 王襄《簠室殷契类纂》,天津河北第一博物院1920年石印本;1929年增订版。修订后的《簠室殷契类纂》中,新识与勘误者27字,增补异文者11字。本文以唐石父、王巨儒整理,天津古籍出版社2005年版的《王襄著作选集》之上册《簠室殷契类纂》为依据。以下简称《类纂》。

一

翻检该书,王襄所释之字,依照字形说解,结合许慎《说文解字》及古文献中相关名物记载,并参照考古出土或传世器物及金石材料,多方论说,故而多有精彩之处,读之如醍醐灌顶,令人豁然开朗。

兹随机试举其中一些例子,分为几种情况说明如下:

1. 依靠与后世文献记载的比勘考释甲骨文字

比如王襄《类纂》正编第三页上:"♀,古茅字。《周礼》甸师祭祀共萧茅。按周世祭时,用茅以缩酒。疑商世已行之。"

第五页上:"㸚,古物字。《诗·无羊》'三十唯物',传曰:异毛色者三十也。《周礼》'鸡人辨其物',注毛色也。《周礼》'司常杂帛为物'。按,物之本训为异毛色之牛,即杂色之牛也。引申之,凡牲之毛色皆训为物,杂帛为物乃借谊也。文曰物牛,即异毛色之牛也。"

第三十二页下:"㫑,古旋字。许说周旋旌旗之指麾也,从㫃从疋。疋,足也。此从㫃从正。《礼记·玉藻》周旋中规,折旋中矩,周旋必以正也,故从正,文曰旋于正,与《字林》训回之谊同。"

第四十六页上:"㷭,古寮字。许说柴祭天也。《周礼·大宗伯》以槱燎祀,司中司命飌师雨师,注燔柴而升烟。此从木从火,燔火木下,其焰上炎,旁点象火然后焰上炎之形。古与僚通。……㶊,寮或省火,只象火焰燔木之形。"

2. 依据《说文解字》的说解而例推甲骨文字

第十七页上:"㬎,古䍙字。许说目相及也。从目从隶省。古与逮通。"

第十八页上:"雈,古隻字。许说鸟一枚也,从又持隹。古与获通。"

第十九页上:"❍,古羌字。许说西戎牧羊人也,从人从羊,羊亦声。或释姜。"

第十九页上:"❍,汉辅宗兄释雙。许说隹二枚也,从雔又持之。此从雔从二又。"

第三十页下:"❍,古贮字。许说积也。❍象积物之所,四周有盖覆,积贝于中,贮之谊甚明。"

第三十四页上:"❍,古穅字。许说谷皮也,从禾从米庚声。此从庚从❍或❍或❍,皆象谷皮之形。"

第三十五页下:"❍,古舂字。许说擣粟也,从廾持杵临臼,上午杵省也。此从❍从❍从❍,❍象杵形,❍象臼形,两手持杵临臼上,即舂字。"

第四十五页下:"❍,古获字。许说猎所获也。又训隻云:鸟一枚也。从又持隹,又持隹有捕获之谊,殷契故叚为获字。"

第五十七页下:"❍,古弹字。许说行丸也,或从弓持丸。此象丸在弦上将发之形,与射字矢在弦上谊同。"

3. 依靠古文字字形的分析考释甲骨文字

第六页下:"❍,古步字。从向前左右各一足迹形。即许书从止少,向背之谊。"

第十三页下:"❍,古事字。吴愙斋先生云:古文事使为一字。象手执简立于旂下,史臣奉使之谊。此字上丫为旂❍,手执简立于下之形,甚塙。"

第二十六页上:"❍,古矢字。许说象镝栝羽之形。又训栝杲也。一曰矢,栝杲弦处。段茂堂先生云:杲弦处者,弦可隐其间也。按❍一端之❍形,为栝;一端之❍或❍诸形,为镝;❍或❍形,为羽;❍,所谓笴也。"

第二十七页上:"❍,古韋字。许说相背也,从舛口声。按北从二人相背,韋从口从二❍相背,口围也,❍足迹也,足迹相背而驰,有违背之谊。从口得声。下方十、十一两字,从行从韋省。行而足迹相背,韋之谊尤显。"

第五十七页上:"⽧,古望字。象人立地上举目以望,望之谊甚塙。⽧,古目字。"

第五十八页上:"⽧,古絲字。两端作⽧⽧者,象束絲余其岢绪之形也。⽧⽧,象絲之纠结形,或结为⽧,或结为⽧,无定式也。"

4. 参照金文、小篆等金石材料的对比考释甲骨文字

第八页下:"⽧,古得字。象手持贝形,有持而不矢之谊。虢叔钟得作⽧,亦从手持贝。"

第十三页上:"⽧,古叔字。许说拾也,从又朩声。广雅释诂:叔,少也。借为叔季之叔,引申之为男子之美称,与子甫同谊。又通作淑,善也。金文或借惄为淑,溃者钟沇兒钟淑于威仪,皆作惄。除王之叔子沇兒亦作惄。知叔、淑、惄,古通也。"

第十四页上:"⽧,古専字。许说布也,从寸甫声。殷契有⽧字,即圃省口。御尊盖圃作⽧,知甫古作⽧。此从甫从寸,乃古専字。毛公鼎専命専政,⽧字与此相似。古与敷通。"

第二十五页下:"⽧,古饗字。乙亥鼎饗作⽧,与此同。"

第二十五页下:"⽧,华石斧先生释馈。按金文之⽧若⽧皆与此相似。许说吴人谓祭曰馈。"

第二十七页上:"⽧,古舞字。华石斧先生云,象人执牛尾以舞之形,为舞之初字。按王俎人甗之⽧亚形,父丁卣之舞,皆此字之繁文。僕兒钟之⽧,从辵作⽧,乃后起之字也。"

第三十二页下:"⽧,古旂字。象旗幅开张之形。清伯敦旂勒之旂作⽧,与此近。"

第三十七页下:"⽧,古付字。许说与也,从寸,持物对人。徐鼎臣

云:寸手也。散盘付作𠂇,与此相同。或以为及字。"

第四十七上:"㚑,古赤字。许说南方色也,从大从火。𠫑鼎赤亦作㚑,相同。"

5. 利用古文字之间声韵通假考释甲骨文字

第六页下:"𠙴,古止字。像足迹之形。……𡳿,古止与之通。"

第十二页上:"𠂇,古又字。与右、有、侑并通,有、侑重文。"

第十九页下:"𩙿,古凤字,象其羽毛之形。……古与风通。"

第二十二页上:"匧,古簠字。说文簠之古文从夫,此从余省。余夫同声,故相叚。"

第二十三页上:"𢦒,古羲字。许说气也,从兮羲声。此从我。王引之先生云:俄、羲同声。按《礼记》学记蛾子时术之蛾亦读与羲同。实我与羲同声,故殷契叚我为羲。"

6. 考释甲骨文字并追溯古文字造字本义

第十五页上:"𤰇,古畋字。《吕览·直谏》以畋于云梦,注:猎也。阮文达公云:畋,猎也。殷契多借田为田猎字。此疑为田猎之本字。"

第四十二页上:"𠫔,古厶字。许说奸邪也。韩非曰:仓颉作字,自营为厶。是厶乃私之本字。后世借私为公私字,而厶字遂废。"

第四十三页上:"𤉡,古貍字。象貍牲之形,从𠆢或𠆢象地中之水。貍之牲为牛则字从牛,犬则从犬也。后世以貍、薶为𤉡,而𤉡之本字废。"

7. 考释甲骨文字以比较文字之间的细微差别

第三十三页上:"𠂆,古夕字。殷契月、夕二字相似,然以文义考之,此当为夕。"

第五十六页上:"戍,古戍字。吾钊弟云:'伐、戍二字,许书皆训从人持戈,甚难辨别。按伐字,段注:"戍者,守也。故从人在戈下,入戈部。伐者,外击也。故从人杖戈,入人部。"此字从人在戈下,即戍字。'说甚确,存之。"

第六十二页下:"十,古七字。兆坼纪数字。殷契十作丨,七作十。昔年粤中所出黄肠题字十七作十十,陈簠斋先生所藏建武钱范背文十七,亦作十十。十之篆文至后汉尚沿用之,不尽作卞也。"

第六十五页上:"㞢,古巳字。似子,金文中遇似子之巳,释为子难通其义。自殷契出,知古巳字作㞢早诸形,则'丁子''乙子'各文,始得确解矣。"

8.考释甲骨文字旨在说明古文字偏旁的讹变省简

第二十六页下:"啇,古郭字。许说度也,民所度居也。从回,象城章之重、两亭相对也。或但从口。"

第三十页上:"或,古国字,省口。宗周钟国作或,亦省口。或字重文。"

第五十八页下:"㠯,华石斧先生云:'此为風之本字。米象指風向八方之形。㠯即冏之所由讹。今隶飒之从凡,亦一证。许书風之篆文从㐁,即十之讹,十为米之省。古文从⊙,即古日字,金文⊠与米近,故讹从日也。'按殷契多借鳳为風,鳳之从㠯作者,文义皆为風。㠯,古凡字,亦象四正四隅,指八方風向之形,与米谊同。"

9.考释甲骨文字旨在说明古代占卜制度

第十五页下:"卜,古卜字。许说灼剥龟也,象炙龟之形,一曰象龟兆之从横也。按殷契各卜字,其旁画在直画之左右上下无定,正象龟兆从横之形。"

第十五页下:"凷,华石斧先生释卟。许说卜以问疑也,从口卜。书云:卟,疑今本作稽疑。"

第十五页下:"鼎,古贞字。许说卜问也,从卜贝以为赘。一曰鼎省声。"

第三十二页上:"⿕,古昱(翌)字。许说明日也。殷契用为明日、为第二日不定。下方昱字第十四文曰:丁酉卜贞昱壬寅,则为第五日矣。"

第六十三页上:"十,古甲字。……甲子文见甲子表,与殷契同出之龟甲兽骨,刻列六十甲子,无他文字,乃卜官专备推步之用者。"

10. 考释甲骨文字以说明上古社会历史

第三十五页下:"⿴,古家字。吴愙斋先生云:'家从宀从豕,凡祭,士以羊豕,古者庶士庶人无庙,祭于寝,陈豕于屋下而祭也。'此从宀从豕,象陈豕屋下之形。"

第三十七页上:"⿰,古伊字。……《书·盘庚》:'兹予大享于先王,尔祖其从与享之。'商世祭先王,凡有功之臣,得以配享。然详译卜辞:'乙亥贞又伊尹'及'乙亥贞其又伊尹二牛'诸文,知须占卜也。"

第四十七页下:"⿴,古圉字。许说囹圄所以拘罪人,从㚔从口。此从执从口。执,许说捕罪人也。口,古圍字。捕罪人而拘于圍中之谊尤塙。"

第五十四页下:"⿰,古娀字。许说帝高辛妃偰母号也。从女戎声。"

第五十九页上:"⿰,古它字。许说从虫而长,象冤曲垂尾形。上古艸居患它,故相问:无它乎?"

此外,再如:"帝""芻""步""登""為""藝""又""秉""左""史"(事)、"牧"(敓)、"刖"(劓)、"角""乎""虎""宁""射""亳"等字,都是根据字形分析该字所象,并与古典文献记载、金石器物相结合,而求得字释能确乎允当,非常可取。

二

尤其值得注意的是,在王襄的甲骨文字考释过程中,已经充分注意到古文字中一些偏旁通用现象,并有意识地进行这方面的理论总结。

比如正编第三页下:"茻,古莫字。许说日且冥也,从日在茻中。殷契莫或作蕻,从林。林茻二字古相通。又作昔,从林省。"就指出了古文字中偏旁"艸""木""林""森""茻""林"等相互通用现象,并在其他文字的考释中利用了这一规律,从而达到了正确释字的目的。比如正编第二十八页下"稾":"𥣫,古稾字。北征稾仙作𥣫,从茻从高。殷契从茻从林之字,偏旁每每相通。莫,《说文》从茻,殷契从林,其例也。此从林从高,即稾字。"同样在第二十九页上"楙":"𣏲,古楙字。许说木盛也。从林矛声。……楙或从林作𣏲,亦象丛木之形。"又如第四十六页下:"𣌶,古焚字。《说文》燓字训烧田,从火棥,棥亦声。段茂堂先生改本作焚,从火从林。与殷契焚同,或从艸作𦧅。"皆是其例。

类似的例子,再如第八页上:"𠂤,古徐字。从辵省。彳辵二字,古相通叚。(徐)古与邾通。"是说"彳""辵"两偏旁古代相互通用。又如同页上:"𨑒,古徎字。许说迹也。又训迹,步处也,有至之谊。文曰王徎于某,犹云王至于某也。与跢、衜并通。"是说"彳""足""行"诸偏旁相互通用。第八页下:"𢓊,古延字。孙仲容先生云:廸延相通。《说文古籀补》廸亦收入延字下。"则是说"彳"与"廴"两偏旁相互通用。是以知道,王襄心目中的"彳""辵""辶""足""行""廴"等表示行走意义的偏旁之间是可以相互通用的。

正编第一页上:"㡭,古天字。盂鼎㡭上一作●形。殷契皆刻字,故双钩作〇,与●形一也。"指出甲骨文的双钩形与金文的填实形所指相同。

第四页下:"牝,古牝字。……㸭……㹀……㺁……牝或从豕、从犬、从羊、从虎、从马,无一定。罗卜言先生云:'麀亦牡(朱某按:此牡字为牝字之误写)之异体,后人别指音读,失之。'"是指出了在表示雌性动物时,"牝"字的偏旁可以在"牛""羊""豕""犬""马""虎"乃至"鹿"等字之间转换、互通。同样,第四十三页上:"犙,古貍字。象貍牲之形,从丷或丨丨象地中之水。貍之牲为牛则字从牛,犬则从犬也。后世以貍、薶为犙,而犙之本字废。"同样也说明了"貍"字偏旁即可从牛作犙,也可从犬作犙,两者通用。

第三十七页下:"侸,古侸字。许说立也,从人豆声。"在该字下又列有"㛈""㛈"等字形,云"侸或从女"。在此基础上,王襄在《簠室殷契征文考释》"地望"第九页中,误释"保"(保)为"古好字",以为"不从女,与侸之或从人或从女谊同"。虽然这些字的考释未必正确,但是王襄在此指出了人字旁与女子旁在古文字中可以相通,则是非常正确的。

在王襄之后的于省吾、唐兰等先生,大都注意古文字字形的一些规律和现象,利用古文字中的字形与偏旁分析考释文字而成为著名古文字学家。其实王襄实开古文字字形与偏旁分析释字的先河。

三

王襄在《类纂》的释字,有许多都是王氏首次考释出来的,并且为后来学术界所普遍接受的研究成果。比如王氏《类纂》正编第十二页上释執、埶云："古埶字,许说种也,石鼓埶作⿰,从木,从土,从丮,此省土。"此字王襄的考释当是首释。稍后的商承祚也考释此字："《说文解字》'埶,种也。从坴,丮持种之。'此象手执木之形,殆即埶字。石鼓文作⿰,尚存古意,逮至许书,形益失矣。其从中与木同。"①按此字被王国维赞为"极精确"②,其实商氏考释此字的思路与王襄如出一辙,然而并未言明王释在先,这就涉及到一个学术规范的问题,类似的情况详见下文。后来著名古文字学家于省吾先生进一步考释此字时,引用王氏此说,与唐兰先生释为"热"字相比,称誉"王襄释埶,至确"③。后来赵诚先生"从汉字演化的历史"角度,指出"王说也有不足之处。甲骨文此字象人以双手抱木或草之形,以表示种植之义,当是树艺之艺的初文,本不从土。从土为后起,乃增形会意,王氏所说'此省土'当是以为先有从土,不合此字演化现象。所谓省,必先有不省,事实是此字本不从土,故不得言省。"④

不仅如此,王襄还将執字与另一个形似的埶字区别开来。甲骨文有埶字,象人两手持火炬形。罗振玉释苣,谓"与寮同意"。后来商承祚先释为炬,后又改释为寮。郭沫若从商释。王襄在《类纂》正编第四十六页下则释此字为"古爇字",认为该字从火与彼字从木有别。唐兰虽然肯定了王氏之释,但又将从木和从火炬之字本有不同而混合为一⑤。所以赵诚认为:"相比之下,王氏之释近是。在考释甲骨

---

①商承祚《殷虚文字类编》,第三卷第9页,决定不移轩石印本,1923年版。
②见王国维为商承祚《殷虚文字类编》所作序言。
③于省吾《释枏》,《双剑誃殷契骈枝》,第39页,大业印刷局1940年版。
④赵诚《二十世纪甲骨文研究述要》,第575—579页,书海出版社2006年版。
⑤诸家考释详见于省吾主编《甲骨文字诂林》,第0386号,中华书局1996年版。

文字的初期,王氏能有如此之识见,的确不凡。"①

又如,甲骨文中𡴁字习见,而孙诒让、罗振玉、王国维均未考释。王襄在其《类纂》正编第三页首释为"矛"(与"茅"通):"𡴁,古茅字。《周礼》甸师祭祀共萧茅。按周世祭时,用茅以缩酒。疑商世已行之。"其后,柯昌济、叶玉森也均释为"茅",董作宾从王襄考释,释甲骨文中"寻𡴁"为"馈矛"②。之后,郭沫若则释为"妇句",谓"刻辞中之若干𡴁,即言卜骨之包裹"③,唐兰则释为"豕形无足而倒写者"④,与郭沫若争论,针锋相对。后来,于省吾先生考证此字为"屯"⑤,最终为学界所接受。王襄等人的考释,虽然不大正确,但其首释之功,不可磨灭。

再如,甲骨文中有"㚔"字,孙诒让、罗振玉均未考释。王襄在其《类纂》正编第八页上首释为"遘"。"㚔,古遘字,许说近也。"商承祚⑥、孙海波⑦,都从之释遘,后来商承祚以此字异体而又释作"逵"⑧。董作宾认为该字表示地名⑨。于省吾先生也从王襄释此字为遘,但他进一步深入研究,认为即"馹"字,驿传也,由此探讨了商代的馹传制度⑩。

---

①赵诚《二十世纪甲骨文研究述要》,第575—579页,书海出版社2006年版。
②董作宾《寻矛说》,《安阳发掘报告》第四期,1933年2月。
③郭沫若《骨臼刻辞之一考察》,《中国古代铭刻汇考续编》,《郭沫若全集·考古编》第1卷,第411—430页,科学出版社1982年第1版。
④唐兰《天壤阁甲骨文存考释》,第17页,辅仁大学影印本1939年版。
⑤于省吾《释屯㚔》,《甲骨文字释林》,第1—2页,中华书局1979年版。
⑥商承祚《殷虚文字类编》,第二卷第14页,决定不移轩石印本,1923年版。
⑦孙海波《甲骨文编》,第二卷第21页,燕京大学哈佛燕京学社石印本,1934年版。
⑧商承祚《殷契佚存考释》,第940页,金陵大学中国文化研究所1933年版。
⑨董作宾《安阳侯家庄出土之甲骨文学》,《田野发掘报告》第一集,1936年8月。
⑩于省吾《释遘》,《甲骨文字释林》,第277—278页,中华书局1979年版。

甲骨文中有"娥"字，也是王襄首揭其义。在《类编》正编第五十四页下云："㚇，古娥字。许说帝高辛妃偒母号也。从女戎声。"其后商承祚[1]、李孝定[2]等甲骨文字词典工具书，皆从之而释为"娥"，为研究商代创世神话历史找到一条极其有利的材料。

同样，在商代历史上非常重要的"滴"字，也是由王襄首先关注并研究出来的。因为"滴"字为《说文》所无，故而

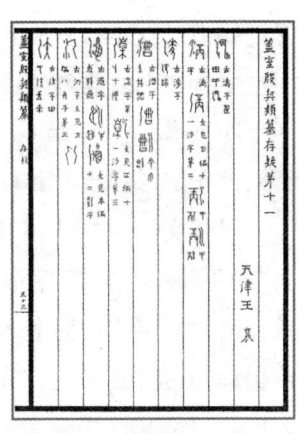

《簠室殷契类纂》书影

在《类纂》存疑第五十三页上，王氏推测断云："㴊，古滴字。"并列出了该字的其他异体：㴊、㴊、㴊。罗振玉在其1915年印行的《殷契书契考释》[3]中尚未考释出此字。但在其1927年印行的《增订殷虚书契考释》中也列出此字，显然是受到了王襄考释此字的影响。罗氏云："许书无滴字，集韵有之，云音商，水名。此云：王其□舟于滴，则滴之为水名，信矣。但不知为今何水耳。"[4]延续这一思路，孙海波也说："从水从商，《说文》所无。商都附近水名。"[5]其后，葛毅卿[6]、杨树达[7]、孙淼[8]等学者，亦皆沿着王襄此释作进一步论证，"滴"即漳水，

---

[1] 商承祚《殷虚文字类编》，第十二卷第4页，决定不移轩石印本1923年版。
[2] 李孝定《甲骨文字集释》，第3635页，中央研究院历史语言研究所1965年版。
[3] 罗振玉《殷虚书契考释》，永慕园石印本，1915年版。
[4] 罗振玉《增订殷虚书契考释》，卷中，第11页上，东方学会石印本1927年版。
[5] 孙海波《甲骨文编》（增订本），第441页，中华书局1965年版。
[6] 葛毅卿《说滴》，《中央研究院历史语言研究所集刊》第七本4分册，1939年版。
[7] 杨树达《说滴》，《积微居甲文说》卷下第70页，科学出版社1954年版。
[8] 孙淼《夏商史稿》，第260至263页，文物出版社1993年版。

是商朝借以发迹的一条重要河流。

甲骨文中的地名"麤"字,也是王襄首释出来。在《类纂》正编第四十四页下:"𪊽,古麤字。从二鹿。"此后,商承祚《类编》、孙海波《文编》、李孝定《集释》等字书字典,均从而释为"麤"字①。

甲骨文中的"虎"(𧆞、𧆣)、"豹"(𧴟、𧴡)二字,极易混淆,罗振玉就将"豹"字混入"虎"字字形之中②。王襄在《类纂》正编第四十三页上首释出"豹"字:"古豹字,许说'侣虎圈文'。"虽然叶玉森认为罗振玉仍释作"虎"是对的,"先哲造字时疑虎豹为一物,作豹斑者亦呼为虎"③,孙海波《甲骨文编》也将二字混而为一④,但现代甲骨学者多不以为然。日本甲骨学家岛邦男编著《殷虚卜辞综类》⑤,就将"虎""豹"两字分列,当是从王襄之说。姚孝遂先生谓:"卜辞又有'豹'字,作𧴟、𧴡等形,其特征为文理作圆斑或圆点形,头部也与虎差异。王襄《类纂》九·四三释豹是正确的。'豹'字在卜辞均用作人名,无一例外。《说文》'豹,似虎圈文',卜辞豹字正突出其'圈文'的特征,不得混同于虎字。"⑥《甲骨文字诂林》编者按也说:"'豹'字旧均混同于'虎'字,唯王襄释'豹'是正确的。'豹'字形义与'虎'迥然有别。""其作圆斑或小点形者,当从王襄释豹,与虎字判然有别,均用作人名,无例外。"⑦

---

① 诸家考释详见于省吾主编《甲骨文字诂林》之"麤"字条,中华书局 1996 年版。
② 罗振玉《殷虚书契考释》,第 37 页,永慕园石印本,1915 年版;《增订殷虚书契考释》,卷中,第 30 页上,东方学会石印本 1927 年版。
③ 叶玉森《殷虚书契前释》,卷四第 61 页上,上海大东书局石印本 1933 年版。
④ 孙海波《甲骨文编》,卷五·一〇,第 224 页,中华书局 1965 年版。
⑤ 岛邦男《殷虚卜辞综类》,日本东京汲古书院 1967 年版,又 1971 年增订版,"虎""豹"字条。
⑥ 姚孝遂《甲骨刻辞狩猎考》,《古文字研究》第六辑,中华书局 1981 年版。
⑦ 于省吾主编《甲骨文字诂林》之"豹"字条,第 1623、1624 页,中华书局 1996 年版。

同样,甲骨文有田猎地名𣏌字,或作𣏌、𣏌等形,从木从余,很好释读。但孙诒让、罗振玉、王国维均未释出。王襄在《类纂》存疑第三十二页上,注明此字"疑梌字"。王氏虽是怀疑此字为"梌",显示其治学之谨慎,但学术界还是欣然而从之,并无异议。陈梦家依据甲骨田猎卜辞地名行程系联关系,推测"梌"地当在沁水南岸古地雍榆一带①。但是甲骨文中此字除了作地名讲,还有"有梌""亡梌"等辞例出现。于省吾先生进一步考证,认为该字"从木余声,应读为馀。梌与馀并谐余声。馀今作俞。……余应读为渝……然则契文言'亡梌'即'亡渝',谓无变也。"②于氏从文字演变、韵读谐声等几个方面,又解读了"梌"字在甲骨文中的另外一个用法。而这都是在王襄首释此字的基础上的进一步发展。

甲骨文晚期出现的"𢆉"(祸),也是王襄首释为"𢆉",见其《类纂》正编第四十五页下,其后胡光炜(1928)、叶玉森(1934)等均从之释"𢆉"。至陈梦家(1936)释为"𢆉"之后,或释为"𢆉"字,或直接释为"祸"字③。"亡𢆉"同"亡囚""亡尤""亡戋"等一样,为甲骨卜辞习用语。虽然王襄释字并不确切,但其首释之功,不可磨灭,后来的学者一步步考证,正是在其解说的启发下有所进步的。

其他如"天""夫""通""衍""戈""戋(戋甲)""勿""浴""食""山""美""赫(奭)""舞""疾""妾""耳""取""出""齿""考(老)""屯""卒"等,当均是王襄首释字,尽管有的现在看来已经靠不住了,后来有学者做了更好的考释,但王襄对这些字的考释首功,当会载著学术

————————

①陈梦家《殷虚卜辞综述》,第261—262页,中华书局1988年版。
②于省吾《释梌》,《甲骨文字释林》,第73—75页,中华书局1979年版。
③诸家考释详见于省吾主编《甲骨文字诂林》之"𢆉"字条,中华书局1996年版。

史册,令后人景仰。

还有一些甲骨文字,虽然不是王襄首先考释出来的,但王襄在前辈或同辈学者已经有的文字考释成果面前,或是不同意其说,而另作他释;或是在这些说法的基础上进一步有所抉发,有所进益。凡此,也都是王襄考释甲骨文字的贡献。

比如甲骨文有"𢓊""𢓊"字,从彳从止,可隶定为"𢓊"。孙诒让在其《契文举例》释此字为征,以为后代之延字,并引《说文·辵部》"延,正行也,从辵,正声,或作征,从彳。"①罗振玉云:"曰延,《说文解字》延,安步延延也。从廴从止。师遽敦及盂鼎作𢓊,与卜辞同。"②均为释字不确。王襄在《类纂》第八页下:"𢓊,古延字。孙仲容先生云:延延相通。《说文古籀补》𢓊亦收入延字下。"后来王襄更在《征文》考释("天象"第六页上)中,释为延读作延:"古延字,与延通。《说文解字》:延,长也。延雨与后世之说积雨同欤。"郭沫若赞同王襄之说,并为之补充曰:卜辞"言'不𢓊雨'即不延雨,言雨不连绵也"③。从此,此字之释遂为定论。

甲骨文有"涉"字常见,作𣥺、𣥺、𣥺诸形。但孙诒让《契文举例》首释此字为"歲"字:"疑是歲字。《说文·步部》:歲,从步戌声。……然龟文多省简,或即以步为歲,亦自可通。"④罗振玉、王国维等人对此字无释。王襄在《类纂》正编第五十页下,首释此字为"涉"字:"𣥺,古涉字。象两足迹在水旁,有徒行历水之谊。或从水省。"其后又有许多学者考释,皆从王襄之说。现在,该字释"涉"为学界共识,

---

①孙诒让《契文举例》,第73页,齐鲁书社点校本1993年版。
②罗振玉《殷虚书契考释》增订本,卷中第67页下,东方学会石印本1927年版。
③郭沫若《殷契粹编》,第760片考释,科学出版社1983年版。
④孙诒让《契文举例》,第6页,齐鲁书社点校本1993年版。

已无任何争议。

再如，甲骨文常见的人名地名中有"沚"字，作㞢、㞢诸形。孙诒让首释此字，但他认为字不可识，怀疑为金文"黄"字之省，然终因"惜无确证，未能决定也"①。罗振玉则释此字为"洗"字："《说文解字》洗，洒足也，从水先声。此从㞢即足形，从㣺即水形。置足于水中，是洗也。"②王襄不同意孙、罗之释，在其《类纂》正编第四十九页下，首释此字为："古沚字。"又在《征文》考释"地望"第八页上考证出该地之地望所在："从水从止，疑古沚字，旧释洗。卜辞：允来嬉自西，沚馘告曰：土方正我东鄙。则沚馘为殷都西鄙之地也。"此后，叶玉森、孙海波、董作宾、唐兰、金祖同、于省吾、郭沫若、陈梦家、丁山、张秉权、李孝定、裘锡圭、白玉峥等甲骨学人，皆从而释"沚"③。其中李孝定指出："契文亦从水从止，王襄释沚，是也。罗氏释洗……于文字偏旁之分析则不符。"④张秉权亦云："㞢，从水止声，王襄释沚，可信。"⑤

又比如甲骨文"省"字，作㞢、㞢、㞢诸形。自孙诒让、罗振玉、王襄以下，有叶玉森、商承祚、孙海波、杨树达、郭沫若、闻一多、饶宗颐、屈万里、斯维至、伊藤道治、何新等多位学者对此字进行考释，兹不一一。《甲骨文字诂林》编者（姚孝遂先生）按在比较众多学说的基础上，赞同王襄的考释："按：王襄释省，并疑省眚古本一字，其说可

---

①孙诒让《契文举例》，第79页，齐鲁书社点校本1993年版。
②罗振玉《殷虚书契考释》，第60页下，永慕园石印本，1915年版。
③诸家考释详见于省吾主编《甲骨文字诂林》之"沚"字条，中华书局1996年版。
④李孝定《甲骨文字集释》，第3322页，中央研究院历史语言研究所1965年版。
⑤张秉权《殷虚文字丙编考释》上辑（一），第30—31页，中央研究院历史语言研究所1957年版。

从。或释德,或释值,或释循,于形于义,均不可通。"①

四

王襄甲骨文字考释成绩对甲骨学界的影响,可以从罗振玉引用王襄的释字成果一端可略窥见其一斑。罗氏增订其《殷虚书契考释》(1927年版)时,王襄《类纂》已经出版,而且此时罗振玉已经从日本回国寓居天津。作为被王襄引为师辈且十年前就已结识的甲骨学大家罗振玉先生,曾将自己的著作赠送给王襄。王襄著成《类纂》也一定会呈送给罗振玉请教的,正像当年孙诒让著成《契文举例》要寄送罗氏指教一样。虽然在王襄自己的论著中,我们还没有看到王襄送《类纂》给罗的记载,但从容庚先生在罗家见到王襄《类纂》的记载中②我们知道,王襄确实曾将《类纂》恭送给罗氏指教了。那么,罗氏增订本中参考王氏考释的字必定不少。但是遗憾的是,罗氏在其《殷虚书契考释》增订本中对王襄该书考释文字只字未提。

在罗振玉《殷虚书契考释》增订本中增补的一些字,王襄此前已经考释出来了。比如我们先看看有学者(赵诚)所揭示之"赤"字与"镬"字两例。

赤字,王襄已在《类纂》正编第四十七页上已释出:"⟨字⟩,古赤字。

---

① 于省吾主编《甲骨文字诂林》,第578页,中华书局1996年版。诸家考释详见该字条中。
② 容庚《甲骨学概况》(《岭南学报》第七卷第二期,1947年)在第二章"作家"一栏中,云:"王襄字纶阁,河北天津人。曾任职天津博物馆。藏甲骨及古甬甚富。著有:《簠室殷契类纂》(见下章)、《簠室殷契征文》(见下章)。余初欲编纂《甲骨文编》,得其《类纂》甚喜。曾见之于罗氏贻安堂。"

许说南方色也,从大从火。智鼎赤亦作㘫,相同。"罗氏在其《殷虚书契考释》初印本(1914年)中,未列此字。但在其《殷虚书契考释》增订本(1927年)第二十五页下:"曰赤,㘫,从大火,与许书同。"

又如镬字,王襄在《类纂》正编第六十一页上已释出:"㸰,古镬字,从鬲。㸻"罗氏在其《殷虚书契考释》(1914)第七十一页上列有此字,但只说出了著录书中的位置,也分析了字形所象,而未作考释:"曰㸰,卷六第四十六叶。象获鸟在鬲中。"但在其增订本卷中第三十八页下云:"曰镬。㸻《说文解字》镬䥈也,从金蒦声。段君注:'少牢馈食礼,有羊镬有豕镬,所以煮也。'此从鬲隻声,殆即许书之镬,或加∷象水形,所以煮也。隻即获字,或省隻作隹。"

实际上这样的例子还可以再举出一些,比如"亳"字。王襄《类纂》正编第二十六页上,释"髙"为:"古亳字。父乙方鼎亳作髙,与此同。吴愙斋先生云:亳,从京从止。汤建都之地也。"罗振玉《殷虚书契考释》初印本第七十二页下:"曰髙,卷二,第二叶,见父乙方鼎。"可知罗在1914年前尚未考释出甲骨文"亳"字,而是指出了该字在《殷虚书契》中的位置,只将髙字的原形字摹写出来,列为待考。但是在其1927年《殷虚书契考释》增订本中,也考释出了"亳"字,且思路与王襄一致。在《殷虚书契考释》增订本卷中第十一页上下:"曰亳,髙、髙、髙、髙。《说文解字》亳从高省乇声,乙亳鼎作髙,父乙方鼎作髙,吴中丞谓是从止。案宅字卜辞亦作髙,晋邦盦作髙,仍从乇,乇声殆不误,非从止也,从丫者殆亳之异体。"考释一字,两者思路一致,都引到了父乙方鼎,都引用了清代金石学家吴大澂的考字观点,只不过一详一略,一引从吴说,一引申吴说而已。明显的,罗振玉考释此亳字,是受到了王襄释亳成果的影响而进一步做了推演阐释,可以无疑也。

再如,王襄《类纂》正编第五十九页下"埜"(野):"㙒,古野字。许书野,古文作埜。此从林从土,克鼎埜亦作㙒,省予。"罗振玉《殷虚书契考释》(1914年初印本)中未收"野"字。但在《殷虚书契考释》增订本(1927年)中,已收有"野"字,在卷中第八页下:"曰埜,㙒。《说文解字》野从里予声,古文作埜,从里省从林,则许书之古文,亦当作埜,不从予声,许书于古文下并不言予声也。今增予者,殆后人传写之失,许书字本不误而为后人写失者多矣……"同样,也是明显地可以看出了两者之间的相似性,明显的是罗氏看了王襄对甲骨文"野"字的考释,引用并加以充分地阐解。特惜其不能注明王氏之首创之功在先也。

再如,王襄《类纂》正编第二十八页下"槀":"䕆,古槀字。北征槀苟作䕆,从舜从高。殷契从舜从禾之字,偏旁每每相通。莫,《说文》从舜,殷契从禾,其例也。此从禾从高,即槀字。"罗振玉《殷虚书契考释》(1914)中尚未考"槀"字。但在《殷虚书契考释》增订本(1927)中,已收有此字,在卷中第四十五页下:"曰槀,䕆。北征苟有䕆字。吴中丞释为《周礼》"槀人"之槀。此从禾,与从舜同。"罗氏明显也是受到了王襄考释此字的影响,但他不明引用王襄之说,而称引吴大澂之论,实亦是以王襄之说为阶而上溯至吴说耳。

再比如,罗氏在其《殷虚书契考释》初印本中,尚未列有"逃"字。王襄《类纂》正编第七页下,首先将"㣔"字释为"逃"。而罗氏在《殷虚书契考释》增订本中,于卷中第七十页上也考出此字:"曰逃。㣔、㣔。此于文从彳从㣔,象二人相背而行,殆即逋逃之逃。"商承祚《类编》(1923)也将此字释为"逃"。现在看来,此字是否为"逃"尚不能肯定,但是从学术史的角度来看,谁为原创,谁是剿袭,是非常清楚明白的事情。

再有就是甲骨文中的"狼"字。罗氏《殷虚书契考释》初印本尚未有此字之释。王襄在《类纂》正编第四十六页上:"𤞂,古狼字。许说似犬锐头白颊高前广后,从犬良声。此从犬从𣍘,𣍘古良字。又说良,善也,从畗省亡声,良亡一声之转,故狼字或从亡,或曰从良者。"该字下又列𤝢等字,是亦将甲骨文𤝢(犷)也释为狼字,极为确当。而在罗氏《殷虚书契考释》增订本卷中第三十一页上,此字也被考释出来:"曰狼。𤝢、𤞂。季良父盉良作𣍘。卜辞作𤞂,殆与𣍘同。从犬从良,即狼字。或有从㔾者,殆𣍘之省。许君谓良从亡声,故知亦狼字。"思路与王襄基本相同。同样,在商承祚《类编》中,也将此字释为"狼",并且与其他五个字一起被王国维先生在序言中大加赞赏。其实也是剿袭王襄成说而不加注明,早被陈梦家先生所揭露(详下)。后来𤝢(犷)字被叶玉森、陈梦家、郭沫若等学者释为"狐"①字,则另当别论。

我们不用多举,由上举这些例子,我们基本上就可以断定,罗氏在增订其《殷虚书契考释》一书时,大量参考了王襄《类纂》一书的甲骨文字考释成果,只是有意地没有注明而已。这在当时学术研究尚未无规范可言的社会背景下,人们可能会觉得并无不可。但是这种称引他人学术成果而不作注明,隐匿他人原创之功,不仅有违

《簠室殷契类纂》书影

---

① 诸家考释详见于省吾主编《甲骨文字诂林》之"狐"字条,中华书局1996年版。

一个以学术为天职的学人的职业道德,而且也为我们今天认真研究包括甲骨学史在内的近代中国学术史,带来了许多不必要的障碍和误区。

据陈梦家先生的统计,罗振玉撰《殷虚书契考释》一书"增订本较初印本新增了 87 字,实际上只有 86 字。增订本出版之时,王国维的《观堂集林》和《戬释》,王襄的《类纂》,孙诒让的《契文举例》等都已出版。在此 86 字中可以分为:引用王国维的 6,采用王国维的 5(其中 2 同于王襄),同于王襄的 60(其中 6 同于孙诒让),罗氏自己的 18(其中 4 于《类编》有祚案)。我们认为 6 条王襄同于孙氏的,应归之于孙氏。此外有 54 字已见于王襄书。据日记增订本作于 1916 年,罗氏庚申日记(1920)记采录王襄 32 字,而不是增订本增入之字。"①

同样,对于罗氏弟子引用王襄考释文字的成果,陈梦家也有统计和分析:"此书(朱某注:指商承祚《殷虚文字类编》)说解一仍罗氏之旧,其'或有引申则称祚案以别之'。我们检查,凡有祚案的可以有三类:一、罗氏《考释》所定而无说解者,或有说解而商氏引申者;二、罗氏初印本《考释》所无而已见于王襄书者;三、商氏的考释。最后的一项为数不多,而属于已见于王襄书者居多。王国维于此书序对于商氏所释六字认为精确,而其中三字(觐、壬、狼)则为王襄所已释,是王国维检查未及之处。此书未提及王襄,但商氏编辑此书时(朱某注:1927 年出版),王氏《类纂》业已出版数年(朱某注:1920 年初版)之久。……此书正编 790 字,实际上是罗氏增订本《考释》加上依偏旁隶定之字。除了一部分同于王襄之外,很

---

① 陈梦家《殷虚卜辞综述》,第 64 页,中华书局 1988 年版。

少加入新字。"①

对于罗振玉在增订本中引用孙诒让、王襄的文字考释成果而不作注明的原因,赵诚认为:"孙氏书罗氏读过,且由罗氏助其出版,人所共知,罗氏未说明,想是一时疏忽。王氏书,罗氏可能未见过,也可能英雄所见相同,不必注。"②我们认为,赵诚氏这是有意为罗氏庇护,实际上罗氏已经见过了王氏此书;我们知道,如前所述,罗氏一定是见过王襄《类纂》的,即使罗氏的看法与王襄英雄所见略同,但是王襄著作在先,按照规范的学术方法,应该加注说明,没有什么理由可以"不必注"。

我们说,号称"甲骨四堂"之首的罗振玉先生,在甲骨学史上的地位自然无人能够替代,其对甲骨学材料的不遗余力的收藏与公布及对甲骨学体例的初创之功,自然是令人尊敬和不可磨灭的,但是在对待引用而不注明王襄先生研究成果这一问题上,应该是其人的一个毋庸讳言的学术污点。

相反,王襄在《类纂》中,我们随处可以见到王襄对罗振玉的文字考释成果每每提及,以示不掠美于人。

比如:《类纂》正编第一页下的"示"、第二页下的"珍"、第四页下的"特"、第六页上的"䍙"、第十三页上的"敊"、第十四页下的"徹(攴)"、第十八页上的"离"、第二十八页上的"苴"、第三十二页上的"戻"、第三十九页下的"彡(肜)"、第四十页下的"𢫦(欤)"、同页下的"㳄(次)"、第四十一页下的"旬"、第四十二页下的"豕"、第四十三页上的"巍"、第四十四页上的的"驪"、第四十七页上的"䜌"、同页

---

①陈梦家《殷虚卜辞综述》,第65页,中华书局1988年版。
②赵诚《二十世纪甲骨文研究要》,第86页,书海出版社2006年版。

上的"赫"、第四十九页下的"汭"（从罗释而误,应该释为洍）、第五十三页下的"來（拱）"、附编第四页下的"羌甲"合文、存疑第二页上的"中"、第二十二页上的"伐（戬）"、第二十四页上的"骍"、第三十七页上的"卟"、第三十八页上的"䅌（年）"、第五十七页上的"奴"、同页下的"奚"等,凡二十八次之多,都是引罗振玉考释,均称作"罗卡言先生释",盖无例外者。

不仅如此,对于那个时代其他学者的考释成果,王襄先生在引用时也总是予以标明,不掩人之善者,如称引孙诒让（孙仲容先生）考释成果者有三:正编第八页下的"征"、存疑第六页上的"害"、存疑第六十五页下的"螽";称引王国维（王静安先生）考释成果者有二:正编第五十九页上的"恒"、第六十四页上的"毓";称引天津学者华学涑（华石斧先生）考释成果者有七:正编第二页上的"祼"、同页上的"若"、第十五页下的"凶（祸）"、第二十五页下的"馘"、第二十七页上的"舞"、第五十五页下的"氏"、第五十八页下的"风"（从华释而误）;称引王懿荣次子王汉辅（汉辅宗兄）考释成果有二:正编第十九页上的"雙"、第五十三页下的"來（拱）";称引其胞弟王雪民（吾钊弟）考释成果有一:正编第五十六页上的"戍"。

对待同时代的学人如此,而在称引前辈学者的考释成果时,也同样敬录其姓氏,以彰显学术前辈的学术成绩。比如称引清代学者段玉裁（段茂堂先生）的观点处有十:正编第十一页上的"龏"、第二十六页上的"矢"、第三十四页下的"卡"、第三十五页下的"疾"、第三十六页上的"幎"、第三十八页下的"匕"、第四十页上的"夗"、第四十五页下的"櫱"、第四十六页下的"焚"、第六十二页下的"禼";称引王引之的观点处有一:正编第二十三页上的"羲";称引阮元（阮文达公）的观点处有二:正编第十五页上的"畋";第五十五页下的"戈";称引陈介祺(陈簠斋先生)的观点处有一:正编第六十二页下的"七"。王襄先生非常敬服清代金石学家吴大澂(吴愙斋先生)的学问和书法,所以在《类纂》中多处称引其观点,计有十四次之多:正编第一页上的"帝"、第十二页下的"叡"、第十三页下的"事"、第十四页下的"肇(肁)"、第十五页上的"改"、第十七页下的"鲁"、第二十三页上的"卤"、第二十六页上的"亳"、同页下的"畕"、第三十页下的"贲"、第三十四页下的"家"、第四十五页上的"鲁"、第五十六页下的"敕"、第五十八页上的"约"等。

有比较才有鉴别。我们比较了罗振玉、王襄对待他人学术成果的态度,就可以看出不同学者的治学风格之不同和学术公德的高下来。

五

当然毋庸讳言,王襄《类纂》中所释字也多有错误,有些甚至是非常明显的错误。如上(⌒)下(⌢)颠倒(正编第一页上之⌢应为"下",误释为"上";第一页下之⌒应为"上",误释为"下";同样地,在附编第五页上的䖏,应为"上䖏",误释为"下䖏";同页上䖏应释为"下危",误释为"上危";第七页上的合文彡,释为"上下"也是错误的,应释为"下上"为是),牢(㓉)宰(㝀)混同(正编第五页上之"牢",所引七个原形字中,后四个均为"宰"字,释"牢"为误),各(㔾)出(㘶)混淆(正编第六页上之"各",所引四个原形字例,第三个㘶应为"出"字),行衍(道)不辨(正编第八页下之"行",最末一字形作㣀,实为"道"字,非"行"字),鲁(畬)周(田)无别(正编第十七页下之"鲁",所引第三个字例田,应该释读为"周"字;同样,在正编第五十三页上,释囮为"卤"也是错误的),皿(⿱)骨(日)不分(正编第二十四页上之"皿",所引诸字形中作日形者,应释为"骨"字),告(㞢)缶(㐌)同吉(正编第五页下之"吉",所引诸字形中,作㞢、㐌等形者应释为"告";作㐌形者应释为"缶",王氏都释为"吉"字,误也),㞢(㞢)生(㞢)归之(正编第二十九页上之"之",只有㞢应释为"之"字,而㞢应释为㞢即"有""侑"等,㞢应释为"生"字),等等。

除上举之例外,再如正编三十九页上"䏌"(疲),误释为"殷"字;第四十二页上"才"(尤)字,误释为"厭"字;第五十一页下"小"(少)字,误释为"雹"字;第六十一页下的"阝"(刖或俄),误释为"陵"字;存疑第三页的"豕"(豚),误释为"吠";等等,均是其释读错误的例子。

还有前后考释有矛盾与抵牾之处者,如在正编第五页下有"启"字,释为"启"字;而第十四页下的"啟"(啟),从吴大澂释为"肇";又在第三十二页上"啟",释为"啟",前后矛盾。其实,这些字都是同一个字的异体字,正如王氏在第十四页下所列异体字形还有"啟""㕧""启",应该释为"启""攺""啟"字。再如第二十页下释"⿱"、"⿱"为"古惠字"(王氏又在《征文》第三页考释中将此字释为"古叀字,叚为㔾"),而在第十四页所释的"尃"中,又将所从之"⿱"释为"甫",也是前后不一。再如第二十四页下释"豆"为"壴"字,引证许说"陈乐立而上见也,从中从豆"为证;但在同页下"尌"(尌)字则云:"许说立也,从豆从寸,持之也。此从又,持之谊尤显。"是又把此字所从之"豆"释为"豆"了,自相矛盾。其实该字与同页的"彭""鼓"及第十四页下所释之"豎""侸""婼"皆从"壴"(壴),不从"豆",而同页末尾的"豆"、"登"才是从"豆"之字。再如第二十五页上"彡"(彤)字,误释为"彤",丹饰也;但在第三十九页下,又从罗振玉之释为祭名"彤",未知何所适从。

此外，还有一些甲骨文字的考释，属于未完成的考释，只是说对了一半；或者说只是说出了该字义项的一部分，并没有反映出该字的全部意义。比如，对于甲骨文中的🈳、🈳（昔）字，王襄《类纂》正编第三十二页下云："古昔字。许说干肉也，从残肉，日以晞之。"此字释"昔"是对的，但字义解说以许慎释为干肉，则与甲骨文字形不符。稍后于王襄的叶玉森也释此字为"昔"，但训为："契文昔作🈳、🈳，从〰〰乃象洪水，即古灾字。从日，古人殆不忘洪水之灾，故制昔字取谊于洪水之日。"①是为可信之释。

再比如在王氏所释的十以内数字，均说是"兆坼纪数字"。如正编第一页上："一，古一字，兆坼纪数字。殷契龟甲兽骨兆坼之处，背面皆钻刻至薄，钻处且有灼痕，正面兆坼之处刻一二至十诸文，即记贞之次第，且记上吉若中吉若小吉也。"其后的"二""三""四""五""六""七""八""九"等，均说为"兆坼纪数字"。其实甲骨文中的数字并不仅仅指占卜次序数，还有用牲数、猎获动物数、贡纳物品数、征集军队数等内涵和义项。这些也都是其释字有待补充修正之欠缺处。

这里需要特别指出的是，在甲骨学的早期阶段，限于材料之缺乏，从事甲骨文字考释的学者，比如孙诒让、罗振玉、王国维、郭沫若、唐兰、于省吾等著名甲骨学家，也都有这样那样的错误之处，也几乎没有一个甲骨学家敢于宣称其所考文字全然正确。这是一个时代的因素使然，并非学术的水平问题。

---

① 叶玉森《说契》，《学衡》第 31 期，1924 年。

六

过去讲甲骨学史,总是在说某某学者释字最多,或说罗振玉,或说唐兰,或说于省吾,但没有人说王襄释字最多的。这可能与王襄比较低调,而其考释文字的成果也不大为人重视的缘故吧。其实只要稍作统计的话,这样的一个说法恐怕得改正过来了。

罗振玉早期考释甲骨文的字数,据其《殷虚书契考释》(1914 年初版),仅考释出 485 个字;至其《殷虚书契考释》增订本(1927 年版),也才考释出 571 个字,加上其《殷虚书契代问编》(1916 年初版)列出存疑待考的 1300 个字,罗氏在王襄之前总共分析出的甲骨文字单字才 1785 个。而王襄《类纂》(1920 年初版),已经在正编中考释 873 字,超出罗振玉释字数的 300 个字(《类纂》重订本正编 957 字,则超出罗氏释字数 380 多字);加上《说文》所无的"存疑"1852 字,共收入 2725 个字;再加上"待考"142 字,王襄《类纂》初印本总共分析出的甲骨文单字已达 2867 个之多,几乎是罗振玉两书考字总数的两倍。

同样,在王襄《类纂》之后的商承祚氏《殷虚文字类编》(1923 年初版),也仅收录甲骨文 1575 个字(包括正编 790 字,待问 785 字);朱芳圃氏《甲骨学文字编》(1933 年初版),也仅收录甲骨文 925 个字(包括正编 845 字,补遗 80 字);孙海波氏《甲骨文编》,也仅收录甲骨文 2117 个字(包括正编 1007 字,附录 1110 字,合文 156 字);均也不及王襄《类纂》所收甲骨文字为多。由此可知,在甲骨学形成的早期阶段,王襄在考释文字方面付出了超乎常人的努力,做出了不可磨灭的贡献。

除去引用前辈学者和同辈学人的文字考释成果(共计 70 字,

这其中包括称引他人成果但不同意其观点或进一步论证者)之外，王襄在其《类纂》(以1929年修订本为准统计)中自己单独考释的甲骨文字(不包括存疑、待考和补录者，也不包括后来在《簠室殷契征文》中所释者以及在后来的题跋类文中所考释者)达815个字之多。这不能不说是一个奇迹，由此我们这样说，王襄应该是同一时代的学者中，考释甲骨文字最多的一人。

对于王襄的甲骨文字考释成绩，著名甲骨学家陈梦家曾有过这样的评价："从1919年到1933年，是甲骨文字审释的第二个时期。这个时期中出现了四种字汇……只有王襄的比较有着创造性的贡献，增加了一些新认识的字。属于罗、王派的商承祚、柯昌济、孙海波和王国维的学生余永梁、戴家祥、刘盼遂、吴其昌等人，对于文字考释承袭了罗、王的传统，加以引申、补充和集释，并没有很大的发明。上述诸人所释的字本来就不多，所释的至今仍然可以认为正确的，每人不过数字而已。"①"编者(朱某注：指王襄)异于商、孙两种字汇之处，在其不尽受罗书的范围，有罗书考释而他不认为对的，或附入于《存疑》之中，或在《正编》中以己意改释。他在《正编》与《存疑》中所释的，约有200字以上，这些大部分在商、孙两书之中。""因为此书所用材料以他自藏甲骨为主，而此等材料曾被怀疑；因为罗书在奠定甲骨文字考释上有极大的声威；因为《甲骨文编》取材较广，摹写较真，故流行远过；有此数因，使此值得我们重视的创造性的字汇(朱某注：指王襄《簠室殷契类纂》)，没有得到应有的表扬，是不公允的。但我们不是说他的考释胜于罗、王，只是说他的创造性胜于商、孙两种字汇，而有些字至今还是认为正确的。

---

① 陈梦家《殷虚卜辞综述》，第67页，中华书局1988年版。

孙(诒让)、罗、王以后,郭沫若、唐兰、于省吾之前,王襄对于文字考释是有其贡献的。"[1]我们认为,除了所说王襄释字总数"200字以上"有些模糊其词和相对保守之外,陈氏对王襄考字成绩的定性肯定意见,还是比较公允的。

(原文刊于《天津文史》2010年第2期,总第44期,此处有所校改)

---

[1]陈梦家《殷虚卜辞综述》,第64—65页,中华书局1988年版。

陈邦怀的甲骨学研究

早期天津从事甲骨文研究学者,虽然人数不多,阵容不齐,但颇有几位属于水平很高的甲骨学家。王襄之外,著名津门甲骨学家就是陈邦怀了。

一、陈邦怀家世生平

陈邦怀(1897—1986),字保之,室名嗣朴斋、甲微堂,原籍江苏省丹徒县人。1897年3月20日(清光绪二十三年二月十八日)生于江苏省东台县(今东台市)。

陈邦怀生于书香门第,父祖两辈皆以讲学授徒为生,都精于国学及古文字研究。其父陈祺寿为当地富有声望的博学之士,一生以读书课徒维持生计,著作有《盐铁论校藁》《汉武梁祠堂画象题字考》《且朴斋书跋》等,留存于世。叔父陈培寿撰有《说文今义》《六朝墓志题跋》《武梁祠画像题字补考》等著作。陈邦怀耳濡目染,幼承家学,勤奋刻苦,青年时期就博览群书,打下了坚实广博的学术基础。

1916年至1931年,先后执教于东台达德学校、南通女子师范学校、无锡国学专修学校(今苏州大学)等校。执教之余,还曾担任南通图书编辑员,1924年至1926年在南通时,在我国近代著名学者、晚清状元、爱国实业家张謇处从事秘书工作,为张謇最后一任秘书。张謇对陈邦怀非常器重,其《自订年谱》中言:"检旧存文字订为九录,曰政闻,曰实业,曰教育,曰自治,曰慈善,曰文,曰诗,曰杂,曰外。属束曰瑄与丹徒陈生邦怀任之。"

30岁之前,就著成了《殷虚书契考释小笺》《甲骨文零拾》,名闻学界。30岁以后,虽为衣食到处奔波,然而一直著述不辍。他一直潜心研究《说文解字》,写成《说文古文校释》《段注说文札记》,并且协助马叙伦先生写成《说文解字六书疏证》。

1931年,陈邦怀经人介绍北上来津,在天津交通银行任文书职务。此后苏北的沦陷也让陈氏饱受无家可归的痛苦,他并没有因此消沉,毅然决定在天津加入中国共产党。期间与罗振玉交往甚密,虽为学者,更是共产党的地下工作者。陈邦怀在天津交通银行工作二十余年,于1952年离职。1954年陈先生被聘任为天津市文史研究馆馆员,而后又任副馆长。"文革"结束后,于1979年任天津社会科学院历史研究所顾问和研究员,又任天津市文物保管委员会委员、天津口岸文物出口鉴定组顾问,并被推选为中国考古学会名誉理事、中国古文字研究会理事、天津市历史学会理事、《甲骨文合集》编委会委员、天津市政协委员暨文史资料研究委员会委员,他还历任天津市政协第五、六、七届委员会委员,以及中国书法家协会天津分会主席等职。1986年4月22日晨病殁于北京，享年90岁。

陈邦怀一生治学严谨，每写一篇，即或短到几百字也要再三斟酌，反复修改，不肯轻易发表。讨论学术问题，言必有据，心平气和，以理服人。60岁后，著述益勤，尤其对甲骨文和殷商历史的研究，更为专注，颇有成就。

他历来反对把资料当成私有财产。20世纪50年代于省吾先生编印《商周金文录遗》时，他出借从未发表过的拓本120种，帮助成书。1981年把堂弟进宜先生（原名陈邦直，后改单名为陈直，也是著名古文字学家）所藏秦汉瓦当、板瓦等陶文精品拓本选出50种，编为《摹庐藏陶掯存》影印出版（齐鲁出版社，1983年），一是供治秦汉史和研习书法的学人参考，二是表示对亡弟的追念。书前的署名仍是陈直，收到出版社寄来的稿酬之后，即时全数汇给了其子陈治成。十年动乱中，他身处逆境，仍恪尽职守，奋力保护馆藏图书资料。20世纪80年代初，中国社会科学院考古研究所规划编纂《殷周金文集成》，陈邦怀应夏鼐所长之请，不仅对这部大书提出大大小小的建设性意见若干，而且还提供了许多珍贵的精拓本。

1959年陈邦怀出版《甲骨文零拾》和《殷代社会史料征存》，对于甲骨文字考订及商代四方风名、宫寝制度、先公旧臣等，钩沉发微多有创见。至八十余岁高龄时仍然壮心不已，伏案笔耕，密行细字，积稿盈尺。

1989年出版了他的论文《一得集》，收录发表过及尚未发表过的论文106篇，内容涉及殷墟甲骨文、商周金文、商代玉石文字、战国秦汉陶文、印玺文字、帛书简牍文字、玉石文字、秦汉魏晋铜器铭文、石刻碑版、书籍版本、古籍整理、古代名物考证、诗集序跋等等，可谓丰富多彩,洋洋大观。

除了对甲骨文的造诣之外,他对金文也早有研究心得,1955年开始撰写诸器铭文的跋文,直至去世前一年的1985年,或撰写或增删或亲笔缮写清稿,三十年如一日,贯彻始终,最后编成《嗣朴斋金文跋》,论及的器物上自殷商,下至战国,内容涉及文字考释、句读训诂、史料订补、名物辨正、缺席研究、器物断代等方面,创见颇多。此书经语言学家吕叔湘先生推荐,由香港中文大学于1993年用原手稿影印出版。此外,陈氏还有《商金文萃》《嗣朴斋随笔》等多部著作尚待整理出版。

多年来,无论严寒酷暑,无论身体情况如何,只要有关单位或个人来请求审阅文稿或鉴定文物,都从不推辞,给以帮助。直到临终前不久,还为《天津史志》审稿,并写出详细的修改意见。他热心培育人才,扶掖后学,天津市和各外省市的许多中青年同志都曾得到他的无私帮助。

陈老热爱文物事业,新中国成立后将自己珍藏多年的甲骨全部捐献给国家。陈老对古代文物辨伪造诣很高,新中国成立后任天津口岸文物出口鉴定组顾问,为国家保护了一大批珍贵文物,使其免于流出海外。除研究甲骨文、商周青铜器及其铭文的研究之外,陈老对于战国玺印、陶文、帛书、简牍以及群经诸子和碑刻写本等也有深入研究,对于文字考释及辨正名物制度等方面多所贡献。

陈邦怀研究领域颇广,涉及古文字学、考古学、古典文献、诗词歌赋及书法碑帖等,是著名的古文字学家、甲骨文金文专家、青铜器专家、考古学家、历史学家。陈老又是著名的诗人与书法家,生前任中国书法家协会天津分会主席,有《嗣朴斋诗稿》多卷,格调高古,为世所重。

二、陈邦怀甲骨文学习

应该说,陈邦怀学习甲骨文,有着得天独厚的条件。从客观方面看,当时陈邦怀生活的时代,正值古文字研究的高潮,为他的古文字研究提供了良好的学术氛围和丰富的资料基础。陈邦怀的家乡江苏镇江丹徒形成了外地少有的甲骨文研究群体,刘鹗为先驱,继之而后的有叶玉森、鲍鼎及陈氏三兄弟陈邦怀、陈邦福、陈邦直。第一部甲骨文著录著作是同为丹徒人的刘鹗的《铁云藏龟》,该书是当时甲骨文研究的难得的参考资料,奠定了甲骨研究的基础。著名文字学家罗振玉先生的研究成果也相继问世,他搜罗甲骨三万余片,于1910年出版了《殷商贞卜文字考》,1913年出版了《殷虚书契》,1914年出版了《殷书契菁华》,1916年出版了《殷虚书契后编》,1933年出版了《殷虚书契续编》等六部著作。这些著作,不少都成为陈邦怀追逐和研究的对象。

正因为如此,陈邦怀年及加冠即开始研究甲骨文字。他的学习,还有幸得到当时著名学者"甲骨四堂"之一的王国维先生的肯定和支持。应该说,王国维的帮助和提携,对陈邦怀的学术生涯是个不小的鼓励。20世纪30年代,陈邦怀先生写过一篇通过甲骨文来研究商代历史的论文《续殷礼征文》[1],就是补充王国维的名文《殷礼征文》的。由此可见,王国维对陈邦怀的学术路径影响巨大。

关于陈邦怀学习甲骨文的过程,陈氏自己没有详谈过,他人自

---

[1] 陈邦怀《续殷礼征文》,《无锡国学专科学校校友会集刊》第一集,见引自胡厚宣《五十年甲骨学论著目》,中华书局1983年版。

然无从晓得。不过,现存的《王国维未刊来往书信集》《王国维书信日记》②中,有五封陈邦怀写给甲骨大家王国维先生的请教信件,而且王国维每封必回,往来共计10封信。这些资料非常珍贵。从两人频繁鱼雁往来之中,我们可以窥见甲骨大师对待年轻学子的提携与厚爱,同时也可以从中了解年轻的陈邦怀学习甲骨文的某些细节和大致历程。

第一封:

静安先生执事:

邦怀之幼敬闻名德,岁月绵邈,识不能忘,十稔钦迟,卒未奉教,耿此于心,殊怅惘也。

往者友人以《殷虚书契考释》见诒,罗氏于书契之学可称具体,其中所列尊说如"西"字、"凤"字、"昱"字、"辥"字之属,亦皆精确无伦,仇亭诤友允为先生矣。厥后又见《洛诰笺》《三代地理记》《明堂庙寝通释》诸书,亦足信今传后,发前人所未发也。一昨友人道及《学术丛书》中有大著《殷卜辞中所见先公先王考》及《殷周制度论》,两书皆言卜辞之学者。邦怀亟欲读之,以其列在丛书,未由购致。邺架倘有单本,能惠借一读否?不胜盼切。邦怀近为《殷虚书契考释小笺》,尚未断手,叔翁固为父执,学术至有本源,愚者一得,安敢秘秘,拾遗补阙,是亦后学之责也。顷于友人行箧借得《戬寿堂殷虚文字考释》,仅见零篇,未窥全豹。闻此书亦出先生之手,惜乎学会未印单行本也。其中如释"勺"字、"卣"字,尤所心折。是则匪第援据金文考

---

② 马奔腾辑注《王国维未刊来往书信集》,清华大学出版社2010年版;房鑫亮辑校《王国维书信日记》,浙江教育出版社2015年版。

定卜辞,且可证许书之违失矣。先生谓卜辞衣祀即古之殷祭,亦至精确。邦怀尝用康成衣读如殷之说,以证卜辞,而聃敦衣祀为祭文王,与卜辞合诸祖祭之,已稍违异。往获此说,沾沾自喜,及读大著,知与先生暗合矣!小笺写成,拟就正于左右,不识许我否乎?唐突主臣,不复一一。
寒中惟为道卫摄。

后学丹徒陈邦怀顿首
冬月廿九日

王国维回信(1920年1月29日):

保之仁兄大人阁下:

　　伏读惠书,文章尔雅,词意殷拳,敬承敬佩。拙撰《殷先公先王考》并《殷周制度论》,敝箧中亦无单本,哈园所印已钉入丛书,如有单本当觅以奉寄。《戬寿堂殷虚文字考释》将来想有单本出售,但此书无甚心得,除说"物"字、"旬"字外,大抵皆弟旧说也。

　　《小笺》何时脱稿?甚期盼。耑覆,敬请
撰安不一

弟王国维顿首　初九日

　　来书请寄大通路吴兴里三百九十二号敝寓,较稳妥。

第二封:

　　静安先生著席:

奉读教言,曷胜私幸!尊著两种,前属沪友物色,答书谓载在丛书,恐不可致。以故上牋假阅,顷获友牍,知已于书肆展转构(购)得,非久即可带来,尔时披而览之,其增益眼学者当非尠也。前者南林刘氏以《玉溪生季谱》见寄,大叙以《函皇父敦》证郑君说诗之确。古今文之有益经训如此,肰而微先生又焉能决毛郑之是非哉!惜邦怀侨寄海滨,不得侍教左右时闻先生之绪论也。拙撰《考释小笺》比正倩人写录,俟毕奉教。叔言参事所辑《书契前后编》都未一见,邦怀仅得《书契菁华》及《考释待问编》而已。《待问编》有関問字(并《后编》卷下第四十二页),又有陕(《前编》卷六第三页),陕(卷七第三十二页),陕(卷七第二十一页),未知是地名否?便求检视为请。

穆雪奇寒,草草不究。专肃,敬请

道安

后学陈邦怀顿首
新春节

王国维回信(1920 年 3 月 12 日):

抱之仁兄阁下:

去岁获覆书,敬承一切。拙著《殷先公先王考》及《殷周制度论》,弟所得数本,早已转赠友人。昨日始从哈同花园售书处觅得载此文之《学术丛刊》三册(另种无几,余皆钉丛书矣),今以寄上。问其值,每册五角,八折。如欲留此,请将其值径寄哈园广仓学窘售书处收。如但欲一览,则阅后亦请将原书径寄该处可也。《书契后编》及《戬寿堂所藏殷虚文字》并《考释》,哈园亦有零售,如欲购亦可径向彼处购之,现在尚有存书,将来恐不易得。如《前编》存书无多,而现又不能再印,此书几在有无之间。兄既与研此学,故不能不劝兄购之也。

来书所询閱字,今检其原文,其一曰"其乎射閱犾毕",其二曰"戊王其射閱犾□亡戋毕",以文义观之,为兽名之上一字,则非地名。"陕"字尚未检,谨先以奉闻。大著若成,先睹为快。草此,即询

春祺不一

弟王国维顿首　正月廿二日

第三封:

静安先生阁下:

顷奉赐书并承寄尊著三册,披读之余,欣忭无极。

《殷先公先王考》及《殷周制度论》,怀于去岁腊杪属吴君果卿在哈园售书处购得,彼为两种合装一册(系丛书本石印隶书签,非铅印宋字签,《殷考》《续考》在前,《制度论》在后)。据吴说,购此书颇费周折,乃从一庄姓手中得来。然其值较两册《学术丛书》三编犹过之也。岁首已将此书细读数过,《殷考》中如王亥、王恒、上甲诸条,精确无疑。说王恒一条尤所心折,梦寐不能忘也。《制度论》言殷周礼制至详,考二代之礼者,必当取资于此矣!"閱"字检视甚惑。怀以《古泉汇》有閱字币,故前疑卜辞閱字亦为地名,今始知其非也。拙撰《考释小笺》于正月上旬已写一本,现复删改,约在二月间可毕。竢录净本寄求匡谬,或不以为濡滞邪!孙仲容先生《契文举例》何如?先生谅已

见之。其所著《名原》,玄夏购致一册,其中考释卜辞文字多未敢信,如释卜辞"嬉"字、散盘"堳"字是其精说,如讹"九"为"七",误"肜"字初字为"五"字重文,则未必沿前人之失。此实妄发,非敢私议硕儒也。昨阅叔言文《书契待问编序》(光绪甲辰,家君尝与叔老同事羊城学务处。近闻叔老返国,现寓何所?至念),知其于考释外复有补释,未知曾写定印行否?怀亟欲得而见之,便求示及为祷。《书契后编》早晚当购来细读,重承远道借书并蒙指示一切(新书三册另邮奉缴,乞检入转至哈园),心感之至。专此奉谢!敬请

道安

后学陈邦怀叩首

尊称万不敢当!称谓与门弟子从同,可乎?幸勿客气也。

再启者,兹汇上银币四元,请将汇票转交哈园售书处,属其即寄《书契后编》一部,并求先生属其选择完好者用厚洋纸包好,以免邮局压坏。因前在哈园购书间有破页污损者。此次故请先生一言知照。冒昧渎神,勿罪是幸!外附上寄书邮票一角,用单挂号为要。

邦怀再叩

王国维回信(1920年3月24日):

保之仁兄阁下:

一昨接手书,敬悉一切。汇票四元并《学术丛编》三册,并已收到,当交哈园售书处如命寄奉。但哈园于熟人购书尚有折扣(八折),如《书契后编》不足四元,则当行寄还也。

叔言参事归国后，现寓天津。其于《书契考释》补正前稿甚多，但尚未写定印行。孙氏《契文举例》，弟前在沪肆得其稿本，后寄罗君印之（以原稿石印）。其书无所发明，以孙君为首考卜文者，故存其书，实则不足观也。草此奉覆，即请

撰安不一

弟王国维顿首　初五早

第四封：

静安先生执事：

前奉初五教言，敬承一切。藉审《书契后编》，已属哈园邮寄，感谢无穷。顷阅汪穰卿丈《疋言录》记斯丹游历中亚所得古物一节，谓其在昌海近处得木札若干，皆晋代物；又在敦煌西北长城址得木札二千，大半为汉代物（是何字体？皆草隶否？），间有数札直秦代物（所记何事？是小篆欤？抑草隶欤？），纪年自天汉三年起（此是纪何事之札？是草隶否？），至元和四年止云云。未知罗参事所景仰之《流沙坠简》即斯丹所得否？穰老所言有讹误否？先生曾为考释，知之谅审，敢求赐示一二，曷胜快慰！闻《坠简》印本非十四饼金不能得，故穷居下邑者未由一读也。

冒昧数渎，勿罪是幸！专肃，敬请

道安不一

后学陈邦怀叩头叩头
二月初十晨

王国维回信（1920年3月27日）：

保之仁兄有道：

前寄一书，想达左右。《殷虚书契后编》前日询之哈园售书处，据云不能零售。又蟫隐庐有另售本，然其书目定价六元五角，乃知哈园零售与四元之价，皆弟之误记也。然弟适有《艺术丛书》，故取其中此种奉赠，因弟别有日本装订本较为宽大，故将此寄奉也。兹由邮局寄上，祈哂存。至尊款四元，是否须另购他书，抑径寄还，请示为荷。

专此，即请

撰安不一

弟维顿首　初八日

第五封：

静安先生几席：

昨奉初八日手教并《殷虚书契后编》二册，披读之余，可胜欣快！猥以纤琐，上渎尊严，已深罪过。先生欲以饼金赐还，尤所不敢承也。盖邦怀所寄书值未能及蟫隐庐定价三分之二，今先生慨然见寄，为惠已多，铭诸肝腑，永永不忘，至所短之数拟续邮呈，否则亦当有所寄奉，匪敢以云报也。大著《戬寿堂殷虚文字考释》昨已由舍弟代致一册，非久带来当细读之，其所迪启管窥者，想非尠耳。拙撰《书契考释小笺》稿草粗具，数日内即寄求教益。如蒙盼睐讥弹，荣幸为不浅矣！

专肃，敬请

道安

后学陈邦怀叩首

十四午夜

王国维回信（1920年4月21日）：

保之仁兄左右：

前日寄奉《殷虚书契后编》二册，想达左右。昨接手书，敬悉一是。汪氏《乏言录》载斯丹所得木札，即系《流沙坠简》所印者。中有隶书，有草隶，有隶书雅近真书者，与有章草近草书者。至晋以后物，为真、草二种，汉物则自武帝起至后汉止，所纪皆边塞事。又有残书如《仓颉》《急就》《医书》《历日》等。至秦代物，则并无有也。汉晋各简记事，于史事、地理足以补载籍之阙者甚多，不独于书法上有关系也。

专此奉覆，即询问

起居不宣

弟王国维顿首　十三日

陈、王之间的往来书信，属于正常的学术交往。但是陈邦怀写信给王国维请求借阅书籍并请教学术问题时，年仅24岁。对于这样一位素昧平生的青年，当时已有国际影响的著名学者王国维不但热情回信，将书找到亲自寄给陈邦怀，并同时推荐陈邦怀购买与其学术研究有关的重要书籍，还寄赠自己认为对陈有用的《艺术丛编》，让陈邦怀深深感动。

1979年12月，陈邦怀在为《王国维书信集》题跋时回忆道："右海宁王静安先生手札四通,乃一九一九年余求教于先生,先生之答书也。……回忆与静安先生通问时,先生在上海哈园编纂《学术丛编》及《戬寿堂所藏殷虚文字》等书。先生所著之书多刊于《学术丛编》中,余欲借阅,重荷远道寄示,欲得《殷虚书契后编》,则以副本割让。中心犹不能忘者,余时年少,求治心切,先生不厌其烦,有问必答。今日讽味遗言,恍如亲承音旨,风云变幻,忽忽已六十年矣。此六十年中,数经兵火,余家藏书,荡然尽矣。而此四札,因储行箧,幸无残损。'传之子孙宝,胜有千金珠。'因诵涑水之诗以自喜焉。"①

王国维先生的热诚与平易,使我们看到了一位深情的传统知识分子形象。由陈邦怀写给王国维的信中所记述的事实,我们也同样可以真切感受到陈先生当年学习和研究甲骨文字的勤奋好学与勇猛精进。

三、陈邦怀甲骨收藏与鉴定

陈邦怀先生是著名甲骨学家,同时也是著名的甲骨收藏家、鉴定家。

在其甲骨著录《甲骨文零拾》一书自序中,陈先生详细讲述了自己收藏甲骨过程,颇有甲骨学的史料价值。云:

> 四十年前,余客上海,常至神州国光社阅览金石书画。一日,见贾人持殷虚甲骨文两包,求售于邓秋枚先生实。秋枚以

---

① 陈邦怀《观堂尺牍跋》,《王国维全集·书信》,中华书局1984年版;又陈邦怀《观堂尺牍跋》,《华东师范大学学报》1980年第4期。

四十银币购之。予乞让其半,弗允,乃检甲文数片见赠。既访父执宣愚公先生哲于华园里寓所,见架上小铁匣盛甲骨碎片,若不甚珍惜者。余取而观之,爱不释手。愚公曰:"子何好之笃也?余昔游小屯,收得甚伙,且价极廉。农人售我,其片稍大而字稍多者,每片才铜币数枚耳。"语毕登楼,以报纸包甲骨累累,置几席间。曰:"子携归,摩挲原物,胜于看罗叔言之复印件矣。"余欣然受之,无异贫儿暴富。此为余搜集甲骨文之始也。历三四年,余又网罗金文拓本。从兄墨逸邦福藏两周金文数百种,乃以甲骨数片易金文十数纸。其未易出者,仍珍护如头目,时时临摹其文字。既而全部散失,并拓本一纸亦无存。至今思之,以为憾焉。此册甲骨文字,为余北来天津,十余年间于京津两市所搜集者。历年既久,而所得不多,盖亦有故。余见大宗甲骨,苦于力薄不能得。于是以选择为收购之标准,辞之罕见者收之,字之奇异者收之。自念准此二端以购之,或较易乎?然而征诸实事,不同理想。偶遇售者,选择一二,率不肯售;或肯售矣,索价必高。余之积铢累黍,仅仅得此,诚不自餍足。顾近数年间,访求不辍,所得绝尠,将无复增益之望矣。比以养疴多暇日,辑墨本为一卷。此百六十片,大都零星得之,书既成,因名之曰甲骨文零拾。戋戋小册,数量不多,然其中珍贵资料,可供参考者亦不乏也。至管窥所及,别写考释附于此书之后,纰缪孔多,有待绳墨,惟希并世学者,览而教之。一九五七年十月丹徒陈邦怀。①

关于陈先生收藏甲骨文,还有这样一个有趣的故事。1949 年陈

---

① 陈邦怀《甲骨文零拾》,天津人民出版社 1959 年版。

先生意外获得一小片指甲盖大小的甲骨,上面刻有"…十(甲)🈯
(散)…𠂇(左,用为又,意为有)𢦏(𢦓)"四个字,为之狂喜。巧遇商承
祚先生,告知此事,商说:这些东西"无论大小,我全看过,无一可
取"。陈先生当即出示此片,商先生看过,大惊失色。因为在十数万
计的甲骨片当中,殷商先王上甲微的名字都写为"田",或者在"田"
上加一小横或"上"字构成"上甲"的合文靣、靣,直呼先王上甲之名
为"十(甲)微"的,仅此一片,陈先生怎能不为之狂喜!马上将自己
的书房更名为"甲微室"。陈先生曾经将自己收藏的甲骨文拓片集
为《甲微室藏龟百品》,后归李鹤年所有。后来陈先生还兴奋地拿给
王襄先生观看,并快乐地讲了收藏经过,取笑说:"这片是商君'唾
余'"。王襄先生1949年鉴定这片甲骨,云:"见陈邦怀所藏甲骨,定
为上甲微。录入《契文汇录》第三册,并记:'陈保之藏甲骨有字,当
是甲微,即上甲微,与史合。昔所未见,橅文于后。'"①

陈先生将此片收录在自己的
著录书《甲骨文零拾》之中,为第
23片,又加以考释。曰:

"…十🈯…𠂇𢦏""十"是甲
之古文,卜辞及金文皆如此
作。🈯是散之古文,散氏盘散
字作𢾭,与此同。此辞"十
🈯",即上甲微也。卜辞有靣,
或省二作田,王国维氏谓即

陈邦怀收藏"甲微"卜龟

---

① 王巨儒编著《王襄年谱》,《王襄著作选集》下册,第2635页,天津古籍出版社2005年版。

上甲微,至确。按《殷虚文字甲编》二三三九片上甲作"㊀",与习见之㊁异。而此作"十𠂇",亦属仅见。"㐲"是"㐲"反文。又读为有。𠂇,管燮初氏谓非戋字,甚是。然不知为何字也。①

不过,据说胡厚宣先生看过后,认为"十(甲)"字上端正逢骨片的断裂处,未必就是"十(甲)"字,于是在鉴定后写下"残片,有短缺笔痕,不足征信"的字样。但是到了2003年,著名学者徐中舒先生主编的《甲骨文字典》出版,在卷八"㪿"字条下,列有二义,其一位人名,其二就是"甲㪿","甲㪿,陈邦怀谓即上甲微。可参。"②虽然两位甲骨学大家,对此观点不一,前者治学严谨提出疑问,后者治学审慎保留论点,但陈先生收藏甲骨的这一故事,已然成了甲骨学界的一段佳话。这个故事说明了,在收藏甲骨的过程中,不论骨片大小,内容如何,都具有同样的收藏和研究价值。

陈邦怀不仅自己努力收藏甲骨,也帮助著名甲骨学家胡厚宣收购。据胡先生云:"此外搜购甲骨的,在天津由陈保之买了一百多片;……都是战后新出土的东西。"③胡厚宣先生委托陈先生帮其购买甲骨,说明了胡先生对陈先生的甲骨鉴藏水平是高度认可的。

在陈邦怀的甲骨文鉴藏过程中, 鉴定世所稀有的商代玉版甲子表是其比较得意的 件事, 也是一段奇异的故事。1974年1月初,天津市文物工作者贾少君因工作关系,去天津市昆明路吴素平宅院,会同财政局等有关单位,清理查抄物资。这些旧物系"文革"初期由红卫兵和"造反派"抄家而来,存放在吴宅的。整个宅院都作

---

① 陈邦怀《甲骨文零拾》,第8—9页,天津人民出版社1959年版。
② 徐中舒主编《甲骨文字典》,第887页,四川辞书出版社1989年版。
③ 胡厚宣《五十年甲骨文发现的总结》,第54页,商务印书馆1951年版。

为"文革仓库"了。由于当时抄家时,所有东西都归大堆了,极为混乱,加之这些年来疏于管理,只是封存而已。要进行清理,亦非易事。因为东西太多太乱,干完一天活后,到下班时间,人们都在做卫生,向外清理垃圾。出于责任心,做文物工作多年的贾少君,养成了认真仔细的工作习惯。她把向外扔的垃圾又仔细地检查一遍,果然在乱纸堆中,发现一个小盒子,沾满了灰尘,很不起眼。她打开一看,是几块碎玉。当即收起,即带回单位。为了鉴定玉片的年代和性质,贾少君就专门来到陈邦怀先生家,向陈老请教。不料年逾古稀的陈老,看到此物后,感到非常意外。这正是陈老几十年前经眼之物,自己惦记了多年,不料实物竟然又一次出现在自己面前,异常惊喜。他当即认定此玉为"商代玉版双钩甲子表"。

原来,此玉版出土于二十世纪三十年代的河南安阳殷墟,当时就引起学术界的轰动。因为甲骨文多刻于龟甲兽骨(一般为龟腹甲和牛肩胛骨)之上,在玉片上刻甲骨文,从未发现。而且文字为双钩,更为少见,对研究甲骨文极有价值。

此玉版后为津门大收藏家徐世章(号濠园,中华民国大总统徐世昌之弟)所得。徐世章深知此玉版为不可多得的宝物,但文字他不懂,又不肯轻易示人观看,只好搞了几张拓片,曾请陈邦怀先生鉴定过。陈当时提出要看原物,但遭到拒绝。

徐世章1954年逝世后,其后代将其所藏文物都捐献给天津博物馆。经过清点,诸物皆在,唯此玉版不知去向。陈邦怀先生知道徐家有此物,曾向文物部门讲过,如见到此玉版一定收购,决不放过。可是"文革"动乱之后,一晃多年过去,并无消息。陈先生还暗自叹息,此弥足珍贵的上古罕品可能为红卫兵"扫四旧"所毁,殊为可惜。

不料，历史就有这样的巧合，几十年梦寐以求的玉版甲子表实物，今日却真地展现在他眼前。他不相信自己的眼睛，是否看错了？没错！就是此物。而且是贾少君捡来的。到此时，陈先生真的是又惊又喜。真个是"踏破铁鞋无觅处，得来全不费工夫"。

陈邦怀老先生看过商玉甲子表后，极为兴奋，即挥毫赋诗一首赠贾少君，诗曰：

> 大字双钩玉版文，殷墟遗宝世无闻。
> 不教宝物埋终古，此事归功贾少君。
> 片玉长留甲子表，茫茫已历数千春。
> 湘云翠墨难秀美，君为奇文作化身。

诗后有陈注："湘云，姬湘云善拓碑。作化身，传拓墨本以广流传，并承赠我数纸。"

三天以后，陈邦怀携带诗稿，亲自到文物公司，赠与贾少君，并向领导表示感谢。从此，珍贵的商代玉版甲子表经多名专家鉴定，属于国家一级文物，后收藏于天津艺术博物馆。

关于此事，陈先生曾作《商玉版甲子表跋》，发表于《文物》1978年第2期。1983年，《天津社会科学》编辑部特约了年届望九的陈老先生，又一次撰稿介绍这版稀世罕见的商代文物鉴定与收藏过程，发表于《天津社会科学》1983年第3期。

当然，陈先生更值得称道的是其甲骨收

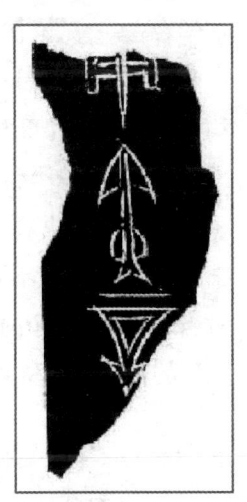

玉版甲子表

藏。1958年,陈邦怀先生主动定向把自己珍藏多年的珍贵甲骨实物捐献给了天津市艺术博物馆。如今,在天津博物馆所藏的殷墟甲骨文中,就有陈邦怀先生捐给博物馆的甲骨旧藏珍品。

比如那片著名的"商代小多马羌臣卜骨",就是陈先生旧物。这是一版商代晚期武丁时期刻辞。正面刻辞15字:"丁亥卜,宾贞:叀羽呼小多马羌臣?十月。"(《甲骨文合集》5717,曾经著录于陈邦怀《甲骨文零拾》116)。这版甲骨卜辞,记载商王向小多马羌臣发号施令之事。"小多马羌臣"是当时管马官员,已发现的卜辞中仅两件,是研究商代职官志的珍惜资料。陈邦怀曾在《殷代社会史料征存》一书中,就此研究了商代的马政制度。

四、甲骨文研究著作

陈邦怀先生是我国研究甲骨文的早期学者之一,无论在文字考释,还是运用甲骨文研究殷商社会历史文化等方面,均有研究论著和重要贡献,先后著有《殷虚书契考释小笺》《殷契拾遗》《甲骨文拾零》《殷代社会史料征存》[①]等,这些著作都是甲骨学史上不可或缺的重要著作,对当时尚处于开拓阶段的甲骨学做出了一定的贡献,也从此奠定了他在甲骨学

《殷虚书契考释小笺》书影

[①] 陈邦怀《殷虚书契考释小笺》,1925年(民国十四年)2月线装本;《殷契拾遗》,自写石印本1927年线装本;《甲骨文拾零》,天津人民出版社1959年版;《殷代社会史料征存》,天津人民出版社1959年版。

史上的学术地位。

(一)《殷虚书契考释小笺》

《殷虚书契考释小笺》,是陈邦怀先生的第一部甲骨学研究著作,1925年(民国十四年)2月出版,线装,一册。全书包括吉城序、自序、正文。正文分为三篇:一、地名篇,笺释地名九个:视、稷、休、甘、温、惠、宕、榭、蘆。二、文字篇,笺释字四十八个:雷、朔、廩、潢、榭、汙、澤、肖、害、雖、棘、巫、丞、贞、奈、妸、奚、郭、饎、凤、雖、龙、稷、朱、蘆、麓、杞、緐、赫、偁、视、禹、敏、守、畚、斋、复、乘、浴、澡、濯、戈、觸、戾、宕、有龙、寃、芮。三、礼制篇:1.宗庙之制,2.封建之制,3.祀神之礼,4.诸祭之名,5.殷之官制。此书是仿郑氏诗笺之例,以疏补罗振玉之《殷虚书契考释》。

对于该书的撰著过程和成书宗旨,我们可以从当时著名学者吉成为其所写序言略窥一二。曰:

> 辛亥秋予治屈赋,尝援《山海经》王亥证《天问》之该,就正陈君星南,深然予说。庚申冬,星南长君保之诒《戬寿堂藏龟》暨王君静安考释,亥及恒季,具在释中。且幸予说之不孤而屈谊之不终晦也。保之治经有家法,犹笃于许书。顷更出所为《殷契小笺》,属予审定。小笺云者,以罗君叔言考释为主,而以己意为之疏补。其思深,其言慎,地名、文字说解尤详。讨形论声,神恉必达,洵足揚张古闻,匡辅南阁,盖不徒为罗氏功臣。予愧荒落无能为益,风雨潇晦,适兹来秀,所谓逃虚空者,闻人足音,跫然而喜非也。罗书予未见,向读王君书,辄用窥管识疑一二。沟瞀多病,复废辍矣。略可省忆者,曰殷重报祭。报祭者,

禘郊祖宗四祭以外之特祭也。《鲁语》称商人报上甲微，称上，犹乙称天，微故名甲，署上者，报以祭天之礼而名之也。祭天于圆丘，故加以囗识矣，囗匚古圆方字。乙丙丁之报礼次于甲，加匚识者，方泽祭地也。天尊故甲不言报，言上地亲，故乙丙丁皆质言报。曰殷重绎祭。高宗肜日尚命篇，绎又祭也。故曰又于某绎，宾尸之祭也。故曰王宾某，绎明日之祭是也。故曰明日曰翌日，又曰易日。绎祭一曰求祭，周官有求牛，故曰求几牛绎祭，亦曰祊祭，祊祭于门，卯门古通假，故曰卯几牛。蹄涔之水，无裨渊海。保之庭闻之暇，理类解误，其诸亦有乐乎此也。乙丑立春丹阳吉城

吉序之外，还有陈邦怀自序和后记性质的"附识"，可从此见其依据材料和研究梗概：

殷虚卜辞出自洹水，襮著于艺苑者，垂四十年矣。……往得罗书，辄为疏证。其时王征君所著未尽印行，行者予亦未得遍览。既获《戬寿堂殷虚文字考释》，方知夙补罗参事所未详之衣祭，王征君已先我而发，著其说于《殷卜辞所见先公先王考》中。爰邮鄙说为质，并匄其书读之。予以为卜辞之衣祭，即小戴记之殷祭。郑君注记，谓"齐人言殷声如衣"，是殷商之衣祭即姬周之衣祭、衣祀之称。虽见于周之聃敦，然其祭义例判然各别。盖殷之衣为统祭，周之衣为专祭也。及王征君以书见寄，而其说一一与予符契。此篇不录，以免剿说之嫌……岁在己未十二月丹徒陈邦怀。

附识：此稿粗就，置诸行箧，忽忽五六年矣。先后见王君

襄《簠室殷契类纂》、商君承祚《殷虚文字类编》,乡所解说之与合者,悉为芟薙,犹前志也。二书所收之字,亦时征引而考究之,以补罗参事所未及……乙丑孟陬邦怀书于南通僦舍之延目楼。

因该书成书较早,当时陈邦怀先生仅见王襄《簠室殷契类纂》及商承祚的《殷虚文字类编》等书,未见罗氏《殷虚书契考释》增订本,故笺释各条,也有一些错误。但也有许多字的解释是可取的,如:释"稷"、释"戾"等,均为学界所公认。

晚于此书出版的商承祚《甲骨文字研究》(1933年),对于陈氏此书多有评价。云:"继罗先生而治斯学者,则为王国维先生……于殷商制度多有考证。其后八年,丹徒陈邦怀(保之)著《殷虚书契考释小笺》,纠正罗说,间有补正。""(《殷虚书契考释小笺》)内分地名、文字、礼制三篇。罗先生考释中字与其所见不同者笺之,其所自释之字,虽未尽当,间有可取。殷商地名今多不可考得,陈氏虽据古籍为之疏通明证,然不能必信也。"①

比如其所考文字"雝"字,既有辩证《说文》解说,也对罗振玉考证有所补正,是一个典型的甲骨文字考释成果:

曰雝🐦(殷虚书契前编卷二第二十四叶)🐦(殷虚书契前编卷二第二十五叶)

从巛(即水字)从口从隹,古辟雝字。如此辟雝有环流故从巛,或从𠃉乃巛之省也。口象圜土形,外为环流中斯为圜土,或

---

① 商承祚《甲骨文字研究》,上编第9页、第55页,北京师范大学手写本1932年版;天津古籍出版社2008年再版。

从■与看口谊同（鹽卤臥尊亦均从■）古辟雍有囿鸟之所所止,故从隹。《说文解字》训为雝渠,非处谊矣。伯雝父鼎作🅱,与此同他金文或增口或作口口,后又讹□□,为邑初形,益不复可见矣。

笺曰:"《说文解字》邕下曰邑,四方有水自邕而成池者,是也。从巛邑读若雝,出籀文🅱,窃疑邕从宫也省（罗参事释宫字,谓䢌从宫省甚）(谛详考释文字篇宫字条)巛象宫外有水,从宫省声,故读若雝,乃辟邕之本字。罗参事谓雝为古辟䧹字,又谓许训雝渠非初谊肙失之矣。"

再如其所考证地名🅱为"温"字:

笺曰:此古文温字（解说详文字篇）,《春秋左氏隐三年传》:"祭足帅师取温之麦。"杜注:"今河内温县。"

近年来在山东济南大辛庄发现了商代甲骨文,其中就有🅱字,从水从皿女,与殷墟甲骨卜辞中的从人从水从皿之"🅱"字相似。在甲骨文字中表示人的符号,既可以写成人,又可以写成女,在不影响文字字义情况下完全可以通用。对于此字,朱凤瀚、方辉等学者都遵从陈邦怀先生的考释隶定此字为"温",在殷墟卜辞中用为地名,而在大辛庄甲骨文中用作祭名[①]。

[①] 方辉《大辛庄甲骨文的几个问题》、朱凤瀚《大辛庄龟腹甲刻辞刍议》等,《大辛庄甲骨文与商代考古"笔谈》,《文史哲》2003年第4期。

(二)《殷契拾遗》

《殷契拾遗》,1927 年(民国十六年),自写石印本。线装,一册。自署《略识字斋所著说契》第二种。全书考释字、词 43 个:示、父、臣、庄、役、学、利、篇、典、虎、巿、央、旒、宄、疟、胖、蒎、師、级、授、缀、六、申、岁、止若、咸戊、日月又食、祸祀、房、卯、又杏、南、省田、侯伯等等。本书大多数字、词是发挥前人之说,再简述自己的见解。其中有些字的考释,如释糈、释典、释役、释授、释蒎等都是非常可取的。陈先生在解读某一甲骨文字时,往往结合古代文献记载和考古出土文物,乃至后世的金文、篆籀等几项结合,使得一字之解,在古今文字中皆能得其通畅无碍,因此陈先生的考字,多有精彩不移之处。

比如"典"字之释读,犹能见其功力。甲骨文中"册""典"两字都有,分别作 ▨、▨、▨ 和 ▨、▨、▨、▨ 等形,以手之有无分别,划然可辨,不容混淆,但早期甲骨学家往往不分彼此,混为一谈。比如罗振玉先生云:"《说文解字》册象其札一长一短中有二编之形。古文从竹作 ▨,卜辞中诸字与古金文同;或增廾象奉册形。"①叶玉森先生也认为两者同为册字②。

陈邦怀先生首先考释出来两者的不同,认为后者是"典":

> 邦怀按,古金文及许书册字,皆无从廾者,此盖古典字。《说文》箕古文作 ▨,箕从丌而古文从 ▨,以此例之,▨ 字从丌而卜辞从廾作 ▨,其为典之古文,殆无疑矣。

---

① 罗振玉《殷虚书契考释》(增订本)中卷,第 40 页,东方学会石印本 1927 年版。
② 叶玉森《殷虚书契前编集释》第二卷,第 96 页,上海大东书局石印本 1934 年版。

据此,则册象编成龟版之册,而典又为两手奉此龟册而藏之之形。盖其上所从之"册",仍为此长短不齐之龟版也。此则证之实物,证之文字,皆可助余"庋藏"说之成立者也。

从此之后,绝大多数学者都信从陈氏此说,比如著名甲骨学家董作宾先生云,"典,《说文》:'典,五帝之书也。从册在丌上,尊阁之也。'卜辞中有册字,罗雪堂释册。陈邦怀《殷契拾遗》以为典字,其说甚是。"①尤其是于省吾先生在此基础上,对"典""册"二字分化关系做了详尽考证,补充发展了陈说②。如今,我们在甲骨文中发现了"典册"二字并举的例子,如:

…羌典冊羌方,王受[又]?(《合集》27985)
丁亥卜,在陪衞酓,邑□典冊又奉方豚,今秋王其[史]…吉。二。(《合集》28009)

就更加证明了二字不同,典是典,册是册,不能混一,此益证陈先生当年的慧眼敏察,考证精到。

(三)《甲骨文零拾》

《甲骨文零拾》,1959年9月天津人民出版社出版。拓本石印,

---

① 董作宾《商代龟卜之推测》,中央研究院历史语言研究所专刊之一《安阳发掘报告》第一期,1929年12月;后收入《董作宾先生全集》甲编第三册,艺文印书馆1977年11月版。
② 于省吾《释工弄》,《殷契骈枝续编》,第11—12页,石印本1941年版;又《释工》,《甲骨文字释林》,第71—72页,中华书局1980年版。

线装一册。目次包括：自序、图版、考释。书前有《自序》，书后附考释。图版顺序编通号，正反编为一号。共著录图版 160 片，全部为甲骨拓片。本书收录之甲骨，此乃作者十余年间于京津两市所搜集的珍贵甲骨精品，大都零星得之，故书名《甲骨文零拾》，简称《甲零》。

《甲骨文零拾》书影

该书所收甲骨拓片资料，与《续》重 1 片、《佚》重 34 片、《七》重 3 片、《天》重 4 片、《续存》重 10 片。考释按拓本编号次序，先隶定，后考释。一般是隶定。有些字，从他人之说，作者补充看法；有些字，如示、炊、奈、弅等字，作者提出了自己见解。不足处是在拓本编排上，各期及甲、骨混乱，没有介绍各片甲骨来源、出处等情况，也没附有关的索引。该书于 1970 年（日本昭和 45 年）6 月由日本汲古书院重新翻印出版。对本书的评论，有日本著名甲骨学家松丸道雄先生撰有《陈邦怀编著"甲骨文零拾附考释"、陈邦怀著"殷代社会史料征存"》，载日本《甲骨学》第九号（1961 年 8 月），对该书做了介绍与评价。

在此，特别要提及陈先生在此书中关于甲骨文记事刻辞中"示"字的考证。我们知道，甲骨文不仅仅是占卜内容的卜辞，还包括一些记事刻辞和表谱刻辞。而在记录地方首领向王朝中央进贡占卜用的龟甲材料之记事刻辞中，经常有"某示""某示若干"的辞例。"某"是人名，而"示"为何意，学术界颇有争议。据不完全统计，目前对于此"示"的解读，至少有以下 9 种观点：一、释示为祭祀。比如叶玉森、王襄、胡厚宣等学者都认为记事刻辞中之"示"以释祭名为妥①。二、释示为置。比如董作宾、孙海波、于省吾、饶宗颐等学者都认为示寘相通，寘同于置，是安置放置之意，或者置舍双声互训，为赏赐之意②。三、释示为"天神地示人鬼"之"示"。比如唐兰认为"示"为神祇之义。"帚□示者，诸妇之初卒而祭之也……小臣某示及邑示示之属，则诸先正之祭"③。四、释示为氏。比如丁山认为示即氏字，骨臼刻辞中"示屯"是其引申义，即由某氏族进贡的包裹卜骨。晁福林赞成之④。五、释示为示高义。比如陈梦家将"示"理解为《周礼·大卜》中的"视高"，意为钻龟、凿龟；严一萍也认为"示"为"视高"，"等于相龟之何处可以钻凿"；齐文心谓"示"指钻凿而言，"示高"可以理解为标明龟甲正面施钻凿的位置⑤。六、释示为予。比如于省吾指出："凡示屯之示应读作给予之予。……不过示屯一类纪事都刻在特定的地位，都表示着某种给予的事例，不尽属于贡纳性质，还不能完全了解它的意义所在。"⑥七、释示为交纳奉献。比如

---

① 叶玉森释《研契枝谭·说契》，富晋书社1929年；《殷虚书契前编集释》卷五第34页，大东书局1933年版；王襄《簠室殷契徵文》"典礼"第37片考释，天津博物院石印本，1925年版；胡厚宣《武丁时五种记事刻辞考》，《甲骨学商史论丛初集》（外一种）上，第343—453页，河北教育出版社2002年11月。
② 董作宾《帚矛说——骨臼刻辞的研究》，《安阳发掘报告》第四期，1933年，收入《董作宾先生全集》甲编第2册，第619—660页，艺文印书馆1977年版；孙海波《诚斋殷虚文字考释》第426片考释，修文堂书店1940年月影印本；于省吾《双剑誃殷契骈枝》"释屯"；饶宗颐《殷代贞卜人物通考》，第465页，香港大学出版社1959年版。
③ 唐兰《天壤阁甲骨文存并考释》，北京辅仁大学影印本。
④ 丁山《甲骨文所见氏族及其制度考》，中华书局1999年版；晁福林《殷墟骨臼刻辞"示屯"及其相关的一些问题》，《殷都学刊》1990年2期。
⑤ 陈梦家《殷虚卜辞综述》第177页，中华书局1988年版；严一萍《甲骨学》第693页，艺文印书馆1978年版；齐文心《历组胛骨记事刻辞试释》，《中国史研究》1991年第4期。
⑥ 于省吾《从甲骨文看商代社会性质》，《东北人民大学人文科学学报》1957年2、3期合刊。

赵诚认为记事刻辞中的"示"用作动词,有交纳、进贡、奉献之义。刘一曼、曹定云赞同此说,并为之补充证明①。八、释示为指示、指导。比如尚秀妍认为"示若干"是指导、监督对若干龟骨的修治之意。孙俊赞成此说②。九、释示为省视、检视。比如郭沫若首先指出此"示"当假为视,为省视之义③。

而陈邦怀先生在考释一片骨臼刻辞时,也释"示"为视,有验收之义,在郭沫若先生观点基础之上,进一步指出,"某示"就是由某个人负责验收地方进贡来的占卜龟甲材料。

丁亥气自雩十屯,乍示。允。

邦怀谓屯训束。《诗·召南》云:"白茅纯束。"毛传云:"纯束,犹包之也。"郑笺云:"纯读曰屯。"《战国策·秦策》云:"锦绣千纯。"注云:"纯音屯,束也。"此皆屯训束之证也,此辞之"十屯",他骨臼所记至"几屯",皆言兽骨之几束。犹龟甲右缘所刻"吴入五"(《乙编》下辑六六六九),"莫来二"(《乙编》下辑六七三九),乃记某方国贡入龟之数也。此骨之"乍示",他骨臼所记之"某示",皆谓视也。示,视,古通用。《诗·小雅》所记之"视民不恌。"郑笺云:"视,古示字也。"《礼记·曲礼篇》云:"童子常视毋诳。"郑注云:"视,今之示字。"《诗》《礼》用示为视,卜辞用视

---

① 赵诚《甲骨学简明词典》第 320 页,中华书局 1988 年版;刘一曼、曹定云《论殷墟花园庄东地 H3 的记事刻辞》,《2004 年安阳殷商文明国际学术研讨会论文集》第 43 页,社会科学文献出版社 2004 年版。
② 尚秀妍《再读胡厚宣先生〈五种记事刻辞考〉》,《殷都学刊》1998 年 3 期;孙俊《殷墟甲骨文宾组卜辞用字情况的初步考察》,北京大学硕士研究生学位论文,2005 年。
③ 郭沫若《骨臼刻辞之一考察》,《中国古代铭刻汇考续编》,《郭沫若全集·考古编》第 1 卷,第 411—430 页,科学出版社 1982 年版。

为示,此古通用之证也。卜辞所云某示也,其意盖犹今语所谓某人验收欤?或疑此说无徵。余谓细读此辞上下句自可憭悟。此辞上句"气自雯十屯",谓十束兽骨气自雯者。下句"乍视",谓验收者为乍也。此辞末允字,为人名。董作宾氏以刻辞末字为签名。甚确。盖签名者为掌兽骨之人也。又按《殷虚书契前编》七·七·二:"气畠廿屯,小臣中示。"言廿屯气自畠,而视者为小臣中也。①

至此,关于记事刻辞中"某示"辞例,才算得到了确然正解,至今为甲骨学界普遍接受。比如著名甲骨学著作《甲骨学通论》《甲骨学一百年》等,就都是接受了陈先生的这一说法,认为"示"通"眎","某示若干"刻辞,所记都为检视、验收整治的龟甲、兽骨,以备卜用之事②。

(四)《殷代社会史料征存》

《殷代社会史料征存》,1959年9月天津人民出版社出版,十六开本,线装,一册。目次包括:自序和正文。正文分卷一、二两部分:卷一,包括四方风名、昌母星、殷之军训、殷之马政、殷之宫室五节。卷二,细分为舞雨、宁风等六十六条。以上凡七十一条释文中,有的是从他人之说,而加以发挥,如四方风名、殷之马政、舞雨、省牛等辞条;有的则是辩驳他人之说,如昌母星、王醴、亚位等;再者是作者自己的见解,如殷之军训、足河、禜水、章大邑、作大田、量地、案食等。不论是发挥或驳他人之说,还是自出己见,作者在本书中都是

---

①陈邦怀《甲骨文零拾附考释》,第35—36页,天津人民出版社1959年版。
②王宇信《甲骨学通论》(增订本),第140—142页,中国社会科学出版社1999年版;王宇信、杨升南主编《甲骨学一百年》,第245页,社会科学文献出版社1999年版。

以卜辞为根据，并参考古籍以考证殷代社会的状况及制度。如对殷代常患水灾，认为在卜辞中有用圩杆水的记载，以证殷代已有堤防壅塞之事。又如，关于殷代的教育，不但从郭沫若说，且认为殷时既注意贵族子弟之教育，也对民间教育重视。对殷代的军制，认为有"三师"及"左右部"之制，还论证了当时在防备及措施上的一些问题。另外，对殷代刑罚制度、马政、四方风名、宫寝制度、先公旧臣、婚姻制度等许多问题皆提出己见，可备一说。日本学者松丸道雄撰文《陈邦怀编著"甲骨文零拾附考释、陈邦怀著"殷代社会史料征存"》，载日本《甲骨学》第九号(1961年8月)，对本书有所评论。

在此，略举二例，以见其利用甲骨文资料，开掘殷商时代社会史的深度研究。

其一是关于商代有"方相氏"之论。古代傩戏的主角叫方相，传说在黄帝时代就有出现了。但真正见之于文献记载者，最早见于《周礼·夏官》，称方相氏。《周礼·春官·占梦》："季冬，遂令始傩，殴疫。"《夏官·方相氏》："狂夫四人，掌蒙熊皮，黄金四目，玄衣朱裳，执戈扬盾，帅百隶而时傩，以索室殴疫。"郑玄注："蒙，冒也。冒熊皮者以惊疫疠之鬼，如今魌头也。时难，四时作方相氏，以难却凶恶也。"孙诒让《周礼正义》"方相氏"，有过非常详细的解疏："云'如今魌头也'者，《御览·礼仪部》引《风俗通》云：'俗说亡人魂气飞扬，故作魌头以存之，言头体魌魌然盛大也。或谓魌头为触圹，殊方语也。'案魌正字当作頢。《说文·页部》云：'頢，醜也，今逐疫有頢头。'《淮南子·精神训》'视毛嫱、西施犹頢醜也。'高注云：'頢，头也。方相氏黄金四目，衣赭，稀世之頢，貌非生人也，但具像耳目。'字又作供，《荀子·非相篇》'仲尼之状，面如蒙供。'杨注云：'供，方相也。'又引韩侍郎云：'四目为方相，两目为供。'《慎子》曰：'毛嫱、西施，天下之至姣也,衣之以皮俱,则见之者皆走也。'盖周时谓方相所蒙熊皮黄金四目为皮俱;汉魌头,即周之皮俱,故郑援以为证也。"(卷五九《方相氏下》)

这是说方相氏为周代的傩戏主角,陈邦怀先生在甲骨卜辞中发现了商代已有方相傩戏。

[癸巳卜,争]贞:旬亡祸?……允有来艰自西?𢀛告曰……[戈],🀄夹方相四邑。十三月。(《前编》7·37·1,《合集》6063正)

此版卜辞中有两处值得注意:一是卜辞中有一奇字"🀄",二是卜辞中有"方相"一词。对于字,叶玉森先生曾释为鬼。甲骨文中自有"鬼"字作🀄、🀄,此字明显不是鬼字。郭沫若则依据《周礼》释"🀄"为"魌"字:"案系象人戴面具之形,当是魌之初文。""得此字,可知魌头之俗,实自殷代以来矣。""🀄"为"魌",文献中"魌"字又有俱、娸、顡、欺等不同写法,其意乃古人驱鬼所用面具,这一观点如今已然为大多数学者所公认。然而郭沫若同时认为,"魌"字前面省略四字"舌方征我","'四邑'四字首二画破损,但甚明晰,用知其上四字必为四邑之名。"即"魌""夹""方""相"四字在卜辞中同为邑名,"魌"字在卜辞中已非原意,而是地名、邑名,而且"方""相"二字当分读,也是地名①。前后未免自相矛盾,莫衷一是。

1950年杨树达先生考证此辞,释🀄为"𩑺",即吁,以《诗经·文

---

① 郭沫若《卜辞通纂》,第498片考释,《郭沫若全集》考古编第二卷,第431页,科学出版社1983年版。

王》"常服黼冔"与《说文》"兒,兒,冕也。周曰兒,殷曰吁,夏曰收"释义,为殷代大帽子。他也认为"方相"不该连读:"余疑'方'当句断,'罒'字当与'四邑'连读……相四邑者,'相'当读为'伤'……《说文》十二篇下戈部云:'戋,伤也。'"①杨树达断句为"魌夹方,相四邑",也就是"伤四邑""戋四邑"。

后来的屈万里为《殷虚文字甲编》作释文,也认为杨氏释相可从②。李孝定《甲骨文字集释》,虽然不同意杨氏的释为冔,殷冠恐不如此,但还是同意其读相为伤,肯定其"相四邑"的连读③。于省吾主编《殷墟甲骨刻辞摹释总集》将此辞释读为"相二邑",似乎也是遵从杨氏的读法④。

陈邦怀先生对这一辞例的解释,与以上诸说迥然不同。在《殷代社会史料征存》卷下"方相"篇中,他先介绍了郭沫若、杨树达的解释,然后发表了自己独特的看法:

……此二说皆可商。邦怀按:卜辞"方、相"二字当连读,即《周礼》之"方相"……今绎卜辞辞意,夹为人名,即执行方相之事者。❀之上截为方相氏逐疫时所戴之头饰,魌魌然盛大,遂称为魌。而所掌者为逐疫之事,即所谓方相是也。"方相",《周礼》为名词,而卜辞为动词。"❀夹方相四邑",言有魌名夹者,执行方相氏逐疫之事。四邑,犹言四方也。又按,此辞末有"十三

---

① 杨树达《释相》,《积微居甲文说》,第 24 页,上海古籍出版社 1986 年版。
② 屈万里《殷虚文字甲编考释》,第 378 页,中央研究院历史语言研究所专刊 1961 年版。
③ 李孝定《甲骨文字集释》第四册,第 1145—1147 页,中央研究院历史语言研究所专刊 1965 年版。
④ 姚孝遂主编、肖丁副主编《殷墟甲骨刻辞摹释总集》上册,第 150 页,中华书局 1988 年版。

月"。十三月为殷代有闰月之记月法,即后之十二月,于时为季冬。此与《礼记·月令》"季冬命国难(傩)"亦合。①

此说很是精彩,既将"魌""方相"与周代"方相氏"结合起来,又克服了郭、杨之说中四地名与所谓"相四邑"之间的矛盾。依照陈氏的释读,这片甲骨卜辞记载了殷商时代方相氏戴着魌头(面具)殴疫逐鬼之事,大意是:癸巳日占卜,贞人争氏占问这一句里有没有灾祸,是不是有灾难自西方来,后来果然有灾难自西方来,肉氏告之有灾,需派戴魌头的夹氏率领方相氏去四邑殴逐。

陈氏的说法非常具有启示意义,足以证明殷代傩戏"方相氏"的存在。值得注意的是,据《周礼》记载,在方相氏的四时大傩过程中,需"玄衣朱裳,执戈扬盾",持干戚以舞,这一动作形象。我们可以想象,殷人在进行大傩的过程中,巫者"玄衣朱裳",头戴纹饰饕餮的青铜面具,四目狰狞,手持法器扮演神灵,伴随乐声起舞以驱鬼逐疫,与周代方相氏驱鬼的情形一般无二。

经过陈邦怀先生的考释,我们得知这片甲骨文就是中国古代傩戏的最早纪录。后来研究傩戏和戏剧史或古代社会巫术的著作,往往都引用陈先生的这一观点,影响巨大②。

---

① 陈邦怀《殷代社会史料征存》,第95—96页,天津人民出版社1959年版。
② 谢振东、谢天鹰《甲骨上的神将——傩戏考源》,《贵州日报》1990年3月21日;萧兵《傩蜡之风——长江流域宗教戏剧文化》,江苏人民出版社1992年版;钱茀《商宄探微》,《民族艺术》1994年第2期;曲六乙、钱茀《东方傩文化概论》,山西教育出版社2006年版;孟凡玉《假面真情——安徽贵池荡里姚傩仪式音乐的人类学研究》,中国艺术研究院2007年博士论文;丁淑梅《傩戏的面具与非物质之"道"》,《阅江学刊》2014年第2期;徐文光《浅谈神奇的临夏鳌头傩》,《甘肃高专学报》2013年第3期;李振峰《甲骨卜辞与殷商戏礼》,《北方论丛》2014年第2期;刘怀堂《宄为商傩辨》,《湖北工程学院学报》2014年第2期。

其二,就是陈先生利用甲骨文资料探讨商代法律制度。

陈邦怀《殷代社会史料征存》"自叙"中开门见山地说:"我写这本小书,是以殷墟卜辞为根据,并参考古代典籍来考证殷代社会的一些情况和一些制度。考释文字不是本书的重点。"①紧接着,关于商代法制的概况,就有如下这么一段叙述:"殷代的刑狱,卜辞里有五次记载:一、两造讼诉,通过法官审判,四方的人民都认为处理公允。二、殷王问小臣󰀁,有无关于囹圄的事。小臣立于东方,对答了王的问话。三、有一罪人经法官审判,缓期死刑,仍予拘囚。四、罪人被判死刑,殷王宽赦,得免于死。五、役使罪人舂粮,官员替他申请免于徭役。免于徭役的事,《汉书·高祖本纪》里也有记载。现在我们知道这一制度,远在殷代即已有之。"同时,陈氏也坦言,"以上列举的几点,多半是片段的材料。这一来因为这几类的刻辞迥不如卜'天象','祭祀','田游'那样多。再就是我个人见闻不广,虽然有而未能发现。很希望今后能发现更多的材料,再作系统的研究。"②

接着,在该书下卷列有"谳㚇""称憯""于东对""王更囚""事舂复"之目,分别论述商代法制的情况。比如其中的"于东对"一条所论,后来常被中国法制史教材引用,认为殷商时代已经有了廷对的法律制度。

在"于东对"下,陈先生考证说:

《龟甲兽骨文字》卷二第二十五页十片:"辛卯,王□小臣

---

①陈邦怀《殷代社会史料征存》,第1页,天津人民出版社1959年版。
②陈邦怀《殷代社会史料征存》,第2、3、4页,天津人民出版社1959年版。

▓，其亡(无)圉？于东对，王占曰，大□。"（即《甲骨文合集》36419，朱某注）邦怀按▓是小臣之名。"圉"古与圉通用，《说文解字》作圉圉，可证也。"其无圉"者，殷王召问小臣其无圉圉之事乎？"于东对"者，小臣立于东方而对王所问之事。立于东方者何？以东方有生气（说本《礼记·玉藻》篇郑注），盖不欲尽绝圉圉之罪人耳。又按《说文解字》："朝，狱两曹也，从棘，在廷东也，从日，治事者也。"余疑"在廷东"义与卜辞"于东对"相同。盖古代听讼狱有此制度也。[1]

虽然现代甲骨学界多认为"东对"是监狱所在地名，与此理解有出入，但陈氏对卜辞文义的理解大致不误。

在"讞吝"条下，陈先生有这样的考证：

《殷虚书契后编》卷下八页一片："丙寅卜，宾贞，子膚吝，眈□四方。十月。"（即《甲骨文合集》3087，朱某注）邦怀按膚读为瀗，即今之讞。《说文解字》："瀗，议罪也，从水献，与灋同意。"又："吝，语相訶歫也，从口辛。辛，恶声也，读若蘖。"卜辞之"吝"据《说文解字》训释，当为两造诉讼。"瀗吝"者，言讼狱而议其罪也。眈为古文允，允训信。眈□四方者，言子议罪能得其平而见信于四方之人也。周大克鼎铭文有"允尹四方"之句。据此，知眈尹四方为殷周二代之成语也。

又，在"称愲"条下，对于"膚称晉"，"邦怀按：膚读为瀗，今通用讞"。

---

[1] 陈邦怀《殷代社会史料征存》，第31页，天津人民出版社1959年版。

该辞"子"下一字,一般认为当隶释为"虙"字,为"甒"字之初文,"子虙"则为人名。因此,陈邦怀在此认为该"虙"字读为"瀻",即"谳"字,在这样的解读基础上所概括的商代诉讼是难以成立的。对于陈邦怀的这些考证,美籍华人学者张光直曾有如下极为中肯的评价:"然而在每一个例证子中,陈所读的有关片断只是依赖于一、二个字的不可靠的解释,对于商的法律制度的较好的理解只能从通过整理法规所发现的部分原文中得到。最终我们发现,按照《书经·多士》'殷先人有册有典',甲骨文可能是一部分商王室的典册,但是没有发现任何商代法规的痕迹。"①

这实际上反映了有关甲骨文法律史料性质的两种态度。不过,在尚未发现商代法律的情况下,陈先生积极发掘甲骨文中与法律有关的信息,加以解读,用以恢复殷商时代的法律制度,其筚路蓝缕、以启山林之功不可磨灭。

五、甲骨文研究论文

陈邦怀先生的甲骨学研究成果,除了以上几部甲骨学著作之外,还有一些单篇论文,也不乏精彩之论。这些论文与其著作一样,往往不是为释字而考论,而是结合中国古代历史文化的一些重要问题,一字解通,一些相关问题随之疑窦冰释,迎刃而解。

比如甲骨文有龡字,学界意见纷纭,迄今仍无定论。此字从八从鱼,隶定为龡字,商承祚认为"疑亦鱼";于省吾说为"吾"②;陈炜湛

---

①[美]张光直著,毛小雨译《商代文明》,第184页,北京工艺美术出版社1999年版。
②商承祚、于省吾考释文字,见载于李圃主编《古文字诂林》第九册,第946页,上海教育出版社2003年版。

云:"八为羡笔。此字通渔,动词,义为捕鱼。"①杨泽生则释为鼟钟、鼟鼓之"鼟(崋)"②。这四种说法,学术界似乎并未公认。

其实,陈邦怀在20世纪60年代就曾撰写《甲骨文"尒"字试释》,认为该字"从八从鱼",从八得声,应当读若颁,即《诗经·小雅·鱼藻》:"鱼在在藻,有颁其首"之颁的本字,卜辞中读班,作颁赐讲③。

这一说法,有独到见解,得到了许多学者的认可,比如裘锡圭考证甲骨文中的乐器,就认为陈邦怀此说可供参考④。刘桓考释甲骨文中的相关词语,也是信从了陈邦怀此说⑤。近年也有学者研究商代音乐和乐器,指出陈邦怀释此字为"颁"可信,不过此"颁"字在卜辞中大多数情形应读如"编",编排演练义⑥。

甲骨文中有日食、月食的占卜记录。比如典型的是如下一片甲骨:

癸酉贞:日月有食,佳若? 癸酉贞:日月有食,叀(非)若?(《合集》33694)

该片甲骨卜辞首先著录于1925年天津王襄印行《簠室殷契征文》一书,排在其卷首"天文"第一片,王氏释云"日夕又食",以为是日

---

①陈炜湛《读契杂记》,《2004年安阳殷商文明国际学术研讨会论文集》,社会科学文献出版社2004年版。
②杨泽生《甲骨文"尒"字新释》,《中国文字学报》第一辑,第60页,商务印书馆2006年版。
③陈邦怀《甲骨文"尒"字试释》,《中国语文》1966年第1期。
④裘锡圭《甲骨文中的几种乐器——释"庸""丰""鼖"》,《古文字论集》,第196—209页,中华书局1992年版。
⑤刘桓《释"班益鼖"》,《甲骨文字考释四则》,《古文字研究》第二十六辑,第59—60页,中华书局2006年版。
⑥孙广明《"颁(编)益(佾)韶"与殷商古乐——兼释"弦"》,《殷都学刊》2010年第4期。

食记录①，开始引起学术界的注意。1933年，商承祚的《殷契佚存》374片，与上述《簠室》天1同文，商氏释为"日月又食"，并云唐兰据《佚存》374，将《簠室》人1、天1同《殷虚书契后编》下3.16、上26.15缀合起来②。这一缀合，见曾毅公1939年的《甲骨叕存》52及1950年的《甲骨缀合编》51。后来胡厚宣著文称，《簠室》那片已不知下落；《佚存》374，即《合集》33694，为于省吾旧藏，后归清华大学，现藏中国历史博物馆③。如今著录于《甲骨文合集》者，就是这几片甲骨的缀合版。缀合后的卜辞多了几条，但是"日夕有食"两条对贞卜辞，上下都划有阑线，与其他卜辞隔开，依然是这一版甲骨上的重要辞例。

对于此版甲骨上的辞例究竟是"日夕有食"还是"日月有食"，学术界颇有一些争论。王襄首先释为"日夕有食"，他以"日夕有食"为黄昏时的日食。商承祚首先释为"日月有食"，为日月并食。郭沫若并斥为"牵强"，"或读夕为月，以日月食解之，尤妄，不知日月不并食也。"④自此之后，关于此片甲骨文究竟何指，至今一直都有激烈的讨论。比如1940年董作宾作《殷代之天文》，由陈遵妫推算，后来二氏又都做过订正。他们主张"日月有食"乃是相邻接的一次日食和一次月食⑤。然而后来到了1950年，董氏在《殷代月食考》文中又说："文但记日月有食，因日食与月食叠见，卜问休咎，卜的日子不必为月食或日食之日，故无从推求。"⑥1950年的德效骞（Homer

---

① 王襄《簠室殷契征文》，第1页，天津博物院1925年版。
② 商承祚《殷契佚存考释》，第51页，金陵大学中国文化研究所1933年版。
③ 胡厚宣《卜辞"日月又食"说》，《上海博物馆集刊》第三期，1986年版。
④ 郭沫若《卜辞通纂》考释，第92页，科学出版社1983年版。
⑤ 董作宾《殷代之天文》，《天文学会十五届年会会刊》，1944年。见引自胡厚宣《卜辞"又食"说》一文。
⑥ 董作宾《殷代月食考》，《中央研究院历史语言研究所集刊》第22本，1950年。

H.Dubs)《商朝年代》,索性将这项卜辞讲成"日夜有食"①。等等,观点不一而足,莫衷一是。

到了1981年,陈邦怀先生为此专门撰文,提出"日月有食"即日月交会而食的观点,为这一争论的话题又增添了一种新的说法②。

以上卜辞两则,刻于一块兽骨上面。《簠室殷契征文》曾著录于天象类。《双剑誃古器物图录》亦著录之。

按"日月有食"一词,研究契学者,尚未引用文献作参证也。《说文解字》第七篇上有部,"有"字下云:'《春秋传》曰:"日月有食之。从月,又声。"许书所引《春秋传》"日月有食之",与卜辞"日月有食",若符节之相合。段玉裁于《说文解字》"有"字下注云:"日下之月,衍字也。"非是。《诗·小雅》:"十月之交,朔日辛卯,日有食之,亦孔之醜。"毛传:"之交,日月之交会。醜,恶也。"郑笺:"日月交会而日食。"据郑说可知卜辞"日月有食",即日月交会而日食。

又按《汉书·天文志》:"日月薄食。"查颜师古注引孟康云:"日月无光曰薄。"《京房易传》言:"日月赤黄为薄,或曰不交而食曰薄。"韦昭曰:"气往迫之为薄,亏毁曰食也。"王先谦《补注》又据《开元占经》引《京房易传》云:"日[月]蚀皆于晦朔,有不于晦朔者,名曰薄。"此条"日月薄食",亦可为"日月有食"之旁证。

陈先生的观点现在看来也未必就一定正确,而且此后关于此

---

① Homer H.Dubs, The Date of the Shang Period, Toung Pao 40, 1950.
② 陈邦怀《卜辞日月有食解》,《天津社会科学》1981年第1期。

问题的讨论也一直没有停止,比如后来又有胡厚宣读为"日月又食",认为只是占问的命辞而非实际发生的日月之食①;李学勤释"日月有食"为"明有食",即指日出时的日食②;黄竞新断"日月有食"为"日,月有食",即白天发生的日食③;等等,但陈先生这种积极关注学术界争论话题,坚持学术精神,是非常值得后人学习的。

1973年,殷墟遗址发现并出土了一批甲骨文,这就是著名的《小屯南地甲骨》。陈先生当时年纪已经很大了,但他非常关注这批新出土的甲骨文材料。他委托朱凤瀚帮他搞到小屯南地甲骨拓片。他据此写出了《小屯南地甲骨中发现的若干重要史料》,发表在《历史研究》④上。该文包括到了"月戠""旦,食日""莫夕""出采、采黍""殷有大学""鸟日其矢""伊尹从祀成汤""在宗庙卜""王令某人位于某地""新蒸"等几个部分,从小屯南地甲骨中选择了这些卜辞,考证了商代的天文、历法、农业、教育、图腾、祭祀、宗庙、官职等方面的内容,对于我们认识小屯南地甲骨的史料价值,极具启发意义和引导作用。

比如陈先生考证的"鸟日"解释为"春分玄鸟至之日"。这里又涉及到了另外一条小屯南地甲骨卜辞:"于鸟日北对,于南阳西?"(《屯南》4529)这是甲骨文中仅有的"阳"字。陈邦怀考证:

"南阳"为地名无疑。"于鸟日北"与"于南阳西"为对句,可

---

① 胡厚宣《卜辞"日月又食"说》,《上海博物馆集刊》第三期,1986年版。
② 李学勤《癸酉日食说》,《中国文化研究》1998年第3期。
③ 黄竞新《甲骨文所见日食月食及星象》,香港育成文化事业公司1992年版。
④ 陈邦怀《小屯南地甲骨中发现的若干重要史料》,《历史研究》1982年第2期。

以推知"鸟日"亦为地名。地以鸟日为名者,盖以其地为"玄鸟至日祈于郊禖"之故,此地名与历史有密切之关系者也。

后来,有博士生彭华在此基础上,依据地名学史的研究成果,认为"南阳"所指代的是"太阳(日)"。此外,相互对举是先秦时期人们对自然地理长期观察形成的知识概念,若确如陈邦怀所言,则"南阳"应与天象有关[①]。也有学者以此为基础,研究商代已经存在了阴阳观念,对于阴阳五行产生的时代有了新的认识和判断[②]。

除此之外,陈邦怀所写的《商代金文中所见的星宿》以及《古今字释》中的一些文字考释,虽然不是以甲骨文为主,但也都涉及到了甲骨文字,或者与甲骨文时代相关。由此也可知陈先生的学问渊博,视野宽广,识见宏通,其来有自。

比如陈先生以商代金文中的一些族徽铭文,来复原古代早期的星宿体系,写成了《商代金文中所见的星宿》[③],颇见功力,影响巨大。

二十八宿是中国传统天文学的重要组成部分,它们分别为,东方七宿:角、亢、氐、房、心、尾、箕;南方七宿:井、鬼、柳、星、张、翼、轸;西方七宿:奎、娄、胃、昂、毕、觜、参;北方七宿:斗、牛、女、虚、危、室、壁。中外学者对二十八宿的起源问题已经争论了近二百年[④]。中国先

[①] 沈建华《从殷代祭星郊礼论五行起源》,载艾兰、汪涛、范毓周主编《中国古代思维模式与阴阳五行说探源》,上海古籍出版社 1998 年版;彭华《先秦阴阳五行研究》(先秦篇),华东师范大学历史学院博士论文,2004 年。
[②] 薛立方《从甲骨文、金文看阴阳五行的兴起》,《兰台世界》2011 年第 10 期。
[③] 陈邦怀《商代金文中所见的星宿》,《古文字研究》第八辑,中华书局 1983 年版。
[④] 竺可桢《二十八宿起源之时代与地点》,《思想与时代》第 34 期,1944 年;载《竺可桢文集》,第 234—254 页,科学出版社 1979 版;陈美东《中国科学技术史·天文学卷》,第 61—72 页,科学出版社 2003 年版;冯时《中国天文考古学》,第 261—275 页,社会科学文献出版社 2001 年版。

秦文献《周礼·春官》提到了"二十有八星"。二十八星宿的名称完整地出现于《吕氏春秋》《逸周书》《礼记》《淮南子》和《史记》中，文献学考证的结果，二十八宿的形成年代是在战国中期（公元前四世纪）[①]。在考古发现中，长沙马王堆帛书《五星占》（公元前168年）、湖北睡地虎竹简《日书》（公元前2世纪中叶）、安徽双古堆圆盘漆器（公元前165年）和湖北曾侯乙漆箱盖（公元前433年）均出现了完整的二十八宿名。

然而这并不是二十八星宿出现的最早时代，在此之前，二十八宿应该有一个较长的发展时期。《夏小正》记载了参星、北斗、大火、南门、织女、昴星等星名，说明夏代已然有了星宿的知识。竺可桢曾经以岁差考定《尚书·尧典》中的"四星"（鸟、火、虚、昴）出现的年代应该在公元前十一世纪，即商周之际[②]。陈邦怀则别开蹊径，利用古文字材料的星宿进行考证，可以说是对这一问题的又一次巨大突破。

当然，陈先生的这一研究，也是建立在对殷墟甲骨文中的相关资料的认知基础之上的：

> 至于商代天文学，据殷墟出土的甲骨卜辞记载，商人不仅对四方和四方风有所认识，而且对日月食和一些星宿都有着比较准确的观察和了解。卜辞有"新大星并火（星）"的记载，则充分表明商人对于星宿的确立和新星的认识。商代天文学的发展，我们已从甲骨文中窥见其一斑。但就目前我们

[①] 夏鼐《从宣化辽墓的星图论二十八宿和黄道十二宫》，《考古学报》1976年第2期。
[②] 竺可桢《论以岁差定尚书尧典四仲中星之年代》，《科学》第十一卷第2期，1926年。

所掌握的甲骨文资料来看,是有其局限性的。然而认识是无穷的。除甲骨文外,从其他实物资料探索商代记载的星名,是很有必要的。

陈先生利用商代金文族徽铭文复原的星宿,有"东宫苍龙"的角宿、亢宿、房宿、心宿、尾宿,"南宫朱雀"的井宿、轸宿,"西宫白虎"的奎宿、胃宿、昴宿、觜宿,"北宫玄武"的女宿等十二星宿。虽然限于材料没有完全复原出来二十八星宿的完整体系,但已经初具四宫的结构,说明至迟至商代中晚期已经有了四宫星宿的观念和知识。对于商代族徽铭文中何以会出现星宿的名字,陈先生指出:"我以为,某一氏族聚居一地后,即以其上映之星宿作为自己的族徽。如果我们能够得知带有星宿族徽铜器的出土地点,或许会发现更为有趣的问题。周人的分野,很可能就是渊源于以星宿为族徽的做法。"

陈先生的这一研究,尤具开拓之功和启发意义。继之有作者,比如李学勤《卜辞中的新星》[①]袁庭栋、温少峰《殷墟卜辞研究——科学技术篇》[②],都在陈基础上有所发掘。尤其是后来,香港著名甲骨学家饶宗颐先生在此基础上撰写了《殷卜辞所见星象与参商、龙虎、二十八宿诸问题》,利用甲骨文材料,考证当时星宿之名,内容计有"参与辰:天之大纪;"苍龙诸宿"1.侑火,又五火;2.火日与

[①] 李学勤《论殷墟卜辞的星》,《郑州大学学报》(哲社版)1981年第1期;《续论鸟星》,《传统文化研究》第7辑,苏州古吴轩出版社1999年版;《论殷墟卜辞的新星》,《北京师范大学学报》(人文社会科学版)2000年第2期。

[②] 袁庭栋、温少峰《殷墟卜辞研究——科学技术篇》,四川省社会科学研究院出版社1983年版。

木月;3.心与火正;4.方(房)与辰;5.乍龙与复霓(灵);6.天田其名,卜辞出现多次;7.尾、角、箕;8.南门与门为星名;"虎与参、伐":1.虎;2.参(品);3.伐;4.豕、此(觜)、昴;"南方与北方诸星";"祭星与风雨"等。饶先生在文末,特意提及陈邦怀之前功:"本编钩索殷代天象,因连类及诸星宿,惜卜辞文字简质,又异解繁赜,说各不同,今循其上下文义,举其可通解者,列举如上,聊备一说。近时陈邦怀曾从铜器上族徽推寻二十八宿名称,其说无人附和,本文之作,惜陈君已作古,不能相与商榷,以求其是,为之怃然。"①饶先生女弟子沈建华教授又接踵步武,在陈先生、饶先生研究成果基础上撰写了《甲骨文中所见廿八宿星名初探》,考释并补充了见之于甲骨文中的宿星名,计有"东宫星宿":苍龙与灵星,亢与南门,大火与辰、房、心、尾、箕、角;"西宫星宿":参与伐,西仓与豕,此、卯、毕;"南宫星宿":星与酉(柳),翼;"北宫星宿":牵牛与虚,斗②。至此,"以勘卜辞,知殷时诸星宿,大体已略备"(饶宗颐语)。

冯时在总结百年来甲骨文天文历法研究综述时,说到二十八星宿问题,也总是把陈邦怀先生的研究放在前面加以介绍、评点,以示对前贤学人的纪念与尊重③。

六、商代玉石文字研究

除了研究甲骨文,陈邦怀先生还密切关注着与甲骨文同时代

---

① 饶宗颐《殷卜辞所见星象与参商、龙虎、二十八宿诸问题》,《胡厚宣先生纪念文集》,第32—44页,科学出版社1998年版。
② 沈建华《甲骨文中所见廿八宿星名初探》,《中国文化》1994年第10期。
③ 冯时《百年来甲骨文天文历法研究》,第35—89页,中国社会科学出版社2011年版。

《一得集》书影

的其他类型的出土文字，比如玉石文字。陈先生有几篇商代玉石文字的研究论文，颇有值得说道的地方。除了第一篇《记商玉版甲子表》在学术期刊发表过，其他几篇陈氏健在时均未正式发表，后来一并收入其《一得集》中。因读者不易见到，故而移录于此，期惠学林。

记商玉版甲子表

商玉版甲子表，前此四十余年出土于殷墟，为天津徐濠园所得。徐氏虽知古玉之有文字者不易得，然不知其为何物也。曾持赠精拓墨本，请我鉴定。辨其文字，乃"庚寅辛"三字。当告之曰，此为商代甲子表，极可宝贵之文物也。

按玉版上之"寅辛"二字完正，"庚"字上半残阙。用商代骨尺测之，"寅"字长一寸半弱，"辛"字长一寸强。如此大字，一方玉版必难容纳六十甲子之一百廿字；揆之以理，六十甲子当分别列于六版，每版二行，每行十字。此版"辛"字下缺"卯"字，"庚寅、辛卯"属第三版之第二行。以此残片度之，玉版原大约长二十六厘米上下、宽六厘米左右。

商代之甲子表多刻于甲骨上，用玉镌刻者，此为仅见。"庚寅辛"不但字大，而且笔画悉为双钩，在传世商代玉文中，当称巨擘焉。商代金文虽有数百种，然双钩文字不过十数见而已。

此玉版自徐氏逝世后，即不知其下落。"文化大革命"期间，我曾对天津艺林阁文物店同志说明此玉版之式样及字形，如有求售者,一定收购。久而寂然。私念殆为竖子认为"四旧",随手击毁,意中事耳。

十年前,一九七三年除夕,艺林阁之贾少君来访。启所携锦箧视之,乃玉版甲子表也!欢喜赞叹,问从何处得来,具答所问焉。越三日,写诗赠之,藉以表扬其爱护文物之诚意。

又十年,今岁《天津社会科学》编辑部同志访得此玉版文字拓片以及我写赠贾君之诗笺。月前特来约我写一文以纪始末,故详述之如上。

噫!一片古玉文字,经浩劫而幸存。闻入藏天津市艺术博物馆已数年矣,愿"长相保守"于无穷焉。

公元一千九百八十三年三月,镇江陈邦怀写于首都北京,愿"长相保守"于无穷焉。①

记商小臣𪉖玉

小臣𪉖玉,六十年前出于殷虚。方氏旧雨楼曾以银元千枚得之。方氏故后,流落天津某委托店,售者不知其珍贵,索价甚廉。后被韩慎先(即夏山楼主)为天津市文化局购进,现藏天津市历史博物馆。

此玉惜不知其名,殷虚出有与此同形而无文字者。玉之一面刻有铭文二行,共十一字。释读如下:

乙亥,王易小臣𪉖

---

① 陈邦怀《记商玉版甲子表》,《天津社会科学》1983 年第 3 期;又收入《一得集》,第 199—201 页,齐鲁书社 1989 年版。此外,陈先生还作了《商玉版甲子表跋》,发表于《文物》1978 年第 2 期,二文大同小异。

䗒,才大室。

乙亥,纪日之干支。王易,读作王锡,谓王赏赐。小臣,谓近臣,《礼记·丧大记》郑注云:"小臣,君之近臣也。"腐,小臣之名。腐,玉文原作廗,从冂,鸿声。冂即广之繁文。周初《令鼎》从广之䨻,《徙遽廗盉》从冂作䨻,可证冂为广之繁文。《说文解字》:"广,因厂为屋,从厂,象对刺高屋之形,读若俨然之俨。"许书所说象对刺高屋之形,与冂形相合。鸿,从鸟,汧声。汧,《集韵》:"丈吕切。"䗒,从鬲,庚声,音义同羹。《说文解字》作䰞,从羔、从鬲,会意。才,读作在,金文亦用才为在。大室,读作太室,又称天室(《朕簋》),为祭祀之所。商金文有记锡赏所在之例,如本铭在大室,《䜅卣》在帘,《亚古簋》在庙门,《芰鼎》在穆,皆是,不悉举矣。①

商编磬拓本跋

右编磬三,出於殷墟,初归海城于氏,著录于《双剑誃古器物图录》,今藏北京故宫博物院。此精拓三纸乃马子云同志所赠。常任侠同志云:"殷代编磬三个,其上有文字。一为"永启",一为"永余",一为"夭余"。"永"即歌唱。古书说:"歌永言,磬依永,律和声。"后起的讽詠的詠,或咏叹的咏,都是永字。"夭"即舞人侧首而舞的姿态,……"余"《说文》云:"语之舒也。"也就是徐字舒字的初文。"启"即启字,《说文》《玉篇》都解作开发。"永启"便是歌唱初开发时的节奏,"永余"便是歌唱舒缓时的节奏,"夭余"便是舞蹈舒缓时的节奏。(《中国古典艺术》29页)

---

①陈邦怀《记商小臣玉腐》,收入《一得集》,第201—202页,齐鲁书社1989年版。

邦怀按，常氏说"夭"即舞人侧首而舞的姿态。此说得之，而未举文证，斯为美犹有憾。考《礼记·檀弓》篇云："咏斯犹"，郑注："犹，常为摇，谓身动摇也。"郑说摇为身动摇，精确不没。余谓："夭"与"摇"古音同部，磬文作夭，表示舞人身摇动也。永"咏"与夭(摇)有密切之关系，《檀弓》"咏斯摇"是其铁证，言载歌载舞也。而此三编磬实为"律和声"之乐器。亦即《礼记·乐记》篇所云："歌，咏其声也；舞，动其容也，……然后乐从之。"是也。①

商后辛石牛刻字拓本跋

妇好墓发现铜器有一百馀件之多，而石器仅有二件。其一为石磬，有文曰："妊冉入"。其二即石牛，牛颚下有文曰："后辛"。或读司辛，其实不然。司当读为后。"后辛"亦见于《甲编》八二四号，与此后辛当是一人。于此读为后辛，因而推知妇好墓所出之大鼎铭"司母辛"，解放前出土之大鼎铭"司母戊"，当读后母辛、后母戊。《佚存》四六六号有"司母"，亦常读为后母，并可与后母辛、后母戊作互证。商代王子称母为后母，先曰后，尊尊也，後曰母，亲亲也。汉代王子称母为母后，先曰母，亲亲也，後曰后，尊尊也。后母，母后，其称谓虽有稍殊，而其意可明也。一九八一年十月。②

尤其是最后一篇，是对殷墟妇好墓出土的石牛铭文"司辛"进

---

① 陈邦怀《商编磬拓本跋》，收入《一得集》，第 203—204 页，齐鲁书社 1989 年版。
② 陈邦怀《商后辛石牛刻字拓本跋》，收入《一得集》，第 204 页，齐鲁书社 1989 年版。

行考证,认为读"司辛"不对,应当读为"后辛"。这就涉及到了那个中国最大的商代青铜器司母戊大鼎的命名问题。近些年关于司母戊大鼎的名称问题,学术界和坊间多有争论。其实"司后之争"早已有之。早在 1962 年金祥恒就发表了著名文章《释后》,提出甲骨文及商周铭文中被释为"司"的字应释为"后",意为王后、商王母亲的尊称[①]。当时释读后母戊的专家以台湾屈万里、金祥恒和大陆学者陈邦怀等为代表,但是这种观点影响较小。命名为"司母戊",是郭沫若定调,认为"司母戊"是祭祀母戊的意思。这当然是两种不同的理解。但是后来陆续有学者对此进行探讨,尤其是随着妇好墓的发掘,出土了一些相关的铜器铭文,更多的学者认同了"后母戊"这种说法。目前,"司母戊鼎"改名为"后母戊鼎"是学术界的共识,学术研究应当实事求是、知错就改、与时俱进。尽管"司母戊"的叫法已成为历史。但是,错的东西必须要改,不能一味地崇拜权威,不能一味地将错就错。如今,收藏"司母戊大鼎"的中国国家博物馆经馆学部委员会开会协商,一致同意,并征求了国内相当一部分专家的意见后,正式将这个大鼎改名为"后母戊大鼎"。这成为近年文化界的一件大事。陈先生如果地下有知,当会为自己当年坚持己见而感到欣慰了。

---

① 金祥恒《释后》,《中国文字》第三卷,艺文印书馆 1962 年 12 月。

戴家祥先生在津古文字研究述评

一、戴家祥生平简介

戴家祥(1906—1998),字幼和,室号白鹃楼主人,浙江瑞安人。我国当代著名历史学家、古文字学家、经学家。1926年考取清华大学国学研究院,师从王国维,治经学和古文字学。1929年任广州中山大学副教授。1931年,任浙江省立杭州高级中学教员。1934加入北京考古学社,任南开大学经济研究所研究员。1936年夏,受聘四川大学,为副教授。1937年回到浙江,任台州中学教员。1945年任英士大学副教授。1951年,任华东师范大学中文系教授,次年转入历史系。1955年,担任上海市历史学会理事会理事。1956年,加入中国民主同盟。1986年,加入中国共产党。1998年5月30日病逝于上海,享年92岁。其代表作有《商代的上帝崇拜和祖先崇拜》《兮伯吉父盘铭考释》《墙盘铭文通释》《叔皮父毁铭考释》《"社""杜"

"土"一字考》《甲骨文的发现及其学术意义》《卜辞金文"昏日"考》《后汉书选读注析》《中国通史》函授讲义、主编《金文大字典》等,先后发表学术论文数十篇。还先后点校了孙诒让遗著《名原》《古籀余论》等著作。有《戴家祥学述》,浙江人民出版社1999年3月版;《戴家祥集》,浙江古籍出版社2010年12月版。

二、戴家祥在津期间的工作概况

在正式来南开大学工作之前,戴家祥就曾来过天津。1927年6月2日,国学大师王国维自沉于颐和园昆明湖鱼藻轩。王国维遗嘱曰:"遗书托陈(寅恪)吴(宓)二先生整理。"身为国学研究院同事的陈寅恪先生把整理王先生遗书的任务交助教赵万里办理,赵又把其中有关经学、文字训诂部分交王国维的研究生戴家祥校对。因为当时罗振玉寓居在天津,于是戴先生受到清华研究院的委托,来到天津贞松堂,把全部遗稿送交给罗振玉。罗振玉据此组织出版委员会,编成《王忠悫公遗书》四集,共印五百部[1]。

清华研究院三年研究生毕业后,戴先生先后任教中山大学、浙江省立杭州高级中学和四川大学。1934年8月,他北上再次来到天津,任职位于天津的私立大学南开大学,出任南开大学经济研究所研究员,同时为天津《大公报》撰写专栏文章。当时南开大学的经济

---

[1] 戴家祥《我的自传》,政协瑞安市文史资料委员会编,瑞安文史资料第三十辑;戴家祥著,王文耀、李新城整理,《戴家祥集》,第268页,浙江古籍出版社2010年12月版。相同的内容参考《戴家祥自传》,《中国当代社会科学家》第六辑,北京图书馆《文献》丛书编辑部,吉林省图书馆学会会刊编辑部,书目文献出版社1984年版;《戴家祥自述》,高德增、丁东编《世纪学人自述》,北京十月文艺出版社2000年版。

研究所非常有名,其发布的主要科研成果是华北物价指数,在全国经济学界有一定的权威性。在南开大学经济研究所,戴先生有机会读到马克思主义著作,通过学习马克思、恩格斯有关剩余价值、唯物史观的学说和列宁帝国主义论,初步认识到旧中国的统治者是不会长久的。

在南开大学,戴先生为一年级学生主讲中国通史、明清经济史和学术史。"我每周上课三个下午,每次课时大约三点钟,共计三十个下午,讲稿约计200多页。"不过,他于1935年在南开大学所写的所有讲稿(排印本),连同1936年在四川大学时发表在《前进双月刊》中的论文,在"十年浩劫"中都被看成"毒草"毁灭了,这是非常可惜的。

在南开大学的教学与科研工作,对戴先生学术生涯和个人生活来说,都是个重要的转折时期。据戴先生自己讲,在此之前他不会用语体文(白话文)写作,所发论文都使用文言文。到了南开大学之后,才逐渐开始学会白话文[①]。也正是他在南开大学经济研究所做研究员时,因为自己在天津报纸上屡有论文发表,才使得远在家乡的生母知道了他的消息,生母的一封由家乡穷苦知识分子代笔的家信,更使他知道了自己原本姓周,出生后十几天贫穷无奈的生母将他卖给戴家的离奇身世。

作为国学大师王国维的亲炙弟子,南开大学的师生对戴先生非常敬重,经常向他询问王国维先生的轶事。戴先生自己讲,"以后我在南开做报告,人家碰到就问:你是王国维先生的学生,到底王

[①] 戴家祥《王国维》,《戴家祥集》,第219页,浙江古籍出版社2010年版。此文乃戴先生1982年5月25日下午2时在华东师范大学历史系所作的学术报告。

国维先生怎么死的?为什么死?"①有鉴于此,1936年6月,戴先生在南开大学作了三次全校性的学术报告。"从王师的《三十自序》及《静安文集》中所述,说明他少年学哲学、文学,最后从事经史、小学,是由其自身兴趣的转移"②,分别介绍王国维在文学、哲学、经史、小学各个方面的成就。这是戴先生对乃师王国维遗著再一次解读,心得体会很深,更加敬仰,同时也对南开大学师生多有教益。

这些系列报告的文稿《海宁王国维先生》,写成于1936年的3月24日,作为由南开大学校长张伯苓胞弟张彭春教授主持的"近代学术代表人物"系列讲座之一,《近代学术代表人物讲稿》之四,在南开大学印行单行本。此文后来见载于陈平原、王枫主编《追忆王国维》③一书。而这篇文章的附录,是戴先生在同一年的早些时候(3月24日于天津八里台南开大学),写的一首纪念乃师王国维的长长的古风诗——《哭观堂师》,表达了他对先师深深地怀念和惋惜之情。该诗序言曰:"观堂师逝世行将九周年矣,岁月如流,祖国多难。今春重展遗篇,潸然泪下,谨就函席所闻,序其为学大概。率尔而成,不敢言为诗也。"

当时的戴先生血气方刚,书生意气,不是那种"一心只读圣贤书,两耳不闻窗外事"的读书虫。他关心国家大事,心忧民族兴亡。戴先生云:"甲戌(1934)之秋,余承乏南开大学讲席。日寇咄咄逼人,莘莘胄子无路请缨,爰作北平之行,访友自遣。"④1935年是民族

---

① 戴家祥《王国维》,《戴家祥集》,第220页,浙江古籍出版社2010年版。此乃戴先生1982年5月25日下午2时在华东师范大学历史系所作的学术报告。
② 戴家祥《王国维先生墓碑记》,附《王季思先生后记》,《戴家祥集》,第229页,浙江古籍出版社2010年版。
③ 陈平原、王枫主编:《追忆王国维》,中国广播电视出版社1997年版。
④ 戴家祥《斠点〈名原〉书后》,孙诒让著,戴家祥点校,《名原》,齐鲁书社1986年版。

灾难逐渐加重的时刻。南开大学地处日本海光寺兵营的南缘、日本新建飞机场的左侧，汉奸卖国贼横行无忌。青年学生接受共产党在白区的领导，展开针锋相对的斗争。戴先生结合民族主义、爱国主义的教育，做了数个星期的全校性专题报告：《明末清初学术界代表人物顾炎武、黄宗羲、颜元、李塨》，鼓吹教育改革；《中国历史上学生运动》，以实际行动支持"一二·九"学生爱国运动。

戴先生在南开大学任教期间，常借中国历史课向学生传授爱国精神。有一次课毕，他在黑板上写下陆放翁诗句："遗民泪尽胡尘里，南望王师又一年。"他还结合国内形势，激动地向满座学生指出："中华地向城边尽，外国云从岛上来！""看哪！我们祖国的大好江山，如今是日旗飘飘，白浪滔滔（黄河董宅决口），一条秋水长，天愁知多少。我们该是速谋出路呢，还是等待着做新朝的顾、黄、颜、李？"学生们被他的真情所动，个个义愤填膺。

他在教学过程中，始终将国家的安危、民族的兴衰放在心中，不满国民党的反动统治，敢于评议时局。他常借历史课向学生灌输爱国思想。有一次，他在黑板上写了李后主的两句词："小楼昨夜又东风，故国不堪回首月明中。"随后迈着沉重的脚步走出课堂。一时间，满座学生皆沉默不语，细细品味这两句词的含义。有的学生被老师的精神所感染，掉下了眼泪。

课余时间，戴先生积极参加学校老师和学生的进步活动，上演了促蒋公开表态的话剧，是天津"一二·九"学生运动时期的知名教师，一时"毁誉交集"的风云人物。戴先生还大胆支持学生爱国抗日行动，亲自到车站为赴首都南京请愿的学生代表送行，与蒋介石当局进行面对面的斗争。请愿活动达到目的后，他又被共推为教师代表，劝告同学们复课。对于一个因罢课而被退学的学生，戴先生和其他几位青年教师共同出资,供应他一年的学习费用。1935年5月30日,南开大学举行"五卅惨案"十周年纪念会,戴先生被学生邀请在大会上做了报告,深受学生欢迎。但是学校说他鼓动学生闹事,被目为"共党"和"赤色分子",曾连续四次被解聘。到1936年夏季学期终了,学校最终给他一封辞退信:"环境不许可,请另谋高就。"可他认为,这是为爱国而付出代价,值得!

关于在南开大学这两年的工作情况和政治倾向,戴先生自己曾经深情地撰写专文介绍:《耳闻目睹话当年——我在南开大学时期的片段回忆》①,可供参考。

抗战期间,戴先生离开了南开大学,先在四川大学任职,之后又辗转流离,先后在家乡附近的一些中学和英士大学任教。到了抗战胜利后的"1948年春,我一生的知心朋友,南开大学的老同事冯柳猗新任文学院长,希望聘我为教授。后因平津战役打响,道路受阻而未成行。"②看来,使得戴先生与南开大学最终绝缘的原因是战事的影响,情属迫不得已。

三、戴家祥在津学术成果概述

在津期间,戴先生除了教学和讲座之外,还做了大量的研究工作。这些研究成果,有的发表了,有的则否。因为上举戴先生在南开大学期间的讲义稿等,后来在文革中被焚毁了。其中有无戴先生写作于南开大学期间的未发表论文,不得而知。在此,仅就戴先生在

---

① 戴家祥《耳闻目睹话当年——我在南开大学时期的片段回忆》,天津市政协文史资料委员会编《天津文史资料选辑》,1998年第2辑(总第78辑)。
② 戴家祥《我的自传》,《戴家祥集》,第270页,浙江古籍出版社2010年版。

津发表的论文，对其学术研究活动进行综述如下。

戴先生发表于天津报刊杂志的论文目录如下：

1.《〈金文编〉书后》，天津《大公报·文学副刊》，1928年5月29日；

2.《评〈古代铭刻汇考〉》，天津《大公报·图书副刊》第13期，1934年2月2日；

3.《评〈高昌陶集〉》，天津《大公报·图书副刊》第14期，1934年2月17日；

4.《评〈殷契通释〉》，天津《大公报·图书副刊》第20期，1934年3月31日。附：徐协贞《答戴君家祥评〈殷契通释〉》，戴家祥《答徐协贞君》，《大公报·图书副刊》第29期，1934年6月2日；

5.《评〈龟甲文字概论〉》，天津《大公报·图书副刊》第21期，1934年4月7日；

6.《书〈孙诒让年谱〉后》，天津《大公报·图书副刊》第32期，1934年6月30日；

7.《评〈甲骨学文字编〉》，天津《大公报·图书副刊》第38期，1934年8月4日；

8.《评〈史前期中国社会研究〉》，南开大学《政治经济学报》第3卷第2期，1935年1月；

9.《评〈楚器图释〉》，南开大学《政治经济学报》第3卷第3期，1935年4月；

10.《评〈桑弘羊年谱〉》，南开大学《政治经济学报》第3卷第4期，1935年7月。①

---

① 这些文字，如今都被搜集到《戴家祥集》（浙江古籍出版社2010年版）中，此文所引，皆以此书为据。

由以上论文目录可知，戴先生在津其间的学术成果，主要发表在天津当时著名的报纸《大公报》"文学副刊"和"图书副刊"上，其所供职的南开大学经济研究所主办的《政治经济学报》，也是其发表论文的主要阵地。据戴先生自己介绍，这些论文都是1933年"这一年在北京闲居，写了读书笔记若干篇"，来到南开大学任职时，才在天津《大公报》陆续发表出来。戴先生在南开大学工作也就两年时间，就发表了十篇左右的论文，不能不说是勤学高产。综合戴先生一生的学术历程来看，应该说这一时期是戴先生治学的一个高峰期。

按照内容来看，这些论文可分为甲骨文研究、金文研究、青铜器研究、陶器研究、史前历史研究、秦汉历史研究和学术史研究。而从形式来说，这些论文，主要是对一些时贤论著的评论，并没有多少是戴先生自己的专门立论。不同于后来戴先生所作正式论文如《商代的上帝崇拜和祖先崇拜》[1]、《"社""杜""土"一字考》[2]和《卜辞金文"昝日"考》[3]等。这恐怕正是戴先生早年治学的风格，不去自己专门立言，而是对古人或时人论著进行校读和点评。这一点，犹如古代学者的读书笔记和札记，往往不是去做长篇大论的高头讲章，而是在随文阅读的点评中，偶发议论，撞起火花，带出观点，虽不大系统，吉光片羽，熠熠生辉，也弥足珍贵。

---

[1] 戴家祥《商代的上帝崇拜和祖先崇拜》，《戴家祥集》，第20—27页，浙江古籍出版社2010年版。此文乃戴先生1957年于华东师范大学所做的学术报告。
[2] 戴家祥《"社""杜""土"一字考》，《古文字研究》第15辑，中华书局1986年版。
[3] 戴家祥《卜辞金文"昝日"考》，香港《大公报》1989年3月17日第16版；又载《温州师范大学学报》，1989年第2期。

四、戴家祥在津古文字研究述评

在此,谨就戴先生论文中涉及古文字研究的部分综述如下。

(一)甲骨文研究

戴先生在清华研究院期间随王国维治古文字,所以其学问根底在于甲骨文、金文研究。故其在津期间的古文字研究中,多涉及甲骨文字研究的内容。

1.《评〈甲骨学文字编〉》

1934年3月,商务印书馆出版了执教于河南大学的朱芳圃之甲骨学著作《甲骨学文字编》。朱芳圃是戴先生在清华研究院的同学。其实朱氏此书于1931年秋既已定稿。戴先生曾于上海姜亮夫(也是清华同学)处见过这部书稿,然"未暇细读"。及至正式出版后,"始得尽读"这部"梦寐系念之书",感慨良多。于是迅速写出了书评《评朱芳圃〈甲骨学文字编〉》,发表于天津《大公报》1934年8月4日之《图书副刊》第38期上。

虽然是对朱书的点评,但戴先生于此文中,颇多对甲骨学史的议论,故作为甲骨学史料读之也未尝不可。比如"盖说字考文为通词识义之首事,乾嘉诸老放其经学异采者以此也。卜辞出土为年三十,字之不可通者在三四千名以上,即以可通者五六百字言之,尚有依违两可不成义之说。学者推臆社会之起源,探求史事之异同,譬如户隙窥人难以见其全"。再如"此十年之间卜辞研究有一日千里之概,若叶玉森氏、郭沫若氏,颇多新奇可喜之说,若丁山氏、吴其昌氏、董作宾氏每有独到之见;若徐中舒氏、余永梁氏、唐兰氏、容庚氏则又以多闻缺疑,为诸大师所推重。之数子者,才大心细,足以窥造成作之精,顾矜才立异之蔽,虽古之贤士不能豁免,今朱氏广征博引,片言只字之善尽萃无遗,其于商氏《类编》不啻《说文》之有段注。然则朱氏此书,誉之为初学津梁可也,虽誉之为斯道大成亦未始不可也"。对朱书优长所在进行点评之外,于整个甲骨学界的成绩也有确当之概述。戴先生在其他文章中,也有类似的对甲骨学状况的评说,如《评〈殷契通释〉》中亦云:"卜辞出土于今已三十年矣,编订考释无虑十数家,而其成绩不能超越罗、王二家之囿。才智之士每欲研精覃思,自标异说,若叶玉森《殷契钩沉》、程仰之《商民族的氏族社会》、郭沫若《古代社会研究》,其著焉者。"后来,戴先生正式撰写发表了《甲骨文的发展及其学术意义》①,介绍甲骨学史发展历程,当是这种平素积累的结果。

首先,戴先生对朱书优点做了肯定:"今进而论朱书之取材,共得二十家五十七篇(专书三十二,单篇二十五),可识之字达八百三十四(据补遗删订),比罗氏(《增订殷虚书契考释》)多二百七十四,比商氏多四十三;重文三千四百六十九,比罗氏多二千一百五十七,比商氏多一百廿九,摹写古篆皆精校原文(《凡例》自云)。余尝取其四十余字,以证罗氏影印《殷虚书契前后编》,未见歧异之迹。新增之字,不仅取诸新印材料,即罗氏、商氏所曾穷搜极讨者,朱氏亦尝苦索一翻,补漏不少(《书契后编》)下十四叶有🦴字,《书契精华》有🦴字,《后编》下三十九叶有🦴字,《前编》六卷五十六叶有🦴字,均罗、商二书所漏列)。然则《凡例》所云'本书皆精校原文,一一更正',殆非自夸之词。"

---

① 戴家祥《甲骨文的发展及其学术意义》,《历史教学问题》1957年第3期。

其次，是对该书的不足之处和缺点谬误，同样也毫不客气地做了指正："所惜成书太骤，未能尽付《凡例》之所愿，例如胡光炜、丁山释亡才为无尤（余别有说），郭沫若释囧为宰，董作宾释卌为编，叶玉森释⺫为雷之类，于字例均有未安。又如郭沫若训午为驭马之辔，训南为镈钟类之乐器，丁山训丨为斧戾，训九为肘，朱氏冒然信之，有背多闻缺疑之旨。若乃并存数家之说，不知前后矛盾（郭沫若、叶玉森最多），陈陈相因，无复创获而为悬疣附赘（如天字存陈柱之说）。更有淹没启发之功，致后之作者有掠美之嫌。⻰字释函始于孙诒让，见《古籀余论》卷一第六叶《西弗生甗》，而此仅列王静安师之说；⻱释籍始于徐中舒，见广州中山大学《语言历史研究所周刊》第四集第三十九期、四十期四十二期，程憬《殷民族的氏族社会》引）。凡此诸端，未免笔削之旨与鄙意微有不同，而其旁搜博讨之功，固览者所宜知也。"

这颇令人想起如今的所谓学术批评之风，总是一味吹捧，不敢做严肃批评。而戴先生与朱先生为亲密无间之清华同学，仍能如此客观地褒奖悠长，揭批谬误，如此可贵的治学精神，如此坦荡的学者风骨，正是当今学人学习之榜样。

2.《评〈龟甲文字概论〉》

1933年11月，中华书局出版陈晋（夕康）所著《龟甲文字概论》一书，戴先生读而有感，著文《评〈龟甲文字概论〉》，发表于天津《大公报》1934年4月7日之《图书副刊》第21期上。

戴先生首先介绍了该书的章节结构，"内容共分十章，一、契学定义，二、甲骨出土时代地域，三、龟骨种类，四、卜法，五、契学中之文字，六、契学中之典礼制度风俗，七、契学中之帝王世系及人名，八、契学中之地理，九、诸家著述，十、契学之将来。"然后对其学术质量和论著性质进行大胆判断:"大抵就前人著述删节诠次,略下己意;既无独见之论,又乏删述之才。不过眉目清晰,可作学校讲义。"

戴先生首先说明"作者虽僻居太原,而晚近学者甲骨文字之论述,……能引证三十余种,非好古敏求,不能至此",对其勤苦搜罗之功,做了肯定和褒奖。但是更多的是对该书的缺陷进行了批评指正:"所惜陈氏穷年兀兀于龟契雅故之中,依然所得甚微。观此书第五章第二项,论契文与金文之关系,以指事、形声、会意、假借之说,肤浅疏陋,谬误殊多。如丁字、小字、午字(午象杵形,故舂字从之),卜辞无一非象形。天字卜辞作🕱象人颠顶形,或作🕴则以一指颠顶之所在。灾字卜辞作巛,从巛省,才声;或作巛则以一指灾之所在。卜辞每有指事、形声、象形杂然并用者。至于旁字古文从凡从方,上下俱声,按诸六书惟形声差近,陈氏以例指事;又如行字,卜辞象通衢形(壶字古文从此),陈氏举之以例形声;毕字,卜辞象田网形,陈氏举之以例假借;诸如此类,非但于商周文字通例不甚了了,且汉儒六书例类,尚有所蔽。此外采摭他人述作失于比较(如"不绍龟"之说承孙诒让之误)。疑囿于环境,匪可尽责以人事也。"陈氏偏居太原,限于地域不能作普遍之学术交流,所以戴先生认为陈氏著作如此,并非其本人原因,而是"囿于环境"的因素,可谓的评。

一本著作如果尽是错误,也就不值得评价了。戴先生所以评论此书,可能也还是看中了此书虽有谬误,其中还真有些可取之处。"惟第六章论'巡狩而卜习''入学而观乐习舞''燕至而请子'之俗诸条,为前人所未发。然其滥用假借(如第四节以'隹🎵'为观乐之省文,以'人爻'为'入学之省文',以'𠂤'为习之省文,九节以'🔥焚'为馆焚之省文等是),穿凿附会,为可惜耳。"

3.《评〈殷契通释〉》

最有意思的是,戴先生曾对徐协贞《殷契通释》发表评论——《评〈殷契通释〉》,发表于1934年3月31日的天津《大公报》之《图书副刊》第20期上。但是此评发表之后,还遭到了徐氏的反驳,两人在报纸上你来我往,形成了争论。通过这次争论,我们除了看到徐氏的虚妄谬误,也使戴先生的甲骨学观点得以展示,读了使人受益匪浅。

戴先生首先批评了该书所云甲骨卜辞与佛教密宗契合之谬说,又指出书后引马克思《资本论》以自况为虚妄。这是从治学方法与为学态度上对该书作了否定。

然后戴先生对该书每一部分都举出了谬误之处,比如其第一卷以殷代为部落社会,部落之名,都称为"方",于是尽纳卜辞之字于方名之中,甚至人名、祭名,前人已有确释者,亦一举而推翻之;第二卷论两姓文源,则举卜辞中同形之字,偏旁从人、从女可以互易者,认为同方之标识,从女者乃其女权伸张之结果;第五卷论祭仪,谓殷人祭祀,以各部落人民为牺牲,甚至认为"卜辞中所谓牛、羊、犬、豕,十居八九为方名,而真牛、羊、犬、豕,在殷人用牲之内不及万一";第六卷王公考证,强半以他人成说致其怀疑,而谓殷代虽曾组织王朝,犹未脱亚血族群族婚之风习,前人以周、秦文物制度解释卜辞者,徐氏慨乎言之,以为未有不误,而自己却是用晚近文献,甚至为说明一字而引用当代的《辞源》和《民国地理》,方法既不正确,遑论其结论如何。

最后,戴先生总结了徐氏的错误之处共有如下几个方面:(一)以前人缺释之字释为方名之标识者;(二)以前人误解之字附会古地理者;(三)以近代地理证殷代之方名者;(四)以近代姓氏证殷代部落之后裔者;(五)因附会方名抹杀反面证据者;(六)毫无文字学常识妄释卜辞不识之字。而徐氏却自我作古,强为解人,自诩"自此书出后,卜辞有不识之音,无不解之义",学未入流而竟能目空一切,可笑之甚。

徐氏看到此评,给报纸写信,与戴先生辩难。报纸将徐协贞的驳辩文字《答戴君家祥评〈殷契通释〉》和戴先生答书《答徐协贞君》,又一并刊诸1934年6月2日《大公报》之《图书副刊》第29期。徐氏辩解文字仍是刺刺不休,强词夺理。而戴先生的答辩三言两语,分别揭穿了徐氏置前辈学人研究成果于不顾的为学狂妄,批评其研究甲骨卜辞等同于"时轮金刚法会""四大六诸法"的不伦不类。这也可视作是甲骨学史上的一次有意义的论争吧!

4. 其他篇什中涉及到的甲骨文字研究

在其他的一些篇什中,虽然不是以评述甲骨文字研究论著为主旨的,但也都涉及到了甲骨文字考释和甲骨文材料运用,关乎戴先生甲骨学研究的一些观点,故而在此也一并论及。

比如在《评〈古代铭刻汇考〉》中,对"甲骨四堂"之一的郭沫若相关甲骨研究成果进行了评价:"西川郭沫若氏,年来放弃文学生涯,从事卜辞金文之学。""郭氏受文学熏陶甚深,想象力之强,自出晚近考古学者之右,故多所新奇可喜之论。然以好奇太甚,此固有白圭之玷,不能无损本质者矣,如《殷契余论》中《论芎甲》及释為蒙是一例也。又不守多闻阙疑之义,欲以两目之力尽识三代遗文,终至穿凿形声,破坏形体,如以'不⿱⿰'为'不馒黾',以寔为'饮',又是一例也。"

由对郭沫若观点的商榷,而引出了戴先生自己的古文字学理论:"须知三代遗文,考释家最感棘手者,厥在象形、假借。象形,随体诘诎,不能以晚近人事物律之,此象形之难以为说者,势也;假借同音通用,漫无崖涘,当今古声古韵学者尚在努力中,此通假难以尽明者,亦势也。二者形格势禁,其难如此,苟非持之有故,取舍有法,贸贸然以象形、声音拟之,此乃最危险之臆断,吾人不敢苟同。"

再如对于吕振羽著《史前期中国社会研究》的评述,虽然讨论的是史前历史,但因为吕著中引用了大量的甲骨卜辞材料,所以戴先生的评论中也就带出了自己关于甲骨文字材料和甲骨学研究的观点。

如戴先生认为,"惟殷虚甲骨刻辞诏示吾人眼前者,知殷人习俗与周人多异:以社会组织言之,亲属中有多父多母现象,先妣特祭,兄弟叔侄之间称诸父诸兄;以政治组织言之,王位继承兄终弟及,王朝诸侯无君臣之序;以社会生活言之,盘庚虽有务农力穑之大令,而人民奉行未广(观《商书·盘庚篇》人民不愿迁都之辞,与《周书·无逸》《大诰》《梓才》等篇责殷王不知稼穑之艰难,可见当时农业生产实况),迄至季世,犹以渔猎游牧为基本生产(《殷虚书契前后编》共得卜辞千一百六十九,而卜渔猎者占百九十七;卜辞卜祭祀,有用牛羊百余者),较之西周社会男女有别,嫡庶不乱,诸侯天子之间尊卑划然,农村殷富,乃至'千斯仓万斯箱',研究古代社会者第能上溯及此。"

虽然现在看来,戴先生的观点不无可商榷之处,限于当时的材料有限,情有可原,但戴先生是根据甲骨卜辞材料得出的结论,自然比吕氏无视原始材料,纯粹根据神话传说复原史前历史的方法要科学些,更能令人信服。诚如戴先生云:"吕君谓尧舜禹时代为母系氏族社会,夏禹传子为男系本位氏族社会,殷代为商业发展后之奴隶社会,西周为封建社会,其所引据徒有神话传说。故虽反复详辨,不惟无损郭氏,且令上古史迹混乱愈甚。"

在此,戴先生对当时学术界影响较大的郭沫若根据甲骨卜辞研究社会历史的论著,也顺便做了评价:"虽然郭氏附会穿凿诚或有之,然其引用材料大都尚存缺疑之旨。如谓殷代亲属关系与摩尔根、恩格斯二氏所称为彭那鲁亚家庭(Punaluan Family)者相似;西周金文纪天子赏赐功臣田若干、臣几家,以为奴隶社会之进展;又言甲骨文字百分之八十以上为象形图书等等,皆非无根之说。"

吕氏对甲骨文字的发展阶段和性质判断,戴先生是不能同意的。吕氏云:"从甲骨文字看,并不如郭沫若先生所断定为原始象形文字,实际,而是已发展到声音文字阶段的文字。照人类发明文字的演进过程去推断,中国文字从原始象形图画到甲骨文字的阶段,至少应已有千年以上的历史。"戴先生的辩驳,道出了他对中国文字起源、发展与性质的观点:"不知中国文字,本无所谓形系、声系之程序。汉人言六书,其意盖谓假借谐声,即所以济其用之穷,非谓假借谐声为文字学改正与发明者。吾故不敢言文字之始即六书,然文字结构肇端语言,形与声如形影相依,不可舍其一。诚如吕君所言,有形有声应已有千年以上之历史,终今以来并无实物证明。"诚哉斯言!

至于吕氏书中历史年代判断之误及文献引用的混乱不经,戴先生也做了毫不客气的批评,可谓正中要害,一针见血。因无关乎古文字学内容,兹不一一。

(二)金文研究

金文研究也是戴先生最重要的学术方向。早在清华时期,他就撰写了《释千》《释百》《释甫》《释皂》《員字说》《虗字说》《罖字说》《亘字说》①等,初步奠定了在金文研究方面的根基。而在天津南开期间的几篇涉及到金文研究的书评,虽非专门就金文进行考释研究,而是平素读书的所思所想以及与作者不同的意见,同样也具有针对性,属于有感而发,观点、识见足以立说。这都为后来戴先生考释《兮伯吉父盘铭》《墙盘铭》《叔皮父毀铭》等②,以及后来编著《金文大辞典》③巨著,打下了坚实的学养基础。

1.《〈金文编〉书后》

该篇书评,虽然不是戴先生于南开大学工作期间写的,但因为是在天津发表,所以在此一并算作是其在津期间的学术研究成绩。

在戴先生所写自传中,披露了这篇书评的写作背景及缘由:"1927年我写了一篇评容庚《金文编》,对容书的体例,提出一些意见,并首先提出《番生毁》'朱旂旚金''旚'字应该释'旚',《叔皮父叔毁》'其虗子','虗'字应该释'虎',1928年被天津《大公报·文学副刊》(吴宓主编)所采用(戊辰年五月二十九日),和希白教授建立文字之交。"④但这只是概说而已,其实该书评的内容绝不限于"旚""虗"两

---

① 戴家祥《释千》,清华研究院学报《国学丛论》第1卷第4期1928年;《释百》,清华研究院学报《国学丛论》第1卷第4期1928年;《释甫》,清华研究院学报《国学丛论》第1卷第4期1928年;《释皂》,清华研究院学报《国学丛论》第1卷第4期1928年;《員字说》,清华研究院学报《国学丛论》第2卷第1期1929年;《虗字说》,中山大学《历史语言研究所周刊》10卷111期1929年;《罖字说》,中山大学《历史语言研究所周刊》11卷125期1930年。
② 戴家祥《兮伯吉父盘铭考释》,《华东师范大学学报》1955年第1期;《墙盘铭文通释》,《上海师范大学学报》1979年第2期;《叔皮父毀铭考释》,《华东师范大学学报》1998年第3期。
③ 戴家祥主编《金文大字典》,学林出版社1995年版。
④ 戴家祥《我的自传》,《戴家祥集》,第270页,浙江古籍出版社2010年版。

字之考释。

在此文中，戴先生首先从对金文研究历史上著名的吴大澂《说文古籀补》评价入手，赞许了容庚氏《金文编》所取得的成绩和体例方法："近人东莞容希白教授，专就商周钟鼎彝器作《金文编》十四卷，《附录》二卷，《通检》一卷，十四编之中得字千四百一十，重文七千六百二十六，附录字之不可识者九百二十八，重文三百七十六。所见商周彝器拓本或影印本千五百三十五器，并承诸大家论列，力矫吴氏之失，搜罗之勤如彼，断限之严又如此，宜乎声名藉甚。""该书采摭古器，据海宁王先生《国朝吉金著录表》定取舍，以名家考订正音读，以许氏《说文》摄部类，一词一义无不遵修旧文。"

但是对于容庚《金文编》纯粹依照《说文》部居金文，进行了批评："容君以金文为统系，与吴氏增补体例当然不同，况商周文字多增省移易之习，不能以五百四十部统摄之也。"认为金文毕竟不同于小篆，自居《说文》附庸，说解文字自然有悖于金文实际。"希白用其道而作《金文编》，其于取便检查未始不可，若言阐发六书则未可。何以知其然也？许书每部属字注其例外，于下云某或从某，某省某，某作某，此则先合部首。容书一篇载《柏舟》'枼'字云'叶不从艸'，录伯毁'丝'字云'兹不从艸'；二篇载齐侯壶'遵'字云'踖从辵'；三篇载咏父'咏'字云'詠或从口'等等。上文既无从艸、从辵、从言之正文，其书又非许氏附庸，徒执小篆以绳金文，说字解经之例当不如是。盖偏旁变省为金文常例，当依本形隶部。容君将枼、丝二字迳隶艸部，遵字迳隶足部，咏字迳隶言部，则与部首全不相属，以此而拟许书，正所谓貌同而心异也。"随后，戴先生质问："容君书对许氏旧说既多纠弹，于部首分合何必拘守一先生之说而屈商周古文？"

因此，戴先生对于容庚"兹编仰范吴书正谊、假借杂然不别"的错误举例说明,"如三篇载兮甲盘'者'字云'诸不从言',齐侯壶'折'字云'誓不从言'之类是也"。因为"属辞之法,形声通借变化无方,字书则'分别部居,不相杂厕'。"所以,"须知许书专言字之形声义,于经传属词另有雅故在也。"由此,还替容氏给出了建议:"苟斯编仿许书引经说字之例,于者字下注明'兮甲盘以为诸字',折字下注云'齐侯壶以为誓字',则属词与造字之别显然自见。"学术批评能够达到这种水平,岂是吹毛求疵者可同日而语乎?

对于容氏具体金文考释,戴先生也多有不敢苟同者,不惮其烦,一一指出,并说明属于何种错误:"就容君之书言之,其例类有曰凡文义已明者,分正、假二部,然则文义不明者,如宂簠"还簸"即《周礼·太宰》九职之园圃;兮甲盘进字即《史记·高祖本纪》之赆字,该编仅载于辵部、攴部,是不明其为假借也。若夫𡖅字迳定为蔡,不字迳定为师,𥢶字迳定为稽,是不明其字之本义也。凡此二类,吴氏既误,容君不以为非。"

而对于容书附录中的未释字和未隶定字,戴先生批评"该编虽本多闻缺疑之旨,然不免刻舟求剑之失",认为有些字是完全可以释读的:"而附录中如师寰毁、兮甲盘'賨'字,贸鼎'贫'字,证以古文"币"字作赘,则知帛布之异文也。兮甲盘之'嚣'字,证以经传鄙可通否,则指知为'鄙'之异文。更言附录下卷,多形声较然可以隶。如毛公鼎'璱'字即璱之异文;仲戲盘'鑰'字即'饱'之异文;邵王毁'钁'字乃'盒'之异文;珜廷冀毁'珜'字即'刑'之异文;番生毁'攎'字即'攎'之异文;叔皮父毁'虡'字即'虎'字之异文;此皆形声较然。"

2.《评〈楚器图释〉》

1933 年,由于盗墓贼盗掘古墓,在安徽省寿县出土了大量楚国青铜器。与新郑铜器、洛阳金村铜器、浚县辛村铜器一样,这次铜器出土在当时学术界有很大影响。当时北平国立图书馆金石部主任、著名学者也是戴先生的同乡刘节先生，根据劫后弋获，综合郭沫若、徐中舒、唐兰等诸家考论，在收藏家黄伯川的支持下，著成《楚器图释》一书。戴先生对于此书的评论，不仅仅是金文研究，而是包括了青铜器形制、花纹、铭文以及由此而考证的楚国历史状况等项，介绍详尽，信息丰富，有褒有贬，评论有度，是一篇难得的认真而严肃的学术评论。

在该文中，戴先生首先对楚国历史地位作了高度评价："东周已还，民族活动力特大，文化之传播亦愈广。试就荆楚区域言之，周初屡张挞伐之师，摒之化外，武王伐随犹自称蛮夷。而春秋季世，抚征南海，驯及诸夏。负固方城，希心九鼎，雄主辈出，人才比肩。孙叔敖之相业，子反之武功，申叔时论教太子以书史、典刑为训，郧公论君臣严尊卑上下之别，屈宋唐景之篇为千古词赋典型，足征荆楚民族之兴起亦即汉族同化之实效，安得以夷夏之见而为轩轾哉？"然而，对楚国的史料却兴"文献不足之叹"："惟嬴政御宇，烧天下诗书，诸侯史记尤甚。太史公作《六国年表》，据《秦纪》以为言，学者欲广异闻，邈乎不知所从也。"

由此而引出寿县楚器的盗掘出土的详细情况："最近，有新发现之史料为举世瞩目者，安徽寿县出土楚器是也。寿县为楚考烈王所徙之国都，巨量古物大抵出土于二十二年（公元 1933 年）七月间。报载，发掘时，土人鸠工六十余人，掘深五、六丈，长可二丈，得见古铜器甚多，四周皆架以大木，木料坚致，排列数层，约七八房间之大。其中有大鼎重七百余斤，鼎盖皆雕镂有字，花纹极古。又有大小铜锅若镬若釜，以及盘、匜、尊、簠之属。玉器则有珪、璧、环、玦、琅玕。武器有刀、剑、戈、矛、兜盔、矢镞各件。石器则有蟠龙形、蟠螭形,并有石牛八座,刻镂极精。此外尚有杂器多件,名称难定,总计共出大小诸器在八百件以上云。"读此出土情况,犹如读考古发掘报告,详瞻清晰,令人有身临其境之感。同时,戴先生也对这批资料因盗掘而破坏离散,感到非常惋惜:"惜参与发掘之役者,多掘冢摸金之徒,盗卖私匿,不知凡几。得其物者,又复缄縢扃鐍,讳莫如深。公家弋获,虽有七百余件,而零乱杂沓,难以整理,至今未有图录问世,学者无所取资。"

首先,对于刘节此书的编辑体例和学术价值,戴先生作了高度评价:"书之内容除原器照片外,分为绪言、铭文考释、年代及地理、形制与纹样、余论五篇,以唐兰之作殿后。引据之多,考证之博,自宋以来,未尝有此类似之书也。"

其次,对于该书的内容优长、学术意义,从如下三个方面进行了详细介绍和总结评论,每每不吝褒奖之词:"吾尝窃叹,夫今之文人每喜耀奇务异,甚有以外国学者之言为必是。竟不知外人治学,所以胜吾人者,乃利用不经见之材料耳。吾国上古史料,不过五经、三传与商周古物。经传之文,先儒训释,无虑亿万家,彼土之士安能尽取而究洞之哉?商周古物,异国所藏,又岂能驾我而上之哉?此皆客观事实所昭著者也。谁知事有大谬不然者。法人柴狄克(H.D. Ardenne de Tizac)、英人西仑氏(Osvald Siren)硬指中国青铜器受斯克坦(Scythian)文化影响,又以秦中为输入之途径,故号曰'秦式器'。我国人数典忘本,遽尔和之,而文化发展之系统紊矣。子植氏以楚器为时代标准,取证山西李峪村、洛阳韩君墓、河南新郑诸古器,证其形状原出一系,出土之地均为秦国势力所未及,'秦式'之说不攻自破。此关于器物形制者一也。""姬姓之郮,经传从未言及,惟徐锴《说文系传》引杜元凯曰:'郮,姬姓',亦未及其地望。子植以曾伯霥簠、曾侯簠、曾姬无恤壶诸铭文，证明周代有姬姓之鄀，又有姒姓鄀，在齐者姒姓，在郑者为姬姓。且姬姓之鄀自东周中叶以迄战国晚期，活动之迹北起郑郊，南及光州，西起南阳，东抵睢州，与江淮间诸小国皆通婚姻，与楚之王族关系尤深。此关于国邑世族二者也。""若夫推较花纹，证明楚郑二国交界。郑之南部土地为楚所得，鄀为郑人，又附庸于楚，谓鄀人为楚郑文化之媒介，皆于历史进化龠若合符。然则吾人昔日所悬为理想者，子植悉为证明矣。此关于文化传播者三也。""即此数端言之，成绩已自足观，昔宋人刘原父撰《先秦古器图》，言'考究古器之法，礼家明其制度，小学正其文字，谱牒次其世谥'，七百年后，子植一一能尽之，苟非世泽遗风，曷能臻此。"

同样，对于该书中的不以为然之处，戴先生明确提出了自己的不同看法："虽其中间有以个人理想为史实者，如谓《史记》楚王负刍乃畲肯之形误，曾侯乙宗彝谓曾侯自谓小宗之意，铸工中有名秦苟者指为秦国之工人，名圣陈者指为陈国之工人，胆官以为即膳夫，甚至释价为守，未免率尔之间，与鄙意微有不同。又如《左传·襄公四年》公请属鄀，误书十四年（见本书十二页），申本姜姓而误云'申亦姬姓'，诸如此类，或为作者一时疏忽，或为手民偶误，其于大体无伤也。"由此可见戴先生严谨治学态度与独立思考精神。

（三）石鼓文研究

作为古文字学的一部分，石鼓文也是戴先生非常关注的研究课题。戴先生曾写过《书薛尚功摹岐阳石鼓文后》[①]，对其第二鼓、第

[①] 戴家祥《书薛尚功摹岐阳石鼓文后》，政协瑞安市文史资料委员会编，瑞安文史资料第三十辑，戴家祥著，王文耀、李新城整理《戴家祥集》，第149页，浙江古籍出版社2010年版。

三鼓、第四鼓中的一些文字进行了考释和解读,可谓专门之论。但是该篇不知写于何时何地,或者也是在天津南开任职时所写也未可知。而发表在1934年2月2日天津《大公报》之《图书副刊》第13期上的《评〈古代铭刻汇考〉》,则可以确定是其在津期间的学术成果之一。两者似乎可以作为姊妹篇对读。

郭沫若《古代铭刻汇考》,1933年出版于日本东京文求堂,为郭氏流亡日本期间的重要古文字学著作。其中一篇就是《石鼓文研究》,也是在学术界影响较大的一篇。诚如沈兼士先生曾言:"历代讨论石鼓文者多矣,而以郭沫若君《石鼓文研究》能总集大成。其于作者之时代,拓本之比较,文字之考订,文意之注释,石次之排列,均存崭新独到之见解。譬彼积薪,后来居上矣。"

戴先生此文《评〈古代铭刻汇考〉》,也主要是对其该篇《石鼓文研究》的评价。

首先,戴先生对郭氏此书写作背景的介绍,颇具学术史意义:"郭沫若研究石鼓文用力最多,且在日本得见锡山安桂坡(国)旧藏北宋精拓中权本及后劲本,存字多出范氏天一阁北宋拓本三十五至三十八字。去春写成《秦雅刻石研究》,嗣以取证欠备,再为《石鼓文研究》。"

其次,戴先生介绍了郭沫若"此文主要论点:(一)《元和郡县志》谓石鼓发现在陕西省凤翔府天兴县东二十里许田野中,唐之天兴县在秦国岐为州雍县,其东二十里当古之三畤原;(二)《史记·十二诸侯年表》西畤作于秦襄公八年;(三)根据发现地址及《史记》记载,遂肯定石鼓必然是秦襄公始受命为诸侯时之记功刻石。"

在石鼓文研究中,石鼓文制作年代是最有争议的一个问题。戴先生绝不同意郭氏的秦襄公八年说。戴先生辨道:"按秦襄公八年即周平王元年,为公元前770年,是时西戎方强,周室东迁以避其锋。襄公虽受命为诸侯,而征伐不休,未必有心及此。四年后,即公元前766年,尚有伐戎之师,身卒岐地,前后四年未有岐西之地。窃思《秦风·驷驖》《小戎》之诗,岐阳刻石文笔虽或近似,未始不是襄公子孙多方面歌颂祖德之作,唯恐后世不能知也,故'琢之金石,镂之盘盂'以重之也。但不能断为同时产物。"

郭氏所持证据之一,是一个主要字的语言学方面之通假:"且郭氏所以断断为此说者,谓丁、戊两鼓鄜字,新得旧拓本作"鄜",从虖得声,断定海宁王先生《释雍》(《观堂别集》)卷二《明拓石鼓文跋》为非,而以'鄜'当蒲谷乡之'蒲'。按《唐韵》'虖'读'郎古切',来母鱼部。'蒲'读'薄胡切',并母鱼部,同部通假,或有可能。"与音声通假这样一个次要证据相比,郭氏以意补"畤"字而得出结论,戴先生认为是"其中最难令人心服者,以《作原》一鼓'作邍作□'、《吾水》一鼓'避□既止'两处相缺损臆补为'畤',为襄公作三畤之证。"

然后戴先生从秦国历史上曾有五"畤",质疑郭氏石鼓文必是襄公作"西畤"之说:"然班孟坚《汉书·郊祀志》云:'秦襄公攻戎救周,列为诸侯,而居西,自以为主少昊之神,作西畤','其后十四年秦文公东狩汧、渭之间。卜居之而吉……于是作鄜畤','而雍旁故有吴阳武畤,雍东有好畤,皆废无祀','秦德公立,卜居雍。子孙饮马于河,遂都雍……用三百牢于鄜','后四年,秦宣公作密畤于渭南'。按秦宣公公元前675年即位,公元前664年卒,上距秦襄公始列诸侯共一〇六年,先后四次作畤,即使《作原》一石与《吾水》一石两处缺文诚如郭氏所说确为畤字,亦不一定就是秦襄公所作之西畤。《说文》十三篇云:"畤,天地五帝所基址祭地,从田,寺声。右扶风有五畤:好畤、鄜畤皆黄帝时祭,或曰秦文公立也。"杭县马叙伦《石鼓文为秦文公时物考》其根据即本乎此。"应该说,戴先生的这一质疑是非常有力量的,因为从现有的材料确乎不能得出石鼓文必是秦襄公八年作"西畤"时所立的观点。

于是,戴先生云:"以上所见,郭氏论著只可作为假设,并非必然定论。"对于郭沫若用于批评和自我批评的治学风格与学者风度,戴先生也是比较赞赏的,"唯其治学颇有今是昨非之风,吾人指其前作为不当者,兹编多已改正。行见他日所获,必进于此者。"

可惜,郭沫若并未由此改变自己的学术观点。1939年7月,郭沫若《石鼓文研究》一书,在得到了"先锋本""中权本""后劲本"全部资料并进行修正后,正式由商务印书馆单本印行出版。1954年人民出版社重印,1957年三版。郭沫若根据《元和郡县志》的记载,又揆度"而师"鼓和《秦本纪》的内容,仍推论石鼓文是秦襄公八年(公元前770)送平王而凯旋时所作。在重版和三版序言中,只是与同他观点不一的唐兰先生有所辩难。或者他没有看到戴先生的这一评论,也未可知。

五、结语

当年戴先生在天津南开大学任教之时,还不到而立之年(从27岁到29岁)。但从以上所述其论文来看,其学养深厚,识见宏通,视野开阔,议论风生,已经达到了一个相当的高度。所以能够如此,恐怕是因为他少年时代就深受其太姻丈学术大师孙诒让的影响,后来又有幸拜著名学者王国维为师,长期熏陶,耳濡目染,自己又对古文字学颇为嗜好,长期坚持,刻苦攻读的结果。

戴先生在南开大学这一段教学与科研经历,应该是其整个学术生涯中重要的驿站。回顾总结戴先生在天津南开大学这段学术经历,对于研究戴先生个人的治学历程和整个学术史,都是有其积极意义的。

(本文刊于《中国文字研究》2012年第1期,此处有所修正)

王玉哲教授甲骨学研究述评[①]

王玉哲(1913—2005),字维商,河北深县人。1936年考入北京大学历史系读书。抗战爆发,随学校辗转抵达长沙、昆明,在西南联大继续学习。1940年毕业,考入北京大学文科研究所,随著名古文字学家唐兰攻读研究生。1943年毕业,获得硕士学位。后任教于华中大学历史系,任副教授。抗战后复员迁返武昌。1947年受聘为湖南大学教授。1948年9月应南开大学之聘,历任历史系教授、博士生导师,先后创立先秦史研究室、文物与博物馆学专业。在南开大学工作的57年里,王先生一直任教于历史系,为南开历史学科的建设和发展做出了不可磨灭的巨大贡献。

王玉哲是我国著名的先秦史学家,古文献、古文字、古音韵等传统学术功底深厚,治学严谨,讲究实证。在诸如商族起源、商代社会史、先秦民族史、西周社会性质等研究领域,均有发明创造。其主

[①] 本文属于天津市社科研究"十一五"规划项目《甲骨学在天津》(TJLS06-1-003)课题的阶段性成果。

要学术著作《中国上古史纲》①《中华远古史》②《古史集林》③,多有真知灼见,发前人之所未发,观点新颖,证据充分,说服力强在学术界已经产生了极大的影响。

王玉哲也是一位长期致力于甲骨学研究的学者。他早在大学时代,就选修了著名古文字学家唐兰的《甲骨卜辞研究》课程,从而对古文字学产生了浓厚的兴趣,刻苦学习,不断探索,深入学习甲骨学。在研究生时代,他在导师唐先生的具体指导下,撰写《宋代著录金文编》稿本上下册,从而打下了坚实的古文字学研究基础。后来他曾在南开大学讲授《甲骨史料选读》等课。他培养的许多研究生、博士生也都在甲骨文和甲骨学研究方面有一定成绩。

王先生虽然没有太多专门的甲骨学著作,但在他的先秦史研究中,尤其是在对商代社会历史的研究中,非常注重利用甲骨文字材料,对甲骨文反映的殷商时代的社会历史进行了全面综合的探索。对在研究中涉及到的甲骨学问题,诸如文字的考证、卜辞的释读、文献的补正、甲骨的分期分类、周原甲骨的族属和性质等问题,也都有自己独到的理解,形成了一家之言。他对甲骨文的研究成绩卓著,颇受到学术界的重视。

在此,对王先生的甲骨学研究进行综述,对其研究中所取得的学术成果进行评价。

---

①王玉哲《中国上古史》,上海人民出版社1959年版。
②王玉哲《中华远古史》,上海人民出版社1999年版。
③王玉哲《古史集林》,中华书局2004年版。

一、利用甲骨、金文材料对上古民族史和方国地理的探索

早在北京大学读研究生期间,王先生受导师唐兰的影响,对甲骨文产生了浓厚的兴趣,并在唐先生的指导下,利用甲骨文、金文等古文字材料和古文献材料的综合研究,对上古时期的民族问题进行了深入的研究,对学术界颇有争议的狎狁、鬼方等问题进行了详赡的考证,受到学界的好评。

对于商周时代的民族问题,王国维曾以金文材料,参以文献记载,著成《鬼方昆夷狎狁考》,创立鬼方、昆夷、狎狁为一族之异名,其地望在岐周之西的观点①,为世人称道,视为定论。王先生通过自己的悉心研究,发现并非如此,于是不惧权威,将其硕士学位论文选题为《狎狁考》,针对王国维观点详加覆按,多有驳辩,认为鬼方、昆夷、狎狁为三种不同之种族,鬼方、狎狁地望在山西境内,狎狁一族在商代称为𠫑方,鬼方则为另一民族,而昆夷则在岐周西边。至于与狎狁有关的历史地名,如古之"太原""焦""获""洛之阳""镐""方"与"莽京"等的地望,以及"嚻虑"与"余吾"的关系,无不一一重加考证,广征博引,条分缕析,使得古老部族狎狁的历史存在及来龙去脉,有了一个更为清晰明白的面貌呈现出来。

该学位论文引用文献材料130多种,总计十余万言。材料丰赡,论证有力,观点允当,深受答辩委员会各位老师的好评。此文虽未正式公开发表,但挑战权威,影响很大,由此也奠定了王先生的学术地位。其中论证甲骨卜辞𠫑方即狎狁,以及与之相关的历史地

---

①王国维《鬼方昆夷狎狁考》,《观堂集林》第13卷,中华书局1991年版。

名地望考证文字,后来大都单独成文发表于世。此后王先生的许多学术论文,如关于商族、先周族来源地望、楚族故地及其迁移路线等重要学术论文,也都遵循了该文的思路与方法,都是以《猃狁考》为研究起点的。

《卜辞舌方即猃狁说》①,是王先生《猃狁考》中的重要内容,多年之后经过增删、修正拿出来正式发表,该文对猃狁在商代甲骨卜辞中的对应方国究竟为谁进行了极有益的探索。舌方在甲骨卜辞中屡见不鲜,对商王朝时叛时服,商王朝曾派大军征讨。可是到了周代却没有了舌方的踪迹,这很费解,王先生推测这可能是周代对这个方国的称呼已经改变。但对于舌方为后世何方国、何部族,学术界颇有争议。或认为是鬼方,或认为是远在四川的邛方。王先生认为,释舌方为鬼方,只有音训的根据,况且甲骨文中自有鬼方,故不成立。释舌方为邛方,古文字形上较为合理,但地望与之相去甚远,也不可信。卜辞中舌方的活动区域,大约在商王朝的西部和北部。而这个地域,在周代有一强大的方国,古文献和金文称之为"猃狁",而猃狁之先世却茫然无稽。王先生从地域相近、时代相当的角度,推测商代舌方可能就是周代猃狁。除此之外,王先生以其深厚的古音韵学养,考证了"舌"字与"猃"字之间的通假关系。猃狁之猃,从金文字形看从敢得声,敢从甘声,甘敢古音同部。甘在古音段氏八部,舌字从工得声,工字在古音段氏九部。甘、工二字上古音同为见纽,同为闭口韵,故得通转。所以推知卜辞舌方可能就是周代猃狁。王先生经过对卜辞、金文、文献资料的分析,完全证实了自己的

---

① 王玉哲《卜辞方即猃狁说》,《殷都学刊》1995 年第 1 期;后收入《古史集林》,第 285—288 页。

想法。

在《猃狁考》之后,王先生于抗战期间应美国哈佛燕京学社之邀又撰写了《鬼方考》①一文,作为《猃狁考》的姊妹篇。该文对鬼方的地望、迁徙、沿革等问题进行了详细的考察,认为鬼方不同于猃狁,两者之间在地域、文化和发展水平上有差异,力证鬼方殷末尚臣服于商王朝,鬼方在春秋时为隗姓之赤狄,后为晋人所败,战国末期开始北迁。对于鬼方地望,王先生力排众议,详考文献、古文字所记历史地理沿革,认为鬼方自殷周之时直到春秋隗姓赤狄,都活动于山西境内的中南部地区。这同样是利用甲骨文等古文字材料,对商代方国地理、西北民族问题进行研究的一个典型范例。该文以其深厚的学术功力和学术影响,于1945年度荣获当时的教育部颁发的学术发明奖金。

几十年之后,王先生意犹未尽,利用所掌握的更多甲骨卜辞材料,对鬼方在商代的生存状况及与商王朝的关系进行了更进一步的考论,而成《鬼方考补正》②一文。在此文中,王先生首先列举并考证了商王朝讨伐鬼方的五条卜辞。对于其中的"鬼方易",王先生认为"易"应释为"颺"或"扬",即鬼方被征伐,于是飞扬逃跑的意思;而对于"隹鬼伐"和"鬼眔周伐",王先生认为"伐"应释为"割解俘虏以为祭牲",即俘虏鬼方的人、俘虏鬼方和周方的人以为祭牲。而这几条卜辞都属于第一期,即武丁时期。这正与古文献中记载的"高宗伐鬼方,三年克之"相合。故知其为史实,决非偶然。

---

① 王玉哲《鬼方考》,《华中大学国学研究论文年刊》第一辑,1945年;后收入《古史集林》,第289—308页。
② 王玉哲《鬼方考补正》,《考古》1986年第10期;后收入《古史集林》,第309—317页。

但是对于文献中出现的"高宗伐鬼方，三年克之"（《易经·既济》九三爻辞）、"震用伐鬼方，三年有赏于大国"（《易经·未济》九四爻辞），有些学者认为，两者所指并非同一件事。还有学者指出，"三年克之"的伐鬼战争，可见鬼方之强大，然而卜辞中讨伐鬼方的记载很少，因此怀疑武丁讨伐鬼方的真实性。针对于此，王先生别开蹊径，合理地解释了这一问题。首先认为《易经》两爻辞所指为同一回事，都是指商王武丁讨伐鬼方之事。其中第二辞中的"用"乃"周"字之讹，商王朝征伐鬼方，"震"与"周"两个方国协助商人讨伐有功，故而受到商王朝的赏赐，故称"有赏于大国"。其次，认为"三年克之"不是用了三年的时间才打败鬼方，因为古代战争从未有持续三年的，即使春秋时的五大战役、战国时期的长平大战，也都是数日或数月完成的，殷商时期战役不可能持续三年；实际上应该断句为"三年，克之"，即在武丁即位的第三年，打败了鬼方。这样的断句，王先生在古代文献中找到了许多的同类例证。这样的解释，不仅文从字顺，而且也符合历史事实。此论出后，学界更无疑义矣。

王先生不迷信权威，但更不固执己见，对于自己的观点，也在不断地补充、修正。如他在《鬼方考》一文中曾论鬼方文化高于猃狁，举鬼方有车战而猃狁无车战为例。后来见到1980年陕西长安县发现西周铜器多友鼎铭文中有猃狁车战的记载后，他旋即修正前说，承认以上一例误。《鬼方考》中曾引《易经·既济》"高宗伐鬼方，三年克之"，以为以武丁时国势之强，攻克鬼方尚须三年，可见鬼方之强。后来王先生认识到殷商时代不会有持续三年的大规模战争，于是在《鬼方考补证》一文中明确地指出原来的看法是很错误的，"三年克之"中的三年当是商王纪年。《鬼方考》是王先生当年荣获学术发明奖金的科研成果，然而在数十年中时时不忘补充修订,老一代学者对待学术问题的严谨态度,由此可见一斑。

二、利用甲骨文材料对商王庙号和王室世系及王位继承制度的研究

对于商代王室的世系研究,经过王国维对甲骨卜辞材料的考证,发现商代王室名讳大多数已见之于甲骨卜辞,从而对《史记·殷本纪》所记商代王室世系作了划时代的印证[1],其后又有不少学者在此基础之上又加考论,续有增补[2]。于是商代先公先王的世次逐渐清晰起来。但是与之相关的问题,并不是已经完全解决了,而是还有大量有待研究之处。

王先生于二十世纪五十年代发表的《试论商代"兄终弟及"的继统法与殷商前期的社会性质》[3],是其较为重要的学术论文。这是其充分利用殷墟甲骨文材料进行商王世系、庙号和王位继承制度研究的一个典型例子。

在此文中,王先生对商王名号的来源及其意义,做了自己的判断和解释。综览这方面的研究,学术界共有七种不同的说法:"生日

---

[1] 王国维《殷卜辞中所见先公先王考》《殷卜辞中所见先公先王续考》,《观堂集林》,第9卷,中华书局1991年版;《殷卜辞所见先公先王考附注》,《观堂别集补遗》,第40卷,《王国维遗书》,商务印书馆1983年版。
[2] 吴其昌《殷卜辞所见先公先王三续考》,《燕京学报》,第14期,1933年版;朱芳圃《殷卜辞所见先公先王再续考》,《新中华》复刊第5卷4期,1947年版;董作宾《甲骨文断代研究例》,《中央研究院历史语言研究所集刊》外编第一种,《庆祝蔡元培先生六十五岁论文集》上册,商务印书馆1933年版。
[3] 王玉哲《试论商代"兄终弟及"的继统法与殷商前期的社会性质》,《南开大学学报》(人文版)1956年第1期;后收入《古史集林》,第26—49页。此文内容又见《中华远古史》第342—366页,略有修改处。

说""死日说""庙主说""祭名说""致祭次序说""选日说""生前政治势力分组说"。王先生在认真分析以上几种说法之后，认为"死日说""祭名说""庙主说"都有一定的正确性，并且认为三者是一致的。因为商人生前皆有私名，死后即以死的那一天的天干日为祭名，为以后的致祭日，也以此天干日为庙号。王先生还对张光直"生前政治势力分组说"、陈梦家"致祭次序说"、李学勤"选日说"等的不足之处进行了一一指正与驳析。

如对于张光直说，王先生承认其利用民俗学和人类学理论而形成假说的合理性。但对于商王室世系的实际情况来说，所列 38 王和太子中，合 A、B 两组划分者有 27 王(A 组 13 王、B 组 14 王)，而不合者有 7 王，另有 4 王不确定。王先生认为，不合者和不确定者达 11 王，这是张说不成立的致命之处。

对于陈梦家说，陈认为"卜辞中的庙号，无关于生卒之日，也非追名，乃是致祭的次序"，这个说法对于自上甲至示癸六世先公来说还可以讲得通，但对于商汤以后的先王则不能适合。王先生排比了自商汤大乙之下至殷纣帝辛 17 世 32 王，只有河亶甲传位于中丁之子祖乙及盘庚传位于小辛两例与天干次序相符，其余的人全都与天干次序不合，认为不能拿一两个即位次序与天干次序偶然相合的例外，来推论这 17 世所有的庙号都是按天干次序排列的。对于大乙之后相邻先王的天干次序不相衔接的现象，陈氏认为先王的排列天干次序最初是衔接的，但是到了后世祭祀先王时，依血缘关系的亲疏而逐渐地淘汰了一些。王先生也不认为这样的说辞可以解决商代王室庙号的实际问题。王先生把自大乙后的先王世系表上天干日不衔接处，按照天干次序补足其缺，结果最少可以补入 100 人以上，而且也只是按一世不超过一个天干周期为原则，否则可补入的人数将更多。王先生还以出土于河北易县的商代三句兵铭文为例分析这一问题,"大祖日己,祖日丁,祖日乙,祖日庚,祖日丁,祖日己,祖日己。""祖日乙;大父日癸,中父日癸,父日癸,父日辛,父日己。""大兄日乙,兄日戊,兄日壬,兄日癸,兄日癸,兄日丙。"其中被祭祀或纪念的诸祖、诸父、诸兄三世的日干庙号,也没有按照十干次序排列。假如按照上述方法填补其中的空缺,至少可以补上 98 人。如按照陈氏的后世致祭淘汰说论,第一铭还说得过去,而第二铭和第三铭分别是子辈对诸父、弟辈对诸兄而言,都是当世而不是"下几世",何以就有 64 人被淘汰了呢? 这 64 人既是疏远的、可以淘汰的,他们为什么又排进日干次序中去呢? 这是无法解释的。王先生以此论证陈说之不可信从。

对于李学勤的选日说,王先生也持一种谨慎的怀疑态度。李氏这种说法的主要根据是《库方》中两片甲骨 985 和 1106 缀合后构成的 13 条刻辞,其中有依次卜问丁、乙、辛三个日名,在乙、辛两辞下附记有"又(有)日"。李认为这就是"确定日名为丁",认为这就是给刚刚死去的王选择日名的卜辞。王先生对此提出了两点质疑:其一,既然是按天干次序依次卜问,选择其中的一个天干日,为什么不是按甲乙丙丁的次序,而是前后骈列的丁、乙、辛? 并且这丁、乙、辛三日又是怎么选择的呢? 其二,假如每个商王及其配偶死后的日名都是这样占卜选定的,死去的王和妣的人数很多,可以推想,这类选日的卜辞一定是大批存在的。可是事实上却完全相反,仅仅出现了这么一片,宁非怪事? 所以王先生认为,这两片卜辞内容很可能与商王的命名没有关系。而且王先生对这两条肋骨卜辞的稀见也提出了疑义,认为一般说来,肋骨细而厚,不适宜用来占卜。

在分析了诸家观点之后,王先生还是选择了"死日说"而从之。

虽然认为此说也有一个不利的反证,即殷纣王按文献记载死日是甲子,而其庙号却为帝辛,这是一个未能解决的问题,但相比它说而言,此说还是基本上可以信从的。

由此可见,在面对众多歧说时,王先生不是随便选择一种而从之,或是选取一种对自己有用的观点,而是在深入分析和认真研究的基础上做出判断。

关于商代实行何种形式的继统法,学术界也多有争论。王国维首先揭示了商代继统法中"兄终弟及"这一历史事实,云:"商之继统法,以弟及为主,而以子继辅之,无弟然后传子。"①但后来的史家并不同意这一观点,或认为商代子继为主、弟及为辅;或认为子继弟及并用,不分主辅;但对于商代存在"兄终弟及"现象都不能否认,不过认为这种现象并非定制,而是出于一种偶然。

王先生认为王国维观点是正确的,商代主要实行的是兄终弟及继统法。首先,王先生利用甲骨卜辞与文献记载相结合的方法,参以前辈学者的商代世系研究成果,列出了自成汤大乙至殷纣帝辛之间17世30王的世系表,依照他们的辈分次序和王位继承关系进行分析判断,结果发现17世30王中有9世14王是兄弟相传的,而且这种兄弟相传是以长幼为次序进行的,这就是所谓的"兄终弟及"继统法。属于这种继统法而继承王位的,有大丁传弟外丙、外丙传弟仲壬,沃丁传弟大庚,小甲传弟雍己、雍己传弟大戊,仲丁传弟外壬、外壬传弟河亶甲,祖辛传弟沃甲,祖丁传从弟南庚,阳甲传弟盘庚、盘庚传弟小辛、小辛传弟小乙,祖庚传弟祖甲,廪辛传弟

---

① 王国维《殷周制度论》,《殷卜辞所见先公先王考》,《观堂集林》第10、12卷,中华书局1991年版。

康丁。其余父子相传者12王,叔侄相传者4王。由此得出结论,"可见商代王位继承'兄终弟及'不是一个什么'例外'或'变例',而实为商代王位继统法的一个主要方面。"即以兄终弟及为主,辅以父子相传,因为兄弟是横向的同辈,终有传完之日,所以还要辅以父子相继。怀疑商代行使兄终弟及之制者认为,商王一夫多妻,儿子众多,兄终弟及何时是了?为此,王先生指出,商代已有立嫡之制,只有出自商王法定配偶的儿子才有资格承继王位。所以商代才有兄弟相传最多不过4人(指阳甲、盘庚、小辛、小乙四兄弟相继)的现象。

商汤之后行使王位继承的"兄终弟及"之法,商汤之前是否也是如此呢?虽然《史记·殷本纪》中所记商代先公世系都是父子相继、一世一王,但王先生从大量的甲骨卜辞中发现了此时也是兄弟相继为王的证据。因而断定,商汤以前的先公时期也实行"兄终弟及"的王位继承制度。商代祭祀祀典有所谓"特祭其所自出之先王,而非所自出之先王则不与者",即只祭祀直系先王的"大宗""大示",而不祭祀旁系先王的"小宗""小示"。故而《殷本纪》中所记的只是祀典中的"大示"名单而已。《殷本纪》中的先公先王,基本上都在甲骨卜辞中得到了印证,但是卜辞中还有不少的先公先王名讳,则是《殷本纪》等古文献记载所阙如的。王先生认为,这些卜辞所有而为《殷本纪》失载的先公先王,都是曾"兄终弟及"的旁系小示,是商汤之前商族王室也实行这种兄弟相继继统法的证据。王先生共找到五个方面的这样的证据:

其一,自上甲微至示癸这一段先公的名号,分别是上甲微、报乙、报丙、报丁、示壬、示癸,是以甲、乙、丙、丁、壬、癸等十干次序排列的,非常整齐。故有所谓后世追名之说。但中间缺失了示戊、示己、示庚、示辛四位先公，王先生认同陈梦家的说法，因为是继其兄报丁或示壬而立的小宗，被后世商王祭祀时逐渐淘汰了。

其二，王国维据《楚辞·天问》"该秉季德""恒秉季德"，考证出"该""恒"即卜辞中的"王亥""王亘"。王先生又指出，卜辞中又有"王吴"，疑亦为王亥之兄弟。"如此则王亥一世，至少有兄弟三人相继为首领，而《史记》《世本》皆失载。"

其三，《楚辞·天问》又有"昏微遵迹，有狄不宁"。王先生认为，"昏、微当为二人，'微'为上甲之名，不当又名'昏'，因为商之先公先王，生前皆自有私名，并且皆为一字。""疑'昏'为上甲微之兄弟，二人相继在位，率循其先人之迹，有狄（即有易）因以不宁。"唐兰曾考卜辞中之受祭先公名"聑"，即"昏微遵迹"的"昏"字。可见上甲微之兄弟"昏"亦见于甲骨卜辞中。

其四，卜辞中有先公名曰"黾"，陈梦家释为王亥之父"冥"，"黾""冥"古字音同。但卜辞中另有先公名"季"，王国维据《天问》考证为王亥之父冥。王先生认为，此说有可商之处，因为"季"与"冥"字形既不相类，古音亦属难通。"其实商人称谓，父乃诸父之意，未必为亲生父。卜辞与《天问》中的'季'，疑为'冥'之兄弟。"

其五，卜辞之"河""岳""兕"等，祭礼隆重，可知也是商之先公。虽然甲骨学家们的释读不一，但其先公地位不容置疑。另外再如卜辞的"夋""昌""蚰""𩵋""龙""蔑""娥""示爯"等，王先生"疑全是上甲微之前的先公，可能都是直系王的兄弟，故不载于《殷本纪》"。

王先生由商代的"兄终弟及"继统法及其演变，论及殷商社会性质的变迁，认为商在盘庚之前为父系氏族社会，实行"兄终弟及"制度；至盘庚迁殷之后进入奴隶制社会，王位继承法也开始从"兄终弟及"逐渐过渡到反映私有制的"父死子继"的继承制度。

在这篇论文之中,王先生还对文献记载中的"祖甲"的世系排定作了详尽的考察。《尚书·无逸》:"其在祖甲,不义惟王。"孔安国、王肃认为此祖甲是汤孙太甲,而马融、郑玄则认为是武丁之子帝甲。后世学者也徘徊两说之间,不知何从。以《无逸》所述顺序而言,当指武丁之子帝甲(祖甲);而从所属事迹而言,当指汤孙、大丁之子太甲。王先生认为《无逸》这段文字可能经后人"窜改","其在祖甲"非武丁之子祖甲,应指大丁之子太甲,并从六个方面找出了坚实的证据,足以确证此事真实不虚,从而也为商王世系的复原研究做出了自己的贡献。

三、由甲骨卜辞材料对商代阶层群体及商代社会性质的研究

在二十世纪五六十年代中国大陆史学界兴起了社会史分期的讨论,王先生积极投身其中,深入研究中国早期社会历史状况,在古史分期及中国古代社会形态划分研究方面建立了自己的学术体系,即西周封建说:商代前期还未正式进入奴隶社会,而是正处在氏族社会和阶级社会的过渡阶段;商代晚期已是奴隶制社会时代;到西周时期已经不是奴隶社会,而是已经进入到初期的封建社会了。

其中关于商代社会性质的研究,王先生主要是从分析甲骨文中出现的奴隶、人殉、人牲和俘虏以及"众"与"众人"等社会群体的身份地位入手的。

对于商代后期的奴隶问题,奴隶的人数和地位问题,与之相关的人殉、人牲以及俘虏与奴隶的关系等问题等,王先生利用甲骨卜

辞中所反映的材料，进行了实事求是的综合考证。学术界对于商代奴隶的数量问题，主张商代前期即是奴隶社会的学者，有夸大其词的现象；而主张商代后期仍是原始社会的学者，则对奴隶数量则有缩小范围的倾向。究竟如何呢？王先生则根据甲骨卜辞中所反映的情况，对这一问题进行了严肃的考察。

王先生首先考证甲骨文中用作祭祀牺牲的"伐""歼""用"等字及相关辞例，指出了学术界误认俘虏就是奴隶的概念混淆以及混同了人牲和人殉的错误做法，找出了夸大奴隶数量的原因所在。认为人牲是活人贡献给鬼神的祭品，不是出于死者生前的爱好，因而大都是以与死者毫无关系的战俘作为主要的祭品，很少用死者的亲信、侍从或奴隶作祭牲。人殉则与之不同，被殉者往往是墓主生前所选定的，或由其子孙近亲所选的，入选的殉葬者都是死者生前的侍从、武士和伺候他的家内奴隶等，不会用死者生前的敌对者俘虏来殉葬。人牲的数量要比人殉为多。

王先生又分析考证了甲骨文中的"仆""臣""妾""奚""歼""宰"等字，认为这些人的身份是不自由的，应该是家庭奴隶。对于同样也是人身不自由的俘虏，如何区分其与奴隶身份的差别呢？王先生认为可以从两个方面进行分析鉴别：第一，这些字一直到西周春秋时，一般地说都还有奴隶的涵义，因此在西周以前也是指奴隶的可能性很大。况且这几个字产生在商代，造字时是根据实际形象摹绘的，有几个字正像人劳作之形，因此说他们是奴隶，比说成是俘虏要合理些。第二，从人祭的数量上看，一次祭祀要杀几百人。从每条卜辞中，看不出每次祭祀和战争有什么必然的联系。若以为商人平时养着成百上千专供祭祀用的不劳动的俘虏，不会有那样傻的统治者。若认为在祭祀前临时去捉，而且捕捉的数量有那么大，这又谈何容易。根据这两个方面的分析,王先生断定他们是奴隶而不是俘虏。

作为对比,王先生还专门引据了一些关于"羌"的甲骨卜辞,考证并分析了作为俘虏而少部分转化成奴隶的的"羌"与一般奴隶之间的区别和差异。

对商代后期奴隶数量,王先生认为既不同意无限夸大,也不能无端缩小。由此得出了以下的结论:其一,贵族祭祀所用的人牲不会全是战俘,可能有为数不多的奴隶;其二,人殉中有一部分奴隶;其三,各方国向商王贡纳奴隶;其四,存在仆、臣、妾、奚和宰等奴隶;其五,俘获的羌人大部分用于祭祀,少部分留用为生产奴隶。"上述这些奴隶,在商代后期的农业生产中不是主力,在整个社会的生产劳动者中,他们也不是多数。当时的生产劳动者中,数量最大的是'众'或'众人',这部分人决定着商代的社会性质。我们赞成并主张商代后期是奴隶社会,但'众'或'众人'不是典型的奴隶。"①

对于商代"众"和"众人"问题,学术界更是见仁见智,莫衷一是。王先生在对大量关于"众"和"众人"的甲骨卜辞研究的基础之上,指出"众"和"众人"是同一种人的不同称呼,毋需强分为二。

过去学术界受郭沫若观点的影响,认为"众"从日从三人,像多数人在太阳底下从事劳作,因此"众"的身份应是奴隶。而实际上,"众"和"众人"是受日神保护的公民。王先生从甲骨卜辞反映的情况总结出,作为与商王同姓同宗的族人,"众"和"众人"是商族族众,是当时主要的生产劳动者,不仅从事商代后期的农业生产活动,是社会经济活动的主要担当者,为王垦荒、为王种田、修城筑路,承担劳役、交纳贡赋等等,而且也参与田猎活动,承担守边、征

---

① 王玉哲《中华远古史》,第 250—263 页。

战等军役任务。

从这一点来看,"众"和"众人"受到统治者的剥削和压迫,是其对立的阶级。但并非一无所有的奴隶,这从卜辞中有那么多杀人祭祀的记载,却从没有杀"众"以祭的事例就可以看出来。而另一方面,"众"和"众人"还享受一定的政治待遇,如"众"和"众人"可以参与商族的祀典,"众"的先祖也可以受到祭祀;其次,"众"和"众人"是商族的战士,作为族众参加征战,是其义务也是其权力,这也是其公民身份的体现;再者,"众"和"众人"还经常受到商王的关心,如卜问"众"是否有灾、卜问"米众"(米就是《广韵》的敉,米众为安抚众人)与否、卜问"雉众"与否、卜问"丧众"与否等。可见"众"是有一定地位的人,与没有人身地位的奴隶相比是颇有差异的。

过去一些研究者认为,甲骨卜辞的"丧众"就是奴隶逃亡、奴隶反抗的证据。为此王先生驳辩:"从辞义上看,丝毫看不出有奴隶逃亡的含义。前面我们曾说过,众就是族众,也就是商王的一种武装力量。而卜辞中凡是有'丧众''不丧众'的记载,都和当时的战争有关。大概是在战前或战后占卜其军士是否有损失,这和后世的'丧师'的含义是一样的。"

同样,把"众"误认为是奴隶的学者,常以卜辞中的"㓦众""㓦众"为证据。"㓦"即"途"字。如有学者认为"㓦"应读为"屠",义为屠戮伐灭,"㓦众人"就是对奴隶的镇压。王先生也不认为这是合理的解释,"㓦众"之外,他还在甲骨卜辞中找到了"㓦子斐""㓦子敉"等材料,而"子斐""子敉"都是商子族的族长,为商的同姓贵族,作为被"㓦"的对象,当然不会是奴隶。则"㓦众"不能成为"众"是奴隶的证据。

由此,王先生总结"众"和"众人"的身份和地位,认为他们是商代的"族"和"邑"也就是商代"农村公社"的成员①。

王先生还通过甲骨文中的"邑"字,来讨论当时的社会形态和社会性质。邑,《说文》谓:"国也,从口,先王之制,尊卑有大小,从卪……"王先生认为,许书所谓"从卪"非是。"甲骨文邑字作𠡣,口下像人跽形,邑义为盖,即有人居住之地,可能有土围子,其周围有耕地。[注文引曰:《殷虚书契菁华》第二片:'……沚𢦏告曰:土方征于我东啚(鄙),戋二邑,㞑方亦侵我西啚(鄙)田。'邑与田相连。]《公羊传》桓公元年谓:'田多邑少称田,邑多田少称邑。'邑有大有小,大的邑是人口比较集中的城堡,如文献中有'大邑商''西邑夏''作新大邑于东国洛'等等,都是指都邑、王都,而小邑可能是村落,也就是'公社'。从世界古代史看,在任何一个古代民族的历史上,公社组织在原始社会解体之后是普遍存在的,晚商刚从原始社会转入阶级社会,当然也不会例外。这种'邑'在商代后期是原始社会中的氏族公社、家庭公社,还是出现于原始社会末期而流行于阶级社会的农村公社?从商代后期商王在全国已建立了专制统治,当时已是阶级社会来分析,应该已是农村公社了。"

王先生还列举了出现有"邑"的众多卜辞辞例,通过考证认为,"兹邑"是位于洹水之上的都邑,"作邑"和"作大邑"之"邑"大概是直接属于商王族的农村公社,"取卅邑"和"戋二邑"之"邑",则是外族的"邑"。"所举辞例中'取卅邑'大概是指商王取自外族的邑。若是外族的邑并入王族,则必然构成本族人和外族人混居的邑。邑内的成员便超出了血缘关系,这正合乎农村公社的性质。从卜辞所反映的'邑'的总体情况看,与前面我们谈到的农村公社很相近。假如

---

① 王玉哲《中华远古史》,第 263—278 页。

这个推测不错,那就是说,在商代后期这种村社组织也是广泛存在的。"①

在论证商代实行"兄终弟及"继统法制度的时候,王先生认为这种王位继承法的出现不是偶然的,而是历史发展到一定阶段的产物,也就是说这种继承制充分反映了当时的社会性质和社会发展阶段。"母权制在殷商毫无疑问已经成为过去。因为自商始祖'契'以来,已不是按女系血统计算,而是按父系计算,酋长的职位已不是出于选举,而是兄弟的当然的世袭。这是和母系氏族时代很不相同的。其相同或相近的是,首领的职位,兄弟有优先继承权,儿子则否。也就是说,从亲疏方面讲,至少在形式上,父子关系反不如兄弟关系密切。这种很不相同和相同的两种现象同时存在,很明显地意味着殷商社会已经从母系氏族社会过渡到了父系氏族社会。因为这种过渡,'乃是十分复杂的,需时很久的过程,在这一个过程中,母权制的不少的残余在长时期内被保存着,从而产生了若干特殊的,明显地带有过渡性质的形式。'商代的继统法即是母系氏族制的一些残余形式被保留在父系氏族社会中,同时父系氏族的特色也必然深深渗入了它的内部(如儿子固然没有优先继承权,但已经可以继承),于是出现了商代这种'兄终弟及'的继统方式。"

由此王先生推断,商代前期仍然停滞于父系氏族社会的末期。进而从社会生产的经济学层面,论证了到盘庚前后商代社会性质的变化,即过渡到了奴隶社会。

盘庚以前之所以"不常厥邑","从社会经济史上看,营一种流动村落的粗耕事业时,还是在氏族社会阶段,一人的劳动仅足够一

---

①王玉哲《中华远古史》,第 289—290 页。

人之所需,很少有剩余可供他人剥削。所以即令是氏族的酋长,也必需参与劳动,与氏族成员共同耕耘。……从《无逸篇》可以看出,当时商人仍处在氏族社会末期,王子也必毫无例外地杂于'小人'行列,共同劳作。……在这样的情况下,纵使有奴隶,数量不会很大,还不足以形成社会阶层。但到盘庚时代,从其部族生活趋于定居上看,大概生产技术业已改进到半精耕农业的程度。此后,劳动者劳动所获,除了自身消费之外,还有剩余供养他人。于是奴隶的使用和重要性大大增大,商代的奴隶社会,才逐渐正式完成。"[1]

四、通过甲骨文字的考释而解决历史学研究中的问题

王先生是个治史求真的史学家,对于几成定论或号称权威的甲骨文字考释,也决不盲从,而是认真地分析它在甲骨卜辞语境中的用法,是信是疑,再做出自己的判断。如关于《甲骨、金文中的"朝"与"明"字及其相关问题》的研究[2],就是这样一个典型的例子。

甲骨文中有"茻"字,或简省作、等形。于省吾先生始释为屯字,因释上字为"萅"字,并谓卜辞中之屯或从屯之萅,均即春秋之春字[3]。从此,学界景然相从,似成定论。间有疑之者如陈梦家也是半信半疑[4]。但是细心的王先生从中发现了一些不支持这一说法

---

[1] 王玉哲《试论商代"兄终弟及"的继统法与殷商前期的社会性质》,《南开大学学报》(人文版)1956年第1期;后收入《古史集林》,第26—49页。
[2] 王玉哲《甲骨、金文中的"朝"与"明"字及其相关问题》,《殷墟博物苑苑刊》创刊号,中国社会科学出版社1989年版;后收入《古史集林》,第318—325页。
[3] 于省吾《释屯萅》,《甲骨文字释林》,第1—2页,中华书局1979年版。
[4] 陈梦家《殷虚卜辞综述》,第227页,中华书局1988年版。

的反证辞例。在这些卜辞辞例中,所谓"今春""今屯"之后分别属以"十一月""十二月""十三月""九月""六月"的字眼。"不论商代到底实行的什么历法,但总不该在十一月、十二月、十三月、九月和六月期间,称呼象征百物萌生的春季吧?"因此王先生认为该字不当释为"春"字。不仅如此,王先生还另外列举了一些有关农业和田猎的卜辞辞例,认为此字释为"春"之不确当。这类辞如:"乙亥卜,争贞:今春王往田,若?""丁酉卜,争贞:今春王勿黍?今春王黍于南……""因为商人占卜习惯,对一般行止吉凶的占卜,最多的是卜旬,问十天以内的吉凶。而春季在商代包有多长的时间,虽然不能确定,但不会少于六个月或三个月。商王的每日行止都要占卜。王在出去田猎之前,只会卜问当日的吉凶,怎么会问三个月以上的吉凶祸福呢?也不会卜问在三个月内去不去种黍,或三个月之内到不到南方种黍,只能问当天出去种黍好不好。"所以王先生认为,将这两辞中的此字释为"春"字也是不妥的。

此字既不能释"春",王先生另辟蹊径,从丁山之说[①],释 为夕为月,因而将此字释为"朝",该字的较繁形体正像太阳初升、日月交辉之形,正是《说文》所谓"旦也"的"朝"字。而省去其中的"木"字而成 、 ,正可隶定为"明"字。王先生认为,此"明"字是朝夕之"朝"的省字,而不是明亮的"明"字。作为明亮义解的"明"字在古文字中作 、 等形,隶定为"朙",从囧从月,像月光从窗牖中照入之形。而且在甲骨文中,有表示时间的"明(朝)夕"对文出现的辞例,更可证此字释"朝"之相宜。如"其明(朝)雨,不其夕……""……乙丑夕雨,丁卯明(朝)……小采日雨口风,己明(朝)启。""三月乙丑

[①] 丁山《甲骨文所见氏族及其制度》,第5页,中华书局1988年版。

夕雨,丁卯明(朝)雨,戊小采日雨风,己明(朝)启,壬申大风自北。"不仅如此,卜辞中还有一些"明"字,如"乙巳酚,明(朝)雨","庚申明(朝)雾","丁明(朝)雾"等,以"朝"释之,文从字顺,然以"春"释之,则属难通解。

故而王先生明确指出,"甲骨卜辞中凡有从日从月之'明',都是朝夕之"朝"字。其形体与作明亮解的从囧从月之'朙'(明)字形体很相近,极易混淆。大概到战国时,就有人错误地以'明'(实朝字)代替朙(明)字。许慎作《说文解字》,又从壁中书录'明'字时于'朙'下误以为朙(明)字之古文,遂使作早晨解之'明'(朝)不传,而误解'明'为明亮,与'朙'(明)字一同流传下来。"至此,甲骨文中关于"朝""明""春"的纠葛,才算厘清。

由于此字得到确解,王先生又联想到了"箕子之明夷"的解释问题,著成《"箕子之明夷"与朝鲜》①一文。《易经》"明夷"六五爻辞有"箕子之明夷",自汉至今,虽众说纷纭,却不得其解。有人不承认箕子,如汉人赵宾认为"箕子"是"荄兹",清人惠栋又说成是"荄子",焦循则理解成"其子";明夷这个词也被拆开解释,如战国时的《彖》《象》、唐人的《疏》说什么"明入地中""暗主在上,明经在下""夷之初旦,明而未融";清初大儒黄宗羲著有《明夷待访录》一书,也是自比"如箕子之见访"而愿向新土陈述治国"洪范",而对"明夷"一词的误解而用之;而近世学问大家顾颉刚在这个词的解释上也颇为犹豫。只有易学家李镜池认定"明夷"是一个地理名词,也未明确其义何指。王先生由甲骨文"朝"字的考释而指出,"明"实际上

---

① 王玉哲《"箕子之明夷"与朝鲜》,《今晚报》1997年8月19日"日知录"栏目;后收入《古史集林》,第326—329页。

是古文字的"朝","明夷"即"朝夷"即朝鲜。"箕子之明夷",就是文献所载的武王封箕子于朝鲜的史实。春秋战国燕国之货币"明刀"铭文中的"明",或释为"易"字,实即"朝"字。箕子分封的朝鲜,与燕国之初封一样,初在易水流域,易字即"明"字之讹。箕子后裔之一支,东迁至今朝鲜半岛一带。至此,困扰学术界千百年的学术公案,由此字的考释也到到了圆满的解决。

王先生的甲骨文字考释,正如"朝"字的考释一样,不是为了考字而刻意地去考字,而是通过考字而解决历史问题,有些还是非常关键的历史学课题。这样的例子,我们在他的著作中还能找到一些。

对甲骨文"商"字的考释,是王先生在探索商族起源地望时顺带做的工作。"甲骨文中'商'字作'商'或'禸'等形,上面的'丫'即凤凰的凤字上部之鸟冠,大概商字以'丫'代表他们所崇拜的鸟图腾,而'內',徐中舒先生说似穴居形。所以我们说,'商'字似乎是商族用以称呼自己的族名。后人就把商族居处之地,也名之为'商'了。"[①]不仅考释清楚了"商"字的造字本意,而且还言简意赅地说明了商族、商地、商国名"商"的由来。

对甲骨文中的"宋"与"商"的历史地理关系考辨,也属于这种类型。"宋地在微子未封前名宋,不在商丘,这已清楚地记载于《史记·宋世家》。文武丁时期卜辞中有'宋伯歪',如:'……取宋伯歪……'(《铁》38·3)'己卯卜王贞,鼓其取宋伯歪……'(《佚》106)'……于宋亡戈'(《南无》500)'丙子……又子宋'(《人》3171)'乙巳卜,□王虫子宋'(《京》2094)卜辞中这个'宋',是否指今河南商丘虽不能定,但由此可知,在晚商时期已有'宋'之名,故不得把灭夏

---

① 王玉哲《商族的来源地望试探》,《历史研究》1984年第1期;《中华远古史》,第171页;《古史集林》,第154页。

前的商或商丘说成是河南之商丘。"①卜辞中既有"宋"地,是个古地名,而"商"也是个古地名,则两者必非一地。近世人多以"宋"为"商",以"商"为"宋",循环论证,不得实解。而今因王先生的考证,从《史记》和甲骨卜辞来看,以往的一些说法可以休矣。

再如甲骨卜辞中屡见"告麦"一辞,历来解者异说,歧见纷呈。如胡厚宣认为是侯伯从各地来向商王报告小麦丰收的讯息②。于省吾认为按卜辞通例,有关丰收都叫"受年","告麦"既非报告麦收,也不是祭告用麦,而是"商王在外边的臣吏,窥伺临近部落所种或所收获的麦子,对于商王做一种情报,商王根据这种情报,才进行武力掠夺。"③王先生认为,于说也不能自圆其说。因为在商代谷物中,麦不是最贵重者,也不是商人的主食。商代的黍、稷等农作物远贵于麦,为什么只有"告麦"而绝无"告黍""告稷""告稻"等?所以,用掠夺说来解释"告麦"是解决不了问题的。

王先生独具慧眼,根据小麦这种谷物的生长习性和特点,对"告麦"作了新颖的解释:"小麦的收获有一种异于他种谷物的特点,别的谷物如小米、高粱、玉米等成熟之后,晚收几天,都没有什么关系。可是小麦则不同,成熟后若不马上收割,其麦穗干透,麦粒极易脱落。若迟几天收割,会有大量麦粒碰落地上,损失甚大。所以,小麦一成熟,农民往往连夜收割。因此我们是否可以推想,卜辞中的'告麦'是当麦刚一成熟,立即有人向商王报告,使及时收割,

---

① 王玉哲《商族的来源地望试探》,《历史研究》1984年第1期;《中华远古史》,第172页;《古史集林》,第155页。
② 胡厚宣《殷代封建制度考》,《甲骨学商史论丛》初集第一册,齐鲁大学国学研究所专刊1944年版。
③ 于省吾《商代的谷类作物》,《东北人民大学人文科学学报》1957年第1期。

免受损失。"①此虽小事,然王先生于细微之处下功夫,发前人所未发,或者其解接近真理,对于历史研究的贡献正不在小矣。

五、对甲骨学本身问题的总结和开掘

终其一生,王先生没有专门的甲骨学著作传世。但这并不影响他对甲骨学本身和对甲骨文字的研究与贡献。王先生在从事先秦史尤其是殷商历史研究的过程中,往往对涉及的甲骨文和甲骨学有关问题进行随机性的探讨,所以他的甲骨学研究成果往往编缀于其史学研究成果的字里行间。

首先,是他对甲骨文的发现与甲骨学史的观点。在甲骨学史上,关于甲骨文的发现,学术界有比较激烈的争论。或说是在1898年,或说是在1899年;或说是北京官员王懿荣最早发现的,或说是天津秀才孟广慧、王襄最早发现的。王先生在自己的著作中,对这一问题明确地表示了自己的观点。我们认为这一观点非常公允,可以信从。

"甲骨卜辞是河南安阳殷墟出土的商代后期的文字。清光绪年间,当地农民在耕地时偶然发现了甲骨,充作药材'龙骨'出卖。光绪二十四年(1898)年,有商人把甲骨携至北京、天津,第二年天津的孟广慧、王襄和北京的金石学者王懿荣鉴定甲骨是古代遗物。从那时到现在已经有百年历史了。"①

其次,对甲骨文字在文字发展上的地位的认识。在《中华远古

---

① 王玉哲《中华远古史》,第295—296页。
① 王玉哲《中华远古史》,第398页。

史》中,在涉及到商代的文化、科学与艺术一章中,谈及了商代文字的内容,专辟一节谈了他对甲骨文字所处的文字发展的进步阶段的认识①,其中对于甲骨文字的造字法和形成历史的阐释,颇具启发意义。

王先生认为,"商代的甲骨文、金文虽然残存着一些文字画,但大体上距原始的文字画时代已经很远了。安阳殷墟卜辞所处的年代据估计是在公元前1300—前1028年之间。这时的甲骨文已经超出纯图形阶段,比如横腹的兽类,为了便于书写,往往描绘成竖立的形象。……(王先生在此举"豕""马""犬"等甲骨文字形为例)这是与兽类的生活实际不相合的。又如羊、牛的头角最为人所注意,故描绘羊、牛时,只写头部,如 ᔑ(羊)、ᔑ(牛)。这些都是象征而非写实,是摘取动物的特点,令人一望即可立辨其含义,这就是后来的象形字。甲骨文字,据归纳已有约三四千字,真正可识的还不到一千。此类象形文字在不满一千的可识文字中,约居百分之三十七,而当时需要表达之物,凡可以用图像描绘的已应有尽有,可见在盘庚、武丁时,甲骨文字就已行用很久了。"

接着王先生分析在象形字的基础上,甲骨文中产生的会意字、假借字的情况。"象形文字的表达力是有局限性的,有些无形的意念、物性的区别、动物的活动等,画出来就不容易了。所以,逐渐创造用两个或两个以上的图像组合起来以表其意的手法。……(在此王先生分别举了'隻(获)''祭''隹''奚''饮''躲''臭''宿''及''既''戍''伐'等字的甲骨文字形和释义为例)这类字就是后来的会意字。"而一些事物无论用象形字或会意字都难以表现出来,只

---

① 王玉哲《中华远古史》,第394—396页。

好写"别字"借来暂用一下。王先生举"隹"(唯)、"凤"(风)、"羽"(翌日)、"箕"(其)等为例说明,这些字就是许慎所说的"本无其字,依声托事"的"假借"字。

对于甲骨文中的形声字的形成,王先生的说解方式颇有自己的个性。"世界上各国文字发展的趋势,大都由衍形走向衍音,中国文字自然也不能例外。在商代遇到'象形''会意''假借'都无法表现时,也就逐渐走向衍音的阶段。可是没有像有些民族的文字,用分析音素、制定音标的方式,走向拼音文字的道路。而是仍用形义不同的方块字作为音符(即假借)。一个'字音'有好几种含义,为了区别开来,按其各种意义,再加上一个适合其意义的形符偏旁,使之各自成一字。这种字的构成是:一边是声,一边是形,所以叫做'形声'字。"王先生又举了甲骨文中的"洋""羌""姜""祥"等字为例,说明"这些形声字都是以音为主,注以形符,借以区别其意义。这种造字规则一发现,于是产生出一系列的新字。"又举甲骨文中分别以"水""火""牛""马""犬"等为形符的一些形声字为例,"这类文字的优点是令人一看即可以大致知道其读音和所代表的意义。"

在分析了以上甲骨文字形成的几种途径之后,王先生总结道:"中国汉字基本上是沿着以上象形、会意、假借和形声四个途径而产生的。尤其是最后的形声类造字规则的出现,说明中国这种方块类型的文字已经基本成熟了。甲骨文中有很多形声字,这表明甲骨文已不是原始文字,而是已走到很进步的阶段。"

再次,对甲骨卜辞的史料价值作了高度的评价。作为一个历史学家,王先生对甲骨卜辞这种新出现的信史材料的学术意义和史料价值,做出了充分的肯定。

"甲骨文是世界上现在所能见到的最古的文字之一,它的发现,在我国历史科学的研究上,有着极大的意义。中国古代史特别是商代史的研究,以前只能根据为数不多的文献材料。如《尚书·盘庚》的产生时代,虽然多数学者认为可能出于商人之手,但经过两千年来经生的传写,抄错和润色加工之处必然是不少的。《尚书》其他几篇有关商史的记载,都是西周或以后人的作品。至于《春秋》三传、《国语》、三礼、《战国策》《世本》《竹书纪年》《山海经》以及先秦诸子等有关商史的传说,其史料价值就更是等而下之了。现在我们能见到三千多年以前当时人亲自刻写文书的原物,竟达十多万片。其文字本身也是很珍贵的史料。……周人说:'唯殷先人,有册有典',从甲骨文看,这话应当是可信的。可惜商代的典册大都未流传下来。我们根据这一大批甲骨卜辞新史料,对文献不足征的商史,可以大讲而特讲了。就是商以前和商以后的一些古史问题,也往往借此启发而得到解决。"

具体地说到《史记·殷本纪》,王先生云:"原先对《史记·殷本纪》有人完全信为实录,有人则完全持否定的态度,轻易抹煞其历史价值。自见到甲骨文,这两种走极端的看法,自然得到纠正。通过对甲骨卜辞的研究,发现《殷本纪》有关商代诸王的世系和名号,除一两点外,基本上都是正确的。因而,使《殷本纪》的史料价值大增。……文献资料与地下发掘的实物材料互相补充和纠正,使商史的研究取得了超越前人的可喜成果。"

"对于一些旧史料的看法,也由于甲骨文的出现而为之一变。"王先生举《山海经》《竹书纪年》和《尚书·尧典》为例,这些古代典籍向来被认为荒诞不经和成书较晚,以往的先秦史家都不敢用之。"可是自甲骨文出,在这些书里往往有整套的商代史料,可以与甲骨文互相发明。所以我们对许多古代史料,不要轻易抛弃,应当运用科学方法,去伪存真,深入地加以研究。"①凡此,都可见甲骨文的发现对于史料学和历史研究的重要意义。

再者,就是对甲骨文自然分类研究体系的阐释和评价。王先生虽然本人没有出版过专门的甲骨学论著,但曾经为著名学者唐兰的一部甲骨学著作写过序言——《我对〈甲骨文自然分类简编〉的认识》②。此文虽是对唐兰《甲骨文自然分类简编》的推介,但也可从中得知王先生本人对于甲骨学的观点和见解。比如该文一开头,王先生就说:"甲骨文字的辨识,必须要形、音、义三者综合考察;必须与古代社会经济、风俗习惯等各方面结合起来,才能顺利和正确地释读出来。"可以看作是王先生对于甲骨文字考释方法和理论的经验总结。

唐兰的《甲骨文自然分类简编》,是一部以每个甲骨文字为单位,按照一定的编排次序而编成的甲骨文字典。过去的古文字工具书,由于受许慎《说文解字》的影响,大都按照偏旁部首的类别相从、起一终亥而编制成的,如《甲骨文编》和《续甲骨文编》等甲骨学工具都是这样的编排次序。但王先生认为,这种按照小篆字形而分别的部首,并不适合甲骨文字。王先生举甲骨文中的"祖"作"且"并不从示,而甲骨文"妣"字作"匕"也不从"女",如果按照小篆形体以《说文解字》的编排次序分别排入"示"部和"女"部,就不是合理的"以类相从"了。况且,王先生还指出了《说文解字》分别部首体系本身还存在着不少的不合理处。所以王先生认为由唐兰创设、日本学者岛邦男继而沿用的真正以类相从、按形检索的甲骨文字自然分

---

① 王玉哲《中华远古史》,第 400—402 页。
② 唐兰《甲骨文自然分类简编》,山西教育出版社 1999 年版。王玉哲为该书撰写了序言《我对〈甲骨文自然分类简编〉的认识》。

类体系,是个了不起的独创。

王先生这样介绍唐先生的该书编排体例:"本辞书的字序,在眉端首列隶定之楷书,次列甲骨文诸异体,然后加以按语或考释,定以己意。说解取其简,每字的诠释大部分是依先生个人研究所得,有的也吸收他人成果,还有些易知的甲骨文,则直不加注,不欲其繁也。"然后又这样评价这种分类和编纂体例:"唐先生对古文字学钻研多年,融会贯通,凡所折衷,悉有依据,汇为《简编》,既可为初学治甲骨文者导其先路,亦可为积学之士商榷之资,至其省检索之劳又其次者也。"

在该长序中,王先生还对唐先生的古文字学贡献进行了概括介绍和理论总结。第一,创立偏旁分析与历史考证相结合的研究方法;第二,创立古文字的"三书说"和"自然分类法";第三,主张古文字学研究的目的在于今天的文字改革。王先生在"第二"中,对唐先生的古文字造字"象形""象意""形声"的"三书说"产生的过程,对传统"六书"说的扬弃,"三书说"后来的演进完善等,都作了较为细致的考证和分析,并且指出了唐先生的"甲骨文自然分类法"是在其"三书说"的基础之上形成的。

而在"第一"中,王先生对唐兰考释古文字理论的介绍,加入了自己的理解和阐释,而使这一理论方法更加完整和尽善。实际上这也是王先生自己考释古文字所使用的方法,曰:

"所谓偏旁分析就是把已知和未知的字,分析成若干单体(偏旁),各单体认识了,再合起来认那个字,往往就可以解决问题。这就是偏旁分析及其作用。如果偏旁分析后,仍解决不了问题,再用历史考证以济其穷。因为一个字的产生,是源远流长的,其早期和晚期往往意义不同。文字是活的,其意义是不断变的。在对一个字分析偏旁之后,还不能认识,就得去追求它的历史。如'毓'(育)字本为生育之形,但在卜辞中必须读为'后',不从字的历史上考察,就解决不了问题。可见这种偏旁分析与历史考证,在古文字研究上的作用是明显的。这两种方法,过去学者,从汉代许慎到清代孙诒让都曾运用过,尤其是孙诒让,是最能用偏旁分析法的人。不过,作为研究古文字的原则,明确地提出两种方法相结合,并能大量地加以运用,立厂先生却是第一人。"

六、对西周甲骨的族属、来源和性质的判断

周原甲骨发现之后,关于西周甲骨文的研究,迅速成为学术界研究的一种热点课题,逐渐形成了甲骨学研究的一个重要分支。面对学界几乎众口一词的观点,王先生坚持自己的独立思考,撰写了《陕西周原所出甲骨文的来源试探》[①]一文,表明了自己的观点。

该文首先充分肯定了周原甲骨文发现的意义。殷商末年有关商周两族关系的文献记载,如今只有《尚书》数篇,而《竹书纪年》《史记·殷本纪》《周本纪》皆后人追述,又语焉不详。"现在发现了这批当时人亲自刻写的文字资料,数量又这么多,这对商周之间历史的深入研究,不言而喻,其意义是极为重大的。"而对周原甲骨文研究的关键所在,应是其族属问题:"周原甲骨到底是出于周族人之手,还是处于商族人之手?这个问题对商周两族的历史关系,颇为重大。认为是周族人的甲骨,就可以把商亡之前商周两族关系说成是极为亲密;若说是商族王室的甲骨,就可以把它说成是商周敌对

---

① 王玉哲《陕西周原所出甲骨文的来源试探》,《社会科学战线》1982 年第 1 期;后收入《古史集林》,第 137—145 页。

的物证。"

对于周原甲骨的族属和性质问题,王先生首先从中选出了H11:1、H11:84两片,中有"王"祭祀"成汤""王"求侑"大甲""䴢周方伯"的内容。对于这些内容,周原甲骨的发掘者和其他一些学者认为,这批甲骨是周文王时周人的甲骨卜辞,是周文王祭祀商之祖先成汤、周人求祐于殷之先人太甲的。这样一来,商周关系不但亲密无间,而且在历史上不同种姓的异族,居然变成同族同宗了。"但是从中国历史传统上看,这种现象是绝不可能有的事。"王先生举了以下几方面,来论证这种不可能性。

"第一,商周两族在殷商末年民族矛盾极为严重,他们已处在敌对地位。"文献记载周文王之父季历被商王文丁所杀;商王帝乙二年,周人又曾伐商。"周文王绝对不会自愿地祭祀有杀父之仇的敌人的祖先,也绝不会祭祀商先王太甲,向仇人的祖先祈求给自己降福祐。"所以王先生认为,H11:1的"王"绝不是周文王,H11:84的"王"也不可能是任何一个周族的王。

"第二,从祭祀传统上,周族绝对不会祭祀商族的祖先。"王先生举《左传》哀公十二年、僖公十年、僖公三十一年中的记载,"鬼神非其族类,不歆其祀""神不歆非类,民不祀非族"等语,认为"这些卜辞内容根本与周族无任何瓜葛,更涉及不到商周关系的密切不密切了。"推测周原甲骨文实是殷商末年商王室的卜辞,其中的"王"是商王,很可能就是殷纣王帝辛。H11:1卜辞就是殷纣王在其父帝乙的宗庙里祭祀其祖成汤的,H11:84卜辞是商王祭祀其祖大甲以祈求福祐的。

"第三,从'䴢周方伯'上看,周原甲骨不是周人的卜辞。"王先生从"䴢"字在卜辞中的用法为杀牲以祭分析,认为同"牛""羊"一样,"罚周方伯"是以"周方伯"为牺牲祭祀先王太甲的。"杀周族的首领作为祭牲去向商先王求福的'王',绝对不可能是周王,事理至明。"

"第四,周原地处西北丘陵一隅,不是龟甲产地",认为"专从周族的地域和形势上看,也可以推证这批周原甲骨,不会是周族原有的。"

对于商王室甲骨何以会出土于周原地区,王先生认为这批甲骨也不可能是周人灭商所获得的战利品,而可能是"在殷商末年商纣王时,掌管占卜的卜人投奔周人时携带过去的"。而古文献中关于这种殷商贵族官员携带图书、器具投奔周人的例子,在在皆是。主管占卜的贞人奔周,必携甲骨档案,这就是在周原发现大批殷商王室甲骨的主要来源。

王先生认为周原甲骨中的大部分属于殷商王室,而其中少部分时代较晚的及带有八卦形象的卜甲,则可能属于周人。

(本文刊于《殷都学刊》2009年第2期,此处有所校改)

朱凤瀚教授甲骨文殷商史研究

朱凤瀚,江苏淮安人,1947年生于北京,长于天津。1988年在南开大学获历史学博士学位。1988年6月任南开大学历史系副教授。1990年12月任教授,1993年10月任博士生导师。1995年任南开大学历史系主任、人文学院副院长。1998年7月调任中国历史博物馆副馆长,2000年7月任中国历史博物馆馆长(同年兼任北京大学历史系教授、博士生导师)。2003年2月,任中国国家博物馆常务副馆长。2005年12月,任北京大学历史系教授、博士生导师,北京大学出土文献研究所所长。兼任南开大学学术委员会委员、北京大学历史系学术委员会委员、北京大学中国考古学研究中心与中国古代史研究中心学术委员会委员,中国先秦史学会副会长,国务院学位委员会学科评议组成员,"夏商周断代工程"专家组成员,文化部国家古籍保护专家委员会委员。

朱凤瀚主要从事中国古代史先秦史、古文字与青铜器研究。著有《商周家族形态研究》(天津古籍出版社,1990年初版,2004年增订,1992年获全国古籍优秀图书奖一等奖,1994年获天津市第五届哲学社会科学优秀成果奖二等奖,2006年获天津市优秀图书一等奖)、《古代中国青铜器》(南开大学出版社1995年版,1996年获天津市第六届哲学社会科学优秀成果奖一等奖,1997年获天津市优秀图书一等奖,1998年获全国高校社科优秀成果奖(考古类)二等奖。2001年10月在《中国文物报》举办"二十世纪文博考古最佳图书评选活动"中被专家评委评为"二十世纪文博考古最佳论著")、《先秦史研究概要》(与徐勇合作,天津教育出版社,1996年),并主持编辑了《西周诸王年代研究》(与张荣明合作,贵州人民出版社,1998年)、《中国国家博物馆馆藏研究丛书·甲骨文卷》(与沈建华合编,上海古籍出版社,2007年)。

自二十世纪七十年代末,朱凤瀚在天津南开大学历史系师从王玉哲先生攻读先秦史,专心研习甲骨卜辞和商周金文。如王先生所言,朱凤瀚多年无意追赶时髦,埋头钻研、不尚空谈,故而基础扎实。至今已有四十余年光景,朱凤瀚一直耕耘在甲骨学这块异常艰深的领域里,且成果斐然。

朱凤瀚坚信历史学是一种实证性很强的科学,所以他对甲骨文与殷商史的研究,往往是通过对甲骨文等资料的认真分析,力求真相。同时他注重多学科交叉的研究方法,在王国维提出的"二重证据法"基础之上,甲骨文材料和古文献记载之外,通常还借用考古学、民族学、人类学等方法,研究视野广阔,资料翔实,论证充分,结论可靠,令人信服。

朱凤瀚多年来一直从事甲骨卜辞中关键字的考释工作,并据以研究商代历史。在这过程中,朱凤瀚形成了独特的研究思路与方法,今综述于此。撮其要者,可分为几个方面:商代家族形态、商代宗教、祭祀及宗庙制度、商代历法等。

一、利用甲骨文材料对商代家族形态的研究

朱凤瀚在《商周家族形态研究》[①]后记中谈到他自二十世纪七十年代末即开始关注商周家族形态问题。当时，郭沫若在五十年代提出的殷墟卜辞中"众"的身份是奴隶的看法虽依旧占统治地位，但学界已有不同看法，1973年张政烺发表《卜辞裒田及其相关诸问题》，便强调"众"的身份不同于希腊、罗马奴隶制中的奴隶形态。

由于"众"是商代家族中的成员，对其身份、等级的探讨有助于家族形态的研究，朱凤瀚于1981年撰《殷虚卜辞中的"众"的身份问题》[②]一文对"众"的身份重新作了探讨。朱凤瀚认为"众"即"众人"，两者是对同一种身份的人的不同称呼。卜辞中"某丧众"之"某"往往可以祭祀商族之高祖、先王，说明"某"多是商族或商族之某一族属的名称，其中有的是商王的同姓宗族。"丧众"往往与战事有关，商王经常卜问"众"在战事中有无伤亡，对这一阶层非常关注，可以肯定"众"在卜辞中确系商族之族众。由卜辞材料可知，"众"生活在族的共同体中，以族为基本经济单位，采用"劦"即集体劳动的形式在本族所占有的土地上从事农业生产。"众"除了以族为单位贡纳劳动产品给商王外，还要合族为王田担负农业劳役，即所谓"耤田"，还要到他方垦殖以扩张领土，承担商王指派的各种杂役如狩猎等。"众"在当时能参加殷人宗族内的宗教活动，其所在的

[①] 朱凤瀚《商周家族形态研究》，天津古籍出版社1990年版，2004年再版。
[②] 朱凤瀚《殷虚卜辞中的"众"的身份问题》，《南开学报》1981年第2期。

族是殷人军队的主要兵源。

在文章中朱凤瀚将"众"的身份与1953年在殷墟大司空村、1969—1977年在殷墟西区发掘的大量殷代小型竖穴墓相联系,认为"众"与奴隶的身份有明显的区别,虽然"众"的经济生产处于商王和贵族、官吏的控制与监督之下,某些族众对商王的压迫反抗时,也会遭到以商王为首的贵族的镇压,但他们不像奴隶一样被用作人牲杀殉,其拥有的政治、经济权利也是奴隶所不备的。

朱凤瀚又将"众"与使用同一名称的古代罗马共和国奴隶制社会的平民区分开来,后者主要是指生产力发展到了铁器时代的、处于奴隶制下的自由农民,有其个体的独立经济,其氏族血缘关系已被地域原则所代替。殷代的平民"众"在当时的生产力水平下仍生活在族的共同体中,由于宗族的约束,专制君主与贵族的压迫,人身自由并不充分。

关于商代家族形态问题,朱凤瀚有一系列的文章,比如1984年发表《商人族氏组织形态初探》[1],1985年发表《论商人诸宗族与商王朝的关系》[2],从这些文章可知朱凤瀚对这一问题是渐探渐明的。至1992年发表《商代晚期社会中的商人宗族》[3],与《商周家族形态研究》第一章内容相类。

该文首先对一些概念作了界定。其一,"商人"指商民族,"商族"指商民族中的子姓。其二,"宗族"之要旨可概括为:姓族以下的亲属组织,有明确的父系先祖与谱系。在组织结构上具有多级性,

---

[1] 朱凤瀚《商人族氏组织形态初探》,《民族论丛》1984年第2期。
[2] 朱凤瀚《论商人诸宗族与商王朝的关系》,《殷都学刊》增刊,《全国商史学术讨论会论文集》1984年版。
[3] 朱凤瀚《商代晚期社会中的商人宗族》,《华夏文明》第三集,北京大学出版社1992年版。

由主干家族与若干分支家族组成,分支家族仍可再有更小的分支。其三,关于姓、氏。作为姓族分支的氏,在本文中称为"族氏"。宗族可称氏、族氏,但族氏未必皆具有宗族形态。

朱凤瀚依据如下原则找出了甲骨卜辞中实际存在的商人诸族名号:其一,如果同一个名号,不仅可以用来称呼一位贵族,又可以用来作为这位贵族所领率的一个集体的名号,而且又被用作这个贵族的属地之名,则这个集体当是这位贵族的族属,其族名与族长名及其属地名是一致的。其二,此一名号见于商晚期青铜器的族氏铭文中。其三,如果在卜辞中更可见持有这一名号的贵族参与对先王祭祀,或王为之求祐而祭祀先王,根据"神不歆非类,民不祀非族",以及由此推出的祖先神亦不会保佑非同族人的道理可知,此贵族与其族皆属于商人中的子姓。

商民族中除了子姓,还包括与之有世代通婚关系的异姓亲族,以及一些被征服后由于杂居及文化融合而与以上商人的零种亲族形成民族共同体关系的一些异姓族属。但由于资料限制,朱凤瀚着重分析了王卜辞所见商人的宗族情况。"子某"指商王(并不限于时王)之子,"子族"指部分未继承王位的王之亲子从父王的王族中分出去后自己所建立的宗族,"多子族"指的是多个"子族"。"多生"指历代王子的后裔,亦即"子族"的后代。"王族"当是由在位商王以其诸亲子为骨干而结合其他近亲所组成。"多子族"地望多集中在今豫北之西南,距当时的王都安阳不远。"多生"地望约分布于今豫北西端与晋东南、晋南。

朱凤瀚进一步探讨了商人宗族的内部结构。《左传》等典籍与商、周初金文中的"复合氏名"所反映出的商人宗族结构为宗氏、分族两级,1969—1977 年发掘的殷墟西区墓地与 1971 年发掘的后冈墓地印证了这一点。墓地依据其年代和分布情况可以划分为很多墓组，各个墓组间又组成了若干近环形分布的墓群。更重要的是，将殷墟西区八个墓区中的不同墓群之陶器组合形式作一比较，又发现不同墓区中有着陶器组合形式及其变化规律相近的群、组，可见有同类墓群相聚合为更高一级墓群的现象。墓群与更高一级的墓群分别相当于典籍中的分族、宗氏。

从殷墟西区与后冈两处族墓地的全部墓葬的墓制和随葬品情况可知，商人宗族成员已由于他们在本家族内的地位，亦即亲属类别身份的不同而分化为贵族和平民。人殉主要见于贵族墓葬，与商人宗族内的等级制度相联系。奴隶劳动已介入主要生产领域，成为宗族内平民农业劳动的补充形式。

最后论文对商人宗族内部的政治、经济形态以及商人诸宗族与商王朝的关系作了总结。商人宗族有自己独立的宗族武装、宗教活动，宗族长对族人拥有经济和主持祭祀的权力，平民族众则是直接的生产者。商人诸宗族要承担各项经济义务，其军事武装受王调遣，受到外族侵扰时也受商王保护。诸宗族中的一些子姓贵族参与祭祀，祭祀时间、对象、地点与用牲数目皆由王通过王室占卜机构来决定，同时王也要为同姓贵族举行攘灾之祭。王与诸子姓宗族间保持的宗法关系，构成了专制王权的基础，也保证了整个商民族共同体的统治。

在《论商人诸宗族与商王朝的关系》中，朱凤瀚提到一个问题：诸子某究竟有哪些可以被证明确实有自己的族氏，其本身又是作为族长出现的？因为卜辞中有一类"子某"，例如子㠯、子渔等，只是出现于有关王室祭祀的卜辞中，显示了作为贵族的个人身份，并未显出像"卓""麦"一样有自己的宗族，拥有独立的经济活动、武装力量。朱凤瀚得解释是这一类"子某"在当时可能只是一些居住于王畿内的王室成员,或为王室近亲,自己有一个家族,但族小势弱,故在卜辞中只见到他们参与王室祭祀,未见以其族氏为王服役。

在《商周家族形态研究》中朱凤瀚将这一类"子某"定为时王之亲子(或者先王之子未从"王族"中分出),尚未从"王族"中分出,尚未有自己的族氏,如此似乎可以解释为何卜辞中不见这一类的子某以其族氏为王服役了。然而另外一个问题出现了:"子央"这一类常为王室服役的"子某",按照朱凤瀚的说法,"央"不仅可以作为族长之称谓,而且可以作为宗族所属的土地和其族众的称呼。宗族属地之名或得自族长之名,而商代私名的称谓很少,"央"应该为族氏名。那么,未从"王族"中分出的"子渔"的"渔"应作私名看待还是族名呢?如果是私名,"央"也是私名吗?如此,商代私名的称谓还能说罕见吗?如果"渔"非私名,而为族氏名,如何解释"子渔"尚属王族未有独立宗族的事实?

近些年朱凤瀚仍一直关注新出土甲骨资料所反映的商代家族情况,比如济南大辛庄出土商代甲骨文之后,朱凤瀚也著文对刻辞最多的龟腹甲进行了形态、文字、内容方面的探讨[①]。就单个钻凿的形状来看,大辛庄龟腹甲与殷墟甲骨上的钻凿相近,但是殷墟龟腹甲背面的钻凿多作有规律的纵向排列,龟腹甲中线两侧的钻凿,凡钻均位于凿的内侧,因此,龟腹甲正面的卜兆,横枝皆朝向中线。大辛庄这片龟腹甲,钻凿排列不甚规整,也有少数钻凿,钻在凿的外侧。文字内容方面,大辛庄龟腹甲中的四只牲,后两只皆是"豕",在

---

① 朱凤瀚《"大辛庄甲骨文与商代考古"笔谈之大辛庄龟腹甲刻辞刍议》,《文史哲》2003年第4期。

殷墟卜辞中,则会写作"二豕",而且大辛庄龟腹甲中的"豩""豕""豕"字腹部均用单线条,未用复线表示硕腹。另外,以往所见殷墟卜辞,在中线同一侧横向书写的卜辞其走向一般应该是一致的,但大辛庄龟腹甲上的两句对贞卜辞则作上下排列且逆向而读。可以看出,商代晚期在大辛庄地区生活的此贵族家族有自己本家族所遵奉的先人,有一套成熟且独特的祭祀系统及相应的礼仪。

1991年秋,在安阳花园庄村东地发现一甲骨坑,编号为91花东H3。其中出土有刻辞的卜甲684片、卜骨5片,共689片,朱凤瀚就这批甲骨刻辞内容作了初步的探析①。朱凤瀚根据层位叠压打破关系以及灰坑内所出伴生物陶器的情况判定H3卜辞之年代为武丁早期至中期偏早这一时段内,接着论述了H3卜辞占卜主体与商王室的关系。根据H3卜辞独特的祭祀对象与祭祀方式,可以肯定H3为"非王卜辞"之一种,其占卜主体之"子"属于非王的同姓贵族,其所统率的家族属于商人子姓亲族之一支,而且是某先王之后。朱凤瀚否定了《选释》将卜辞中的受祭对象"祖乙""祖甲"分别定为中丁之子祖乙与武丁之曾祖辈沃甲(即卜辞中之羌甲)的看法,认为被祭先人采用日名制在商人贵族家族中被普遍使用,"非王卜辞"所祭祖妣等先人之日名与辈分相合的先王及王配日名相合并不能肯定即必是先王与王配。

虽然H3占卜主体之贵族与王室具体亲属关系尚难确知,但从该卜辞中卜祭上甲、祖乙、大甲的情况皆不见于其他几种非王卜辞、占卜主体之贵族与妇好的关系、宾、历组王卜辞所见的㞢、豆等

---

① 朱凤瀚《读安阳殷墟花园庄东出土的非王卜辞》,《2004年安阳殷商文明国际学术研讨会论文集》,社会科学文献出版社2004年版。

强族向占卜主体之贵族入贡龟甲可知，H3 占卜主体之贵族宗法地位甚高，在行辈上不会低于商王武丁。

H3 卜辞与小屯 YH127 的乙种非王卜辞在祭祀对象上多有相合之处，且皆有"兄丁"作为祭祀对象，说明 H3 卜辞应与乙种（乙一、乙二）卜辞占卜主体有较近的亲属关系，或更有相同的亲属行辈。朱凤瀚进一步分析了 H3 卜辞所属贵族家族的状况，该家族有着独特的祭祀制度，拥有自己独立的家族武装。另外 H3 卜辞、乙一卜辞皆表明其占卜主体之贵族与"丁"有亲族关系，三者各自所在家族应为一个大的宗亲集团内的三个分支。从 H3 的田猎卜辞中言及的田猎地点可知占卜主体之贵族的居地在商王朝王畿邻近地区。

H3 卜辞反映出该占卜主体之贵族在其家族内拥有较多的属从，按名称可分为四种。多尹，亦见于王卜辞，但未见于其他几种非王卜辞，此处的"多尹"应是各小宗分支家族之族长。"多臣"，朱凤瀚修正了《商周家族形态研究》中的观点，认为此处的"多臣"可以参与占卜主体之贵族主持的对先人的祭祀，并非奴隶，应当是由亲族成员充任的在宗族内为宗子服务的官吏、属臣。由此可知，商代晚期商人贵族家族内已可能有家臣制度，只是家臣的身份与西周贵族内的家臣有质的区别。多宁，少见于卜辞，但"宁"为氏名还是职官名，尚难确知，也应属于 H3 卜辞占卜主体之贵族的家族成员。"多御正"，御正为治事之官，与"多宁"地位接近，其与"多臣"的关系不排除是对同一种职事之人的异称。

H3 出土卜辞进一步证明了商代晚期在子姓商族内的贵族家族即使亲属关系已经疏远，却仍保持着由于同宗共祖而结成的宗族情谊，并通过祭祀共同祖先来维持与强化这种关系；也揭示了由于子姓贵族间宗法与政治身份的差异造成的各贵族间明显的等级差距与支配、被支配的关系。

二、利用甲骨文材料研究商代宗教、祭祀及宗庙制度

（一）关于天神崇拜与祭祀

关于商人上帝的性质，旧有两种看法，一是认为上帝拥有最高的、无限的权威，有广泛的神力，商人的上帝"已是较为完备形态的至上神"；二是认为商人的上帝具有保护神的性质。

朱凤瀚将上帝的权能与其他神灵（自然神、由自然神人神化而形成的，有明显自然神色彩的祖神、非本于自然物的祖神）的权能进行了比较，发现上帝主要具有自然权能与战事权能，在人事权能上仅作用于王本身，这是上帝与上甲以后的祖先神所不同的，自然神、祖先神在商人的宗教观念中也有很重要的地位。上帝与部分祖先神如岳、河、王亥等远祖、高祖之间的权能差别并不明显，虽然商人的上帝具有广泛的自然权能，更有着其他诸类自然神、祖先神所没有的对人间强大的破坏力，但上帝与自然神、祖先神之间并未形成明确的等级秩序。上帝只在天神中建立了臣僚系统，卜辞中称作"帝臣"。祖先神可"宾于帝"，即到上帝处作客，并因而成为时王向帝表达企望的中介。根据宗教学的定义，不能把上帝列为商人的至上神。

此外，商人的上帝是可崇敬而不可亲近的，卜辞中从未见过直接向上帝乞求年成的情况，相反上帝还会破坏年成，在战争中保佑敌方。商人攘除疾病的御祭、告祭也皆以祖先神为对象，可见上帝

并非商人的保护神①。

朱凤瀚还从宗教学意义上对上帝的形成作了探讨。在卜辞时代，商人的宗教已由自然宗教发展为人为宗教的第一阶段即民族宗教阶段，商王室的祖先神已被奉为国家神与商民族之神。但是人类所难以控制的自然界及纷繁复杂的社会现象促使商人探寻超出祖先神与自然神全能之上的统一世界秩序的力量，然而，如上文所述，上帝的权威尚未达到无限，并未成为商人神灵体系中的至上神，表明这种宗教性探索还在继续发展之中。

从《诗经》等文献可知，周人克商之前很早即有自己的上帝，或能追溯至夏代，并非源自商人。周人上帝与商人上帝不同：一、周人上帝与周人祖先神与自然神之间有上下统属的关系，并对诸神有使令的权力，周人的上帝可称为他们的至上神；二、西周时期周人的上帝已被奉为保护神，这种宗教观念不仅被用来统治殷代遗民，周人贵族本身也沉浸其中；三、与商人的上帝相比，周人的上帝有明确的是非观念，其道德色彩成为约束贵族行为的准则，周人已由被动地听从上帝的安排转向积极地、自觉地去争取上帝的佑助，促进了理性思维的发展。

朱凤瀚接着就西周时期的"天"与上帝的异同进行了辨析。朱凤瀚认为两者的权能虽有相同之处，但天的意志难以揣测，并非周人的保护神，其人格化程度也较上帝为逊。周人在笃信天主宰国家命运的基础上，将"天命"与道德观念相结合。西周时祭上帝是在天室(或曰明堂)一类祭所内，以文王配享；祭天则于郊，不设祭所，以

---

① 朱凤瀚《商人诸神之权能与其类型》，《尽心集——张政烺八十庆寿论文集》，中国社会科学出版社 1996 年。

后稷配享。朱凤瀚还考察出周人对"天"的崇拜始于迁岐之后,或同其与甘青地区的古代民族的交融有关。

从商周时期天神崇拜的变迁,朱凤瀚得出如下结论。一、周人在其早期阶段已有独立的宗教系统,而且至迟在商代晚期已奉上帝为至上神,已将神灵系统秩序化,比起商人的上帝观是一种进步。此外,周人迁岐后,即奉上帝为保护神,并在克商后将后起的对天的崇拜引向敬德的天命观,也表明周人在克商前的政治思想较商人成熟。二、西周对天神的崇拜并没有导致一神教宗教观与神权政治,究其原因可能有三:(一)周人对天的崇拜落实到以敬德为宗旨的人事上,此种具有浓厚理性因素的人本精神阻绝了一神教与神权政治的出现;(二)周人将帝、天的崇拜与祖先崇拜更紧密地结合起来,祖先崇拜不仅未被削弱,反而得到加强;(三)对天神的祭祀由时王主持,西周时的天神崇拜不仅未能造成另一与王权对立的神权机构,反而使王权得到神化[①]。

(二)关于殷先公先王祭祀

殷墟卜辞中称供奉在宗庙里的祖先神主牌位为"示",这些神主相互集合,构成不同的神主群,又有"大示""小示""下示"之称。由卜辞材料可知,"大示"并非指所有直系先王,上甲为大示之首,所谓"六大示"实乃上甲与五个庙号冠以"大"的先王,即大乙、大丁、大甲、大庚、大戊,上甲之后的报乙、报丙、报丁、示壬、示癸并不包括在内。"小示"指旁系先王,报乙至示癸五示可能已包括在内。"下示"之神主地位在"大示""小示"间,应指中丁以后

[①] 朱凤瀚《商周时期的天神崇拜》,《中国社会科学》1993 年第 4 期。

的直系先王①。

在殷墟卜辞中,有几位上甲以前的先公如夒、王亥、岳(䍙)、河,其受祭日多在辛日,旧多将辛当做庙号。然而四位先公、高祖的日名不可能同在辛日,而且在报丁之前未有明确的日名制,所以"辛"不应是日名。朱凤瀚分析卜辞发现,四位先公常以不同的组合形式受到祭享,多为乞求年成,而"辛"的含义正是"秋时万物成而孰",以"辛"日祭祀四位先公或与其在商人宗教观念中的地位与权能即掌管年成有关②。

(三)利用甲骨文材料对商王室宗庙制度考论

朱凤瀚在其《殷墟卜辞所见商王室宗庙制度》一文中,首先考证了商王室的宫殿宗庙群的构成及其特点:卜辞辞例可证明当时诸先王宗庙是积聚在一起形成建筑群的形式,诸宗庙各自有门,但整个建筑群还有一个共门,即卜辞所谓"宗门"。宗庙从总体上看可以分为两类,一是先王(附先妣、母)的宗庙,二是高祖先公的宗庙。先王宗庙又分为两种,第一种是只有一个庙主的单独的先王与先妣、母宗庙,此种宗庙按先王即位顺序排列;第二种是专为合祭神主所设的宗庙,这类宗庙按其大小在卜辞中被称作"大宗""小宗",卜辞中所见"上示""下示""小示"等名称,当是在此种集合神主宗庙中,对神主依其形状、位置所进行的分类。对旁系先王的祭祀或即在此进行。高祖先公的宗庙在卜辞中被称为"又宗"(右宗),上甲因地位介于高祖先公与先王之间,也可受祭于"又宗"。当时先

---

①朱凤瀚《论殷墟卜辞中的"大示"及其相关问题》,《古文字研究》第十六辑,中华书局1989年版。
②朱凤瀚《谈殷墟卜辞中先公的祭日》,《南开学报》2001年增刊。

王宗庙至少有东、西二室,已是前庙后寝式的构造。还有一些祭所与宗庙密切相关。一类直接附属于各宗庙,如升、祼、旦等。升分属先王先妣,但在每一王世多不超过上二代,升本身有门,不在诸先王宗内,但在"宗门"内。一类是独立于诸宗庙外的祭所,如庭、大室等。

其次,分析了商先王先妣宗庙设置的原则与意义:原则之一,直系先王可有自己单独受祭的宗庙,但报乙至示癸五位先王除外。旁系先王在卜辞中未见有宗,有两种可能,一是旁系先王卒后即从未建宗,仅被供奉于大小宗等合祭神主的宗庙里。二是旁系先王本有宗,后来被毁。原则之二,直系先王单独宗庙可世代保存,未有毁庙之制。原则之三,为近世直系先王增设祭所"升""祼"等,反映了祖甲以后产生了对近亲先王之格外尊崇的观念,并影响及宗庙制度。原则之四,只有部分近亲的先王配偶可以有自己单独的宗庙或其他祭所。四点原则中,三、四点主要源于亲属关系,一、二点突出直系先王的地位,是为了维护商王室的直系继嗣制,进而巩固商王权。由先王配偶的宗庙等祭所的设置从属于先王宗庙制度可以看出,商王室实行明确的父系继嗣制,母系继嗣关系已被排斥。

再者,关于商王室宗庙对维护商王朝统治的作用,也作了相应的分析:商晚期王室宗庙的设置原则本身即有巩固王权的作用,商王朝还要在宗庙内举行各种政治礼仪及宗教性活动。第一,商王室宗庙是商王朝政治礼仪活动的中心。首先,举凡国家大事,商王皆要事先奉告祖先宗庙。其次,有少数卜辞说明,商王国的重要政治典礼亦在宗庙举行。第二,是作为商王通过占卜形式与祖先神交往的神圣场所。从卜辞中可以看到,商王以占卜形式乞得祖先神旨意时,有时是在祖先神的宗庙内进行。在这类宗教性活动中,商王是活动的主持者,而且商王被视为祖先神在人间世的代表,祖先权威的被提高,实际上亦进一步神化了王,神权成了商王借以强化商王朝统治的工具。第三,作为商人子姓贵族参加王室祭礼的场所①。

三、利用甲骨文材料研究商代历法

中国古代四时制的出现大约在西周末、春秋初年,在殷墟卜辞中可以看到,殷代时只有春秋两种季节划分。虽然当时已知置闰月,春、秋两个季节所包括的月份就应该大致稳定在几个月份上,但它们在一年中各自所包含的月份肯定与后世春、秋二季的月份不尽相同。

朱凤瀚依据甲骨卜辞材料,对此问题做了探讨,兼及其他相关问题②。

殷墟卜辞中有言"今春""今秋"而后记明占卜月份的,这对探讨当时春、秋所属月份有帮助。朱凤瀚首先理清了卜辞中"今"的含义,"今"与其他时间概念组合时,虽总体是表示现在时,包含占卜日在内,但具体表示的是哪个概念,要视具体词例即"今"后所接表示时间概念的词来定,可以表示"今岁""今旬",在此种情况下,"今"后所言时间,对于占卜日是包括其在内的或是未来的时日。在言"今日""今某月"时,也可表示占卜日所在日月。依据言"今春""今秋"而系月的卜辞,朱凤瀚推断出在卜辞时代,九月至次年二月

---

① 朱凤瀚《殷墟卜辞所见商王室宗庙制度》,《历史研究》1990 年第 6 期。
② 朱凤瀚《试论殷墟卜辞中的"春"与"秋"》,《仰止集——王玉哲先生纪念文集》,天津人民出版社 2007 年版。

为春季,三月至八月为秋季,而且此推断也与卜辞所见农事活动与气象情况相符合。

接着朱凤瀚对比了卜辞所见"黍""禾"的种植时间以及文献所载"黍"等农作物的种植时间,推断出卜辞中的一月,大致相当于后世的夏初,即夏历的五月,殷代是以夏历的五月为岁首的。

何以殷代之建正在后世的夏季,而造成春、秋两季与月份的参差不齐呢?文献记载商人是以观察大火星纪时的,当时在相当于今夏历五月时节大火星最明亮,最利于进行较精细的观测。由此可知商人的历法为:以夏历五月大火星昏中之时节为正月,即一年之始,而传统的"三正说"并不可靠。

四、甲骨文等古文字考证与释义

朱凤瀚关于甲骨文字考释的论文并不多见,但弹不虚发,每有论出,辄能有理有据,切中肯綮,成一家之言,为学界叹服。

比如日本收藏家中村不折旧藏的一片牛胛骨刻辞,其释文可定为:

乙……至……

乙巳卜,贞,尹至于七年宜。

乙巳卜,贞,尹至五年宜。

与此片刻辞有联系的是郭沫若《殷契萃编》1279,同为牛胛骨刻辞,其文曰:

……卜,贞,尹至于十年宜。

两片刻辞字形大致相同,内容有联系,可能是同时所卜,但《殷契萃编》1279字体略大,不像是一版之折,似属异版卜同事。从文辞格式、字形特点及书写风格看，应归属于无名组卜辞，年代可能在廪辛、康丁时期内。

为了读通卜辞含义，朱凤瀚着重考释了"宲"字。"宲"从宀从贝会意，示藏贝在屋内，按照此义，从商周文字中从宀从贝的形声字来看，可能有两种读法：一读作窑，缶声，此字见于禽簋铭文，即寶字；一读作寍，丂声，此字见于扶风庄白一号窖藏出土之墙盘。读作寶，似乎在本文所举两版卜辞中讲不通，可考虑将"宲"读作"寍"（寍），其字义可从丂声字中探讨。

西周金文中有从宀从丂的宔字，多数情况下表示赏赐，唐兰先生认为"丂原是庭宁之宁，与贮藏的宁形近，音义相同，常通用。""贮藏的宁"是指殷墟甲骨刻辞中所见的宁字，学者往往因其字形与《说文解字》宁（宁）字形相近而读为"宁"。

接下来朱凤瀚考察了丂字可否读如宁，殷墟卜辞中有宁字，或简作宁，似表示一种建筑的平面，强调中间之庭院，丂或即宁之省。西周金文中的宔字，从宀，从丂，丂亦声，加形符宀，当是规定宔之义类为宫室建筑。朱凤瀚考察了西周金文中宔的读音，认为宔音读为宁可通，两者可通假。本文所论两版卜辞，"宲"读为寍（寍）字也可隶定作寍或（寍），其义为珍藏的引申义，即藏贮、积贮。

卜辞卜尹至于几年宲，"尹"在这里即王朝职官，其担负着经营王田等王室内务，卜其于几年可以宲（贮），很可能是卜尹治理某块王田于几年才能有所积贮。

另外，朱凤瀚还对本两版卜辞中"年"的含义作了一番探讨，"几年"前均有介词"至于""至"，而在卜辞中"至于"皆只联系地点或时间，或所祭神的下限，可以解释为"到"，这两版卜辞中的"年"也只能是记时用，说明"年"在殷墟卜辞时代其词义已由表示一次播收的农作全过程,而接近于时间概念的"年"①。

又如,殷墟卜辞中是否有"周侯",也是学术界争论不休的问题。学者受董作宾的影响,往往依据《殷虚文字甲编》第436片胛骨刻辞,认为周人在商代武丁时臣服于商,其君长被封为"侯",称"周侯"。本文纠正了董氏因摹本失真和辞条错行所造成的错误,认为在这片胛骨刻辞中,"周""侯"分属不同的辞条,两者不能连读,即这片刻辞中并没有"周侯"。同时对一些关键字作了考释②。

朱凤瀚对于甲骨文中的"岁"字,也有精到的考释。殷墟卜辞中"岁"有两种用法,一种是祭祀用语,可理解为祭名,另一种用法是纪时,朱文对第二种用法作了探讨。

陈梦家《殷虚卜辞综述》按不同品种农作物种植时间将一年分为两岁,即春(禾季)、秋(麦季)。朱文指出了陈文将卜辞中的岁理解为季的不合理之处,认为卜辞中的岁相当于年。卜辞中的"年"已被用作时间单位,相当于后世的一年。但卜辞中从未见过"今年""来年"之称,而仅有表示时间长短的"几年"的形式。在约始自文丁时代的黄组卜辞中出现了"惟王几祀"的形式,"祀"成了年的代称,即王年。但卜辞中仍见不到"今祀""来祀"的用法。用以代称年,并可用来指称"今年""来年"的只有"岁"。

朱凤瀚分析了殷墟卜辞中"岁"的字形演变。"戉"(㞢)原本为兵器,因为与"岁"上古音相同,被假借用来表示岁星,取"戉"的另一假借义"越",表示岁星逾越周天。后来又在"戉(㞢)"上加形符"步(㘅)",成为岁星名之本字歲(㦱),因岁星的运行规律可用以纪

---

① 朱凤瀚《记中村不折旧藏的一片甲骨刻辞》,《揖芬集——张政烺先生九十华诞纪念文集》,社会科学文献出版社2002年版。
② 朱凤瀚《关于殷墟卜辞中的周侯》,《考古与文物》1986年第4期。

年,岁便具有了年岁的意义。

对作为纪时的"岁"之来源的分析,其一说明岁星运行规律与可以利用其记年至晚在卜辞时代即商代晚期已被认识;其二有助于解释利簋铭文,对武王克商年代的研究有所裨益①。

再比如,对于甲骨文与金文等古文字中的"后"字,是个至关重要的字,但学界对其解说历来不一。尤其是殷墟五号墓出的"㚸"诸器与传世的"㚸"大鼎中"㚸"的释读问题,一直众说纷纭。朱凤瀚认为"㚸"并非"司母"两个字的合文,实乃王后之"后"字,"㚸"与"㚸"应该分别释读为"后辛""后戊"。辛、戊为王后之日名。

殷墟卜辞中有"㐂"字,或写作"㐂",少数可能应读作动词,多数用为人称,其身份系王之配偶,地位高于一般的配偶。"㚸",实为王配之"㐂"的异体,加"女"符成为"妃",只是用以表示词性。

卜辞中又有"毓"(毓)字,常见词例有"多毓""毓祖乙"等。"毓"应读为先後之"後",表示庙主先后次第,后来因为专用于祭祀,可能渐成为固定词语,有时亦被单独使用,指称某些或某一位祖妣。已故的先王、先妣皆可称"毓","后"却是王配之专称。今日所见到的先秦文献如《尚书》《诗经》中将夏商先王之称写作"后",至早不过是西周晚期,而主要是东周时期人的手笔。西周晚期以后,很可能"毓"字多用其本义生育,并渐形变为育字,作为先王之称的"毓"则假借"后"字为之。

王配称"后"的原因,有两种可能。其一,奭为已故王配之称,奭、后音近,可能是从同一语音分化出来的字。其二,源于"毓"。

---

① 朱凤瀚《论殷墟卜辞中纪时用的"岁"》,《南开大学历史系建系七十五周年纪念文集》,南开大学出版社1998年版。

"毓"本义为生育,最初可能曾作为对女性中尊贵者的敬称,但后来被用为王室祭祀时专以表示庙主先後次第之後,并渐衍化成对已故先王及王配之称,这时所使用的"毓"亦非最初的含义,且非生称,故王配之称乃假后为之。但"后"字造字本义尚未可知。

殷墟五号墓中的"后辛""后媈"两组器物,一为后辛所作,一为后癸所作,很可能是墓主人生前作为时王之配为已故王后(多可能是太后)所作祭器,死后随葬于墓中①。

对于备受人们关注的甲骨文中的"龙"字及相关诸字,朱凤瀚也有解说。他将殷墟甲骨文中"龙"字的字形特征概括为:头有冠角、张口有齿、尾后卷上翘。进而分析了甲骨文中两个与龙相似的字"?""?"。朱凤瀚认为"?"即文献中有龙之身形而无角的"螭","屮"为音符,"?"应读为"尤"或"訧",义为责怪,引申为惩罚。"?",朱凤瀚在唐兰先生考释的基础上作了更详细的考查。"?"即"?"(旬)字,两者是同一字在不同用法情况下的异体。"?"可释为"蟭",是一种生于土中的蛇状神物,在卜辞中训为"延""演",有生长、发展、蔓延之义,也可假借为"旬"②。

五、对甲骨学殷商史的总结与回顾

时值接近殷墟甲骨文发现一百周年的 1997 年,朱凤瀚应邀写了一篇《近百年来的殷墟甲骨文研究》的论文,这是一篇综述性的文章,叙述了近百年来甲骨学的发展状况。第一部分讲述了甲骨文

---

①朱凤瀚《论卜辞与商周金文中的"后"》,《古文字研究》第十九辑,中华书局1992年版。
②朱凤瀚《说殷墟甲骨文中的"龙"字及相关诸字》,《故宫博物院院刊》2000年第6期。

的发现及其意义。第二部分介绍了关于国内外各种甲骨文的著录书籍，分析了各书的优缺点，为从事甲骨学研究的工作者提供了一个很详细的参考书目。并指出随着考古发掘水平的提高和研究的深入，甲骨文著录书的体例也不断完善。

第三部分是对以往甲骨文研究情况的回顾，分五个方面叙述。第一方面是关于甲骨文字的考释，朱凤瀚重点介绍了孙诒让、罗振玉、唐兰、于省吾、张政烺、裘锡圭等古文字学者的研究成果以及甲骨文方面的重要工具书。第二方面是关于甲骨刻辞的分类与断代研究，最重要的成果当属董作宾根据"贞人集团"的断代标准提出的五期说。此后，陈梦家进一步将董氏"贞人集团"的概念发展为"组"，在董氏所提出的几组"贞人集团"的贞人外，陈氏又检出了自组、子组、午组贞人，并明确分出了"自组卜辞""子组卜辞""午组卜辞"，同时将董氏在《〈殷虚文字乙编〉序》中定为四期文武丁卜辞的子、自、午组卜辞划定在武丁晚期；陈氏还在他认定的武乙、文丁卜辞中检出了贞人"历"。

殷墟卜辞的分期断代研究在陈梦家之后的进展表现在两个方面。其一是对自组与子组、午组卜辞时代的进一步论证，其二是李学勤提出了"历组卜辞"的概念，并将其年代定在武丁晚年至祖庚时期，同时还提出了"无名组""黄组"的概念。"历组卜辞"时代的提前又引出殷墟甲骨分期的两系统说，这个问题的提出与争论极大地促进了卜辞分类与断代研究的理论水平的提高。接下来朱凤瀚简介了近年来卜辞断代研究的新成果，其一是关于无名组卜辞时代的问题，其二是现已见甲骨卜辞中有无比武丁时期更早的卜辞，其三是帝辛卜辞是否存在。

第三方面介绍了考察甲骨出土地点与殷墟建筑基址关系的一

些成果,第四个方面是有关甲骨整治、占卜术与命辞性质的研究成果,甲骨钻凿形态可以作为甲骨分类、断代的依据,所以尤受学者关注。第五方面则是甲骨文商史的研究情况,作者又将其分为六类,分别是商王位继承至于王室结构(张光直《商王庙号新考》一文探讨了商王室的结构)、商王国的政体及国家结构形式、等级身份与奴隶制(关于卜辞中"众"身份的探讨)、家族形态及宗法制度、宗教、祭祀与宗庙制度、商代的历法与地理。

第四部分则是对今后甲骨文研究方向提出的建议,一是继续致力于甲骨文字的考释;二是加强甲骨卜辞的分类、断代工作的科学性;三是更好地利用甲骨文资料,深化对商代社会形态的认识;四是加强对商代祭祀制度的研究;五是在甲骨文研究中积极采用新技术手段[①]。

[①] 朱凤瀚《近百年来的殷墟甲骨文研究》,《历史研究》1997年第1期。

朱彦民教授甲骨文殷商史研究

朱彦民(1964—),河南浚县人。1985年毕业于安阳师范学院中文系,初习甲骨文字。1992年毕业于郑州大学历史专业,获历史学硕士学位。1996年南开大学历史系毕业,获历史学博士学位。现为南开大学历史学院教授,博士生导师。

朱彦民主要研究领域为甲骨学研究、以及以甲骨学为基础的殷墟考古与殷商社会生活史研究。在诸如甲骨学、商族起源、商代社会史、商代方国地理等研究方面,有着自己独到的理解,且能形成一家之言,颇受学术界的重视,同时醉心于甲骨学方面的普及性研究和甲骨文书法艺术的探索。他的主要学术著作有《商族的起源、迁徙与发展》《殷墟都城探论》《殷墟考古发现与甲骨文研究》《巫史重光——殷墟甲骨文发现百年记》《商代社会的文化与观念》《甲骨文书法探微》等,与人合著《殷商社会生活史》《甲骨文精萃选读》《甲骨文精粹译释》等著作。已在《历史研究》《中国史研究》《考古》《考古与文物》《中原文物》《文史哲》《南开学报》《中国历史地理论丛》《中国文化研究》《殷都学刊》等学术刊物上发表《殷卜辞所见先公配偶考》《甲骨卜辞所见"殷人尚右"观念考》《商族起源新论》《殷墟都城城墙之我见》《殷墟卜辞"受酋年"新考》《商汤"景亳"地望新考》《商族迁徙试论》《〈明义士牧师家藏中国文物展〉中两片甲骨的考释》《"殷""商"名辩》《论商族对古代车马起源与发展的贡献》《商代晚期中原地区生态环境的变迁》《殷人尊东北方位说补正》《"七月流火"之我见》等学术论文百余篇。

在此,对朱彦民的甲骨学研究进行综述,对其研究中取得的学术成果进行评价。综述的角度,一是对朱彦民的甲骨学学术研究进行归纳分类,以明其甲骨学术研究的边界,在这个过程中,对其学术方法进行总结。二是通过综述,给予其研究在学术史上的思考。

一、商族起源、迁徙及发展的研究

殷商民族的渊源、发展及迁徙问题,牵涉到中华民族的早期历史源流、中国古代文明的起源与发展、古代国家的产生与演变等一系列学术课题,具有重要的学术意义。自从西汉司马迁提出这一问题后,千百年来众说纷纭,莫衷一是,至今争论不息。而现在拜近代考古蓬勃发展之赐,使得我们跳出单纯的文献考察的圈子,对这个问题的研究向纵深领域发展。

由于商族起源是探讨这一问题的起点,所以这里对商族起源的论述背景就多费些笔墨,以期更为明晰的看到朱彦民对这个问题整体论述的逻辑发展脉络。

二十世纪三十年代以来,河南安阳殷墟晚商遗址的发现与发掘震惊了学术界，一些有识之士由此就提出了探索先商文化与早商文化的问题，如李济、梁思永以及尹达先生在此都有相关论述。建国后，郑州二里冈和商城遗址的发现与发掘又确定了早于殷墟时代的商代前期文化，而早于二里冈的偃师二里头文化遗址的大规模发掘之后，商文化的更早来源问题，也即先商文化的探索问题又自然而然地引起了更多学者关注。特别是早于商代文化的二里头文化、河南龙山文化、岳石文化、山东龙山文化、大汶口文化及辽西红山文化等的研究的日益深入，为探索史前各民族文化、文明起源之谜，带来了希望的曙光。而近年来关于中国古代文明起源研究热潮的兴起，又极大地促进和带动了关于商族起源研究活动的开展。于是，令人耳目一新的学说、观点不断涌现出来。

现将主要观点略微表述如下：

第一是西方说，西方说主要是指陕西说。这是出现较早的传统观点。这种观点对后世以至清代学者影响很大，从者甚众。现当代学者多不再信从此说，然而由于传统观念的根深蒂固的影响，信从之者仍不乏其人。如著名史学家蒙文通、对传统学术大胆怀疑的古史辨派领袖顾颉刚和对先秦古史时献异论的荆三林，[①]就特别推崇这种传统观点。

第二是东方说，它又可以分为两个说法，一是豫东鲁西南说，由王国维首创商人起源于东方说[②]，此后，此说得到了很多学者，其中也包括不少考古学者的响应和支持。二是濮水流域说，这是近年

[①] 蒙文通《古史甄微》，第103页，商务印书馆1935年版。顾颉刚《殷人自西徂东札记》，《甲骨文与殷商史》第三辑，上海古籍出版社1991年版。荆三林《试论殷商源流》，《郑州大学学报》1984年第1期。

[②] 王国维《观堂集林》卷十二，中华书局1991年版。

来新出现的一种观点。创此说学者是田昌五[①]。三是山东半岛说。徐中舒早在二十世纪三十年代就提出了商民族起于环渤海地区并由东而西渐之势,到了七十年代末,他又重申旧论[②]。王玉哲的观点与徐说相近而更趋详明完备,且有考古学分析的优势作学说基础[③]。从其说者,亦不少。

第三是北方说,又可分为渤海湾说、冀东北说、易水流域说、北京说、冀中南说和豫北说等。

此外,还有东北说,为傅斯年在二十世纪三十年代首创的新论[④]。李民的晋南说,[⑤]中原说,这一观点主要存在于一些考古学者论著之中,但多是从宏观角度作泛泛而论。夏商周三族同源说,这是一种历史学界比较综合的说法。还有卫聚贤的江浙说[⑥],但影响甚小。

针对以上诸说,朱彦民认为,研究商族的起源至少应该遵从以下四个方面的原则:其一,必须对有关商族起源的各种故事传说资料作综合的分析,从相互联系上得到一个较为融会贯通的理解,比如有关易水、有娀氏、河伯与有易氏等的地望的考证,《诗经·商颂·长发》中"相土烈烈,海外有截"的含义解释等,公认是关键性的问题,即应作全面、综合的考虑,不以主观加以割舍,只取其与自己观点有利的部分材料说话;其二,与商源文化相符合的考古学文化只

---

① 田昌五《对中国文明起源的探索》,《先商文化探索》,《中国古代社会发展史论》,齐鲁书社 1992 年版。
② 徐中舒《殷商史中的几个问题》,《四川大学学报》1979 年第 2 期。
③ 王玉哲《商族的来源地望试探》,《历史研究》1984 年第 1 期。
④ 傅斯年《夷夏东西说》,《蔡元培先生六十五岁庆祝论文集》,商务印书馆 1932 年版。
⑤ 李民《关于商族的起源》,《郑州大学学报》1984 年第 1 期。
⑥ 卫聚贤《读殷商民族发源地质疑后》,《学术月刊》第一卷第 2、3 期,1933 年版;《殷人自江浙迁徙于河南》,《江苏研究》第三卷第 5、6 期,1937 年版。

能是夏王朝时期的龙山文化,距今约4500年左右的商族始祖契所生活的时代的考古学文化遗存,早于此或晚于此的考古学文化都不应作为商源文化去探索;其三,现有的学界共识的先商文化只是商族发展到一定的物质文化程度时所表现出来的文化形态,还不是最早的商族文化的源头,商源文化还应利用先商文化的发展线索继续向上追索;其四,文献记载和考古材料能够统一在一起的那一点,就有可能是商源文化,只符合两种的任何一方面都不足以构成商源文化①。

这四个方面的原则,其实也就是朱彦民对这一问题进行探讨的方法论,围绕这几原则,朱彦民对这个问题进行了详尽的讨论。

在本书的第一部分里,他进行了商族起源的学术史回顾,采用王国维所谓的"二重证据法",将地上文献资料与地下出土的甲骨文、金文以及考古发掘资料相结合,提出了商族发祥于河北燕山以南、今京津唐一带的环渤海地区的观点,认为河北唐山大城山遗址可能就是商族发展初期的考古学文化。然后又从文献记载的玄鸟传说与幽燕地望、考古学文化的雪山类型、对墓葬骨骼人种的分析,以及殷商重东北方位的习俗的角度,论证这个结论。

在第二部分里,朱彦民进行了商族迁徙方向、地望及原因的论述。古书上多次明言"殷人屡迁","不常厥邑",但针对这其中的迁徙方向、原因等论述,以往的相关研究成果不多,朱彦民对这个问题的探讨,可以说深入了传统以来学界对这个问题的认识。他对商族迁徙方向的研究,建立在考古学文化类型的深入研究的基础之上,着重分析了先商文化和早商文化因素的异同变化与早晚关系,

---

① 朱彦民《商族的起源、迁徙与发展》,商务印书馆2007年版。

然后结合文献记载,提出商族是从发祥地京津地区出发,经西南沿太行山东麓的通道向南迁徙,到达豫北漳水流域后,又向南发展。因受阻于中原夏人势力的抵抗,而退回漳水流域,后又向东南发展到豫东地区,与东夷势力联合,对抗夏王朝,最后向西灭夏而建立商王朝。就迁徙的地望而言,以各种不同文献记载中出现频率较高,且向来受重视的一些地点,作为商族迁徙过程中最可能经过的地方进行考证。就迁徙的原因而言,朱彦民从商族迁徙过程中生产力发展的不同定性为不同的发展阶段,根据每一阶段商民族文明化的程度差异,确定该阶段的迁徙原因。这个分析兼顾的商族历时和共时时空的变化,其说较为客观,可信程度大。

该书的第三部分,也就是"商族的发展"一章,具体阐释了商族迁徙过程中经济生活模式的转型,社会性质由军事民主制时期到早期国家形态的演变,也勾略了商族内部婚姻家庭性质的渐变。

总体看来,该书对于研究甚为薄弱的殷商民族的早期历史,从起源、迁徙和发展三个方面做了综合详尽的探讨,相信它定会成为研究这一领域的力作。它的研究方法是王国维说的"二重证据法",充分利用考古学材料作为证据,利用甲骨文提供的材料说话,利用考古材料与古文字材料印证或补充文献记载,等等。同时采用了多学科的交叉研究方法,辅助于民族学、民俗学、体质人类学方面的材料,这应是研究先秦史极力提倡的。另外,该书还告诉我们,在学术研究中,一个新的学说存在的重要意义,应该是相较于此前的相关学说,它提供了什么新的有价值的东西,而这东西是否是学术史上关于这一问题的增量积累,这应是我们评价它学术地位的重要标准。该书在商族起源的学说,就给我们了有益的启示,比如在1984年的时候,朱彦民的博士导师王玉哲在《历史研究》发表了《商族来源地望试探》一文,提出了商族起源于山东半岛,认为考古学上的大汶口文化就是商文化的前身。其硕导李民在以往的著作中提出晋南说的观点。但朱彦民没有沿着导师的思路去做,而是在两位导师的鼓励下,根据自己对多种史料的深入分析的基础上,另辟蹊径,提出自己的观点,且能自圆其说。这无疑在商族起源这个问题上,撇开价值判断与否,做到了学术知识量的积累,挑战了我们传统的固化认识,为我们对这一问题认识翻开新的一页。

二、殷墟都城研究

殷墟的发现,与甲骨卜辞的发现有直接关系,对殷墟的研究是殷商史研究的重要组成部分,再仔细的说,是研究晚商文化的重要载体,在与承载先商、中商文化特征的其他商城的综合对比研究的前提下,殷墟都城的研究对中国城市早期发展史、中原国家起源与形成、商王朝国家权力有重要的意义。尽管学界有这方面的相关研究,但"绝大多数的相关研究是属于甲骨文字的考释、殷商世系、人物、经济、礼制等人文方面,以及天文、气象、地理等自然方面的专题论述。尽管在各个方面取得了很大成绩,但也应当指出,由于分篇论述的体裁是各述各的,未便与其他方面相互贯通;只孤立地从一篇读起来,有时其论点差若可据,但与其他各项比而观之,往往乖戾自见。这也许是体裁使然。至于对殷墟都城,运用宏观和微观相结合、全面总结的方法研究的著作,国内外还很稀少"[①]。在这种

[①] 王玉哲《〈殷墟都城谈论〉序言》,南开大学出版社 1999 年版。

情况下,朱彦民在这个方面的研究成果《殷墟都城探论》①,颇引人瞩目。

该书分为如下章节。第一章,殷墟都城的发现与发掘。第二章,殷墟都城的年代,认为殷墟都城年代起始于盘庚迁殷,终止于帝辛亡国;殷墟一期文化极为薄弱,其原因是由于都城初建,规划只能是由小到大,再加上盘庚迁殷的目的是为了去奢行俭,他也不可能大兴土木;殷初虽然建都殷地,但盘庚、小辛、小乙三王死后都归葬旧都。第三章,殷墟都城的性质,作者对于一些关乎殷墟性质的关键问题,提出了自己的见解:如殷墟遗址是自盘庚迁殷至纣之灭国273年的商代后期都城;上古时代都城中多有墓葬,不能以殷墟遗址中有墓葬分布就否定其都城地位;殷墟都城原有城墙,人为(周人)和自然(洹水)的两种力量破坏了它,所以今天考古中未能发现城墙遗迹;朝歌都城是殷末的离宫别馆,又是拱卫殷墟都城的军事都邑;等等。第四章,殷墟都城的迁徙,主要是讨论关于"盘庚迁殷"的问题,认为盘庚所建之"殷都"在今河南省安阳市西郊小屯村殷墟遗址一带,卜辞中的"兹新邑"即靠近洹水的殷墟都城;作为国名、朝代名的"殷""商"皆由地名而来,商族居于漳河流域时得"商"名,"盘庚迁殷"之后得"殷"名,二地均在豫北冀南,殷商人自称"商","殷"乃周及后人的称法;盘庚迁殷是"去奢行俭"和军事需要两方面的原因促成的。第五章,殷墟都城的环境,这其中分两大部分:一方面对其气候、生态、地质、土壤、物产、矿藏、水文等自然环境考证与介绍;另一方面对其历史情节、政治需要、军事因素等人文环境的剖析与论证。第六章,殷墟都城的布

---

① 朱彦民《殷墟都城探论》,南开大学出版社1999年版。

局规划，首先从其布局形态入手，分析了该城的功能分区，对整个殷墟都城作了分块剖析；然后对殷墟都城内城外郭格局和放射性分布特点进行了考论与总结，又从这种布局安排的结构形式归纳了该城的规划原则，并从考古学、古文字学、古文献记载中找出许多具有典型意义的材料，对这些规划原则进行了验证与解释。第七章，殷墟都城的建筑，分别探讨了殷墟都城的宫殿建筑、平民居室、作坊建筑、灰坑窖穴和墓葬建筑等不同种类的建筑，及其年代和性质、分布格局、形制规模等问题，在此基础上总结了殷墟都城建筑的主要方法、大致程序、建筑材料和营造仪式等相关的问题。第八章，殷墟都城的人口与经济，对以往学术界讨论未及或不甚深入的殷墟都城人口与经济问题，尤其是对都城人口的数量、构成、分布，对都城经济的组成特点、手工业经济、商业经济等问题进行了认真的分析和描述。第九章，殷墟都城的防御与守备，主要探讨了殷墟都城的防御既有本身的城墙、壕沟等防御设施，又有外围的要塞哨卡、旧都卫城等守备工事，还有具有一定武器装备的军事武装、常备军队等。第十章，殷墟都城的兴衰，从四个方面介绍了殷墟都城的兴衰历史：一是盘庚迁来的"殷"地的历史，及对其先都城时期的文化遗存进行了分类的综述；二是从动态发展角度，对殷墟都城发展演变过程的进行了分阶段阐论；三是对造成殷墟都城破败的人为因素、自然力量两种原因分别作考察与实证；四是对殷墟遗址三千年来的历史沿革及古文献中对其记载进行了回顾综述，从中廓清了殷墟遗址演变过程中的殷墟名称的变化轨迹。

这十章内容，大致可分几个方面，一是殷墟都城历史的历史研究，如殷墟的发现、年代、性质、迁徙、兴衰；二是殷墟都城的"物理研究",殷墟都城的环境、布局规划、建筑、人口与经济、防御与守备。这样呈现出的内容,可以说是围绕殷墟都城"这个焦点",进行了历时和共时时空的探讨。

在这个探讨的过程中,作者采用的研究方法有如下特点,第一,关于殷墟都城的研究是综合、立体的研究。以往有关殷墟都城的研究成果,研究视角较为单一,往往是以一种材料为主,"或着眼于考古发掘;或着力于物质文化阐释;或勤于对文献(包括传世文献和出土文献)中有关典章制度、重要人物、事件、历史地理等进行考证;或引入自然科学方法研究冶金技术和复原资源、环境。"①而现在朱彦民可谓是以殷墟都城为焦点,采取多学科交叉的研究手段,研究过程中,融相关的传世文献、古文字材料、考古资料于一炉,辅助以文化人类学、社会学理论,对殷墟都城问题作了全面系统的考察。第二,"是定性与定量研究的结合方法。由于本书力图要写出殷墟都城的发展变化,因此除了传统的定性研究方法之外,还在多处采用了计量史学的方法来实现这一目标"②。

当然,该书的还有可以进一步提高、深化的地方,正如某些评论者认为,"详博的考证固然是先秦史研究中应该大力提倡的,但理论的探讨也不可偏废。倘若作者能在理论层面上将殷墟都城问题与中国早期文明、早期国家等重大问题联系起来作综合考察,则必将使本书更为出色"③。同时,殷墟都城与存在于早商文化背景下

---

① 李维明《商邑翼翼,四方之极——浅识朱彦民博士〈殷墟都城谈论〉》,《中国文物报》2001年6月20日,第8版。
② 双仁《一部殷墟都城研究的历史学新作——读〈殷墟都城谈论〉》,《殷都学刊》2000年第1期。
③ 陈絜《读〈殷墟都城谈论〉》,《中国文物报》2000年3月8日,第3版。

的偃师商城、郑州商城相比,它提供了商代国家形态什么样的变化?以及殷墟都城自身又是如何反映了中国城市早期发展史、中原国家起源与形成呢?

无论如何怎么说,该书都为我们深入探讨殷墟都城,提供了很好的逻辑起点,这点是可以肯定的。

三、利用甲骨文材料研究商代方国地理

历史研究的载体,除了时间之流中的典章制度、思想文化等方面的变化之外,历史地理的研究,也是一个重要方面。遥远的商代方国地理研究,又为我们提供了什么样的历史图景呢?对它研究的意义又是何在?方国地理的研究,可以为我们大致恢复商代统治的秩序、统治中心与边缘的关系;动态的来看,特定的地名也能为我们探求商代某些重大的历史事件提供帮助,等等。

由于甲骨卜辞材料的不完整性,历来对其方国地理的研究,多是单个地名的考证,或者是商王朝与某个方国的关系论述等等,对方国地理综合性研究,进行探讨的较少。第一个考证卜辞地名的是王国维,孤立的把卜辞中的地名与后世类似地名进行比附。郭沫若在《卜辞通纂》一书中,用系联法对多个地名进行考证。而李学勤的《殷代地理简论》则是运用此法进行综合研究的代表,是这一领域的开山之作。朱彦民对它的研究又有什么样的独特的视角和心得体会呢?

他把商代方国地理研究纳入到商族的迁徙研究中去,在朱彦民《商族的起源、迁徙与发展》[①]中,我们已经提及他在研究商族迁

[①] 朱彦民《商族的起源、迁徙与发展》,商务印书馆 2007 年版。

徙过程中,着重探讨了卜辞和传世文献颇为重要的几个地名,以此确定商族迁徙的大致路线。这里着重介绍一下。

他从传世文献记载的殷人"八迁"的说法入手,在商族起源于河北东北部的燕山以南、京津唐一带环渤海湾地区的观点的引导下,认为这八个地方可能是商族先人迁徙过程中的重要地方,反映了先商先民在迁徙途中的一些史影。

蕃是商族始祖契的始居地,应在商族发源地之中,所以应当在今河北北部燕山以南地区求之,在这个思路的启发下,他从赵铁寒先生之说,该地或者就在历史上的古潘县,[①]今河北涿鹿县南桑干河南岸一带。"潘"通"蕃",或即商族契居蕃之"蕃",也即"燕亳"之"亳",这里是商族最早居于北方之时的宗庙祭祀之所。至于砥石这个地名,从1978年河北元氏西张村出土的一批西周青铜器入手,探讨了其中的谏簋等铜器铭文中提到的地名"軝"和人名"軝侯",他从李学勤、唐云明两位先生的说法,[②]軝从氏声,也可视为从氏声,二者可通,所以軝国实由地处泜水流域而得名。砥石亦当是泜水流域上的一个地名。殷人八迁过程中的"商"这个地名较为复杂,商字本义正像其图腾玄鸟(燕子)鸣叫的形象,故而商就成了商人自命的名称,商族正是以商为族名,而后有族居地名、国名、朝代名。它作为地名,当从早期甲骨学者罗振玉、[③]王国维、[④]林泰辅[⑤]以及

---

①赵铁寒《汤迁八迁的新考证》,《古史考述》,正中书局,1965年版。
②李学勤、唐云明《元氏铜器与西周邢国》,《考古》1979年第1期。
③罗振玉《〈殷墟书契考释〉序》,东方学会增订影印本,1927年版。
④王国维《说商》《殷墟卜辞中所见地名考》,《观堂集林》卷十二、附别集,中华书局1991年版。
⑤林泰辅《甲骨文地名考》,《中山大学历史语言研究所周刊》,第10集第105期,1929年版。

后来胡厚宣[①]等人说法,甲骨文中的"商"即指商代后期的都城安阳殷墟所在。商族先公至王亥、上甲微之时曾经迁居至"殷",一方面作为国名,但一方面也作为地名存在。就地名而言,很可能就是近于漳水的安阳附近的甲骨文中的"衣"地,也就是说商人在其先公时期就很早的居住在"殷"之地,它来自于作为地名安阳一带的"衣",这可由1958年在安阳殷墟大司空村遗址出土的一片甲骨以及《甲骨文合集》13014片甲骨卜辞证明。朱彦民对文献上所谓"相土之东都",也有自己的看法,"相土之东都"或者未有泰山以远,或者当在《诗经》中的"小东"之地,即今豫北濮阳一带,这个说法也有考古学上的依据,濮阳一带存在的商文化遗物与遗迹,居于晚商文化层之下,属于先商文化的遗留,应当属于商族先公的活动区域[②]。除此之外,朱彦民还分析了"东都"与"东国"或"殷东国"的区别,它们彼此之间还是有区别的,"东国"应当与文献中所言的"东土"大致相似,指的是西周王朝的相对于直接管辖丰镐地区而言的东方地区,"东国""东土"应该就是《诗经》中的所谓"大东"地区。

除对以上地名的考察,以期对商族迁徙路线有大致清晰的认识之外,朱彦民还有其他文章涉及到商代的历史地理研究。如对"亳"地的探讨,即是如此,这个地名也是殷人八迁过程中一个重要的地方,对商族迁徙路线的研究有重大意义,所以这里单独介绍。

---

①胡厚宣《卜辞中所见之殷代农业》,《甲骨学商史论丛》二集上册,齐鲁大学国学研究所,1945年版。
②北京大学考古专业商周组等单位(邹衡执笔),《晋豫鄂三省考古调查简报》,《文物》1982年第7期。

商代帝乙帝辛征伐人方卜辞中有地名"亳",是研究商代地理的重要资料。对于甲骨文"亳"之地望,学术界有安徽亳县、郑州商城、豫东北地区等不同的说法。排比甲骨卜辞征人方材料及分析商代政治地理分布结构,甲骨文中的"商"即今河南安阳殷墟都城,与之相关的"亳"应在今浚县境内的大伾山附近。这里正是文献中记载的"成汤有景亳之命"的"景亳"所在。

"景亳"是商汤灭夏建国之前会盟诸侯之地,是商汤霸业的根基所在,是商汤的"始居都亳",也是后世商王纪念先祖、乞求福佑的圣都。"景亳"地望,向有异说。以商族迁徙方向和入主中原的进军路线为线索,根据文献记载和考古资料考证,"景亳"很可能就在今河南省浚县大伾山附近。商代后期的商王盘庚、武丁都可能来此圣都瞻仰圣迹、追先怀古。"景亳"今之不存,可能圮于黄河洪水,也可能缘于周人焚毁。

因此,虽然是系列地名的考察,但是把它们放在商族迁徙路线中考查,即首先从分析考古学材料出发,对商族的迁徙方向做了推测,分向南迁徙和东南进军两个阶段:先由其策源地津唐地区的渤海湾一带向西至北京地区,沿太行山东麓一线向南迁到河北南部的漳水流域,并在这里得到了族名,休养生息,发展壮大;然后又向东南方向迁徙到达了豫东鲁西南地区,在这里与东夷部族结成联盟,对抗西面的夏王朝。从古文献的记载情况入手,考证了商族迁徙路途中的几个主要地名:蕃、砥石、商、亳等的地望。跳出了以往历史地理的"回溯性"研究,即单纯地拿后世的地名去攀附商代地名的研究,这样的历史地理研究显得饱满和厚重。

除了在研究商族起源与迁徙中的地理考证之外,朱彦民还有一些单篇论文,也属于从甲骨文材料对商代地理地望进行研究的成功例证。比如《祖乙迁邢与卜辞井方》①《金甲文中的"基""㠱"与箕子封燕考》②《"殷""商"名辨》③《"商"字本义考——兼说商朝名号之来由》④《甲骨卜辞亳地考》《商汤"景亳"地望及其它》《"景亳"新考》《商汤"亳都"地望在大伾山附近考》⑤《小议甲骨文中的"宋"与"商"》⑥《甲骨文淇水探踪》⑦《甲骨卜辞田猎地"衣"之地望考——兼论衣、殷、邺之地理纠葛》⑧等等。

四、利用甲骨文材料对商代自然和生活环境的研究

历史的研究，以对过去真实的发现为目的。商代之于我们的时

---

① 朱彦民《祖乙迁邢与卜辞井方》，《郑州大学学报》1989 年第 6 期。另外朱彦民与李民合作《祖乙迁邢地望考》一文，收入《河北邢台历史文化论丛》（河北人民出版社 1991 年版）一书中，两文有相关之处。

② 朱彦民《金甲文中的"基""㠱其"与箕子封燕考》，《北京建城 3040 周年暨燕文明国际学术研讨会会议专辑》，北京燕山出版社 1997 年版；此文又被收录于孙进己、苏天钧、孙海主编《中国考古集成·华北卷 7》，哈尔滨出版社 1994 年版。

③ 朱彦民《"殷""商"名辨》，《南开学报》1998 年第 1 期。

④ 朱彦民《"商"字本义考——兼说商朝名号之来由》，《说文学研究》第六辑，线装书局 2012 年 6 月版。

⑤ 朱彦民《甲骨卜辞亳地考》，《文物考古与博物馆学研究论文集》，《南开大学》增刊 2001 年版；《商汤"景亳"地望及其它》，《中国历史地理论丛》2002 年第 4 期；《"景亳"新考》，《纪念甲骨文发现 100 周年国际学术研讨会论文集》，社会科学文献出版社 2002 年版；《商汤"亳都"地望在大伾山附近考》，《活着的历史之树：古地名》，中州古籍出版社 2009 年版。

⑥ 朱彦民《小议甲骨文中的"宋"与"商"》，《首届中国文字发展论坛暨纪念甲骨文发现 110 周年学术研讨会论文集》，《中国文字博物馆》2009 年第 2 期。

⑦ 朱彦民《甲骨文淇水探踪》，《淇水论坛》2009 年第 2 期（总第 2 期）；《国家博物馆馆刊》2011 年第 12 期。

⑧ 朱彦民《甲骨卜辞田猎地"衣"之地望考——兼论衣、殷、邺之地理纠葛》，《中国历史地理论丛》2010 年第 2 期；《殷墟与商文化——殷墟科学发掘八十周年纪念文集》，科学出版社 2011 年版。

代,悬隔甚久。我们除对它进行社会史的研究之外,我们是否可以利用甲骨文进行商代自然和生活环境的研究呢?这是一个跨学科的研究问题,对以科学仪器为工具的自然环境的研究,当然可以,但是这种研究是即时的、当下的研究,针对古代的自然环境的历史研究,就不能仅凭科学仪器了,还必须利用一定的文献。可以说,朱彦民在这方面做出了有益的积极的探索,应该说他的研究还是描述性的,当然因为受材料局限所致,同时由于甲骨文的不完全性,对其自然环境进行完全精确而科学的描述,几乎是不可能的。

朱彦民利用甲骨文在这方面的研究,从以下几个方面入手。一是从结合甲骨文,对具体的自然变化做出合理的推测;然后在此基础上,对殷商的整个自然环境做出构拟性复原。比如在《商代中原地区的水文条件与降雨情况》一文中[1],朱彦民认为甲骨文中从水的字很多,反映了当时河流纵横,湖泊、沼泽、溪流、泉眼、湿地,星罗棋布;见于甲骨卜辞的大河大水主要有"河""洹""滴"等,这三条河流是殷墟都城附近的河流,所以能够地出现在王室占卜的刻辞之中;甲骨文一年之中每月都有卜雨的记录,说明全年都有降雨的可能。商代中原地区有众多的水系,丰沛的雨量,充足的水资源。既然水文条件如此之好,降雨如此丰富,那么对商代草木植被、森林环境的研究,也就自然而然了。在《商代中原地区的草木植被》一文中[2],朱彦民认为,殷商时期中原地区有着良好的草木植被:大片大片的森林,随处可见的灌丛,林木茂盛,野草丛生,丛林之间遍布沼泽湖泊。甲骨文字中有许多反映商代中原地区植被种类的字形;一

---

[1] 朱彦民《商代中原地区水文条件与降雨情况》,《2006—2008年度天津市社会科学学会优秀论文集》,天津人民出版社2009年版。

[2] 朱彦民《商代中原地区的草木植被》,《殷都学刊》2007年第3期。

些特殊的甲骨文字如"朝""暮""东""西""埜""楚"等,都反映了当时植被的丰富;甲骨文中还有众多与林地有关的"麓";文献中许多关于"松柏""桑林"的记载,表现了殷商时代中原地区植被的特征;野生动物的大量生存,也是当时植被丰富的一个佐证;最能反映当时的气候条件的竹林,在商代的中原地区也有大量分布。

既然商代的自然环境迥异于现在的自然环境,那么这样的自然环境下生长的动物,也与现代的有很大的差异。朱彦民也对中原地区的野生动物进行了考察,他的方法是结合考古发现的动物骨骼进行研究,在殷墟发现的动物骨骼,既有习性适于温暖潮湿的野生动物,也有少数适应于草原大漠的野生动物,反映出殷墟生态环境的多样性,同时也证明了当时气候的多样共存和多变复杂性。尤其是其中的竹鼠、犀牛、貘、象、圣水牛、獐、麋鹿等,这些在中原地区早已绝迹而在其它生态环境更好的地区生存的野生动物。同时辅助以甲骨田猎卜辞中经常有猎获大量野生动物的占卜纪录的证明,认为猎获的动物中,以鹿类动物为最多,而犀、象、虎、兕也非常多见。大量证据表明,犀、象等野生动物是土著动物,不是如有些学者说的从外地迁运而来的。到了商代晚期开始出现的生态环境的恶化,致使大量野生动物绝迹甚至它迁。①

然后在这样细致入微的研究基础上,朱彦民先生对商代中原地区的生态环境做出构拟性的阐释。殷商时期中原地区本来有非常良好的生态环境,雨水充沛,温暖湿润,植被丛生,野生动物资源丰富。不过从考古发现的殷墟文化各期生态资料的数量变化,并结合文献记载的"象之南迁""洹水一日三绝""河竭而商亡",以及甲

---

①朱彦民《关于商代中原地区野生动物诸问题的考察》,《殷都学刊》2005年第3期。

骨文中的"雨土于亳"等材料来看，商代晚期中原地区的生态环境曾有一定程度的变化：气候开始变冷变干，土壤变质，旱灾频仍，沙尘暴时起，植被减少，野生动物灭绝、迁徙等等。变化的主要原因是自然界西北季风的转向，而人为的破坏作用也加速了生态环境的恶化过程。

对自然环境史的研究，以期得知几千年来自然中的具体现象的研究，比如森林、植被变化的趋势，在多大程度上影响到降雨多寡，这对大自然中生活的动物有什么影响。另一方面，这个过程是双向的，人又是如何影响到自然，比如对自然资源的索取，对森林和植被的破坏，又在什么程度上影响到自然，当时人对于生态环境的态度与观念如何等等，因此，对自然环境的研究，与其说是以自然环境的研究，倒不如说是对一定时期内一定生态环境下人的研究。朱彦民的《由商汤"网开三面"说到商代的鸟类保护观念》[1]，可以说是从生态环境保护理念的角度对古代文献中商汤故事的一个全新解读，很有启发意义。

朱彦民通过以上的这些研究，可以说是为我们了解那个时代的自然变化，打开了一扇门，通过这扇门，让我们知晓殷商时代自然环境如何，为我们审视现在的生活环境提供了有益的启示。

五、利用甲骨文材料对商代社会生活的研究

由于甲骨卜辞的特殊性，以及不完全性，历来对它们的研究多

---

[1] 朱彦民《由商汤"网开三面"说到商代的鸟类保护观念》，《南开学报》2014年第6期。该文被《高等学校文科学术文摘》2015年第12期《学术卡片》栏目摘引，被中国人民大学复印报刊资料《先秦、秦汉史》2015年第2期全文复印。

以材料的分类为基础，然后展开某一系统的研究，如历法天象、方国地理、先王先公、亲属称谓等等。把甲骨卜辞作为探讨殷商社会综合研究材料的相对少些，郭沫若的相关研究是这方面的典型代表。南开大学历史系较为注重社会史研究，殷商时代的研究也不例外，如朱凤瀚的《商周家族形态研究》是其代表。同为王玉哲弟子的朱彦民，在这方面也有自己的研究。

朱彦民的殷商社会史研究，角度新异，多就商代生活习俗方面的问题，进行自己的探讨，这些问题或是前人探讨不太充分，或是独出机杼。他往往把这样的反映一个具体的社会生活习俗的问题，放到他整个甲骨学学说的大背景下，做到学说整体上的逻辑一致性，我们从以下几个问题的叙述可以看出。

在《殷墟卜辞所见"尚右"观念考》一文中[①]，朱彦民探讨了古书中所谓"殷人尚右"的说法，他证之以殷墟甲骨刻辞，洵非虚语。甲骨卜辞辞例中，尤其是关于军事战争的辞例中，武装编制往往以"右、中、左"为序或先"右"后"左"而言；甲骨卜辞所反映的商代占卜制度，也多有以"右卜"为重为用的倾向；卜辞中有"右宗"一词，为隆重祭祀早期先公而祈求降雨的特殊宗庙，在商代宗庙体系中占有重要位置；体现在商代官制中，卜辞隆重祭祀"右相"伊尹，其地位明显高于"左相"仲虺，另外"右尹""右保""右史"等官职屡见而左官杳然；甲骨文中有"大学""右学"而不见"小学"与"左学"，也可证文献中大学称"右学"、小学称"左学"的贵右贱左观念等等。因此，不管从卜辞反映的社会生活方面内容来看，还是从甲骨卜辞具体的形制特点来看，殷人尚右的说法，绝非向壁虚造。

---

① 朱彦民《殷墟卜辞所见"尚右"观念考》，《中国史研究》2005 年第 3 期。

随后，朱彦民又有相关文章从其他角度，对这个问题进一步进行阐述①。首先，从古文字的角度来看，甲骨文字体多从右势，比如甲骨文中有许多从手形的字，除了左手右手同时出现的字形外，单独从一只手的字形，往往从右手形的居多，而从左手的较少。这也可以从特定的字看出来，比如"衣"字以及从"衣"的字，殷人较多的选择"右衽"之形作为"衣"字和从"衣"之字的字形，应当说是与当时人们崇尚于"右衽"服饰，即与"右衽"服饰为吉为常的观念分不开。其次，从相关考古材料上开看，如殷墟侯家庄西北冈M1004、M1217大墓中发现了一件无头右半身石刻人像。据梁思永先生观察，此像所著之衣"交领右衽，短衣……"②再如美国哈佛大学福格美术馆收藏的一件殷墟出土的玉人俑像，虽经风化，细部不明，但"结发着冠，上衣右衽，则非常明显"③。殷墟妇好墓中出土了13件玉人像，其中标本371，身着衣，交领右衽垂于胸，长袖至腕，袖口较窄，衣下缘长及足踝，衣上饰云纹④。再次，不仅是考古发现的服饰资料如此，其他的考古发现遗迹中也常有反映"殷人尚右"观念的现象出现。有都城或遗址形制的，有都城或遗址朝向的，有遗址早晚关系的，有遗址布局顺序的，有宫城分布位置的，有墓葬排列方向的，有车马坑与墓葬、祭祀坑与宫殿位置关系的，等等。从城建发展方向上来看，殷人的都城也好、宫殿也好，都是由东北向西南发

---

① 朱彦民《"殷人尚右"观念的再考察——以甲骨文字形和考古资料为视角》，《中国社会历史评论》第七辑，天津古籍出版社2006年版。
② 梁思永《殷墟发掘展览目录》，中国科学院考古研究所编《梁思永考古论文集》，科学出版社1959年版；梁思永、高去寻《侯家庄》1217墓、1004墓，中央研究院历史语言研究所1968年版。
③ 梅原末治《河南安阳遗物之研究》，东京1941年版；《支那古玉图录》，东京1953年版。
④ 中国社会科学院考古研究所编著《殷墟妇好墓》，文物出版社1980年版。

展的,而从东北向西南的方向,正是向右的方向;而从祭祀者朝向上来看,不管是车马坑之于墓葬的关系,还是祭祀坑之于宗庙的关系,都是致祭者身在西南而面向东北方向的,而这个身在西南而面向东北的方向,也正是向右的方向。最后,殷墟小屯乙七基址前面北组墓葬的排列情况,似乎更能说明"殷人尚右"的这一观念。他引用石璋如的话说道,"如果借用军事术语来解释这个现象,则车右可说是威武的战斗部队,车左可说是文雅的军佐人员。南面的二十五个人,也算是一种战斗部队。排列的情形恰似一根车衡"①。这一现象同样说明,车右固然是重要的方位,但右中之右则是分布中的最重要位置了。

与此相关,在《说甲骨文之"左王"》②一文中,朱彦民指出因为"殷人尚右","右"是尊位吉向,那么与之相对的方位"左",就是一种卑位凶向。在分析大量与之相关的甲骨辞例的基础上,他认为"左"与"祸""它""祟"意义相近而与"若""吉"等意义相反。习见于甲骨卜辞中的"左王"并非以往甲骨学家指出的那样是辅佐、佑佐商王,而是与"它王""祟王"一样,是一种祖先或神灵对时王降灾降祸的行为。朱教授从大量的甲骨卜辞和甲骨文例中,找到了支持这种观点的佐证。西周甲骨的"左"和"左王"也应如此理解。这就超越了传统的认识,给人耳目一新的感觉。

综合以上分析,朱彦民推测殷人"尚右"的原因,可能与殷人起

---

① 石璋如《小屯第一本遗址的发现与发掘丙编殷虚墓葬之一北组墓葬》,中央研究院历史语言研究所1970年版。
② 朱彦民《说甲骨文之"左王"》,《庆祝殷墟申报世界文化遗产成功暨127甲骨坑发现70周年国际学术研讨会》大会宣读论文,2006年8月10日至15日,中国河南安阳;后收入台湾《中国文字》第32期,艺文印书馆2006年版。

源于东北方向的燕山以南京津地区渤海湾一带有关。我们知道,殷人以东北方位为吉向尊位,在殷人北面祭祀祖先之时,东北方向正在右上方①。所以殷人以右为尊,以右为上。尽管这只是一种推测而已,但就把这个问题与商族的起源联系起来,所以殷人"尚右"习俗背后有个宏大背景的烘托,所以这不仅仅是一个社会习俗的研究,也是朱彦民关于商族起源、发展学说理论中的一个要素,做到了学说自我逻辑上的一致性。

另外,在殷商社会生活习俗方面,也有"尚白"的传统。关于殷人"尚白"的生活习俗,古书中的相关记载不少。朱彦民受此启发,结合甲骨卜辞的记载,对这个问题进行了详尽的梳理。他从商代的祭祀、占卜、战事及民族交往等进行了考察,认为在这些方面都多少贯穿着"殷人尚白"的观念精神。比如卜辞中常见的祭牲材料,白牲(毛色为白的祭牲)——"白牛""白羊""白豕"(犬在卜辞中也为常用祭牲,但卜辞中未见"白犬"一词的出现)的利用,比其他毛色之牲或未标明毛色之牲更受重视,地位更显著。白牲所祭多为直系祖先及其配偶,虽然"白羊"可能是用于祈雨之牲,但白牲还未见用于其他自然神、天神等神祇。祭祀直系先王祖先及其配偶,在商代是极隆重的祭祀典礼,以见其对祖先神祇的尊崇、恭敬。特以白牲祭之这其中当有一定的传统崇尚观念在其中。同时在田猎卜辞记载中,在对这些猎获物的占卜或记载时,一般不指明其毛色,而确定记其毛色的也只有白色,如"白鹿""白麋""白狐"等。

除以上大的方面外,在日常生活中,殷商时人是否也崇尚、喜欢白色呢?朱彦民从日用陶器和服饰两个方面入手,也进行了探

---

① 朱彦民《殷人尊东北方位说补正》,《中原文物》2003 年第 6 期。

讨。白陶为殷商时代特有的工艺制品,白陶之为用,肯定多被统治阶级所占有。从白陶器具多发现于贵族奴隶主墓葬中即可得到证明。在服饰上的反映,就是"其服尚白"。

最后,朱彦民总结道,"殷人尚白"的观念形成很可能还有其强烈的宗教意识方面的因素,如殷人多祭,祭祀祖先、神灵时,心怀敬畏,祭牲祭品以洁白干净为上,祭器是洁白干净为宜,故白色的祭牲、白色的祭器,祭者穿着白色的服装,便被认为是祭祀祖先最圣洁、最合宜的东西。但追溯这一观念产生的渊源,也似与殷商民族曾是一个游牧民族有一定关系。古代游牧民族以牧羊为业,从对羊的肤色的熟悉而喜尚白色或淡色东西,因而都有尚白的共同习俗。①

这样,朱彦民就把一个单纯的生活习俗问题,同殷商民族迁徙联系起来,以小见大,切口小,挖掘深。因此,"尚白"与"尚右"问题一样,虽然是一个看似简单的问题,但背后有宏大的立说背景支撑,凡立一说,首先须学说体系自我逻辑上的一致,而朱先生"尚白""尚右"是对这一说法很好的写照。

除以上的研究之外,朱彦民结合甲骨卜辞以及文献记载,对商代的还对商代婚姻生活习俗进行研究。纵观商族婚姻家庭制度的变化过程,与世界范围内的其他早期民族的发展一样,也经历了群婚、族外婚(普那鲁亚婚)、对偶婚和单偶婚即一夫一妻制家庭的渐变历程。大致说来,在帝喾、简狄以前时期,商族曾经历了群婚制阶段,先民"只知其母而不知其父";殷契之前后,商族开始由族内婚进入了族外婚、血亲婚阶段,故自契始世系以父系计算;契至示壬

---

①朱彦民《殷人"尚白"观念问题试证》,《殷都学刊》1995年第3期

之间,商族实行对偶婚,并开始向单偶婚制过渡,故甲骨卜辞中未见先公配偶出现;示壬以后直至殷纣王灭国,商族正式实行单偶婚即一夫一妻制,先公先王有其固定的法定配偶①。

与这个问题有一定关联的是先公配偶的考察。商族先公配偶,至示壬、示癸时始见于甲骨祭祀卜辞之中,才有了明确记载。而此前的诸多先公,包括夒、契、相土、王亥、上甲,以及似是而非的先公如河等,其配偶均未见于卜辞。一些以非妣名称出现的貌似先公配偶的材料,如所谓的"王亥母(女)""王亥妾""母上甲""三报母""河妾""河妻""河女"等,均应别作它释,不能径直释作先公之配偶先妣。相对于商族先公们来说,作为先公配偶先妣们的神格权能微乎其微。"示壬奭妣庚"作为商族第一个先公法定配偶出现的女性祖先神,其地位比其它先妣们要高出一头来。"娥"作为商族的女性祖先神地位较高,可以向其祈雨求年,但她的身份目前尚不能遽定。而且其它先公配偶或则无考,或则未见。甲骨卜辞中虽有对先妣们的专门祭祀,但在商人对先公先王大肆举行合祭的同时,女性祖先均不见参与合祭的歆享。因此,朱彦民认为,那就是先妣们在商人心目中的地位与先公先王相比的较为悬殊②。

对于作为祭祀对象出现在甲骨文中的一些殷商先公乃至古代祖先神灵,朱教授也多有考证,比如《殷卜辞河、土、岳与先公关系考》③《论殷

---

①朱彦民《试论商族早期婚姻制度的变迁》,《中国古代文明探索——庆祝李民先生70寿辰论文集》,河南人民出版社2006年版。
②朱彦民《殷卜辞所见先公配偶考》,《历史研究》2003年第6期。
③朱彦民《殷卜辞河、土、岳与先公关系考》,《郑天挺先生诞辰一百一十周年中国古代社会高层论坛文集》,中华书局2011年版。

卜辞中"河"的自然神属性》①《甲骨文伏羲女娲探踪》②等,都是这样的例子。比如在前者中,出现在甲骨卜辞中的"河""土""岳",作为祭祀对象,与商代的先公先王非常类似,以至于有的学者认为它们也是先公之一。朱教授考证认为,这些神灵属于自然神,即河神、土地神和山神,虽然它们有了一些殷人祖先神的某些神职权能,但其主体依然是自然神,不能当做先公看待。

六、甲骨卜辞文例揭示及甲骨文字考释

甲骨卜辞文例研究,郭沫若首开其端,如他在《卜辞通纂》第16片以及第75片中所做的说明,③遂后相关研究蔚为大观。朱彦民在这方面也有一定的研究,他认为,在对贞卜辞中,尤其是龟腹甲上的对贞卜辞,其位置分布极有规律,一般情况下,右边的刻辞是肯定的问句,使用"有""其""更"(隹)、"允"等字眼,文字意义上也是多表示吉祥与美好意思的问句;而左边的刻辞是否定的问句,使用"亡(无)""勿""不""弗""弱"或"不其""弗其""不隹"等字眼,文字意义上也是多表示不吉或灾祸意思的问句。属于记事刻辞的甲桥刻辞,其刻辞位置也较有规律,一般是右面的甲桥刻"某某人进贡多少龟甲"和"某某"或"某某示",而空着左边的甲桥;而当左右甲桥都有刻辞时,右甲桥仍然刻写"某人进贡多少龟甲"一事,而左甲

---

① 朱彦民《论殷卜辞中"河"的自然神属性》,《黄河文明与可持续发展》第5辑,河南大学出版社2013年12月。
② 朱彦民《甲骨文伏羲女娲探踪》,《周易文化研究》第6辑,社会科学文献出版社2014年版。
③ 郭沫若《卜辞通纂》,《郭沫若全集》(考古编)第2卷,科学出版社1983年版。

桥所刻的文字大都很简单,一两个字而已,如"某"或"某示"等,表示检视者为何人。

至于这两种甲骨刻辞的位置规律,朱彦民认为这是"殷人尚右"观念在甲骨刻辞上的具体反映,这种规律的发现,对于甲骨残辞的释读以及缀合工作有着积极的意义。如《甲骨文合集》第四册中,自第 9237 片至第 9250 片,自第 9275 片至第 9294 片,自第 9295 片至第 9328 片等,都是残片,而这些残片上都有"某人"等字样或单独一个"人"字,根据他们的形状判断,应是龟腹甲背面的右侧部分,要么是右甲桥,要么是右甲尾。而甲尾部分形状奇特,因靠近底部不容易破碎且容易辨认,所以上举这些龟腹甲残片,大多应该是右甲桥部分。将其与其他碎片缀合时,是很容易找到其位置关系的[①]。

同时,他还对甲骨卜辞的契刻者,有着自己的看法。他不同意董作宾的"贞人即史官"的说法,他认为,甲骨文初由贞人验兆、贞卜、祈事,而由"太史官"记录下来,刻于甲骨之上,并收藏保存起来。贞人地位高,是不可能干刻写之类秘书性工作的。而"太史官"正如司马迁所报怨的那样"近于巫祝之间",甚至让人看不起,地位低得自惭形秽,他们干刀笔之事是可能的。《周礼》中每个国家部门中都有很多"史",皆掌文书、典籍,也是其证[②]。

朱彦民还对甲骨卜辞语言做过一定的研究,他论述过"叀"与"隹"这对语气词的异同。结合大量的卜辞实例,他认为,"叀"与"隹"是甲骨卜辞中常见的一对语气词,主要用在命辞和占辞之中,

---

[①]朱彦民《殷墟甲骨刻辞文例二题》,《殷都学刊》2004 年第 3 期。
[②]朱彦民(笔名:朱桢),《贞人非卜辞契刻者》,《殷都学刊》1986 年第 4 期。

有一种强调性的推测语气。"叀"主要用于肯定句中,表示肯定推测语气;"隹"则既可用于肯定句,又可用于否定句,分别表示肯定或否定的推测语气。

这种使用上的差别,他从甲骨卜辞的存在性质入手,认为两词之所以有这种强调性的推测语气,是跟甲骨卜辞为预先占卜贞问之辞有关的,而卜辞中的验辞是用不着也绝没有用"叀""隹"两字的。后来,"叀"演变为文献中的"惠",而"隹"则演变为文献中的"惟(唯、维)"。由于"隹"的用法比"叀"灵活,所以在后世文献中也是多用"惟"而少用"惠"①。

另外,朱彦民还从事了甲骨文释读研究,也有专文讨论这方面的问题。在殷墟甲骨卜辞中,有恒语"杏王""永王"一词,或称"王杏""王永""王其杏",多见于第三期田猎卜辞。"永"字或释为"衍"(道或导),或释为"泳",或释为漾,或释为行,或释为族名地名。即使释为"永"字,对字义的理解却又往往大相径庭。朱彦民认为,甲骨文中"杏"、"徣"、"徉"、"仈"、"衍"诸字形,均是"永"之异体字。甲骨文字"永"字,像人遵道而行,当训为顺义。而"永"之长、久之义当是"顺沿"之后来引申义。"王杏""杏王""王其杏"之辞出现在田猎卜辞中,"杏"字释顺利、平安②。

另外还有《卜辞"受酉年"新解》一文,谈到了争议很大"酉"字,朱彦民认为该字指原始的或至少是商代的酿酒过程和技术,而"受酉年"只与"受黍年"并卜,与其他作物受年不相联系,可知"受黍

---

① 朱彦民《甲骨卜辞中"叀"与"隹"用法之异同》,《殷都学刊》2003年第4期。
② 朱彦民《论甲骨卜辞之"杏(永)王"》,《董作宾与甲骨学研究续编》,中国社会科学出版社2007年版。

年"之卜实为"受酉年"占卜的铺垫,由此可见二者之间的紧密关系,也可知酒的生产在殷商时代人们心目中的地位。因卜受酉年而卜受黍年,也可知当时酒确实是由黍米酿制而成的。①这些由古文字而及商代生活习俗的考察,颇多新意。

近年朱教授又撰写了《嫘祖与甲骨文"叀示"》②一文,考证了甲骨卜辞中出现的祭祀对象"叀示"的神职权能,推测可能是商代的蚕神。对于历来歧见纷纷的"叀"字,朱教授赞同此字形象与远古时代先民纺织用的纺轮、纺砖之形有关,纺轮又称"纺专""砖""瓦"。但"叀"字不等于就是纺轮,纺轮只是"叀"字所从的一部分。"叀"字的上部表示把一束丝麻纤维集中起来绕在一根纺杆上,下部有一个陶制的瓦轮形状。古人用纺轮纺丝纺线纺纱,考古发掘中也有实物可以佐证。新石器时代出现的纺轮,最早为石片,后为陶制,再后在青铜器时代发展为铜制。河北正定南杨庄仰韶文化遗址出土了5500多年前的非常成熟的丝纺织工具,陶纺轮和丝织用的筐子和骨匕。尤其是出土了两件陶蚕蛹。根据这些纺轮实物的考古发现,可以大致复原纺轮纺丝纺线的原理与过程。结合"叀"字造字本义,则"叀示"很可能就是殷人心目中的职掌桑蚕丝织的蚕神嫘祖。

对于从甲骨文字考释研究殷商时代乃至古代中国的名物制度和社会生活,也是朱教授用力的方向之一,比如有《〈明义士牧师家藏中国文物展〉中两片甲骨的考释》《从甲骨文"王"字看帝王观念的起源》《试论〈簠室殷契类纂〉在考释文字方面的成就》《从甲骨文

---

① 朱彦民《卜辞"受酉年"新解》,《郑州大学学报》1992年第3期。
② 朱彦民《嫘祖与甲骨文"叀示"》,2017年3月5日至7日,在第二届海峡两岸嫘祖文化高峰论坛(四川盐亭)提交的论文。

"舞"字看"葛天氏之乐"》①等等。而对于古文字起源及早期发展,朱教授也有一系列论文加以探讨,形成了自己的一家之说,比如《甲骨文字的来源及其形成路线探索》《论商族骨卜习俗的来源与发展》《试论文字起源于黄帝时代》②等等。

朱彦民的甲骨卜辞文例及语言研究,是针对甲骨卜辞作为一种文献记载工具的"物理"性研究,是对其内部研究;截然不同于以上数者对以甲骨卜辞为载体的外部研究,所以从这个角度而言,朱彦民兼顾了甲骨卜辞内外研究的两个方面,气魄较大,即便是那种把甲骨卜辞作为记载工具的"物理"性研究,也有指向外部研究的趋向,因为他往往把这种研究放在一个大的框架下去研究,比如他对"受酉年"的研究,与"殷人尚酒"的生活习俗有密切的联系。

七、甲骨文的基础性资料整理及甲骨学知识普及工作

现在的学术,由于学科划分,壁垒森严,大气魄、大气象的学术研究,不易见到;同时知识分子也仅仅是一种职业,术业有专攻,都有自己的地盘。外面的人进不来,里面的人也不愿出去,这就是学

---

① 朱彦民《〈明义士牧师家藏中国文物展〉中两片甲骨的考释》,《文史哲》2001年第2期;《从甲骨文"王"字看帝王观念的起源》,《中国社会科学院学报》2008年1月30日;《试论〈簠室殷契类纂〉在考释文字方面的成就》,《天津文史》2010年第3期,总第44期;《从甲骨文"舞"字看"葛天氏之乐"》,《殷都学刊》2014年第1期。
② 朱彦民《甲骨文字的来源及其形成路线探索》,《文字学论丛》第四辑,江西教育出版社2008年6月;《论商族骨卜习俗的来源与发展》,《中国社会历史评论》第九卷,天津古籍出版社2008年7月;《试论文字起源于黄帝时代》,《黄帝与中华姓氏》,河南人民出版社2013年版。

术围城。那么在这种情况下,如何让那些心存好奇、那些想进入学术殿堂的人们,获得知识上的愉悦,学术的普及就显得非常重要了。朱彦民在这个方面,也多有作为。

早在安阳师院"殷商文化研究班"学习生活的两年里,在当时研究班老师的指导下,朱彦民参与了《甲骨文精粹选读》的编纂工作。他与另外一个同学共同选编该书中的第一期武丁卜辞,选片主要来源于《甲骨文合集》《小屯南地甲骨》及《怀特氏等旧藏甲骨文集》等大型甲骨著录书籍。选片确定下来后,用硫酸纸、细钢笔把片形和文字仔细地描摹下来,摹片傍边再辅以同样大小的释文。释文写在与甲骨字形同样的位置,以便读者对照阅读。后来,该书于1989年在语文出版社出版,深受广大读者欢迎,1996年再版。2004年该书又作增订为《甲骨文精粹释译》,于云南人民出版社出版。

随后,伴随着近年文化讨论的热潮,以及出于引导对中国文明与文化的感兴趣的人们的认识,以激起他们在这个过程中的反思精神和独立认识的热情,朱彦民推出了《巫史重光:殷墟甲骨发现记》(以下如再引用,简称朱书)一书①。在甲骨学研究过程究中,有许多学者对甲骨文的发现和出土情况作了记述,如胡厚宣的《殷墟发掘》、董作宾的《甲骨学六十年》、张秉权的《甲骨文与甲骨学》、严一萍的《甲骨学》、王宇信的《甲骨学通论》等都有精详论述。历史研究以对过去"真"的发现为目的,甲骨的发现和出土作为甲骨学史重要一部分,它最初的面貌如何?朱书与以上诸书相比,有什么特色呢?

---

① 朱彦民《巫史重光:殷墟甲骨发现记》,百花文艺出版社2001年版。

本书如书名所示，是专门研究甲骨文发现和出土的著述，这是和以上诸书显著差别的地方。全书共分14章。第1至7章记述了甲骨文发现和盗掘的情况，以及这一时期甲骨文的收藏和研究状况；第8至9章，介绍了殷墟开始科学发掘以后的甲骨文出土、整理情况；第10至12章，介绍了海内外有成就的甲骨学家及其贡献；第13章介绍了《甲骨文合集》的编纂情况；第14章则从人才、著作等方面对甲骨学的历程作了梳理。

首先，在介绍甲骨的出土和发现时，论述了罗振常、范兆昌在小屯收购甲骨的具体分析、小屯的历史等，而其关于库寿龄、方法敛等早期外国学者及其甲骨文收集、研究活动的介绍，更是为读者提供了平时难以看到的资料。同时，他还对中国殷商文化学会和历届甲骨学与殷商史学术会议的全面介绍和分析，则是甲骨学史上新的篇章，为甲骨学史提供了新的资料和视点。这是一大特色，在现在的学术研究体系中，一定的学会扮演着重要的角色，它们在学术史上的意义如何？这个很值得开掘，可以说朱彦民在这里做出了积极有益的探讨。

其次，现在的学术研究过程中，学术规范的规定与遵守，屡屡被学界道及。比如在西方的学术著作中，十分注意注释、引文、参考书目，以及索引的重要性，现在中国的学术著作也非常注意这些问题。一本好的学术著作提供的注释和参考文献，应该具有目录学意义，这不仅体现了学者们的良好的学术修养，更体现出学者们对自己研究领域内专业文献的熟稔程度；同时什么书该引用，什么书不该引用，等等，这些反映着自己的学术研究各个侧面。朱书虽然是着眼于甲骨文出土和发现方面导向性著作，但书后所附的甲骨文著录书目，以及所列的各类附表，均有指导性价值，对那些想了解甲骨出土、发现和整理研究状况的人们,大有裨益,同时对那些有一定基础,需要进一步阅读这方面书籍的人们,也颇有作用。

再次,该书在文笔上,深入浅出,通俗易懂,行文活泼;本书的还搜集了大量与甲骨有关的轶闻趣事,具有很强的可读性;还附有大量照片,使读者可以较直观地认识商代的实物,更容易加深了对甲骨学的理解。这些都是值得称道的。

后来,朱彦民又在台湾省花木兰出版社出版了《殷墟考古发掘与甲骨文研究》[①],也是属于这样的一部全面梳理和详尽评介了甲骨学成果的甲骨学史著作。全书40余万字,分为上下两册,共14章。

该书最大的亮点则在于,与其它甲骨学史的著作不同,它采取了另一种写法,从殷墟考古发掘的角度展示甲骨文研究的成果,评价甲骨学的著作,揭示甲骨学史的发展脉络,立意独特,故而新意迭出。

首先,视角独特,立意新颖。甲骨学本身就是一个交叉学科,涉及考古学、历史学等诸多领域,甚至要借助很多自然科学的方法与工具。面对这样一个交叉学科,我们就不能从单一视角观照它的发展,而应该有多种观察的角度,也就是要有多种写法和叙述方式。这其中,考古学对于甲骨文研究尤为重要,正是1928年以来殷墟的历次科学发掘,才推动了甲骨学的建立、完善和发展。有鉴于此,《殷墟考古发掘与甲骨文研究》一书并未采取传统甲骨学史著作以内容分类叙述的写法,而立意于殷墟考古的资料新发现不断推动甲骨学研究的深入与发展的历程,充分揭示殷墟考古发掘与甲骨学研究之间的密切关系。前四章,作者论述了殷墟科学考古发掘之

[①] 朱彦民《殷墟考古发掘与甲骨文研究》,花木兰出版社2012年版。

前甲骨文的发现与研究。他认为这个时期前贤先驱虽然开拓出了甲骨文研究的道路,但是由于甲骨多来自民间的私人盗掘,甲骨文的研究零散不系统,甚至出现了很多作伪的情况,这使甲骨学研究凭空多出了一项"辨伪"的工作。不仅如此,以逐利为目的的盗掘,对很多甲骨造成了破坏,加之社会动荡,许多甲骨因此流失国外,殊为可惜。相比之下,殷墟考古发掘对甲骨文研究的意义就更加非凡。从第五章开始,作者详述了历次科学考古发掘,包括民国时期中研院史语所主持的十五次发掘以及新中国成立后的发掘情况。他不仅描述了历次发掘所获甲骨的情况,还介绍了其他考古发掘的成果,不仅介绍了考古发掘的收获,还对发掘的过程进行详细论述。在此基础上,作者阐述了殷墟科学考古发掘对于甲骨文研究的推动。比如,甲骨文中"贞人"的发现,对甲骨文的分期断代以及分组意义重大,而"贞人"的发现,就直接得益于殷墟考古发掘。作者在介绍第三次殷墟发掘的时候,指出发掘的一大成果就是"大龟四版"的获得,正是这一收获以及董作宾对它的考释,才发现了"贞人",促使甲骨文分期断代的发展和甲骨学的建立。正如作者所说:"董作宾这项甲骨学重大研究成果,是在殷墟发掘的基础上完成的。没有殷墟发掘提供的大量的甲骨文材料,没有殷墟发掘所得到的科学的地层和甲骨文分布情况,没有对殷墟遗址和殷墟遗址所出土材料的长期接触的感性认识,闭门造车、凭空想象是不会虚拟出来的。"再如,新中国成立后的发掘,收获颇丰,也推动了甲骨学的进一步发展。1973年小屯南地甲骨的发现,"对学术界争论不休的'文武丁时代卜辞之谜'和'历组卜辞时代'等问题的解决,起到了推动和促进作用"。1991年花园庄东地甲骨的发现,对于甲骨的分期断代、人物史实,特别是殷商礼制的研究,都起到了很大的促进作用。正如作者所说,"甲骨文的研究与殷墟考古发掘有密不可分的关系。目前在甲骨文研究中存在有许多问题,这些问题的最终解决,将仍是依赖于殷墟考古发掘的进展,取决于考古中发现更丰富的甲骨材料和甲骨埋藏现象,求助于考古发现中甲骨出土的地层关系和与器物共存形式等。"不仅如此,作者在梳理殷墟以外的甲骨文发现和研究成果的时候,也始终将它们与考古发掘紧密联系在一起。这在书的第十章《殷墟之外的甲骨发现》以及第十一章《西周甲骨的发现研究》中都有体现。正是由于认识到考古发掘对甲骨文研究的重要性,作者采取的在殷墟考古发掘与甲骨文研究的互动关系中观照甲骨学研究成果的写法,就显得十分有新意,它让我们能够更深刻地理解甲骨学研究成果产生的背景,从而使学术史成果的介绍不那么单薄干瘪,而是更加立体生动。

其次,全面细致,资料翔实。学术史的写法可以有多种,但无论哪一种写法要想取得成功,都要尽量做到全面细致,也都要在充分的资料基础上论述。在这一点上,《殷墟考古发掘与甲骨文研究》一书也堪称典范。在甲骨学研究范围上,该书不仅对殷墟甲骨文的发现与研究加以详细阐述,还对殷墟之外包括舞阳贾湖甲骨刻划符号、长安花园村骨刻文字、桓台史家甲骨文、郑州二里冈甲骨文、济阳刘台甲骨文、济南大辛庄甲骨文以及西周甲骨文等的发现与研究成果进行了梳理,反映出了甲骨学研究范围和地域的扩展。在甲骨学研究者的地域分布上,该书也力求突破。已有的甲骨学史著作,多注重梳理国内,特别是大陆的甲骨学研究成果,而对于海外甲骨学的研究成绩涉及较少。该书则在以考古发掘为主线,全面介绍大陆研究成果的同时,还广泛搜集海外甲骨学者的研究成果,并对港台、日本与欧美等国家和地区的甲骨文材料的收藏、整理、著录，研究机构的设置，学术活动的开展进行了介绍，并概述了有代表性的海外甲骨学者的研究成果与研究特色。这就使这本甲骨学史的著作真正实现了对海内外甲骨学研究成果的全面评述。在甲骨学各个分支领域以及研究热点的介绍上，该书也尽量面面俱到。在书中，作者不仅详述了甲骨学的传统研究领域，如甲骨文材料的整理、著录，甲骨文字的识别，甲骨文的分期断代以及运用甲骨文材料研究商代历史的方方面面，还涉及了这些年来拓展的一些新领域，如甲骨文材料的电子化，甲骨钻凿技术，甲骨文书法等。除此之外，作者始终关注甲骨学的研究热点，并在殷墟考古发掘的背景下，去解读这些热点，如关于"历组卜辞"的问题，《商代史》的编纂等。在此基础上，作者进一步指出要想更好地推动甲骨学研究的发展，还应继续致力于甲骨文字的考释；加强甲骨卜辞的分类、断代工作的科学性；更好地利用甲骨文资料，深化对商代社会形态的认识；加强对商代祭祀制度和礼仪制度的研究；在甲骨文研究中积极采用新技术手段。资料翔实也是该书的一个特点。为了更加清晰地勾勒出甲骨学的发展脉络，作者运用了丰富的资料，不仅将前贤的重要著作一一网罗，与甲骨文发现、研究有关的报刊资料也尽数搜集，甚至征引了不少名人传记与回忆录，力求再现甲骨学发展的艰辛历程。更为重要的是，作者引用了丰富的考古资料，参考了大量的殷墟发掘报告，将历次殷墟考古发掘的详细过程与收获，全面展示出来，使该书对甲骨学研究成果的介绍始终建立在坚实的资料之上，显得扎实可信。

再次，持论公允，评述客观。一部好的学术史著作不仅要全面介绍学术成果，还要对各种成果进行客观公允的评价，给予其适当的学术地位，这就要求作者对学术史有一个允当而深刻的认识。要做到客观公允,并非要作者完全摒弃自己的主观意见,而是强调我们在评价前人的成果时,要始终将它放到特定的历史环境中,放到整个学术史发展的脉络中,只有这样,我们的评述才不会苛求了前人,贬低了其学术地位。《殷墟考古发掘与甲骨文研究》一书在这一点上做得很好,作者对于甲骨学史上的代表人物及其重要著作的评价,始终不脱离具体的历史语境,因而总能够给予他们合适的学术评价和符合实际的学术地位。比如,在评价甲骨学史上第一部较为系统的考释甲骨文字的著作《契文举例》时,作者就指出,虽然孙诒让对甲骨文的考释错误颇多,但"在当时甲骨学研究园地一片荒芜的情况下,孙氏仅以《铁云藏龟》为依据,对甲骨文进行开创性研究,有些错误在所难免",所以从学术史上而言,作者给予了孙氏极高的评价,认为他对于"甲骨学的草创之功,不可磨灭"。对于同一个人的前后不同时期的成果,作者也针对具体情况,给出不同的评价,做到客观公正。如对于董作宾甲骨文研究的评价。董作宾前期一直参与殷墟考古发掘,并从中受益,首先建立了甲骨文分期断代的体系,"使得过去混沌一团的十几万片甲骨,一下子变成了可以划分为五个不同时期分属于不同王世的历史资料",具有划时代的意义。而这项成果的取得,作者认为正"是在殷墟发掘的基础上完成的"。董作宾到台湾后,在殷代历法、甲骨文断代以及甲骨学史等方面仍有不少成果,但受到不少限制,"成就远不如在大陆时为盛",究其原因作者认为与他"脱离了殷墟甲骨文的考古发掘工作",无法接触更多的第一手甲骨资料有关。另外,对甲骨文研究中出现的最新的电子化资料,该书的评价也很公允。如对香港中文大学建立的甲骨文全文电子资料库的评价,作者认为甲骨文资料库"在材料的收集、文字的处理还是在文句的标点和断句等方面都采用了最近几年的最新成果",便于检索,很有实用价值。同时作者又指出资料库中有些字形无法显示,有些字体还存在错误以及由于对甲骨重片和缀合片没有采取措施,导致检索出的条数不准确等问题。可以说是不掩其美,亦不遮其丑。

最后,可读性强,便于检索。学术史的著作不仅是对过往学术成果的梳理,总结过去研究的经验教训,展望未来的发展道路,它还有引导初入门者的功能。因此我们的学术史著作,在保持学术性的同时,也要改变写法,增强可读性,便于初学者对以往成果的检索查阅。《殷墟考古发掘与甲骨文研究》一书行文活泼,笔调优美,很有亲和力。其论述,在保持学术性的前提下,还搜集了大量与甲骨有关的轶闻趣事,具有很强的可读性,再加上与内容紧密结合的丰富多彩的配图,使原本枯燥的学术梳理变得生动活泼。不仅如此,该书附录有甲骨学大事记,简要概述了从甲骨文发现直至2010年的甲骨学重要事件。同时,该书还制作了包括商王室先公先王世系表、殷墟甲骨文分期表、中研院史语所考古组进行的殷墟十五次发掘情况简表、抗战时期殷墟出土甲骨的著录情况表、1949年以后殷墟刻辞甲骨出土情况统计表、西周甲骨出土情况统计表、殷墟以外有字与无字甲骨出土情况表等表格,简明扼要地将甲骨学的一些情况展现出来,一目了然,便于检索。

总之,《殷墟考古发掘与甲骨文研究》一书,立意于殷墟考古发掘对甲骨文研究的推动,在考古发掘与甲骨文研究的互动关系中,全面细致地梳理了百余年来甲骨学的发展历史,为我们提供了一个资料翔实、持论公允、可读性强的甲骨学史著作。同时,它也为甲骨学史提供了另一种写法,丰富了甲骨学史的叙述方式,我们期待以后有更多像这样的甲骨学史著作,为甲骨文学术史的研究提供更丰富的写法,更多样的视角,推动甲骨学史的进一步发展。

除以上这些甲骨文学术研究和普及读物写作的实践之外,朱彦民还凭借擅长社会事务工作的能力,利用担当天津市国学研究会会长的身份,多次主持召开大型的甲骨学研讨会,比如2009年在天津举办了纪念甲骨文发现110周年的"甲骨学高峰论坛",对甲骨学在社会上的普及身践力行,做出了很大的贡献。

八、甲骨文书法艺术的拓展性研究

朱彦民除了是一位勤奋的大学教授之外,还是一名临池挥毫的书法名家。于著书立说、登堂授课之外,还醉心于甲骨书法艺术的理论总结和创作探索[①]。在这方面,亦多有创见。

在甲骨文的笔法上,契卜史官刻辞时多是以单刀直冲为主,这从第五期卜辞更可看得出来是这样而不是其他。正是因为契刻迅速,行刀率然,才使得卜辞笔画多是纤细而长(有的甚至细如发丝),直冲不曲,刀轻痕浅,不雕不饰,自然生动,而刀口起落处即笔画首尾多有一尖角。也正是因为如此,才形成甲骨文独特的文字风格。这就要求我们今天写甲骨文书法作品时,用笔应该有所注意,即大可不必像写篆书那样笔笔中锋,画画送出回入;像临楷帖那样点画精工,招式如一。

[①] 朱彦民《书法艺术探源》(摘要发表),《殷都学刊》1986年第3期;《贞人非卜辞契刻者》,《殷都学刊》1986年第4期;《浅说甲骨文书法艺术》,《甲骨学研究》创刊号,安阳甲骨学会1987年出版。此文又被刊登在《殷都学刊》1989年第4期;《谈甲骨文中的象形字》,《甲骨学研究》第二辑,安阳甲骨学会1989年版;《甲骨文书法的笔法特点》,《中国书画报》2014年第52期第6版书法版。

在甲骨文的结字方面，朱彦民也有自己独到的见解，书法中所讲的结字，是指如何把字的结构安排的得体，造型处理得美观，而又别具一家风格。结合甲骨文的形体结构特点，我们在甲骨书法艺术应该注意哪些方面呢？甲骨文在结构上除了左右对称结构之外，其构件组合并不像后世那样固定，上下、左右往往无别，同时还有大量的象形字，这些特征都是其显著特点。所以我们书写甲骨文时就不必把字写成一等大小、长短，相同斜正、疏密，而是该大就大，该小就小，长者长之，短者短之；错综排布，宛如乱石铺街。但于字体上姿态多样，精神各异，于章法上也变化自然，生动有趣。

甲骨文章法也很重要，朱彦民认为，应该字字错落有致，行行自然行文，纵横依其势，变化因其形。章法的变化也因期别不同而各异：或疏朗大气，如第一期和第四期；或密不透风，如第五期；或循规蹈矩，如第二期和第五期干支表；或杂乱无章，如第三期等。即使在同一期别之中也有不同的章法变化，甚至同一版之中两部分之间的章法安排也不相同。

对于在殷墟甲骨文发现之后，现当代人用笔墨书写甲骨文字的甲骨文书法艺术之发展历程，朱教授也有考索。他率先提出了甲骨文书法艺术肇始于天津的说法，认为第一个将甲骨文字摹写成册，把甲骨文作为书法表现对象的，是天津著名书法家也是甲骨文的发现者孟广慧，从此开创了现当代笔墨甲骨文书法艺术的先河；紧随其后的著名甲骨学家王襄，也是较早将甲骨文字付诸笔墨的书法家；而甲骨文入印的先驱，则是天津著名篆刻家、王襄胞弟王钊（王雪民）；世间普遍认为的甲骨文书法第一人罗振玉，也是在天津寓居期间（1921年）编著成了《集殷虚文字楹帖》，成为现当代甲骨文书法艺术史上的里程碑式著作①。

甲骨书法艺术包括笔墨甲骨文书写和甲骨文篆刻。对于甲骨文入印问题，朱教授也有研究，他通过对最早甲骨入印的天津王雪民的创造作品梳理展开探讨。王氏都是以甲骨文字或参借甲骨文字结构或笔法刻成。如其中的朱文"小叔""匧（簠）室"（二）、"辛農（农）"，白文"匧（簠）室藏贞卜文""王氏贞卜文字""辛農（农）"，都是典型的甲骨文字体和纯粹的甲骨文笔意。"雪民瀞（清）共（供）"和"通文所藏"，则是以甲骨文形体参以金文结构和笔法。"素璞""学美"，则是在甲骨文字形体中掺入了春秋南方金文和战国古玺的某些笔意或写法。"隺（鹤）年集三代文字""隹（唯）戊申吾以降""癸丑生"等，则在甲骨文形体基础上融合了小篆字体的形状和风神。从篆刻艺术的刀法而论，白文"匧（簠）室藏贞卜文字""王氏贞卜文字"等，属于单刀直入，不作复刀描摹，朱文"匧（簠）室""小叔""辛農（农）"等印章，利刃切冲，都充分反映了甲骨文固有的刀笔劲度和挺拔风神。白文"辛農（农）"作冲刀切刀并用，往复回环，字体效果更像甲骨文第一期中的某些涂朱大字，厚重而不失劲健。从甲骨文字体风格而言，"匧（簠）室藏贞卜文"和"辛農（农）"（二），显然是甲骨文第一期（武丁时期，宾组）典型字体。而"王氏贞卜文字"则效法甲骨文第五期（帝乙帝辛时期，黄组）风格。这从两方印章中的典型字体"贞"字即可判断出其所模仿的甲骨文时代风格来。王雪民不

---

① 朱彦民《甲骨文入印的先驱——王雪民先生》，《印说》2007年第4期（总第二十一期）；《甲骨书法艺术的先驱》，《第三届中国文字发展论坛"古文字研究与古文字书写"学术研讨会论文集》，《中国文字博物馆》2011年第1期；《罗振玉与甲骨文书法》，2016年7月31日淮安市"罗振玉诞辰150周年学术研讨会"提交论文；《谈李鹤年先生在甲骨学史上的地位及其甲骨文书法艺术成就》，《天津书法通讯》2013年第1期；《孟昭联〈甲骨文字汇〉序言》，天津古籍出版社2015年版。

仅以甲骨文入印,而且常用甲骨文刻边款,有的长达二十多字。这是王雪民的一大创举,为前辈篆刻名家所没有的。如果说以甲骨文入印面,王雪民采取了多种字体融合和多期风格并存的方法,那么对于甲骨文字镌刻印章边款,则多以甲骨文晚期字体为主,即以帝乙帝辛之世的甲骨卜辞文字出之。因此通过一个静态的个案研究,朱彦民告诉我们甲骨入印的艺术种种侧面,这对甲骨文这种古老的文字,如何在现代社会的艺术层面上的存活提供了另一种思考的机会。

朱教授除了甲骨文书法艺术理论的研究,自己也进行甲骨文书法艺术创作,目前也是全国知名的甲骨文书法艺术领军人物之一。他不仅书写甲骨文字,还利用甲骨文字进行集联,用诗词歌赋表达对甲骨文的挚爱和钟情[1]。

近年来,朱彦民将自己关于甲骨文书法的探索汇集成书,集中展示了关于甲骨文本身书法艺术特质总结和现当代甲骨文书法艺术批评的研究成果[2]。《甲骨文书法探微》是关于甲骨文字形体美学研究的尝试性著作。从字法、笔法、章法等书法艺术的诸多角度,全面分析甲骨文字的刻写过程与艺术效果。同时,本书也对近代以来以笔墨书写甲骨文书法的相关史实进行了认真考论,对近现代甲骨文书法名家、作品与其所属流派进行了举要梳理,对当前社会上处于如火如荼状态的甲骨文书法热做鸟瞰式概述,对当下甲骨文书写"无法"等诸多不良现象予以揭露与批评,并对如何矫正这些弊端提出一些切中肯綮的建议。

---

[1] 朱彦民《甲骨文赋》,《天津日报》2014年10月15日"满庭芳"专栏。
[2] 朱彦民《甲骨文书法探微》,北京大学出版社2015年版。

总体上来看，朱彦民在甲骨学上的研究，布点多，领域广，这其中既有对以甲骨文为载体的外部研究，比如对商代方国地理、自然和生活环境、社会生活习俗的研究，也有对甲骨文为书写载体的"物理性"研究，比如对其文例以及语言学上的研究，对甲骨文字的考释；除以上的研究外，还有结合历史学、考古学、民族学、人类学进行的综合性研究，比如商族起源、迁徙及发展的研究，殷墟都城研究。还有甲骨文基础性资料整理工作及其艺术研究，尤其是甲骨书法艺术的研究，这是其甲骨学研究的独到领域，这是传统甲骨学的"溢出"研究，非常值得肯定和关注。相信通过这样的研究，朱教授也会在学术史上留下一席之地。

（此文是合安阳师范学院郭胜强教授所撰《殷墟文化大典·商史卷》"朱彦民条"与博士后苏小威所撰文字而成）

丁编

甲骨文书法在天津

甲骨书法艺术的先驱

——孟广慧及其甲骨文书法

一百年前殷墟甲骨文的发现,不仅为中国文化史带来了弥足珍贵的学术资料,使学术界重新确定了殷商一代的社会历史,并由此使因疑古而怀疑甚至被抹煞的中国上古史系统得以重新解释,使得由考古学、古文字学和古典文献结合起来而进行的先秦历史研究成为可能;而且这种新发现的古文字对中国传统的书法艺术来说,也产生了不小的冲击和影响。承继着清代金石文字学兴盛而给书坛带来的古朴典雅、斑驳苍劲的书学风气,清末出现的甲骨文字也自然而然地成为书法艺术表现的对象和借鉴的渊薮。

甲骨文书法研究,如今已经成为中国书法史和甲骨学都普遍关注的课题。它不仅是指对甲骨文字本身特所具有的原始美质进行书法艺术因素的分析和研究,而且也指甲骨文字的自然美对于当今书法艺术创作的影响。一般而言,前者是甲骨书法理论家的探索,而后者则是书法创作家的实践。单就后者而言,这其中又既包括当今书法家对甲骨文字劲健古雅之风的临摹和借鉴,也包括当今的书法艺术家以甲骨文字为书体而进行的创作,即以传统的笔墨形式对甲骨文这种古代刀刻文字的艺术再现。如今的甲骨文书法艺术,无论是理论探索还是创作实践,都可以说是如火如荼,方兴未艾。

一、学界对甲骨书法第一人的考论

但是究竟是谁首先将甲骨文字纳入书法艺术的范畴?或者说究竟是谁首先用书法艺术的眼光看待甲骨文字?或说究竟是谁首先对甲骨文字做了书法艺术的研究和探索?笔者认为,历来甲骨学、甲骨书法学和近现代书法史的研究者都没有将这个问题弄清楚,很有必要在此一辨。

目前所能见到的关于此问题的讨论,包括甲骨学家对甲骨学史的追索、甲骨书法家对甲骨文书法艺术特征的总结和书法史论家对近代书法史的回顾,大家的观点几乎都陈陈相因地集中在一点上,那就是著名的甲骨学家、位列"甲骨四堂"之首的罗振玉,是将甲骨文字引入书法艺术的先驱,是甲骨书法第一人。

这方面的例子不胜枚举。粗略地分类,计有甲骨学家、甲骨书法家、书法家或书法史论家以及网络资讯上的观点等四类。

(一)甲骨学家的观点

董作宾的弟子严一萍著《甲骨学》,在该书序言中,严氏称:"用甲骨文字作艺术表现的,自罗振玉以下,不乏其人,要以彦堂先生写的甲骨字最多。"[1]是把罗振玉当作甲骨文书法艺术的开山者。在

---

[1] 严一萍《甲骨学》,《序言》第 2 页,艺文印书馆 1978 年版。

该书第八章《甲骨文字的艺术》中又云:"三千年后之今人,已把甲骨当作艺术品看待。集作对联诗词,用珠用墨书写,作用已和殷商的卜辞,完全不同。用甲骨文集对联诗词,原是文人雅士的游戏之作,然必深于甲骨之学,而又有文学才华,方能臻于上乘。……罗振玉研究甲骨,考释文字,而又学问渊博,所以编集甲骨对联,非常容易。……这样,第一部《集殷虚文字楹帖》就问世了。"[1]更具体地申述了这一看法。

中国殷商文化学会原会长、著名甲骨学家王宇信《甲骨学通论》一书,是大陆学界最早关注甲骨文书法的甲骨学著作。他在该书中也专辟一章《甲骨文与甲骨书法》,在谈到甲骨文书法的缘起时,云:

> 最早出现甲骨书法作品是在一九二一年左右。著名学者罗振玉在研究之余,首先集甲骨文字用毛笔写成楹联。他自己曾说:"取殷契文字可识者,集为偶语,三日夕得百联,存之巾笥,用作临池"(注:罗振玉《集殷墟文字楹帖跋》,贻安堂影印本,一九二一年),后于一九二一年以《集殷墟文字楹帖》为名付印[2]。

黄孕祺是香港甲骨学家饶宗颐的入室弟子,同时也是著名的艺术史论家,著有《甲骨文与书法艺术》一书。他在谈及此问题时也称:

---

[1] 严一萍《甲骨学》,第1347页,艺文印书馆1978年版。
[2] 王宇信《甲骨学通论》,第十六章《甲骨文与甲骨书法》,第446页,中国社会科学出版社1989年版。

把甲骨看作艺术，写下甲骨书法的，当推罗振玉为第一人。他于《集殷墟文字楹帖》跋谓：

> 自客津沽，人事旁午，读书之日，几辍其半。去冬奔走南北，匍匐赈灾，四阅月间，益无寸晷。昨小憩尘劳，取殷契文字可识者，集为偶语，三日夕得百联。存之巾笥，用佐临池。辞之工拙，非所計也。辛酉二月雪翁记。

按"辛酉"即民国十一年，故罗氏集甲骨文字并用毛笔书成楹联当在一九二一年左右①。

胡厚宣高足、中国先秦史学会会长宋镇豪也非常关注甲骨文书法艺术的发展史，著有《甲骨文书学发展简说》一文。对于甲骨文书法的产生及罗振玉的甲骨文书艺，有如下判断：

> 甲骨文书法，产生于甲骨文发现后的第二十二个年头，也即第一部甲骨文著录书刘鹗抱残守缺斋石印本《铁云藏龟》(1903)问世后的第十七年，始为之者当推罗振玉氏。盖缘出文人墨客之雅趣闲兴，大抵是集已识甲骨文字，瀚笔濡毫而书诗文联句，抒其心境逸情，或自赏自娱，或转辗宾朋同好，衬之裱之，古意盎然，又每集成多联，以备随时录用。1921年2月，上虞罗氏贻安堂石印版《集殷虚文字楹帖》，就是第一部这类性质的集甲骨文字为对联而属意书法的专书，罗氏在该书自记云："昨以小憩尘劳，取殷契文字可识者集为偶语，先后三

---

①黄孕祺《甲骨文与书法艺术》，第4页，香港文的文化实业有限公司1991年版。

日夕,遂得百联,存之巾笥,用佐临池"。正可见他当初流连于甲骨文书法的那番雅致。

……其书基本一遵甲骨文本形,不随意造作,文人笔墨之功底和学养匠心之独运,实开甲骨文书法之先导①。

有些学者在探讨罗振玉与甲骨学的关系及其在甲骨学史上的地位时,也对罗氏的甲骨文书法贡献多加推崇:"在我们目前所能见到甲骨文书法的作品中,罗氏书写甲骨文字,也是第一人。他的甲骨书法,端庄凝重,秀美而不失遒劲,华雅而不失朴质。这不仅在我国书苑中有一定影响,就是对我们今天体会殷人的书法风貌,揣摩殷人书写文字的规则也有相当的帮助。"②

(二)甲骨书法理论家的观点

内蒙著名甲骨文书法家杨鲁安,较早且系统地以书法创作实践经验探论甲骨文书法艺术理论,他的《甲骨文书体浅说》一文,详细地论述了甲骨文的书体风格,介绍了七十多年来摹写甲骨文的名家特点。其中所举前辈书家有罗振玉、丁佛言、容庚、商承祚、胡厚宣、陈邦怀、王襄等,认为他们的甲骨文书法各具独特风骨,异彩纷呈③。将罗振玉置于诸家之前。其后又有《说以笔代刀写甲骨文》,详论甲骨文书法的缘起:"甲骨文的艺术实用,几十年来经历着一番明显的变化。书学前辈引用甲骨文集为楹联,始自二十世纪二十年代初,继而以甲骨文集古诗或自撰句,别具情趣。较有代表性的

---

①宋镇豪《甲骨文书学发展简说》,《殷都学刊》1994年第4期。
②冯涛《罗振玉与甲骨学》,《人文杂志》1985年第2期。
③杨鲁安《甲骨文书体浅说》,《书法》1981年第6期,总第21期。

专著有：罗振玉《集殷虚文字楹帖》（1921年），章钰、高德馨、王季烈、罗振玉四家合集《集殷虚文字楹帖汇编》（1927年），王襄《簠室殷契集联》（1930年，抄本），丁辅之《商卜文字集联附诗》，简琴斋《甲骨集古诗联》（1937年）等。……世称罗振玉居'四堂'（罗雪堂、王观堂、郭鼎堂、董彦堂）之首，以甲骨文集联属于罗雪堂首创。"[①] 2000年后，杨先生又多次论及甲骨文书法艺术，云："90多年来我国摹写甲骨文的前辈学者，如罗振玉、王襄、叶玉森、丁佛言、容庚、商承祚、董作宾、陈邦怀诸公，各具风格，异彩纷呈。当代沙曼翁、潘主兰、康殷、刘江诸老也都拙巧相生，倜傥可观。"[②]均是将罗振玉视作甲骨文书法的第一人看待。

陈恒安《殷契书法漫谈》一文，诗云："雪堂诗友聚昊天，四至九言同集联。除却消沉遗老气，此书毕竟著先鞭。"注释曰："契文的实际应用，开始于集入楹联。首倡者为罗振玉（雪堂），而章钰、高德馨、王季烈三位相继有作。"[③]

段长山在《甲骨文书法艺术大观》前言中，也对这一问题作了如下界说："甲骨文是中国现存的最早的古文字，也是后世篆隶楷之鼻祖，汉字之雏形。但甲骨文书法篆刻艺术，则是随着殷墟甲骨文的出土数量的增多和研究的不断深入，而逐渐发展起来的一支艺苑新花。起初，主要有考古学家将甲骨文字集为楹帖诗联，侧重仿古。其后才由书法家和篆刻家发展成为一个新的艺术流派。前后

[①] 杨鲁安《说以笔代刀写甲骨文》（铅印单行本），1986年5月，中国书法家协会内蒙古分会印。
[②] 杨鲁安《略说甲骨文书法》，《收藏》2005年7月15日；《甲骨文题识别与摹写》，《中国书法》2005年第5期。
[③] 陈恒安《殷契书法漫谈》，《安阳殷墟笔会论文选》（油印本），1984年10月，安阳。

有罗振玉以一九二一年出版的《集殷虚文字楹帖》和……"①

收录在《甲骨文书法艺术论文集》中的论文,有许多篇目都是涉及此一问题的,皆举同样的材料即 1921 年罗振玉《集殷虚文字楹帖》,论证罗振玉是近现代书法史上甲骨文书法的创造者,是将甲骨文字引入书法艺术领域的第一人②。

沙鸥在论述甲骨文书法艺术发展史时,也非常推许罗振玉的首创之功:"最早出现甲骨文书法作品是 1921 年左右。著名学者罗振玉在研究之余,首先集甲骨文字用毛笔写成楹联。……1921 年以《集殷虚文字楹联》为书名付印。这是一部最早的甲骨文书法集,是甲骨文书法时代的大事,使这种古老的书体为现代人服务。尽管罗氏说:'用作临池之用',但印行出来,传播开去,受到甲骨学者、书法家的广泛注意,真正把甲骨文书法引导到书法园地里。"③

西泠印社出版《西泠印社丛书——世纪传薪·甲骨文篆文书法篆刻丛编》,主事者在其"出版说明"中也称:"现知最早将甲骨文引入艺术创作的当推罗振玉,稍后则有简经纶集卜文为联并创制卜文印。此后沿袭者日众,几十年间承续不绝,巍然渐成风气,其中尤以西泠印社诸子创作为丰。"④同样也是将罗振玉看作是甲骨文书

---

①段长山等主编《甲骨文书法艺术大观》,前言,中州古籍出版社 1992 年版。
②高华《当代甲骨文书法风格源流三探》;王爱平《甲骨文书法艺术创作中的创新意识和个性体现》;华奎《甲骨文书法艺术的魅力与局限》;罗彬《试论甲骨文书法艺术的研究及其意义》;张俊之《甲骨文书法谈》;徐振韬《罗振玉和甲骨文书法的发端》;马洪《甲骨文篆刻刍议》;王健《谈谈甲骨文字的入印和入书》,安阳市文学艺术界联合会、安阳市书法家协会编《甲骨文书法艺术论文集》,第 11、58、64、90、134、138、170、178 页,华文出版社 1993 年版。
③沙鸥《甲骨文书法发展概述》,《书法研究》1997 年 4 期。
④西泠印社《西泠印社丛书——世纪传薪·甲骨文篆文书法篆刻丛编》,"出版说明",西泠印社 2000 年版。

法的创造者,而简经纶是甲骨文入印的第一人。

林公武在为《潘主兰甲骨文书法》所写的序言中云:"罗振玉不仅是甲骨文字学的宗师,同时也是将甲骨文字引入书法创作的开先河者。他所书写的大量殷墟文字联和一九二七年手书印行的《集殷墟文字楹联》,对甲骨文书法的开拓传播之功,当居第一。当然,罗振玉所书写的甲骨文,其笔法、体势,都极似金文,可谓金文形态的甲骨文。"①

(三)当今书法家或书法史论家的看法

一些书法家是专门从罗振玉的书法艺术角度来看待这一问题的。如丛文俊对罗振玉书法观后感云:"殷墟甲骨文字出土之后,罗氏即倾全力搜求、研究,其手摹甲骨文字,亦无可胜计,遂使罗氏成为近现代书法史上精擅甲骨文书法的第一人。"并认为罗氏甲骨文书法"既有盎然的古意,又能别具心裁,成为用笔成功地阐释契刻刀法意蕴的杰出代表,即使在今天,也是很难企及的境界。"②

陈振濂则是从现代中国书法史的角度来评价这一书体的移植:"在当时北碑派、唐碑派或二王派此起彼伏之时,敢于涉险去写古人所无的甲骨文,这本身就是一种创新,一旦它被引向深化,就有可能形成新的书法创作格局。"③

朱仁夫在谈到甲骨文字出土对书坛的影响时云:"罗振玉是以篆法书甲骨文,叶玉森则是以笔代刀,粗细相济,使古朴烂漫的龟

---

① 林公武《潘主兰甲骨文书法》,序,福建美术出版社 2002 年版。
② 丛文俊《罗振玉书法观后》,《中国书法》1990 年第 4 期。
③ 陈振濂《现代中国书法史》,第 96 页,河南美术出版社 1996 年版。

甲兽骨文字透过一股蛮荒之气带上清新的现代色彩，回归中予以创新。"①同样强调了罗振玉在这一书体使用上的首创之功。

有的研究者不仅明确罗氏甲骨书法第一人的地位，而且还盛赞罗氏甲骨书法的在书法史上的学术意义。如陈爱民云："1921年2月，由罗振玉亲自手书的《集殷虚文字楹帖》墨迹本由贻安堂石印出版。从此，古老的甲骨文书法在新的历史语境下重又"复活"，揭开了新的篇章。而将罗氏此举置于20世纪初期前后中国书法变迁的历史过程中来考察，我们还会发现，20世纪初期伴随着殷墟甲骨文及三代秦汉金文、西北汉简和晋唐写经等逐渐进入现代书法领域，长期以来碑学帖学此起彼伏、相互消长的格局逐渐被打破，中国书法艺术呈多元化发展趋势。因此罗氏《集殷虚文字楹帖》的问世，不仅是甲骨文书法史上一件石破天惊的大事，也是现代中国书法史上一件具有划时代意义的历史事件。从书法史学的意义上来说，1921年罗氏《集殷虚文字楹帖》（以下简称《集帖》）的出版标志着甲骨的终结与甲骨文书法艺术转换的开端。"②等等。

（四）电脑网络资讯的看法

这些是未见诸纸本发表的相关论著，但在电脑网络上，经常可以通过检索看到，极其便利，因此受众较多，影响颇大，不容忽视。这种情况比比皆是，不胜枚举，兹举其荦荦大者，有如下几种，以窥其一斑：

柳学智《甲骨文与甲骨文书法》："甲骨文书法的创立要首推罗

---

① 朱仁夫《中国现代书法史》，第37页，北京大学出版社1996年版。
② 陈爱民《甲骨的终结与甲骨文书法的艺术转换——论罗振玉《集殷虚文字楹帖》的书学意义和价值》，《艺术百家》2006年第5期。

振玉和董作宾,是罗振玉的创立和董作宾的实践,使这一优秀文化传统得以继承和光大。现代甲骨文书法史从实际意义上讲是由二位宗师开局,才有今天这样百花齐放的书法创作格局。"①

陈华春《论二十世纪三次重大考古发现对当代书法的影响》:"以摹写甲骨文成家者较多,如罗振玉、丁佛言、容庚、商承祚、胡厚宣、陈邦怀、王襄、刘江、刘顺等,而且对当代的篆刻艺术也产生了重大的影响,如杨仲子、简经纶则是以甲骨文字入印的先驱。"②

路工《我与甲骨文书法》:"20世纪20年代,著名学者罗振玉首先用甲骨文进行书法创作,此后就有越来越多的人加入了甲骨文书法创作的队伍,俊杰辈出,蔚为大观。"③

韩宗祥《甲骨文名人书法欣赏》:"我们知道,甲骨文的笔墨书法,是以二十世纪二十年代罗振玉编集《集殷虚文字楹帖》为开端,开始尚仅限于兼擅书法的文字学家,后来逐渐扩大到书法篆刻家队伍。八十多年来,喜爱和擅长甲骨文书法的队伍不断扩大,新进菁英,后浪推前浪。涌现出众多知名的甲骨文书法家。他们在探索甲骨文笔墨书法艺术方面做出了很大的贡献。他们留下的墨宝和探索的经验,是值得我们学习和借鉴的。""罗振玉不仅是最早研究甲骨文的学者,而且也是书法家、鉴赏家。他1921年推出《集殷墟文字楹帖》,首开近代以甲骨文入书之先。罗振玉考释之余,提笔挥写甲骨文,以考释的几百甲骨文字编集成楹

---

① 柳学智《甲骨文与甲骨文书法》,http://www.ha.xinhuanet.com/fuwu/kaogu/2005—11/03/content_5496279.htm.
② 陈华春《论二十世纪三次重大考古发现对当代书法的影响》,http://hi.baidu.com/tgchc/blog/item/f7f8af0f5ec7d4edab6457f7.html.
③ 路工《我与甲骨文书法》,路工的BLOG,http://blog.sina.com.cn/s/blog_48f97c2d010002og.html.

联，1927年，罗振玉又与章钰、高德馨、王秀烈合著《集殷墟文字楹联汇编》。"①

季良《甲骨文书法的收藏意义》："甲骨文出土初期，因于文字考释的困难，真正意义上的书法研究尚未涉及。清末民初，金石考古学迅速兴起，大量金文著录、甲骨文的发现和汉晋简牍的重见天日，为书法领域开辟了新天地。特别是书写甲骨和钟鼎石鼓的学者异军突起，震动书坛，打破了清代碑学、帖学分庭抗争的格局。许多尊碑和崇帖书家转治大篆，研讨古文字，并从甲骨卜辞中获得浆液。不仅改变了书法家队伍的结构，而且改变了书法家的知识结构和艺术结构，丰富了书法家的艺术语言，推动了书法艺术风格的多样化和高层次的发展。一批优秀的甲骨书家迅速崛起，其创导和开山人物首推罗振玉。"②

佚名《文胆意蕴浸润出的甲骨文书法——甘肃书协翟副主席〈万益集契集〉鉴赏》："最早以甲骨文修习书法者，当推上虞罗振玉先生。先生于1921年辑得契文百联，1925年付印。其后，汇集吴中章钰、高德馨、王季烈三家所集，于1927年手书付印。"③

……

这些观点大同小异，也都是因罗振玉《集殷虚文字楹帖》而视罗氏为甲骨文书法艺术的倡导者和开山人。

---

① 韩宗祥《甲骨文名人书法欣赏》，"韩宗祥的艺术世界"博客，http://blog.sina.com.cn/s/blog_4986258b010008r9.html.
② 季良《甲骨文书法的收藏意义》，中国书法网·书法研究，http://www.freehead.com/viewthread.php?tid=110866.
③ 佚名《文胆意蕴浸润出的甲骨文书法——甘肃书协翟副主席〈万益集契集〉鉴赏》，http://post.blog.hexun.com/shishui159/trackback.aspx?articleid=13628763&key=6332761421358700 00.

二、一些极为少见的歧见异论

综上所引,不管是甲骨学家,拟或甲骨书法家,还是书法家和书法史论者,都以罗振玉 1921 年编写《殷虚文字楷帖》为甲骨书法开端的史料,因而罗振玉也就成了甲骨文书法的第一人。这种观点几乎众口一词,似成定论。但是我们并不以此为然,有时一些似乎已盖棺定论的事情,往往是陈陈相因、最靠不住的说法,经不住仔细的推敲和时间的考验。

在众多的论者中,只有极少数人提到了罗振玉之外的其他人,对甲骨文书法的首创之功。

著名甲骨文书法家潘主兰,就不同意世所公认的说法,认为:"甲骨文作为书法研究,始自董作宾,他从'大龟四版'中得到启示,认为甲骨文研究范围,有扩大趋势,从文字学、古史学的范围,进而至于考古学的研究。他对甲骨文字研究项目,提出十类,第十类为书法。他为了断代需要,把甲骨书法分为五期,如雄伟、谨饬、颓靡、劲峭、严谨,颇有见地。"[①]他把董作宾当作了甲骨文书法艺术的第一人看。

与一般的说法相比,潘先生的观点与众不同。但我们认为并不见得正确。董作宾固然是甲骨学史上一代宗师,他是殷墟甲骨文最早的科学发掘人,其分期研究力作《甲骨文断代研究例》将甲骨学推向一个新的高峰,在甲骨学研究史上具有崇高的地位。实际上,

---

① 潘主兰《谈甲骨文》,载陈石编《潘主兰甲骨文书法》,第 91 页,福建美术出版社 2002 年版。

他本身也是著名的甲骨文书法篆刻家,他在《甲骨文断代研究例》中提出了"书法"一项作为断代的标准,从而对甲骨文分期断代有了一种既方便又有效的操作准则,而且也经常以手中墨笔书写甲骨文字为联为诗而成为极受人喜爱的书法作品。但是要说董作宾是从书法角度研究甲骨文的第一人,不仅在时代晚了很多,而且无视前面有罗振玉等人的集联书契的诸多工作,是无论如何也不能令人信服的。

而华奎则较早地提到了天津的孟广慧是尝试对甲骨文进行艺术借鉴的开山人。云:"甲骨文被发现之初,学者们对甲骨文的研究主要是从语言文字学和社会历史学方面来进行研究考证的,据载津门孟广慧先生一见甲骨文便诧为奇宝,爱其笔画劲挺高古。遂倾囊购得若干以为临池之范,可谓研习甲骨文书法艺术之第一人。"不过因为华奎对孟氏的生平事迹和书法艺术不甚了了,云"但惜墨迹不传,姓氏也随之泯杳。"故又不得不改从众说,"所以真正使甲骨文的研究由语言文字学和社会历史学领域延伸到书法艺术领域者,当首推罗振玉先生。"[①]前后不免自相矛盾,不知何所持守。

实际上,华奎在此提供了一条非常重要的线索,即孟广慧与甲骨文书法艺术兴起的关系。但孟广慧并非华氏所云"墨迹不传,姓氏泯杳",而是近代天津著名的书法大家。我们认为,孟广慧不仅是甲骨文发现史上最重要的人物之一,而且在甲骨书法艺术发展史上也是不应该被轻易遗忘的人。

---

① 华奎《甲骨文书法艺术的魅力与局限》,安阳市文学艺术界联合会、安阳市书法家协会编《甲骨文书法艺术论文集》,第64页,华文出版社1993年版。

有材料表明,孟广慧(定生)才是真正的甲骨文书法第一人,是最早将甲骨文与书法艺术结合起来的先驱者。罗振玉等人的甲骨集联及甲骨书法创作活动远在孟氏之后。

三、孟广慧生平及其书艺

孟广慧(1867—1939),字定生,也作定僧。别号很多,如远生、镈于室、问梅吟社、白云山人、君子泉等。祖籍山东邹县(一说安徽寿县)。天津著名书法家。他家学渊源,自小受父辈熏陶,很小就能读书写诗。5岁开始练写书法,8岁能写擘窠大字,12岁能摹写何绍基字。他壮年游历闽、浙、苏、鄂各省名山大川。曾与画家马家桐同隶端方幕府。

孟氏终身临摹古帖法书,功力深厚,于各种书体无所不能,无所不精。但他不愿拘泥于一家书体,受之拘束。他把"真草隶篆"综合一体,又结合颜、柳、欧、赵、苏、黄、米、蔡历代书法家之特色,形成了自己独有的风格,书写自如随心所欲,尤其是擅长隶书和行书。据称他多在深夜作书,对砚墨有精心的研究。他擅长临摹古代书法大家,就连用墨浓淡都掌握相似,达到以假乱真的地步,被书界誉为"津门临写南帖北碑第一好手"。有一次,全国书法名家赴南京笔会,孟广慧当场写了十副对联,书体各异,四座震惊。民国初年袁克文举办全国书法展览,他的作品被评为"亚

孟广慧照片

东第一",因而有"南郑(孝胥)北孟"之说。1915年,孟广慧以金文、鸟虫篆、草篆、隶书等书体写成六条屏书法作品,参加了巴拿马太平洋万国大博览会,在中国馆中展览。与会人士大为惊叹,评价非凡。孟广慧与"华(世奎)、严(范孙)、赵(元礼)"往来至为密切,书法齐名,并称近代"津门四大家"。

孟广慧以县学生出身,一生甘为布衣,无意仕途,毕生致力于诗文书画,浸淫于金石文字。其作品书体不一,风貌各异,深受世人喜爱。

孟广慧书写匾牌

天津有许多著名的老字号匾额如"中国大戏院""耀华学校""正兴德茶庄""宝和轩茶园""祥德斋糕点店""润善堂药店"等都出自孟广慧之手。他早年还曾为天津东门内孔庙写过碑文等。但孟广慧留下的文本作品并不算多,他说少者为贵,宁可受穷也不可多写。

孟广慧有名士风度,潇洒不羁,性情豪爽。他的兴趣广泛,喜好京剧、昆曲、曲艺等艺术门类。书法之外,还颇喜绘画,自己不画画却能教画。20世纪30年代津门名画家杨清我和后来的女画家曹履晋等人就是他的入门弟子。

孟广慧隶书对联

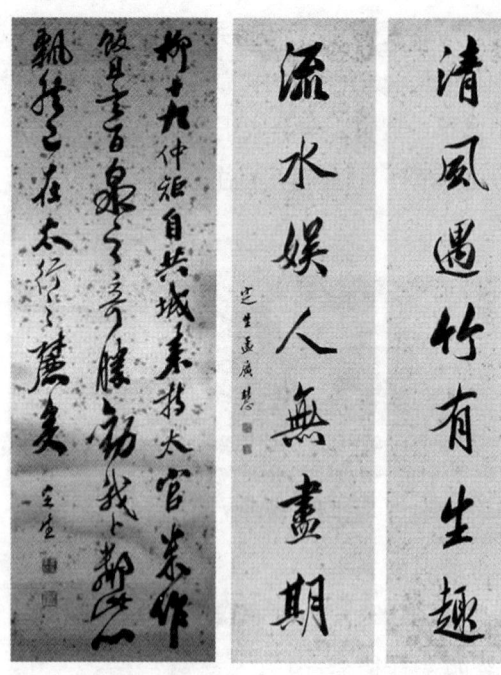

孟广慧行书书法　　孟广慧行书对联

孟氏还是著名诗人,1921年与严范孙等津门名宿一起组建了著名的"城南诗社"。他还好交往、重友谊,与弘一大师李叔同从小要好,曾为他的六十寿辰题写大"寿"字。然自视清高,不肯屈尊权贵。徐世昌与他原系表亲,在总统任上聘他做秘书,他竟婉谢。温世珍任沦陷时的天津汉奸市长,恳请他担任秘书,他更拒不出仕。曹锐为曹锟的四弟,有权有势,财大气粗,为庆母寿,指定他写泥金笺纸十二条大屏,傲慢地予金万元银币,他毫不理睬。但对一般群众,孟却是另一种态度,担水者、磕灰人、理发师、洋车夫等劳苦群众如有所请,无论多少,予取予求,绝不论价。

孟广慧自幼还喜好古物,收集文物及古代书法用纸、扇面、信笺,所藏古物有些至今都是难遇之品。因家藏汉代乐器"錞于",遂以"錞于室"为斋号。藏品中尤以古代钱币为多,其收藏大钱为最出名。著有《两汉残石编》《广慧藏泉》等著作传世。在孟氏的收藏品中,最重要的应属殷墟甲骨文收藏了。

孟广慧是甲骨文最早的发现者和购藏者之一,与王襄、王懿荣齐名。他前后共收购甲骨430片,孟氏去世后家人为葬殓将甲骨卖给了其弟子李鹤年(李鹤年后来将其中的400片捐献到国家文化部,剩下的30片自己留着研究观赏。"文化大革命"中李鹤年被抄家,30片甲骨被抄走。后来落实政策将其中的20片归还给李氏。李去世后,其夫人子女将这20片甲骨委托上海崇源艺术品公司拍卖,竟拍出4800万的天价。这是后话)。而孟氏自己一生贫寒,不置产业,卖字终身,全无定价,本着"穷人吃药,阔人付钱"的原则而定高低。直到临终时,他的藏书中只翻出两元钱的伪币。1940年因病去世,享年73岁。

四、孟广慧与甲骨文的发现

实际上,殷墟甲骨文最终能被学术界发现而视为珍宝,还应该归功于这位书法造诣颇高的津门名士孟广慧先生。

1898年,32岁的孟广慧闲居天津。这年秋季的一天,山东潍县古董商范寿轩来到天津兜售古物。王襄家是天津有名的世宦名门,又是收藏大家。所以范寿轩像往常一样来到王襄家里。这天正好孟广慧也在王家。闲谈中,范寿轩讲到他在河南见到一种地里挖出的骨头,上面还有刀刻的划道。孟广慧听了后就说,这可能是古代的简策。并催促范贾再来时带来这种古物一观。

第二年秋天范寿轩又来到天津。

孟广慧所藏甲骨选片

孟广慧和王襄终于见到了他们原来认为是"古简"的甲骨实物。倾其财力买了一些破碎的小片，但孟、王两人都是读书人，买不了许多。于是范贾就将剩下的背到了北京，卖给了大清国子监祭酒、著名金石学家王懿荣。孟广慧对自己没能买到手的其中一块片大字多的半甲，恋恋不舍，专门为此跑到北京找到王懿荣借看这片甲骨。从此，甲骨文告别了"龙骨"时代，由稀见的古代文物而成为金石学家和书法家们研究文字历史和书法艺术的珍贵资料。

关于这段历史，王襄记载甚详："世人知有殷契，自公元一八九八年(即前清光绪二十四年)始。潍友范寿轩售古器物来言，河南汤阴出骨版，中有文字，征询吾人欲得之否。时有乡人孟广慧共话，极怂恿其往购，且言欲得之。孟氏意此骨版为古之简策也。翌年十月范君来，告以得古骨版，期吾侪到彼寓所观览。"在另一文中又称："范贾售古器物来余斋，座上讼言所见。乡人孟广慧世叔闻之，意谓古简，促其诣车访求。时则清光绪戊戌冬十月也。翌年秋，携来求售，名之曰龟板，人世知有殷契自是始。"①两次均说孟广慧断为"古简"或"简策"，"极怂恿其往购，且言欲得之"，"促其诣车访求"。这使得古董商对此物重视起来，并于来年将这种新出土的古物带到了京津地区，求售于古物收藏家和金石学者。这样甲骨文就被真正地发现了。

过去一些甲骨学论著在提到甲骨文发现这一重大事件时，往往只说北京王懿荣因害疟疾吃中药在"龙骨"上发现了甲骨文字，陈陈相因，传为故实。而对于孟广慧、王襄等人在天津也较早地发现甲骨文的历史事实置之不理。究其原因，或者是出于对这段历史

---

① 王襄《簠室殷契》《题易橋园殷契拓册》，《王襄著作选集》，天津古籍出版社 2005 年版。

知之不详，援引成说；或者是出于某些甲骨学权威之论的不假怀疑，视为定论。这都有情可原。但是在有关甲骨文发现的一些早期资料陆续公布的今天，我们实不应该置一些文献记载于不顾，而再度重复那些早已被学人质疑的陈词滥调。

其实，著名甲骨学家胡厚宣本人早就说明甲骨文发现的事实真相："孟王两氏的蒐求甲骨，至少当和王懿荣氏同时。这一点很多学者都忽略了。"①当今著名甲骨学家王宇信也称："王襄、孟广慧还是可以与王懿荣一起，做为甲骨文的最早发现者，在甲骨学史上应有一定的地位。"②"至少当和王懿荣氏同时"，是一句含糊的推测之语，但是这一推测确有道理。"至少同时"的言外之意是，至迟两家同时，但很有可能孟广慧、王襄发现甲骨文比王懿荣要早。

所以在此，我们也仿照胡先生的话，称：至少是由于孟广慧对甲骨的最初判断和他对古董商的催促，才引起了古董商的重视，才使得甲骨文最终和学者见面而发现了。

五、孟广慧与甲骨文书法的开端

孟广慧最早见到并对甲骨文感兴趣，是因为他是当时著名的书法家，平生对古代金石文字有天生的嗜好和偏爱。他对这种新发现的古文字有一种艺术家的敏感，是甲骨文这种独特而古雅的字形吸引了他。于是倾其家财，尽力购藏。据王襄记载："余与定老皆

---

①胡厚宣《五十年甲骨文发现的总结》，第22页，商务印书馆1955年版。
②王宇信《甲骨学通论》，第38页，中国社会科学出版社1989年版。

寒酸,闻其高价,皆爽然若失。自叹婆人子,见此瑰宝,力不能得,只有深惜而已。襄则取块小之龟甲一包,论定其值,携之归,不虚所见云尔。定老则留恋不忍舍去。后闻之云,此次购得巨大之边条与凹形之骨数十片,费去数十百金。定老固非雄于资者,何得此项巨金?盖其叔志青先生继埙,时官武昌盐法道,适寄旅费至,欲其游湖北。故挹彼注兹,以成其大愿,所谓千载一时也。"孟广慧得到这些难得一见的甲骨文字,不惜将其叔父寄给他的旅费用上,成就大愿。可见其喜爱之深。

孟广慧在初次购藏甲骨文之后不久,就将自己所藏的甲骨文字实物,进行笔墨临写,形成摹写本。这就是后来有名的甲骨文摹本《孟广慧殷契》。在甲骨学研究的早期,甲骨文的著录有拓本和摹本两种基本的形式。如果说刘鹗《铁云藏龟》是最早的甲骨拓本著录,那么孟广慧的这本《孟广慧殷契》应当就是最早的甲骨摹本著录了。但可惜的是,这个摹本一直深锁柜中未能出版。

对此,陈梦家在其《殷虚卜辞综述》中称:"孟广慧是最早鉴定与收藏甲骨之一人。他的甲骨今归文化部,我们曾加以整理,孟氏在包皮上亲笔写下了'十六册,二百○五至二百二十,字精者,庚子九月二十一夜抚过'。由此可见,庚子那年孟广慧已经摹写过卜辞。"同书又云:"庚子冬孟广慧选其所藏之字精者抚摹之。"[1]

陈先生见到并加以整理的甲骨,当是1952年李鹤年捐献给文化部的孟广慧旧藏甲骨,故而在包裹这些甲骨的纸皮上有当年孟广慧亲笔所写文字。通过这些文字,我们知道了至迟到1900年秋

---

[1] 陈梦家《殷虚卜辞综述》,第648页,中华书局1988年版,第十二章附录:一、有关甲骨材料的记载。

九月，孟广慧就开始了对甲骨文中比较精美的片子进行摹写。这距离1899年冬十月学术界发现甲骨文只不到一年的时间。因为目前没有发现王懿荣、王襄等人在这个时间对甲骨文整理、摹写的纪录，因此完全可以说，这是目前所见到的最早的对甲骨文进行摹写和研究的资料记载。进一步地说，称孟广慧为甲骨文书法的第一个研究者也不为过分。

王襄更是详细地介绍孟广慧摹写甲骨文字的当时情形："翌年庚子，清朝与列强构衅，国难作，襄始避地他乡，殷契之学遂置，不复讲求。而定老于此时（按指1900年的庚子之难），摹其所得成书一卷。及难平，出以相示，襄假之照录一通，是为襄临写各家殷契之第一本。当是时，殷契之发见将及三年，而未有著述立说以倡此学者。"①

王襄所写《孟定生殷契序》书影之一

王襄、陈梦家都是甲骨学史上重要的学者。他们的言论我们自当视为珍贵资料。也就是说，在甲骨文发现后的第二年1900年，孟广慧就已经开始甲骨文字的摹写和研究了。当此之时，王懿荣殉难于北京，其所购求之大量甲骨尚躺在王家的箱柜之中。距离刘鹗出版《铁云藏龟》尚有三年的时间。所以说此时学术界自然"未有著述立说以倡此学者"。孟氏的摹写、研究自是开研习甲骨

---

①王襄《孟广慧殷契序》，《王襄著作选集》，天津古籍出版社2005年版。

王襄所写《孟定生殷契序》书影之二

文字风气之先。

至于孟广慧所摹写的甲骨文摹本究竟如何,惜乎我们至今无由得见。所能知道者,是王襄1924年曾对孟广慧所摹甲骨文本的追记,云:"卷中契文,孟氏摹本笔画偶有未妥者,惟甲骨非吾藏,无由校订,识之以诏读者,知慎取焉。"[1]孟氏最早的摹本,因为无所借鉴,故而可能有许多未识之字,其"摹本笔画偶有未妥者",可以想见,也在所难免。

孟广慧对甲骨文的整理与摹写等工作,实是最早的(广义上的)甲骨学研究活动。而关于这一点,学术界重视不够,因此孟广慧在甲骨学研究上的贡献和在甲骨书法艺术史的地位,常常被人忽视而不见之于甲骨学史的诸多著作之中。这不能不说是一件非常遗憾的事情!

现在的甲骨学史论著,往往把孙诒让先生当作甲骨文字第一个研究者。这是因为孙氏于1904年写成了《契文举例》(1917年出版发行)一书。这距离第一部甲骨文著录书刘鹗《铁云藏龟》出版的1903年,只不到两年的时间。而没有出版自己成果的孟广慧,早在1900年即对甲骨文进行整理、选萃和临摹,只因成果未能出版,自然不被人重视,惜哉!

当然,如前所述,孟广慧所以较早地自觉整理、摹写甲骨文字,

---

[1] 王巨儒《王襄年谱》,附载《王襄著作选》,第2595页,天津古籍出版社2005年版。

是因为从文字精美的书法艺术角度而引起了浓厚的兴趣。按照王襄的说法：当时"惟孟定老世叔与予知为古人之契刻也，可以墨迹视之。"①"作为书法家的孟广慧，对于甲骨文的发现、鉴定和收藏，只为其丰富书法内涵服务。"也就是说，孟广慧是把甲骨文当作等同于他经常临习的后世法书墨迹来看了。如果说我们无法称孟广慧是最早的甲骨文研究者，那么则完全可以说，孟广慧是学术界最早将甲骨文字摹写与书法创作结合在一起的一代书家，是甲骨文书法艺术的第一人。

由于性情的原因，潇洒倜傥的孟广慧一生述而不作，对自己的书法艺术也从来不立文字。但与其同时期关系密切的王襄记载了一些他临写甲骨文字的情形，可供我们来研究早期甲骨文书法艺术的这段历史。王襄对孟广慧所摹写的《孟广慧殷契》，曾有过一段精彩的议论："忆昔年访定老于镎于室，适为人作书。见几案之上，殷契与汉碑杂陈，知君研求殷契有素，于殼、宾、亘、韦（按，皆武丁时代掌管卜契的贞人卜师之名）诸史之笔法运用于汉隶之间，宜汉隶之独步一时，为流辈所倾倒。"②可见孟氏是把甲骨文字当作与汉隶碑版一样的法书名帖来研习了。他将甲骨文中殼、宾、亘、韦等武丁时代的贞人笔法，运用到他所擅长的汉隶书体之中，故其隶书书法多有古意，为常人所不及。

所以美术史论家王振德在《翰墨珍苑》序言中，称孟广慧"30 岁后又开始蒐集并摹写甲骨文字，致使其书法越写越精，逐渐对殷商甲骨文字及秦汉以下篆隶魏碑、行书楷书书写自如，随心所欲，被

---

① 王襄《题所录贞卜文册》，《王襄著作选集》，天津古籍出版社 2005 年版。
② 王襄《孟广慧殷契序》，《王襄著作选集》，天津古籍出版社 2005 年版。

书界誉为'津门临写南帖北碑第一好手'。"其隶书"行笔稳重圆转,结体平中寓奇,不仅有篆书意趣,而且融入甲骨文字的朴拙洗炼,显然是借临古而开今的创作。""孟广慧是现代最早发现并临写甲骨文的学者之一。他最先整理的《孟广慧殷契》揭开了临写与研究甲骨文的序幕。"①

世人只知孟广慧书法精妙,尤其是隶书写得好,但很少有人知道孟广慧在隶书书体中掺入了甲骨笔意和神韵,所以出神入化,顾盼自雄。尤其是孟广慧所写瘦硬清简一类的隶书,多含有甲骨文字的刀笔韵味。在他临写的为数不多的青铜器铭文中,也多有以甲骨文笔意书写金文的情况,以甲骨文笔法写出金文的字形,使得这些本来静穆厚重的金文字体变得纤巧遒劲,别有一番意趣在其中。这一点,如果不懂得书法用笔的奥妙,如果对甲骨刀笔文字的高古神韵无所知晓,是难于理解的。也正因为如此,后来的人很难真正理解孟广慧书法的高妙所在,也很难学到孟字书法的艺术真髓。

总之,孟广慧先生在甲骨文发现之后,很快就临摹甲骨精片上的文字,形成了第一部甲骨文摹本;并参照甲骨文字的笔法,运用到书法创作中,即将甲骨笔法融汇到其他书体尤其是其精擅的隶书书法的书写之中。孟广慧先生对甲骨文字的摹写和其对甲骨文笔法的应用,实开学术界对甲骨文摹写的先河,发书法界对甲骨文书法借鉴研究的先声。

---

① 王振德《情痴翰墨,播慧人间——孟广慧其人其艺》,载《翰墨珍苑——孟广慧、孟昭联、曹履晋书画作品选》,天津杨柳青画社 2000 年版。

四、孟广慧甲骨文书法艺术赏析

由于孟广慧先生生于乱世之中,又去世较早,留下来的书法作品本身就十分稀少。关于他临写的甲骨文摹本和甲骨文书法作品,就更是少见了。故而天津的一些书家多是根据其数量较多的隶书作品来分析其中的甲骨文笔意,实为无奈之举。

笔者拜访孟广慧的哲嗣、年届八旬的孟昭联,从他手里看到了经他历年不懈、艰难搜求而得到的为数不多的几件孟广慧甲骨书法作品。同样是津门著名书法家的孟昭联,鉴定了本文引用的三幅作品,无论是落款还是印章,都可定为孟广慧的书法真迹。

这三件书法,其中两间已残,装裱修补之后仍能看出原来残缺的痕迹。另外一件是甲骨文字对联,比较完整,墨色如新。从三幅作品所表现出来的笔法来看,当出自孟广慧不同时代的手笔。

"孟广慧甲骨文书法之一"为一小竖幅作品,似是以甲骨文字形书写的铜器铭文。同样也是各种笔法混杂的产物。其中一些字的中锋运笔和使转温婉,既有金文的厚重,也有小篆的柔美。而另一些字则仍如第一幅字一样,用典型魏碑和方笔小篆的笔法,力图表现甲骨文方挺刚劲的风神。还有些字则含有草隶笔意,似是受到了草篆或汉简笔法的影响。从这些特征来看,此幅作品也同第一幅一样,应该是其早期摹写甲骨文时的少作而已。虽然是摹写,但这两幅作品既题写

孟广慧甲骨文书法之一

孟广慧甲骨文书法之二

了摹写者名姓，又盖上了印章，则自当视为早期甲骨文书法作品无疑。

"孟广慧甲骨文书法之二"为一小横幅作品，似是临摹甲骨文原片的摹本，有些字摹得字形不全，有些字可能摹写错误，这正如王襄所说得那样，"孟氏摹本笔画偶有未妥者"，这在那个时代无由借鉴的情况下，在所难免。从笔法上来说，该幅作品可能是有意要把甲骨文字刻写的某些方笔形状表现出来，所以书写文字借鉴了魏碑字体的齐头起收笔意，但同时又有篆书中《天发神谶碑》的某些用笔特征，虽然使得整幅作品既不像篆书又不像甲骨，有些不伦不类，但从中也不无体现了孟广慧在初摹甲骨文时的丰富的想象和多方不辍的探索精神。

"孟广慧甲骨文书法之三"则是一幅完整的对联书法，而且完全脱离开了甲骨文原片内容，属于纯粹以甲骨文字进行创作的作品。但从内容上说，还不是对仗的偶联，而是以对联的形式写成的两句古体诗。其辞曰："声明官职今何用，待买扁舟载鹤归"。从上联的题款来看，这两句是出自孟广慧之父孟筱藩清发草堂诗句。下联有"定生孟广慧"落款和白文朱文两方印章。从笔法上来看，这幅作品应比前两幅时代要晚。这不仅是因为其笔法固定而成熟，不似前两幅那样掺合较多其他笔法笔意，而且还因为其甲骨文字形更接近甲骨文本体。不过仔细分析起来，这幅作品的用笔也并不单纯，同时包含了钟鼎金文和秦代小篆两种笔法。早期甲骨学者的甲骨文书法用笔,都不是纯粹的甲骨文笔法,而是多借鉴其他字体或后世书体的用笔。如相比而言,罗振玉的甲骨文书法多用小篆笔意,故其书法多清秀而古雅;王襄的甲骨文书法多用金文笔意,故其书法多朴茂而凝重;而董作宾的甲骨文书法则多用大篆和行书两种笔意,故其甲骨文书法多柔美而自然。孟广慧自

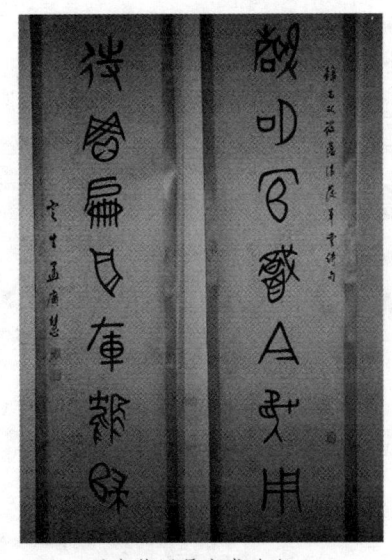

孟广慧甲骨文书法之三

然也概莫能外,其甲骨文字书写既有金文的古拙韵味,如该幅作品中的"载""职"等字,又有小篆的清秀风神,如该幅作品中的"扁""用"等字。

总之,孟广慧的甲骨文书法艺术借鉴与创造的活动,应该说是书法史上开一代风气的重大事件。而今甲骨文书法艺术异常繁盛,追本溯源,孟氏之功实不应再被忽视而置之不理。

(本文刊于《中国文字博物馆》2011年第1期,于此有所校改)

甲骨文入印的先驱
——王雪民先生

在书法艺术大家庭中,篆刻艺术以其独特的表现方式,古奥的表现对象,多姿的笔情刀趣,显得格外突出,受到文人雅士的钟爱和垂青,成为书法艺术中别具一格的重要成员。

以甲骨文字入印,是十九世纪末二十世纪初殷墟甲骨文发现之后的新猷,如今在篆刻艺术中则已司空见惯。甲骨文字进入篆刻艺术,既是篆刻艺术发展史上的一个重要方面的内容,也是甲骨文书法艺术中的题内之义,以其边缘性和探索性,备受篆刻家和艺术史家的重视,亟待经验的总结和理论的探讨。

一、甲骨入印第一人究为何人

但是对于谁是首先将甲骨文字引入印艺者,书法篆刻学界有不同的说法。

首先,世人较多地认为简经纶(琴斋)是甲骨入印第一人。孙洵

《民国篆刻艺术》称,简经纶"率先以甲骨文字入印":"简氏以甲骨文字入古玺,以章草治侧款,实是民国印坛开先河者。"①甲骨书法篆刻家刘江也认为,"在篆刻领域,不少印人随之将卜文引入方寸之间,又别开生面。据现有资料看,最早者要推简经纶(一八八八——九五〇)……他曾继罗振玉之后,集卜文为联并行于世,同时又开以卜文入印之风,取其瘦硬、坚实之笔。其印字形变化多端,章法富有疏朗紧密对比之效,用刀率直爽利,形成逸笔消散,且涩且畅的线条与古拙自然的艺术风格。"②2000 年西泠印社丛书"出版说明"亦云:"现知最早将甲骨文引入艺术创作的当推罗振玉,稍后则有简经纶集卜文为联并创制卜文印。"③与之观点相似,马洪云:"甲骨文被发现后不久,其特有的艺术性和美学价值即被一些人有所认识和关注,罗振玉、章钰、高德馨、王季烈、简经纶等学者和书法篆刻家先后集甲骨文或为楹帖或入印章,延伸到艺术范畴,可谓是甲骨文书法篆刻艺术的滥觞期。"④我们知道罗振玉、章钰、高德馨和王季烈等人是集甲骨文为楹帖的创始者,则马氏之意简经纶是甲骨入印的开山。近年马氏更加详明地指出:"目前,被公认将甲骨文引进墨书的是罗振玉先生。1921 年仲春,他集甲骨文字为联,当是最早的甲骨墨书之作。篆刻家简琴斋又始将甲骨文移植于印苑之中,笔书刀刻,与罗振玉甲骨文墨书构成双璧。"至于简经纶何

---

① 孙洵《民国篆刻艺术》,第 93 页,江苏美术出版社 1994 年版。
② 刘江《甲骨文篆刻艺术的探索之路(代前言)——并藉以纪念甲骨文发现百周年》,《刘江甲骨文篆刻百印》,西泠印社 2000 年版。
③《西泠印社丛书——世纪传薪·甲骨文篆文书法篆刻丛编》,出版说明,西泠印社 2000 年版。
④ 马洪《甲骨文篆刻刍议》,安阳市文学艺术界联合会、安阳市书法家协会编《甲骨文书法艺术论文集》,第 170 页,华文出版社 1993 年版。

时"将甲骨文移植于印苑",马氏称,"以甲骨文入印,印学界普遍认为简琴斋是第一人,然而始于何年、何时,并无详考。大概推断,甲骨文发现于1899年,字义还要经过一段时间辨析,可识文字积累了一定数量以后,估计在罗振玉首创甲骨文墨书前后"①。罗振玉是1921年将甲骨文墨书集联的,那么推测简经纶的甲骨文入印,应在1921年前后。

其次,也有人认为杨仲子是首先将甲骨文字刻入印章的。如俞剑华《中国美术家人名词典》"杨荫浏"条目下:"字仲子,以字行,别号一粟道人,世居南京……为我国贞卜文自入印之第一人。"②洪宝森认为,"开甲骨文入印创作之先河有杨仲子、简经纶、易大庵等人……虽说杨仲子为甲骨文入印先驱者,印面创作整体看来仍属于将甲骨文字套入,尚未发挥甲骨屈伸盘错大小变化之特性。总体来说仍不及简经纶甲骨印文的多变及创作量,由于创作量丰富且多为佳作,故后人皆误以为简经纶为甲骨文入印创始,原因在此。"③陈春华云:"(甲骨文)对当代的篆刻艺术也产生了重大的影响,如杨仲子、简经纶则是以甲骨文字入印的先驱。"④这些说法皆定性之论,均未言明杨氏于何时始将甲骨文字引入印作。于是有人进一步推测道:"开甲骨文入印创作之先河有杨仲子、简经纶、易大庵等

---

① 马洪《简琴斋与甲骨文入印的发端》,《中国文物报》2006年4月12日。
② 俞剑华《中国美术家人名词典》,第1200页,上海人民美术出版社1980年版。按,据孙洵《民国篆刻艺术》(第84页)云:"俞氏之编取材于《大公报》1961年3月5日。据笔者查询杨氏家属否认此公生前名荫浏;询问江苏省文史研究馆苏昌辽先生,苏早年问学于杨,交往甚深,苏也从未听说杨氏有此名。"
③ 洪宝森《以甲骨文入印第一人》,《周末》第23期,1986年6月28日。
④ 陈华春《论二十世纪三次重大考古发现对当代书法的影响》,http://hi.baidu.com/tgchc/blog/item/f7f8af0f5ec7d4edab6457f7.html.

人,徐悲鸿先生曾曰仲子先生是'以贞卜文字入印之第一人',潘伯鹰先生也说过:'甲骨晚出,援以入印,直追古初,乃先生所独擅也。'二十年代先生就致力于研究甲骨文,旧京我国最早的画报《北洋画报》就常见他的甲骨文书法、印章作品发表。"①则指明杨仲子是二十年代始以甲骨文字入印。

再者,有人认为王雪民是甲骨文字入印的先驱。如林乾良在《关于二十世纪的篆刻及其篆刻大师的调查报告》中,谈到出土文物对于书法篆刻艺术的影响时称:"由于科学考古的发展,古玺、汉印以来的印章实物以及常有铭文的文物在本世纪大量发现。有些东西虽早一两年发现(如甲骨文),但有所研究与引入篆刻还是本世纪的事(王雪民、简经纶、董作宾、潘天寿)。"②他将以甲骨入印的早期人物作了排名,把王雪民放在简经纶等人之前。无独有偶,孙家潭在《甲骨文入印》一文中称:"甲骨文发现已近百年。用其文字入印早有王雪民、简琴斋、易大厂、杨仲子等诸贤垂范,当今印坛前辈与中青年篆刻家亦多出新意,生机勃发且佳作迭出。"③也是将王雪民放在简琴斋、易大庵、杨仲子等人之前。更有著名甲骨书法篆刻家杨鲁安云:"最早以甲骨文入印者,当属王襄之弟王雪民。王家收藏甲骨甚富,雪民平时耳濡目染,自清宣统末年已开始以甲骨文入印,到1920年前后日益成熟,并以甲骨文刻边款,迄1942年已臻化境。杨仲子、简经纶用甲骨文刻印远远晚于王氏,约在1930年以后。"④明确提出王雪民开始以甲骨文入印的时间是在清宣统末

---

① 佚名《篆刻艺术创作多字印之试探》,《篆刻网电子报》第38期,2002年3月20日。
② 林乾良《关于二十世纪的篆刻及其篆刻大师的调查报告》,《中国书法》2000年第11期。
③ 孙家潭《甲骨文入印》,《天津书法论文集》,第273页,中国文联出版社2000年版。
④ 杨鲁安《略说甲骨文书法》,《收藏》2005年7月15日。

年,即 1911 年前后。章用秀最近著文称王雪民是"甲骨文入印第一人":"王雪民却独辟蹊径,以甲骨入印,可谓史无前例。他的成就固得益于他最早见识甲骨的机缘,而大胆超越前人的独创精神无疑是使他成为'甲骨入印第一人'的主观因素。"①章氏以其所藏王雪民的两方甲骨文字印章为据,分析了王雪民甲骨入印的契机和印学风格的形成。

比较以上三种说法,我们认为第三种更接近实际。前两种说法,大都是不了解甲骨文发现历史和不从事甲骨文入印者的人云亦云,因而不可能符合历史的实际。而林乾良不仅是江南名医,而且也是西泠印社的资深社员,他于近年在全国范围内,全面调查中国近代篆刻艺术大家材料,研究中国近代篆刻艺术史,因此所掌握的情况更为全面。正像《中国书法》杂志在为他的这篇调查报告所作的编者按那样,"林乾良先生对书法篆刻艺术有着执着的追求。他参照《中国书法》对二十世纪杰出书法家的评选,以个人名义发起了对二十世纪篆刻大师的遴选活动,得到了国内许多篆刻家的支持。其结论虽为一家之言,但作为一种回顾,无疑对当代篆刻艺术的发展有一定的参考与启迪意义。"作为西泠印社理事兼鉴定与收藏研究室主任的杨鲁安,不仅是著名的书法家、篆刻家,而且也是著名收藏家,他本人也曾购藏许多甲骨文实物(1999年捐赠到西泠印社),从书法艺术和篆刻艺术的角度研究甲骨文字,也较早地以甲骨文入印入书,是当代甲骨文书法篆刻艺术的大家。他还是著名甲骨学家王襄的入室弟子,对甲骨文发现的早期历史和甲骨文书法艺术史,近水楼台,得天独厚,有着别人无法

---

①章用秀《甲骨文入印第一人》,《今晚报》2007 年 5 月 6 日第 9 版副刊。

企及的长期观察和认真思考。所以他对甲骨文入印的历史自然有更多发言权。而孙家潭是天津印社社长、西泠印社学术研究委员会委员、著名甲骨文篆刻家,乃王雪民再传弟子,颇能绍继师祖,开宗立派,是当今北方以甲骨文字入印的权威人物。其所论述当为知人慧言,必有坚据。

因此我们相信,津门著名篆刻艺术大师王雪民是甲骨文字入印第一人。

二、王雪民生平及其篆刻艺术成就

王雪民(1883—1946),初名衡,又名钊,初字燮民,后称雪民,斋号乐石斋,一号乐石居士,成人之后以字行,天津人,是著名甲骨学家王襄的三弟,因在家族中排行第六,被人尊称为王六爷。王襄博学多闻,收藏颇丰,家学渊源。王雪民少年时与胞兄共案切磋,潜心金石,饱览家藏甲骨、铜器、玺印、封泥、砖瓦、钱币等大量文物。"肆力于鉴定,文字之神力与结构,器物之色泽与形质,断代比勘,的求其是。得一物观玩考索,察及毫末。深宵不寐,往复辩诘,比至论定。"①故有颇深的金石学造诣。曾为乃兄"整理研究过大量的古文字资料,因此也为他的治印艺术奠定了坚实的基础。"因幼年身体羸弱,无法出外就学,在家自修金石之业。十几岁开始就以刻刀为铁笔,以石材作纸帛,寄意方寸之间,探索印学奥蕴。王雪民一生清贫,好古不倦,执刀刻印,巧夺天工,倜傥不群,当年在津门独领

---

① 王襄《孙秉箴集钊弟印谱叙》,《王襄著作选集》(下),第 2294 页,天津古籍出版社 2005 年版。

王雪民先生照片

风骚,誉为印坛高手,是北方印坛翘楚。与穆寿山、张穆斋一起被称为"津门三印人"。1912年,曾与乃兄王襄一起,参加天津民国法政讲习所学习。生前曾任职于天津市第一图书馆,被天津市美术馆聘请为导师。

王雪民于周秦古玺兴趣颇浓,故其印章篆刻,揣摩周玺,规秦矩汉。其所治印章,用刀稳重,冲切相辅,章法平稳,不出传统矩矱,被世人公认为路子正、学养深、技法精,创出"静、雅、活"三字特色的一派篆印风格。清末民初年间,从南到北出现过一脉相承的"三王"印风。"三王"就是指王石经、王福庵、王雪民三人。王石经(西泉)(1833—1918)是深受陈介祺、王懿荣、吴大澂等著名金石学家推重的晚清篆刻大家,王福庵(禔)(1880—1960)是西泠印社创始人之一。王雪民能与王石经、王福庵并列,可见时人对王雪民的认可。无论在篆刻功力上还是对篆刻艺术的贡献上,王雪民都不愧是当时北方篆刻的领袖人物之一。著名画家陆文郁(字辛农)有诗赞曰:"师古不泥具卓识,追幽探奥成婀娜。天人工巧两称绝,想见游刃如挥戈。"从此诗可知,王雪民对传统篆刻艺术的态度是"师古不泥",风骨自现,正所谓有所法而后能,有所变而后大也。

王雪民于印史印论亦多有独到见解和一家之言,如:"传世之古印最著者,为周秦官私玺,汉魏六朝官私印,唐以后无足观焉。此治印学者所宜知也。然周玺之文,与钟鼎款识之文类,秦玺之文,极尽变化,殊形诡制,开印学法门。自汉迄六朝缪篆兴,摹印之学,遂集大成。"① 又"尝云近世之印，虽出刻削，与铸金者不同。然周秦汉魏之作，已立轨范，后人无以加之。学者取径于斯，即得本源，至于归

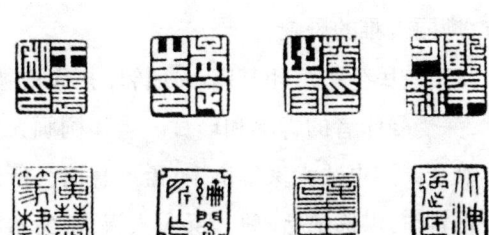

王雪民所制玺印选拓

趋，则任自择。若皖浙两派，可资参考，不足师法。盖皖浙之印，亦学秦汉，趋彼后尘，何如直宗秦汉为当。"②这些理论正与王石经、王福庵二家所宗相同，故三家印风亦大体相近。

王雪民对秦玺汉印情有独钟，然而师古不泥，注重变化，所治之印每每能透露出稳重、古朴、温润、雅静之传统韵味。如他仿两汉铸印模式，运用浙派刀法，所刻"王襄私印""华世奎印""孟广慧印""鹤年分隶"等白文印，虽路数相近，但却产生了不同的效果，"王襄"印朴茂高古，"孟广慧"印圆融浑厚，"华世奎"印方刚劲健，"李鹤年"印疏密有致。而他所刻的朱文印，则运用不同的古文字字体，或作商周金文，如"纶阁所乍（作）"；或仿六国古玺，如"北海遗民"；或选秦书八体，如"广慧篆隶"；或学汉魏缪印，如"璧臣"等等。每种书体都能形肖神似，尽态极妍，聚在一处，则多姿多彩，美不胜收。偶尔刻写隶体字印和肖形印，也很古朴精巧，耐人寻味。王雪民一生治印，"运刀洗练而畅达，气势雄厚凝重，看似平淡方正，实含峻拔奇拙，方入圆出而静中有动，使他的仿汉一路印呈现出端庄大

---

① 见载于杨鲁安编印《王雪民印存》后记，栖云山馆 1984 年印制。
② 王襄《亡弟雪民传》，《王襄著作选集》（下），第 2308 页，天津古籍出版社 2005 年版。

方、遒丽古雅的风貌。"①

王雪民生平治印甚夥,所钤印拓无虑数千方。为名人嘉士刻章,深受受印者的青睐和珍藏。当年国画大师张大千、甲骨学家王襄以及天津书法大家华世奎、孟广慧诸公所用之印,多数为王雪民精心力作,堪称绝品。惟经兵灾人祸,散失殆尽。王雪民早年曾自辑《雪民印稿》,一函四册,存印百余方。去世后,王襄也曾整理其遗作,云:"钊弟治印存此泥本,今检点箧衍,得十二册,即赠文史研究馆,备馆中鉴家清赏。"②其身后弟子门人又陆续代为集纂,遂有《乐石斋印存》《燮民先生印谱》《雪民印谱》《雪老遗作》《王雪民印存》《雪民印存续集》等传世。

王雪民中年后,开馆授徒,义务教授篆刻艺术,在天津篆刻艺术人才培养和艺术传承方面,做出了突出的贡献。1929年,天津美术馆正式开馆,王雪民被聘请为导师。天津美术馆开设篆刻学习班,当时的许多学生后来成为了天津印坛的中坚力量。在篆刻艺术教育上,他"讲说家法,分别流派,至结字布局,奏刀运腕,种种矩镬,言详而意尽""常云治印者,能得周玺之古、秦玺之奇、汉印之工,运以精心,出以巧技,堪以注籍艺府矣"③。他在印学上主张法宗秦玺汉印,告诫学生要"取法乎上";主张"既然是作今人印,何必敲边学古人",遵循历史真实,不作假印;主张治篆刻者必须通金石、习考古、写甲骨金文、懂文字学源流④。这种思想,对于后辈天津篆

---

① 任喜仲《王雪民治印初探》,《天津书法论文集》,第313页,中国文联出版社2000年版。
② 王襄《题钊弟治印册子》,《王襄著作选集》(下),第2068页,天津古籍出版社2005年版。
③ 王襄代孙秉箴撰《雪老遗作序》,《王襄著作选集》(下),第2303页,天津古籍出版社2005年版。
④ 任秉鉴《王雪民严于课徒》,《今晚报》1987年2月7日。

刻人士起到了潜移默化的作用。弟子中继承衣钵，传其印艺者，有其哲嗣王强儒及门人周与九、唐石父、李鹤年、齐智园、杨鲁安、蓝云、姚于征、朱寿松、孙秉箴、玄乃光、任秉鉴等人，蓝云、齐智园、杨鲁安等又薪火再传，桃李天下。

三、王雪民与甲骨文入印的机缘

相比简经纶、杨仲子、易大庵等人来说，王雪民非常早地接触到了甲骨文字这种新出土的古文字材料，有着比他们都较优越的甲骨入印的先决条件。

据王襄文稿，王雪民也曾参与第一批甲骨的鉴定与收购，并在购藏到甲骨文字之后玩赏研习，用于印艺：

> 殷墟出契文之年，在清光绪戊戌。翌年，潍贾范寿轩携之来津。乡人孟广慧、马景含二君及余家兄弟见之，惊为千载瑰宝。斯时甲骨之值，字索一金。弟爱之甚，以为有殷之秘文，刀笔之宝迹。资以治印，不在玺印次也。捐金收其易得者数十事，逮后大有所获。弟研玩益深，故题印之款，一仿殷契，殆亦学能致用之一端欤？①

参与早期甲骨文发现与鉴定，这是王雪民得天独厚的学术际遇，是其他篆刻家不能企及的。甲骨文开始被发现之时，王雪民就有"资以治印"的设想，故能在购藏之后"研玩益深"，故能"题印之

---

①王襄《亡弟雪民传》，《王襄著作选集》(下)，第2308页，天津古籍出版社2005年版。

款,一仿殷契"。

津门王家"太史第",明清两代书香世宦,又是著名的文物收藏世家。王雪民受其父祖辈和胞兄的影响,自幼对金石文字耳濡目染,浸淫溉深。王襄称,"弟于契文金文中之奇字,每有的解。余曩述《殷契类纂》,间录其说,惜不自董理,散佚者多"①。王襄《簠室殷契类纂》是中国第一部甲骨文字典,在学术界影响很大,地位很高。而在这部甲骨文字典中,王襄中对王雪民的"契文金文"奇字"的解",也"间录其说"。如在该书正编"戍"字条下:

戍,古戍字。吾钊弟云:"伐、戍二字,许书皆训从人持戈,甚难辨别。按伐字,段注:'戍者,守也。故从人在戈下,入戈部。伐者,外击也。故从人杖戈,入人部。'此字从人在戈下,即戍字。"说甚确,存之②。

由此可知,王雪民对甲骨文字,不仅仅是出于篆刻家对古文字的好奇和摹绘,而且于古文字学理论及文字形义之学也颇有深究,时有确论。对此,著名画家陆辛农称,"王雪民先生金石甲骨文字之学,不让乃兄纶阁先生"。兄弟二人经常在一起研究甲骨文字,为了帮助王雪民以甲骨文字治印,王襄曾在外地集甲骨文字为诗文联语寄赠王雪民使用③。不过对于王襄来说,更专注于甲骨文字之学,遂能在甲骨学上著书立说,享有一席之尊;而对于酷爱

---

①王襄《亡弟雪民传》,《王襄著作选集》(下),第 2309 页,天津古籍出版社 2005 年版。
②王襄《簠室殷契类纂》,第 56 页,河北第一博物馆 1920 年出版。
③王襄《题寄钊弟贞卜文集字》,《王襄著作选集》(下),第 1731 页,天津古籍出版社 2005 年版。

篆刻艺术的王雪民来说，他则更多地是像当年发现和鉴定甲骨文的孟广慧一样，是将甲骨当做了书法和治印的借鉴。他在刻印中除融会周秦古玺、两汉印章，取资于金文、古陶、封泥、元人私押之外，竭力从甲骨中规貌取神，将甲骨文字形引到篆刻艺术中来。

也就是说，王雪民能够将甲骨文字引入篆刻艺术，缘于他有难得的人生际遇和深厚的文字学修养的。"治印数将逾万。观其布局结字，浙派皖派之异，未尝杂于笔端，是能远绍玺印绝学，为人所不为者"[①]"钊弟固精于刀笔，由殷之甲骨文、两周之金文、玺文与战国先秦之省变异文、汉之缪篆，并蓄而兼收之。至玺印之布局结字，有独悟处，不与时史同趣"[②]。

因此我们说，王雪民应是甲骨入印的第一人。至于他将甲骨文字刻入印章的时间，杨鲁安认为是在清宣统末年，即1911年前后。我们认为这一结论也有待商榷。

杨鲁安的主要证据，可能就是在由他于1984年集纂的《王雪民印谱》前面所置之王襄弁言，而根据同书陈邦怀序言可知，王襄此弁言实为王襄为王雪民另一本早期所拓印谱所写的弁言（如下页图所示），云：

> 星北弟欲摹印，嘱拓此册，其中皆吾燮民所制，间有一二钮鄙制者，以备参考。吾兄弟所制各印，纯师周秦古玺汉印等，虽不敢自诩神似，然实窥见古人之堂奥。吾星弟以之为先导，

[①] 王襄《孙秉彝集钊弟印谱序》，《王襄著作选集》（下），第2295页，天津古籍出版社2005年版。
[②] 王襄《题周与九刻竹印拓本》，《王襄著作选集》（下），第2073页，天津古籍出版社2005年版。

或不至迷于歧途，更望有青蓝之能事也。

　　宣统三年五月十六日兄王襄记。（朱文印章：郙庐）

弁言中虽未明言，王雪民此印谱（中有少量为王襄所作印）中有无甲骨文入印的印蜕，但从王雪民接触甲骨并一直仿契文作边款的时间来看，此集中当有甲骨文字印章。如此说来，杨鲁安以王襄写这个弁言的时间（宣统三年即辛亥年，1911年），来推算王雪民甲骨文入印的时间，是一种较为保守的态度。王雪民实际以甲骨文字刻印的时间当会更早些。

　　我们从王襄为王雪民另一本印谱所作的序言，发现了王雪民在更早时间开始以甲骨文字入印的证据。王襄《孙秉彝集钊弟印谱序》云："安阳所出殷契于玺印之学、契刻之法，均足以师资。弟则心仪手抚，为之不辍，审计时日，阅四十年。"[1]文中另有"今赘弟（朱案，即王襄之二弟王瓒）墓有宿草，余与钊弟，亦白发种种，日进老

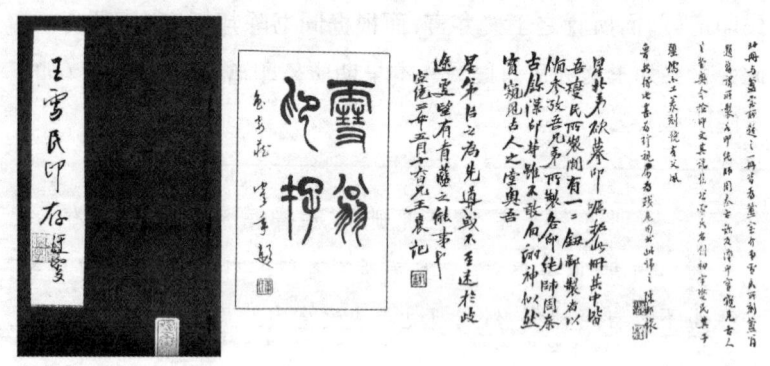

《王雪民印存》书影

---

[1] 王襄《孙秉彝集钊弟印谱序》，《王襄著作选集》（下），第2294页，天津古籍出版社2005年版。

境。少小乐事,蕴诸怀来,仅低徊自慰而已"的语句,足以证明王襄写此序言时王雪民尚健在世。而从目录上看,王襄所写此印谱序言,收在王襄生前自己编定的《纶阁文稿》之第二册,与《前秦文字流变史话叙》和《李赞卿先生赞》一起,属于"乙酉"年作。以王雪民的生卒年月推算,"乙酉"年正是其去世的前一年,即1945年。那么,由1945年往前上推40年,是1905年。也就是说,王雪民在甲骨文发现之后的第六个年头,就已经开始了甲骨文字的入印。这比杨鲁安所云清宣统末年的1911年要早五六年的光景。

王雪民于1905年前后,开始以甲骨文字入印。这比前文所云简经纶的1921年前后和杨仲子的二十世纪二十年代刻甲骨文字印章,要早上15个年头年左右。杨鲁安称简、杨二氏以甲骨文字刻印的时间是在1930年以后,不知有何证据。如果他的材料更准确的话,那么王雪民刻甲骨文要比他们早25年。因此我们说,王雪民是当之无愧的甲骨文入印第一人。

然而近代中国印坛,主要是南方印人独领风骚,有浙派、皖派等众多流派竞技赛艺,有黄士陵、吴昌硕等大家师传影响,又有西泠印社等高层次的印学机构号召活动,所以声势浩大,群星灿烂,大师辈出,相望于道;而北方印学相对来说实力较弱,水平不高,人物星散,影响较微。即使有北京"冰社"暂出,一欲振兴,也只是昙花一现,很快就风光不再。再加上王雪民身处天津,生性内向,"侘傺一生,不与时谐"[1],不喜张扬,交游不广,所以他的印学水平和突出贡献,便不大为世人所知。以至于提起甲骨文字入印一事,学界多知简经纶、杨仲子,鲜有论及王雪民者。不过,我们知道了甲骨文发

---

[1] 王襄《雪老遗作册子序》,《王襄著作选集》(下),第2302页,天津古籍出版社2005年版。

现和甲骨书学发展史的一些情况，就不难判断出王雪民在甲骨文书法篆刻艺术史上的作为,是不应该被轻易忘记的。

四、王雪民甲骨文印章艺术赏析

王雪民最早将甲骨入印，他把甲骨文字形运用到书法篆刻艺术之中,做了较多地努力和不懈的尝试,对甲骨书法学、甲骨篆刻艺术来说贡献较大。前人评价其"所刻贞卜(即甲骨文字)周秦文字,非常精到,边款一以贞卜文刻之,尤见特色。"

在《王雪民印存》中,有不少印章都是以甲骨文字刻成的。如下面几方印章:

王雪民甲骨文印章选拓

以上各图所示，"小叔""臣（簠）室藏贞卜文""王氏贞卜文字""雪民澋(清)共(供)""臣(簠)室"(二)、"素璞""隺(鹤)年集三代文字""辛農(农)"(二)、"学美""隹(唯)戊申吾以降""通文所藏""癸丑生"等,都是以甲骨文字入印的典型例子。

其中"小叔"是王雪民自己称号,"臣(簠)室"是其兄王襄的斋号,"隺(鹤)年"是指著名书法家、收藏家李鹤年,"辛農(农)"是著名画家陆文郁之字；"素璞""学美""通文"等皆为人名字号。凡两个字的皆姓名、字号印章。"雪民潚（清）共（供）"为闲章，"叵（簠）室藏贞卜文""王氏贞卜文字""雀（鹤）年集三代文字"等皆专门收藏印，"通文所藏"为收藏印或藏书印，"佳（唯）戊申吾以降""癸丑生"为生辰纪年闲章。

这些印章，或朱文，或白文，都是以甲骨文字或参借甲骨文字结构或笔法刻成。如其中的朱文"小叔""叵（簠）室"（二）、"辛甕（农）"，白文"叵（簠）室藏贞卜文""王氏贞卜文字""辛甕（农）"，都是典型的甲骨文字体和纯粹的甲骨文笔意。"雪民潚（清）共（供）"和"通文所藏"，则是以甲骨文形体参以金文结构和笔法。"素璞""学美"，则是在甲骨文字形体中掺入了春秋南方金文和战国古玺的某些笔意或写法。"雀（鹤）年集三代文字""佳（唯）戊申吾以降""癸丑生"等，则在甲骨文形体基础上融合了小篆字体的形状和风神。

从篆刻艺术的刀法而论，白文"叵（簠）室藏贞卜文字""王氏贞卜文字"等，属于单刀直入，不作复刀描摹，朱文"叵（簠）室""小叔""辛甕（农）"等印章，利刃切冲，都充分反映了甲骨文固有的刀笔劲度和挺拔风神。白文"辛甕（农）"则作冲切并用，往复回环，字体效果更像甲骨文第一期中的某些涂朱大字，厚重而不失劲健。

从甲骨文字体风格而言，"叵（簠）室藏贞卜文"和"辛甕（农）"（二），显然是甲骨文第一期（武丁时期，宾组）典型字体。而"王氏贞卜文字"则效法甲骨文第五期（帝乙帝辛时期，黄组）风格。这从两方印章中的典型字体"贞"字即可判断出其所模仿的甲骨文时代风格来。

对于甲骨文中所缺之字，就暂用金文字体，以甲骨文笔意刻出，而不是胡乱拼凑。这样刻出来的效果仍是甲骨文字风神和面貌。这种手法,尊古而又创新,是值得现在研习甲骨文书法篆刻艺术的人所宗法继承的。

王雪民的甲骨文字印章,采用多种刀法,临摹不同风格,甲骨文字之外并参以其他古文字形体的结构、笔意,这一方面反映了篆刻艺术家以甲骨文入印的早期特征,另一方面也可见王雪民的对于甲骨文入印多方琢磨、艰苦卓绝的探索精神。

王雪民不仅以甲骨文入印,而且常用甲骨文刻边款,有的长达二十多字。这是王雪民的一大创举,为前辈篆刻名家所没有的。如果说以甲骨文入印面,王雪民采取了以第一期武丁大字为主、再辅以多种字体融合和多期风格并存的方法,那么对于甲骨文字镌刻印章边款,则多以甲骨文晚期字体为主,即以帝乙帝辛之世的甲骨卜辞文字出之。初看密密麻麻,似无章法,实际则是刻写细小,整饬隽美,文字结构严谨,章法排列整齐,形成了自己独特的甲骨文边款艺术风格。这也是在当年别家印章边款上看不到的一个奇迹。

让我们欣赏一下王雪民的甲骨文印章边款艺术。下图是选自杨鲁安所藏王雪民印章中的三方印章边款①。这是典型的王雪民所刻的甲骨文字印(边款),均是甲骨文晚期文字风格。边款文字分别是:"甲子正月十二日王钊方(仿)汉","乙亥五月自(师)六朝朱文印香吟世兄嘱雪民刊","癸酉三月仿铜器亚形文字雪民"。其上有明确的创作时间纪年,分别是"甲子正月""癸酉三月""乙亥五月"。以王雪民先生的生卒年月来看,应该分别是 1924 年、1933 年、1935 年所刻。

但是从 1924 年正月所刻的"甲子"款字来看,"甲子"之"子"作

---

① 杨鲁安编著《杨鲁安藏珍馆藏品菁华》,文物出版社 2002 年版。

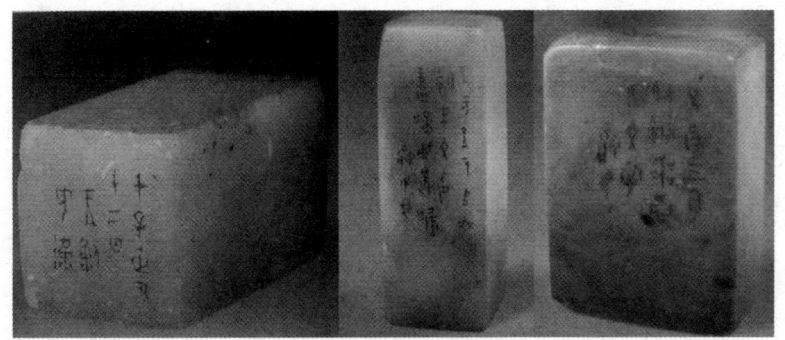

王雪民甲骨文印边款照片

子孙意的"㠯"之形,而不是作甲骨文中地支"子"的"𥝩"形。这说明王雪民毕竟不是甲骨学家,他对甲骨文中作地支的"子"(𥝩)和"巳"(㠯)字,还没有分别开来。正因为如此,该印章可以断定是绝对的真品,是那个时代篆刻家对甲骨文字认识滞后现象的一种时代表征。

这是目前所能见到的为数不多的有甲子纪年的王雪民甲骨文字印章边款,对于甲骨文书法篆刻艺术史来说,也是非常珍贵的资料。

资料链接

简经纶(1888—1950),名经纶,字琴石,号琴斋,斋名别署千石楼、千石居、千石室、千万石居、万石楼等。广东番禺人,为民国艺坛上著名书法篆刻家。其篆刻作品,初习浙派,出入古玺和秦汉印章,布局常参封泥结构,气韵高致。著有《琴斋印留》四卷、《千石楼印识》一卷、《琴斋书画印合集》等。马国权《近代印人传》称:"其于书,甲骨、彝铭、汉魏碑刻、简牍皆遍习,时甲骨与简牍初出,尤所究心,甲骨大字多以茅龙,便面小字则借助钝嘴钢笔蘸墨成之,峭劲遒峻,与刀刻之意相合。"是言其甲骨文书法。"而以甲骨文字入印,白文之作,布白错落有致,运刀劲利老到,妙得卜辞之遗,即作朱文,其用刀之率真瘦硬,均不失殷人意趣,苟非深探其奥,安可得耶!"是称其甲骨文印章。1937年,简经纶《甲骨集古诗联》在上海商务印书馆石印出版,"得联约一百五十,得诗三十有七,集句成章,和声合律,俱见辞章工巧,而其摹写之工,更允称后来居上也"。则是其有甲骨文书法著作也。香港饶宗颐教授评之曰:"以契文入印,间运铁笔,遒峭多味,异军突起。"简氏于甲骨文书法篆刻一途,诚乃赫然一代大家也。

杨仲子(1885—1962),原名祖锡,名均,亦名扬子,字仲子,一字重子,浙江嘉兴人。我国现代著名音乐教育家和篆刻家。早年留学欧洲先学化学,后攻音乐。1932年任北平艺术学院院长,1942年任国立中央音乐学院院长,1943年任国家音乐教育委员会主任、国立礼乐馆编纂兼作乐部主任等职。故有自刻纪年闲章曰:"壬申长艺院壬午长乐院癸未主乐教。"1949年后,任南京市文物保管委员会主任。杨氏精通音律,擅中西乐理,以书法篆刻为余闲雅事,然精于钟鼎文字及甲骨文书法,善以甲骨文入印,徐悲鸿称其为"以贞卜文字入印之第一人"。马国权《近代印人传》称杨仲子的姻亲"胡小石先生以治甲骨金文名家",故能以甲骨文字融金文笔意入书入印。杨仲子尝谓:"吾人若仅取法明清,似难脱前人窠臼,抗礼当代名流,应求之于殷契周金、秦权汉瓦、陶简泉镜之间。"郭沫若题其印集云:"殷契周金秦权汉瓦,怀古幽情凝于一石;碧化苌弘赫其有赤,听之无声中有霹雳。"杨仲子尝集其所书甲骨金文为《杨仲子金石遗稿》,可称赅备矣。

易大庵(1874—1941),原名廷熹,易名孺,字季复、季馥,后字大庵，又号韦斋，别署大庵居士、鹤山老人、待翁等，室名有双清池馆、古溪书屋、守愚斋、绝影楼、宜雅斋、梅寿盦等。广东鹤山人。早年东渡留学，参加辛亥革命和反袁斗争。后任胡汉民秘书，撰写《国民党党歌》。1920年代后潜心艺文，讲学南北，先后任北京国立音专、暨南大学教授等职。擅名文坛词苑，著作颇丰。兼长金石书画篆刻，书学赵之谦，画则逸笔草草，篆刻宗古玺，间以甲骨金文入印，深为艺林推重。1921年，大庵居北京，与当地金石学者及印人四十余人组成"冰社"，参与其事者有罗振玉、丁佛言、姚茫父、柯绍忞、马衡、陈宝琛、寿石工、陈汉第、徐森玉、陈半丁、冯心恕等。易大厂任社长，每周聚会，各携新得金石文物，切磋交流。北方篆刻之学，一时蔚成风气，论者谓可与南方西泠印社媲美。

（本文刊于《印说》2007年第4期，总第21期，此处有所校改）

简经纶、杨仲子、易大庵甲骨文印章欣赏

简经纶照片

简经纶印章一 取舍不同

大千

简经纶印章二

南洋伯
简经纶印章三

杨仲子照片

杨仲子印章一 樂夫天命復奚疑

牛馬走
杨仲子印章二

易大庵照片

梁氏效洛
易大庵印章一

癸亥
易大庵印章二

丙寅
易大庵印章三

罗振玉与甲骨文书法

甲骨文发现一百余年，甲骨文书法艺术的探索也有百年历史了。这期间不乏大家里手，尤其是一些专业的甲骨学家，主导着甲骨文书法艺术创作的潮流，为今天甲骨文书法创作繁荣局面的形成起到了积极的推动作用。

这些甲骨学家除了治学之外，本身也是当时有名的书法大家，所以能够将书法与甲骨文结合起来，两道兼通，学艺并美。所以他们的甲骨文书法作品多能在大量临摹殷墟甲骨文实物的基础上，书写出既符合甲骨文字结构特点，又能反映书家笔法习惯及深厚学养与时代精神的甲骨文笔墨书法艺术作品来，这些甲骨学家在推动甲骨文书法艺术这门新颖而古老的艺术门类方面做出了不懈努力和杰出贡献。

在这一方面，著名甲骨学家罗振玉可谓是一个典型的代表。

一、罗振玉的甲骨学贡献

在中国甲骨学史上,有所谓"甲骨四堂"的说法,即指在甲骨学研究上做出杰出贡献的四位划时代的著名学者,他们分别是罗振玉(雪堂)、王国维(观堂)、董作宾(彦堂)、郭沫若(鼎堂)。因为他们的字号之中都有一个"堂"字,所以被艳称"甲骨四堂"。唐兰曾如此评价"四堂"的学术贡献:"自雪堂导夫先路,观堂继以考史,彦堂区其时代,鼎堂发其辞例,固已极一时之盛。"罗振玉作为四堂之首,对于甲骨学研究厥功至伟。同时,罗氏也是甲骨文书法史上的具有巨大影响的领袖人物。

罗振玉(1866—1940),浙江上虞人,字式如、叔蕴、叔言,号雪堂、永丰乡人,晚号贞松老人、松翁。15岁举秀才。清光绪十六年(1890)在乡间为塾师并著书。1896年与蒋伯斧等在上海创立农学社,开办农报馆。1898年创办东文学社。1900年应鄂督张之洞之邀,任湖北农务局总监兼农务学堂监督。1902年任南洋公学虹口分校监督。次年入两广总督岑春煊幕参议学务。1904年受江苏巡抚端方委任,创办江苏师范学堂,任监督。1906年入京任学部二等谘议官。宣统元年(1909年)补参事官兼京师大学堂(今北京大学)农科监督。1911年辛亥革命爆发,与王国维等避居日本,从事学术研究,1919年归国,寓住天津。1921年,参与发起组织"敦煌经籍辑存会"。1924年

罗振玉画像

奉溥仪之召，入值南书房。1928年迁居旅顺。九一八事变后，参与策划成立伪满洲国，并任多种伪职。1940年6月19日，罗振玉病逝，终年74岁。

在学术上，罗振玉是晚清最著名的学问大家，真正的国学大师。他功底深厚，学问广博，曾广泛搜集甲骨、古器物、简牍、敦煌文书等考古资料，均有专集刊行；对校勘学、目录学、姓氏学、宗教学等学科也多有建树，并著述留传后世。其一生著作130多种，刊印书籍500种以上。编著有《贞松堂历代名人法书》《高昌壁画精华》《殷虚书契》《殷虚书契菁华》《三代吉金文存》等学术巨著。

罗振玉生活在中国近代学术史上各种新史料不断有重大发现的时期。殷墟甲骨文、敦煌写经、西北流沙出土的汉晋木简、故宫内阁大库元明档案、四裔碑铭、中州冥器、齐鲁封泥以及大量的商周青铜器等等，为历史文化的学术研究提供了重要而且丰富的新资料。每一种新出现的史料，基本上都促进了一门新学科的建立与发展。罗振玉敏感地站在了新时代学术的前沿，他以其深湛的传统国学功底和锲而不舍的治学精神，主持领导了这些新学问研究的工作，在几乎每个学术领域都有造诣极深的建树。他和他的弟子兼朋友王国维一起，为新的历史学研究做出了卓越的贡献。由此，他们的治学也赢得了一个宛如学派一般的名字："罗王之学"。甲骨学正是博大精深的"罗王之学"的一个方面，而且是主要的一个方面。

他在甲骨学方面的贡献主要表现在一下五个方面：其一，罗氏对早期出土的甲骨文材料进行了大量搜集和著录出版，使这些珍贵的学术资料公布于世，为学界所用，功德无量；其二，罗氏坚持探索，考证出了甲骨文的出土地在今河南省安阳小屯殷墟遗址，乃知其为殷商王朝遗物，为后来的殷墟考古发掘奠定了坚实基础，功不可没;其三,罗氏较早利用甲骨卜辞材料初探了殷代礼制,弄清了商代卜祀之法,探明了商代的某些官制,研究商代王室世系,发现甲骨卜辞中有殷帝王的名谥,开启了甲骨文殷商史研究的先河,直接启发了王国维关于《殷卜辞中所见先公先王考》等研究的路径,有筚路蓝缕之功;其四,罗氏长期坚持对甲骨文字进行考释,有《殷商贞卜文字考》和《殷虚书契考释》等甲骨学史上里程碑式的论著行世,对甲骨卜辞分类整理,提出先识文字,继通卜辞,再据以上考商史的思路,确立了甲骨文字考释的基本方法,考证出500多字,代表了当时文字考释最高水平;其五,罗氏较早利用甲骨文字集联,用笔墨表现甲骨文书法艺术,不仅开拓了甲骨学研究的新领域,而且也为中国传统书法艺术拓展了新的门庭,输入了新鲜的血液。

正如郭沫若在《中国古代社会研究》中所说,罗振玉的论著使"甲骨文字之学蔚然成一巨观,谈甲骨者固然不能不权舆于此,即谈中国古学者亦不能不权舆于此"。

二、罗振玉《集殷虚文字楹帖》

学问之外,罗振玉还颇善金石书法,篆、隶、楷、行,皆能精工,所作小行楷题跋精严工稳,为世称道。他对甲骨文书法的创建,更有不世之功。

1919年,罗振玉从日本回国后,客居在天津作寓公,直到1928年离开天津之前,一直居住在天津嘉乐里。至1921年2月,罗振玉

---

① 郭沫若《中国古代社会研究》,第213页,人民出版社1954年版。

在天津贻安堂出版了《集殷虚文字楹帖》。这是第一部集甲骨文字为联的书法工具书。罗氏于《集殷虚文字楹帖》后跋中谓：

> 自客津沽，人事旁午，读书之日，几废大半。去冬奔走南北，匍匐赈灾，四阅月间，益无寸晷。昨以小憩尘劳，取殷契文字可识者，集为偶语，先后三日夕遂得百联。存之巾笥，用佐临池。辞之工拙，非所计也。辛酉二月雪翁记于嘉乐里寓之殷礼在斯堂。

虽然我们前文论过，罗振玉《集殷虚文字楹帖》并不是学术界关注甲骨文书法的开端，但是他这种集甲骨文字为联的形式，为人们进行甲骨文书法创作打下了基础，所以对后来的甲骨文书法的兴起和发展产生了极大的影响。罗氏的《楹帖》及后来人们的续集，成了那些没有条件见到甲骨文实物的人士的临习法帖，许多书法家学习甲骨文书法都是从这类甲骨文集联入手的，影响所及，至今不衰。所以难怪人们说起甲骨文书法，大都以罗振玉此集联楹帖作为开山鼻祖来看待。

罗氏《集殷虚文字楹帖》一册，包括四言联语 11 副，五言 61 副，六言 4 副，七言 5 副，八言 18 副，共得 99 副。罗氏虽然受甲骨文字释读数量所限，再加上当时甲骨文书法处于草创阶段而无所借鉴，所以不可避免有许多问题，甲骨文字也多有不确之处，但是该书基本如实遵照了甲骨文字的本形，不做随意省改，又造型工稳，还是有极高的艺术价值的。

对此，陈爱民作了高度的评价："1921 年 2 月，由罗振玉亲自手书的《集殷虚文字楹帖》墨迹本由贻安堂石印出版。从此，古老的甲

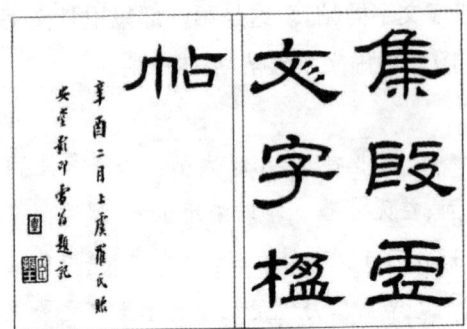
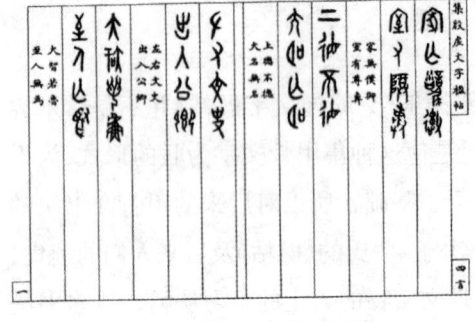

《集殷虚文字楹帖》书影

骨文书法在新的历史语境下重又'复活',揭开了新的篇章。而将罗氏此举置于20世纪初期前后中国书法变迁的历史过程中来考察,我们还会发现,20世纪初期伴随着殷墟甲骨文及三代秦汉金文、西北汉简和晋唐写经等逐渐进入现代书法领域,长期以来碑学帖学此起彼伏、相互消长的格局逐渐被打破,中国书法艺术呈多元化发展趋势。因此罗氏《集殷虚文字楹帖》的问世,不仅是甲骨文书法史上一件石破天惊的大事,也是现代中国书法史上一件具有划时代意义的历史事件。从书法史学的意义上来说,1921年罗氏《集殷虚文字楹帖》(以下简称《集帖》)的出版标志着甲骨的终结与甲骨文书法艺术转换的开端。"[1]我们认为这一评价很是恰当,并不过分。

罗氏之后,继起为甲骨文集联者,有章钰、高德馨和王季烈三人。受罗振玉的影响,1921年六月章钰、王季烈也开始集甲骨文联。

---

[1] 陈爱民《甲骨的终结与甲骨文书法的艺术转换——论罗振玉〈集殷虚文字楹帖〉的书学意义和价值》,《艺术百家》2006年第5期。

王在《集贞卜文叙》云："我友雪公用有商贞卜旧文，集为百联，奭之（按即章钰）同年复益以百五十联，合为一册。"后来收在《集殷虚文字楹帖汇编》中的章钰所集甲骨文对联，有134副，这一数量与王季烈说的"百五十联"不合，可能是大致言其约数而已。

罗振玉自己的也有"续集"，是在原来《集殷虚文字楹帖》99副基础上的增删和修订，如原四言11副，"续集"只收8副，删去了"左右文史，出入公卿""大智若鲁，至人无为""以燕以乐，在獸有为"3副，而原"岁以丰乐"一句，则改为"岁以康乐"，合新增的五言53副，六言5副，七言67副，八言44副，共177副。

1925年罗氏将罗、章、高、王四家所集汇为一编，罗氏亲自"缮写，付之手民"，这就是1927年由东方学会印行的《集殷虚文字楹帖汇编》一书的由来。罗振玉在《汇编》新序中云："辛酉（1921）年仲春，集殷虚文字为偶语百联，以为临池之助。已而，老友吴中章式之外部钰、高远香文学德馨、王君九学部季烈，先后继作。予嗣是又有续集。于是四家合得四百余联，汇成一集。"其中章钰所集，有四言26副，五言53副，六言8副，七言22副，八言22副，九言2副，十言1副，共134副。高德馨所集，有四言12副，五言34副，六言5副，七言20副，八言14副，共85副。王季烈所集，有四言6副，五言4副，六言4副，七言6副，八言4副，共24副。四家合计共有甲骨文集联420副。

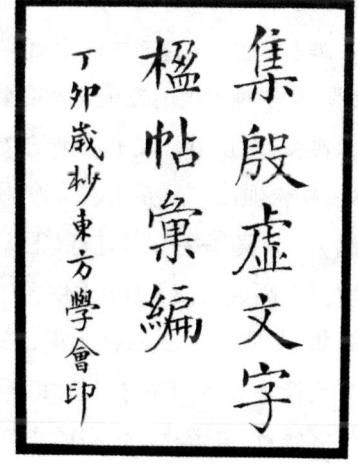

《集殷虚文字楹帖汇编》书影一

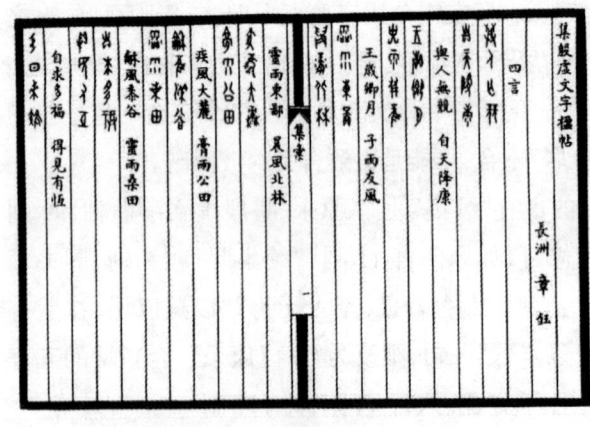

《集殷虚文字楹帖汇编》书影二

1961年，旅日华侨书家欧阳可亮对罗氏《汇编》又重加编辑整理，由日本春秋学院出版发行。1986年10月，日本书家内山知也又对《汇编》作出整理译注，编辑为《甲骨文墨场必携——集殷虚文字楹帖汇编》一书，由东京木耳社出版发行，成为日本书法家学习甲骨文书写的必备工具书和参考书。

1985年3月吉林大学古籍研究所也对《汇编》作了整理，由吉林大学出版社放大影印出版。该书前面增加了罗振玉甲骨文书法手迹影印件9副，书后面附有罗振玉嫡孙罗继祖的跋文、姚孝遂校记。其中姚先生的校记非常必要，这对当今甲骨文书法艺术的欣赏和普及，纠正甲骨文书法中的文字错误和随意书写等弊端，大有益处，功德匪浅。只是书名又改用了罗氏原来的《集殷虚文字楹帖》，删去"汇编"两字；同时将《汇编》中编者的顺序章、高、王、罗改为罗、章、高、王，使罗振玉的地位由殿后而改成领首。实际上这部书是集罗、张、高、王四家所集，并非罗氏一人所致，去掉"汇编"二字并改换集纂者顺序，这样做既不符合实际，又有违罗氏当年不没同好之雅意、自谦礼让之高风，实在有些弄巧成拙。

姚孝遂教授对这个集本进行了文字上的订正，比罗氏确是要进一大步。因此，依照姚氏校订的本子自然要比依照罗氏原本为宜。但是现在看来，姚氏的校订本也不是完美无缺的，其中对一些文字的释读由于时代所限，也有一些讹误。近些年罗振玉的孙女罗琨女士对姚氏的校订本又复作了一番校订①，才使得该集本的文字释读水准达到了当今甲骨文考释研究的最新水平。依照两家的校订，再使用罗氏集本，则其中甲骨文字庶几可无大碍，可以放心使用了。

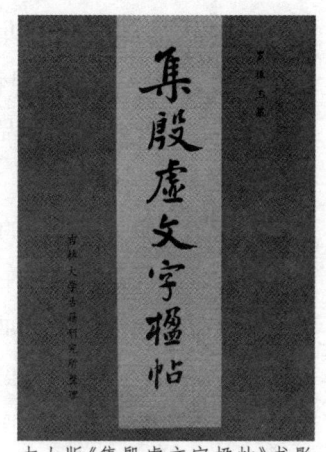

吉大版《集殷虚文字楹帖》书影

三、罗振玉甲骨文书法艺术赏析

罗振玉不仅是位居"甲骨四堂"之首的甲骨学史上最伟大的学者之一，而且也是当时著名的金石收藏家、书法家，所以由他编撰的甲骨文集联对甲骨文书法艺术产生了极大的推动作用和积极的影响。正如有的学者所论，罗振玉"所书写的大量殷墟文字联和一九二七年手书印行的《集殷虚文字楹联》，对甲骨文书法的开拓传播之功，当居第一"②。可以说罗振玉是甲骨文书法艺术史上的一面擎天大纛。

---

① 罗琨《读〈集殷虚文字楹帖校记〉》，《甲骨天地》2006年第3期、2007年第1期；又收入《纪念殷墟127甲骨坑南京室内发掘70周年论文集》，第343—357页，文物出版社2008年版。
② 林公武为《潘主兰甲骨文书法》所写序言，福建人民美术出版社2002年版。

他在 1921 年推出的《集殷虚文字楹帖》序跋中言,他在晚年应酬赠送的书法作品,多以甲骨文作为主要表现形式。所以如今存世的罗氏甲骨文书法艺术作品颇多,且价值不菲,成为当今艺术品收藏界的抢手货。

对于罗氏甲骨文书法的用笔特点和艺术风格,学人多有论及。如有些学者在评价罗振玉在甲骨学史上的地位时,也对罗氏的甲骨文书法贡献多加推崇,比如弟子商承祚称:"罗师振玉峭拔遒劲,润雅安详,如天马行空,寒骨傲梅,启小篆用笔之方,握甲骨金文不传之钥。"[1]也有学者称:"他的甲骨书法,端庄凝重,秀美而不失遒劲,华雅而不失朴质。这不仅在我国书苑中有一定影响,就是对我们今天体会殷人的书法风貌,揣摩殷人书写文字的规则也有相当的帮助。"[2]但也有学者不以为然,评得比较低调:"平心而论,罗振玉以文字学家摹写古文字的方法所书写的甲骨作品,缺乏艺术表现力,虽影响甚微,却是他首先以当时新出土的古文字资料进行创作的。"[3]

对其用笔来源,丛文俊云:"罗氏写甲骨文有两种形式,临写原刻辞和集联。他以体势开阔宏伟、结构谨严的一期卜辞为宗;参以中锋篆法,坚实挺拔的结构字形,既有盎然古意,又能别具心裁,成为契刻书法的杰出代表。"[4]张俊之也说:"罗氏甲骨文书法用笔改变了甲骨刻辞恣肆放纵的瘦劲,而为玉箸篆的圆韵丰满,起笔藏锋,间用侧锋,收笔斩齐,运笔有的中锋,圆笔书之,有的加大了按

---

[1] 商承祚《说篆》,《书学》1941 年第 1 期;收入《二十世纪书法研究丛书·历史文脉篇》,第 82 页,上海书画出版社 2000 年版。
[2] 冯涛《罗振玉与甲骨学》,《人文杂志》1985 年第 2 期。
[3] 黄惇《当代中国书坛格局的形成与由来——二十世纪末的思考》,《书法研究》2001 年第 2 期。
[4] 丛文俊《罗振玉书法观后》,《中国书法》1990 年第 4 期。

笔力度,使笔锋铺开,有方笔遗韵。结体采篆法纵长,大小整齐,点画间平衡对称,协调而统一,隽雅而质朴。行款章法,楹联单行,虽有欹侧,但中轴稳定。卜辞纵有行,横无列,端庄谨严。有粗笔画的,也有细笔画的,不失甲骨神韵,为我们如何用毛笔书写甲骨文,开辟了一条正宗之路。"①以上皆称他的甲骨文书法,借用小篆笔法,从而形成了温润含蓄、敦厚秀美的艺术风格。

但是对于罗氏甲骨文用笔问题,也有不同的认识和争论。有人认为罗用的是金文笔法,如林公武称:"当然,罗振玉所书写的甲骨文,其笔法、体势,都极似金文,可谓金文形态的甲骨文。他早年从金文入手,且功力深厚,中年方临写甲骨文。故其所书甲骨文,依然显露着金文的痕迹,或许也是他对甲骨文书法创作的见解。"②董玉京认为罗振玉"把甲骨文写成'大小一样、整齐排列、蚕头蚕尾、圆笔书写'的篆书模样,有些更写得酷似钟鼎文。严格说来,这样的写法只能算是以甲骨文的字形写成的篆书或钟鼎文"③。

也有人认为罗用的是甲骨文本身的笔法,如马国权评价罗氏甲骨文书法:"以用笔刚劲,妙得殷人刀笔意趣,深受识者推崇。"④再如罗氏嫡孙罗继祖言:"雪堂公篆写契文,由于摩挲日久,独具会心,注意力专在其疏密错综体势上,丝毫不掺入后来钟鼎文的笔法,能不失契文之真。"⑤认为罗氏的甲骨文书法"丝毫不掺入"其他笔法,"不失契文之真"。

---

①张俊之《罗振玉对甲骨文书法的贡献》,《书法》1997年第3期。
②林公武为《潘主兰甲骨文书法》所写序言,福建人民美术出版社2002年版。
③董玉京《甲骨文书法艺术》,大象出版社1999年版。
④马国权《罗振玉及其书法》,《中国名家法书·罗振玉法书集》,文物出版社1977年版。
⑤罗继祖《集殷虚文字楹帖》后跋,吉林大学出版社1985年版。

对此,杨鲁安表示了不同的意见。杨氏认为罗振玉甲骨文书法固然可以"用笔秀润,格调清丽"①八字来概括赞美,但"细审所印雪堂公九联,用笔带有清人小篆的秀雅笔意,既无金文气息,更乏殷墟文字瘦劲峭拔的笔力,且联中字距排比工整,未见疏密错综之致,何谓'契书之真'?"②

我们认为杨鲁安、丛文俊、张俊之等评论者的分析是正确的,尽管罗振玉的甲骨文书法自居一格,成就很大且对后世书家学人影响至巨,尽管罗振玉长期接触甲骨文字实物且"摩挲日久",但他的甲骨文书法确实受到了清人篆书艺术的影响,用笔确实带有小篆笔意。因此,罗氏甲骨文书法固然书法功力深厚,写得圆润、典雅,但潘主兰认为"非佳",

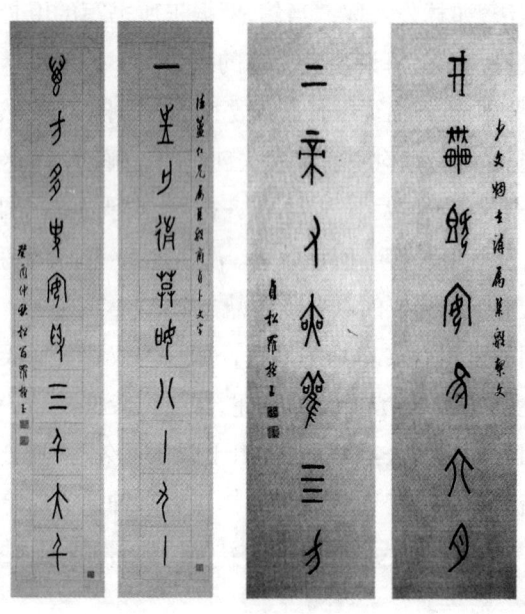

罗振玉甲骨文书法

---

①杨鲁安《甲骨文书体浅说》,《书法》1981 年第 6 期,总第 21 期。
②杨鲁安《说以笔代刀写甲骨文》(铅印单行本),1986 年 5 月,中国书法家协会内蒙古分会印。
③潘主兰《素心斋艺谈存录》,《书法报》2002 年 3 月 4 日第 2 版;《潘主兰谈甲骨文书法》,《书谱》2009 年夏季卷"潘主兰专辑",总第 97 期,第 26 页。

"以甲骨拓片之字对照，字体不无距离"③，也属据实而言。也有不客气的说法是，罗振玉甲骨文书法就是小篆式的甲骨文。在这一点上，罗氏和后来同样也是著名甲骨学家的董作宾相比，后者的甲骨文书法作品显然要更接近甲骨文字本身的风格。

（本文为 2016 年 7 月 31 日淮安市"罗振玉诞辰 150 周年学术研讨会"提交论文）

六十年来津门甲骨文书法篆刻艺术发展述略

一、引言

自从清光绪二十五年(1899)秋季,天津学者王襄、孟广慧和北京国子监祭酒王懿荣发现殷墟甲骨文到现在,甲骨学的发展已经有了110年的历史。如今甲骨学早已不再是独门绝学,而是已成为一门颇受世人重视、研究者众多、学术成果丰富的国际显学了。

今年为了纪念甲骨文发现110周年,全国各地比如山东烟台、河南安阳、江苏南京等都举办了相关的纪念活动或学术研讨会议。天津学界也不甘示弱,天津市国学研究会在成立一周年之际,与天津市社会科学界联合会共同举办题为《甲骨学在天津》的"国学论坛"。论坛的学术报告由朱彦民教授主讲,著名学者朱凤瀚、著名书法家李泽润、文字学家向光忠、历史学家罗澍伟等学者到会并对学术报告进行了点评和重点发言。论坛主要报告了天津学者在甲骨文发现、收藏、研究以及书法艺术等诸方面的突出贡献和巨大成就,从而肯定了天津学者在甲骨学史上的不可替代的作用和地位。

在这场学术报告中,也涉及到了天津甲骨文书法的发展状况,并首次提出了作为甲骨学的一个重要分支学科——甲骨文书法艺术也肇始于天津的观点。这一观点新颖,但立论有据,颇受与会学者的关注和好评。其中包括,天津近代著名书法家孟广慧是第一个摹写甲骨文字的书法家,是中国甲骨文书法艺术的先驱者;王襄则是继孟广慧之后的第二个甲骨文书法家;王襄的胞弟王雪民(王钊)是第一个将甲骨文字刻入印章的篆刻家,也可以说是甲骨文入印第一人;而被世人普遍误认为是甲骨文书法开创者的罗振玉,其甲骨文字集联《集殷虚文字楹帖》的书写创作和出版发行,也是其寓居天津期间的工作。

这是对历史上天津甲骨文书法艺术的一个概括研究。而对于新中国成立之后的甲骨文书法篆刻艺术,则没有作过多的交待。为回应"天津书法六十年"的征文活动,此文拟对中华人民共和国成立六十年来天津的甲骨文书法艺术发展,以人物为线索,以时代为顺序,做一简略回顾,并对其中一些重要的书法家、篆刻家的艺术创作和理论建构,着重做一简单的分析。

二、老一代甲骨学家治学之余的书法艺术创作

新中国成立之后,天津第一代甲骨文书法篆刻艺术家如孟广慧、王雪民等人大都老成凋零,而作为著名甲骨学家和甲骨文书法家的王襄、陈邦怀二人可谓硕果仅存,因为他们都有深厚的甲骨学修养和深湛的传统书法功力,所以其甲骨文书法艺术可谓熠熠生辉。王、陈二位之外,老一代的书法家如张寿、金息侯等人也偶写甲

骨,似与不似,别有风味,无疑也装点着津门书坛。这一时期,第一代甲骨学家开宗立派,有筚路蓝缕之功。

1. 王襄

王襄(1876—1965),天津人,字纶阁,初号符斋,后改簠室。著名文字学家,是最早鉴定、收藏甲骨文的学者之一,也是著名的甲骨学研究专家。建国之后,出任第一任天津市文史馆馆长。著有《簠室殷契征文》《簠室殷契类纂》等著作传世。王襄也是一位近代少见的功力深湛、古雅高华的书法家,只是其书名为其学名所掩。学书师法吴大澂路径,魏碑楷法精工,尤擅金文、甲骨。

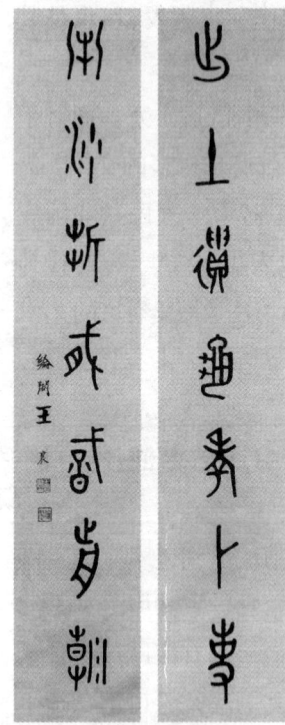

王襄甲骨文集联书法

王襄曾称:"翌年庚子,清朝与列强构衅,国难作,襄始避地他乡,殷契之学遂置,不复讲求。而定老于此时(按指庚子之难的1900年),摹其所得成书一卷。及难平,出以相示,襄假之照录一通,是为襄临写各家殷契之第一本。当是时,殷契之发见将及三年,而未有著述立说以倡此学者。"由此可见,王襄仅次于孟广慧也较早地接触到了甲骨文书写艺术。孟广慧最早临习甲骨文是在1900年早些时候,而王襄是在"难平"后当年秋季也开始了甲骨文精片的临摹。其所临摹的甲骨文摹本,即收入其著作选集中的《贞卜文临本》第一册第一编,是对孟广慧藏甲骨430品的摹本。

王襄老人为了方便自己或别人书写

甲骨文书法，也在较早时间开始了甲骨文集联的创作。王襄先后集成了《簠室殷契集联》(1930)、《题寄钊弟贞卜文集字》(1932年)、《簠室集古籀文联语》(1936年)三种甲骨文集联。这些作品，除了极少数已经见诸报端，如《天津日报》之外，大多数没有正式出版，为世人所不知。其中《簠室集古籀文联语》保留了下来，现藏天津市图书馆。《簠室集古籀联语》共二卷，收联语554副。这二卷联语是王襄三十余年来为亲友用金文、甲骨文书写的对联的集子。其中，四言4副，五言160副，六言2副，七言330副，八言47副，九言3副，十言3副，十一言1副，十二言1副。在下卷中收录了甲骨文集联8对，为了显示与其他篆籀金文字体的区别，王襄在甲骨文集联下和释文上之间标以"契文"字样。

出任文史馆馆长之后，王襄老人经常即兴以甲骨文字书写对联。比如1955年某月某日，正逢天津文史馆开馆两周年，文史馆全体馆员聚会。在宴席上，年望八旬的老馆长王襄意气风发，

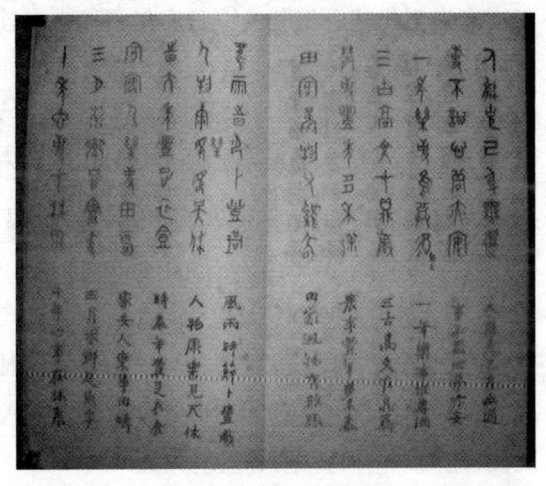

《簠室集古籀文联语》书影

豪情满怀，连连举杯，与人畅饮。副馆长陈邦怀邀请王襄先生为文史馆题词，王襄略作思索，乘兴挥毫，写下了一幅甲骨文字对联："无以岁华慰至老，所期述作有千秋"。众人在一旁观看，皆称颂不

已(见《王襄题跋》)。

对于王襄的甲骨文书法艺术,杨鲁安评价道:"篆势盘拏,拙中见巧,返朴归真。"[1]张俊之评价为:"凝重古拙,深厚高雅。"[2]林公武也认为"其甲骨文书作仍摆脱不了金文圆润浑厚的底面"[3]。都是切中肯綮之知言。

我观王襄摹写甲骨文字、用甲骨文字集字、书写甲骨文对联、条幅、扇面等内容,知王襄的甲骨文书法,虽结字以甲骨文字形为意,然而其用笔仍是沿用金文大篆的写法,其甲骨文书法厚重质朴。这很符合早期甲骨文书法大都借鉴其他书法笔意的一大时代特征。

长期以来,人们对天津早期书家的甲骨书法艺术,不够重视。王襄老人当年精心编著的甲骨文集联稿本,连同他的大量学术著作手稿,到现在还静静地躺在天津图书馆里,而且据我的目验,其收藏状况并不大好,往往任其风尘发黄,无法和世人见面,非常遗憾。这些集联作品时代之早,内容之精,意境之雅,是今天写甲骨书法的人所不能相比的,值得重视。如今,一些出版单位,为了某种利益的驱使,竟然出版了学术界并不入流的一位业余甲骨文爱好者的《三千未释甲骨文字考释》这样的所谓甲骨学著作,竟然出版了既没有甲骨学常识又没有书法功底的某拳击师的《甲骨文书法作品集》,而让王襄这样真正的甲骨学家的学术著作和书法作品束之高阁,这种事情简直令人匪夷所思。

---

[1]杨鲁安《甲骨文书体浅说》,《书法》1981年第6期。
[2]张俊之《罗振玉对甲骨文书法的贡献》,《书法》1997年第3期。
[3]林公武为《潘主兰甲骨文书法》所写序言,福建人民美术出版社2002年版。

2. 陈邦怀

陈邦怀（1897—1986），字保之，室名嗣朴斋。祖籍江苏省镇江丹徒县，生于江苏省东台县（今东台市）。自幼家境清寒，然能秉承家学，勤奋读书。曾在东台达德学校、南通女子师范学校、无锡国学专修学校执教。20世纪20年代，陈邦怀曾担任近代著名学者、爱国实业家张謇的秘书。1931年北迁来津，在中国银行任文书职务。1952年离任。1954年受聘为天津市文史馆馆员，后任副馆长。1979年任天津市社会科学院历史研究所研究员、顾问，同时兼任天津文史研究馆副馆长、天津书法家协会第一任主席等职。1986年辞世于北京。

陈邦怀是中国著名古文字学家、考古学家。生前任中国考古学会名誉理事、《甲骨文合集》编委会委员、天津市文物保管委员员、中国书法家协会天津分会主席、天津口岸文物出口鉴定组顾问。其潜心研究《说文解字》，著述不辍，八十岁时仍伏案笔耕，毕生不懈探求古文字和考古学。

陈邦怀早年研究商周文字，1925年28岁时出版《殷墟书契考释小笺》，得到著名学者王国维的肯定；1927年出版《殷契拾遗》。这两部著作对当时尚处在开拓阶段的甲骨学做出了一定的贡献。1959年出版《甲骨文零

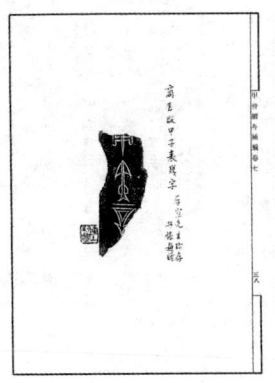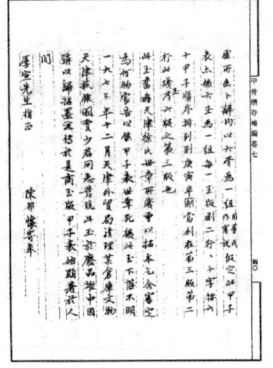

陈邦怀书法作品

拾》和《殷代社会史料征存》,对于甲骨文字考证及商代四方风名、宫寝制度、先公旧臣钩沉发微多有创见。1983年他将已发表及尚未发表的文章106篇编成《一得集》。1955年他将金文研究心得撰写成诸器铭文的跋文,直至去世前一年的1985年还在或撰写或增删或亲笔缮写清稿,三十年如一日,编成《嗣朴斋金文跋》,论及的器物上至商代,下至战国,内容涉及文字考释、句读训诂、史料订补、名物辨正、器物断代等方面,创见颇多。

陈先生饱读诗书,多才多艺。文章骈散俱佳,诗词古雅清新。书法功力深厚,金文质朴苍茂,隶书浑厚大度,楷书严谨遒劲。因其精通碑刻之考释鉴赏,故其书法洋溢金石气息和书卷情趣。作为著名古文字学者和著名津门书法家,陈邦怀的书法自然会将甲骨文等古文字意蕴结合在用笔之中。

惜乎陈先生书写的甲骨文书法作品至今尚未见到发布面世。将来如有发现,定当有可观之处。

3. 张寿

张寿,字君寿,号铁生,天津人。清末民国时期国学家。庚子事变后,绝意仕进,力辞天津议会议员之职,以读书挥毫为乐,后与陈荣甫创办《醒华画报》,意在开发民智,唤醒中华民众,热心创办女子学堂,倡导女子礼仪道德,同时与高凌雯、王

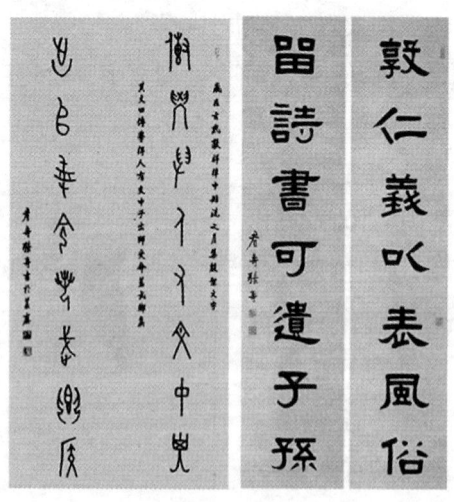

张寿书法作品

守恂等人编纂乡邦文献，宣扬天津乡贤功业。他擅长诗文书法，富于文物收藏，精于文物鉴赏，通晓各种书体，尤以隶书、行书驰誉书坛。其隶书以汉隶筑基，汲取晋碑、魏碑笔法，贯通宋元意趣，形成自家法度。其行书锋芒峭劲，神韵飞扬，深得宋代黄庭坚、米元章书风之精奥。其弟子有王颂余、龚望等人。

张寿偶然也以甲骨文字入书，如上页图一帧。因为他有秦篆、汉隶的功底，所以其甲骨文书法也颇有寄托，既有篆书的持重笔法，又不脱隶书的峭拔意蕴，在早期甲骨文书法写家中亦属翘楚人物。

4. 金息侯

金梁（1878—1962），号息侯，又号小肃，晚号瓜圃老人。杭县（今杭州）人，寄居北京。为驻防旗人凤瑞将军之子，满族瓜尔佳氏。汉姓关，名介之。1902年中举人，1904年（光绪三十年）中进士。1908年典守沈阳故宫古物。历任京师大学堂提调、内城警厅知事、民政部参议、奉天旗务处总办、奉天新民府知府、奉天清丈局副局长、奉天政务厅厅长、蒙古副都统等。中华民国成立后，任清史馆校对。后经张作霖保荐，任北洋政府农

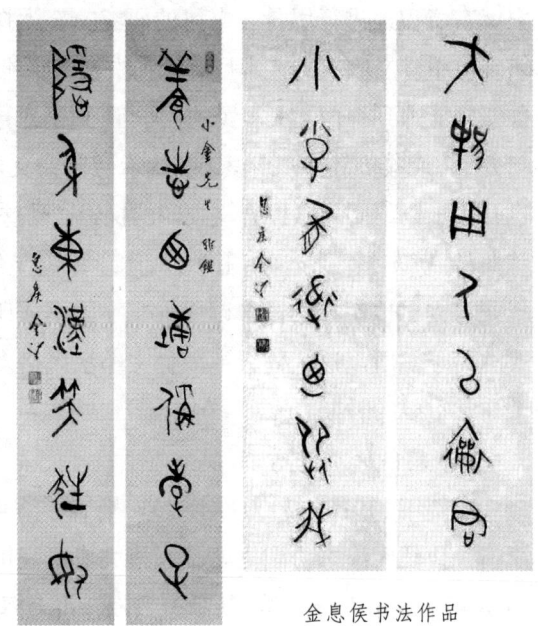

金息侯书法作品

商部次长。九一八事变后来津,与清朝遗老组织"俦社""城南诗社"等各类团体。中华人民共和国成立后迁居北京,在国家文物部门任顾问等职。1962年12月27日在北京去世。曾为《大公报》撰社评,著述甚丰,有《瓜圃丛刊叙录》等著作行世。

金息侯工书法,擅篆籀。一生多写古文字,其中以金文散氏盘最为用心,也颇能得其仿佛。其甲骨文书法作品,同样也不脱散氏盘金文笔法之樊篱,可谓在甲骨金文之间。

三、第二代甲骨文书法篆刻家的艺术继承与发展

王襄、陈邦怀之后,以王襄的弟子李鹤年、杨鲁安等为代表,形成了天津市第二代甲骨文书法艺术家群体。从这一代人开始,书法家就有意识地进行甲骨文书风的研究,努力探索着如何以笔代刀表现出甲骨文固有的艺术风神。其中李鹤年能做到文字形似,而杨鲁安则能追到神似。王雪民的儿子王强儒、弟子如蓝云、齐治源、周与九、任秉鉴等我市篆刻家,在继承乃师乃父印风传统的基础上,也开始了以不同风格甲骨文入印的探索。受这一风气影响,书法家陈荫佛、黄寿昌、孙丕容、王学仲,印学家冯星伯、孙其峰、张牧石、华非等人,也都在尝试着以甲骨文字入书入印来丰富自家书法体式的路子。所以这一代天津甲骨文书法风格多样,异彩纷呈,是一个非常重要的时期。

5.李鹤年

李鹤年(1912—2000),字鸣皋,别署蹇斋,祖籍浙江绍兴,世居津门。曾任天津书协副主席,天津文史研究馆名誉馆员。李鹤年1938年毕业于南开大学。幼承家教随叔祖李海楼学习楷书,十八岁

时拜孟广慧为师，主攻汉隶，二十岁时师从王襄学习篆书，1935年师从吴玉如为入室弟子，1945年后又随方药雨学习碑版考证。工各体，尤擅篆隶，喜用长锋羊毫，高捉管，用笔灵活，章法考究，所作既有古拙深沉、雍容庄重之美，又有清新隽秀、洒脱流畅的特点，书卷气盎然。作品多次参加全国书法篆刻展，并被中南海、人民大会堂等收藏。多次在日本参展并被日本四大书法组织之一的雪心会接纳为第一个海外会友。先后有《书法知识概要》《寒斋文摘》《中国书法史讲话》《孟广慧、王襄、王懿荣与甲骨》《书法漫谈》《甲骨文书法初探》《金文笔法概述》等书法专著、论文出版或发表。曾为中国书法家协会理事，中国书法家协会教育委员会委员，中国书法家协会天津分会副主席，天津市高等学校书法研究会顾问，南开大学兼职教授，日本中国书法学院名誉教授，中国褚遂良文学美术研究会名誉会长等职。

李鹤年不仅是著名书法家，而且也是著名的甲骨收藏家和甲骨学家。他年轻的时候，先后拜天津著名书法家和甲骨学家的孟广慧和王襄为师，受这两位甲骨学者的影响，自己在临写书法时也注意到甲骨文字的释读和研究。

1940年12月孟广慧辞世，所藏430片甲骨经杨富村之手转到李鹤年手里。新中国成立前，生活拮据的他，竟挡住了多次诱惑而不肯将甲骨出手，保住了这批国宝没有外流。新中国成立后，李鹤年因为出身问题遭不公正待遇。1951年经郭沫若介绍，将其中的400片半捐半售给了文化部。余下的30片甲骨，自己加以研究，准备精拓出书。"文革"抄家，将这30片甲骨抢走。后来落实政策，将其中的20片退给李鹤年，另外10片至今不知所终。李鹤年去世后，其家属将这20片孟广慧旧藏甲骨，于2004年由上海崇源艺术品拍卖公司以4800万的天价拍出,成为当时轰动一时的新闻。

李鹤年也长期研究甲骨文字,曾作《錞于室殷契余珠》一书,1957年由王襄作序,名为《孟广慧殷契序》。但"文革"抄家时,此书稿被抄走,终也未能和世人见面。

晚年的李鹤年曾撰写了《孟广慧、王襄、王懿荣与甲骨》和《甲骨文发现百年祭——答胡厚宣先生》等论文,对甲骨学史做了三点论断:1.孟广慧、王襄知道有甲骨比王懿荣早三个季度;2.孟、王收购甲骨比王懿荣在先,他们没收购或没见到的才卖给了王懿荣;3.孟广慧、王襄是最早知道、鉴定和收购甲骨的人,王懿荣在他们之后。

作为著名的书法家,又长期收藏和研究甲骨文字,所以李鹤年的甲骨文书法独具特色,造诣很高。在王襄、孟广慧的影响下,李鹤年二十几岁就开始临写甲骨文,奠定了很好的甲骨文书法基础。李鹤年传世的甲骨文书法作品,迥然不同于其他书家那样有所假借,而是对照甲骨原片进行临摹,完全按照甲骨文字形进行临写,一丝不苟,用笔在篆书和隶书之间,挺劲峭拔

李鹤年甲骨文书法

而不失古朴典雅,形神兼似,为老一代甲骨文书法家中的上上之作。

6. 杨鲁安

王襄、孟广慧、王雪民等老一辈甲骨书法家的甲骨文临习和创作,对后来的津门书法有一定的影响。除了李鹤年之外,真正能够绍述前人并有所发展的书法家,当推后居内蒙古的天津书法篆刻家、文物收藏家杨鲁安。

杨鲁安(1928—2009),别号师仓、龙公、还秋堂主。1928年5月出生于天津一个收集古玩世家的富裕回族家庭。1951年7月,杨鲁安毕业于南开大学经济系,在天津工作,后来到内蒙古支边。杨自幼学书,师从王襄、王雪民、方药雨、陈邦怀、吴玉如诸书学前辈,攻习古文字学、书法、篆刻及书学理论。诸体皆精,尤擅甲骨、金文和秦版小篆,所作形体峭拔、风神爽健。为中国书法家协会会员、西泠印社理事兼收藏与鉴定研究室主任、北疆印社社长、中国书画函授大学内蒙古分校顾问。

杨鲁安从大学时代就开始收藏甲骨,并进行甲骨文知识的学习。杨鲁安从文物市场买了几张甲骨拓片,放学后高兴地来到老师王襄家中,请老师鉴定。王襄看了后,连声称好。于是杨就甲骨文和书法的关系,向王襄请教。王襄侃侃而谈,杨鲁安点头称是。之后,杨鲁安在王襄的指导下,精心制作甲骨文墨本拓片。杨鲁安也有许多甲骨文实物收藏,在他生前已经大部分捐给了西泠印社。

受其恩师王襄、王雪民的影响,杨鲁安将甲骨文字的神韵引入到书法和篆刻创作之中,是一位独具特色、颇有建树的甲骨书法篆刻家。他的甲骨书法,力求使笔如刀,凌厉得势,疾中求涩,让一点一画表现出万毫齐力的强劲感。

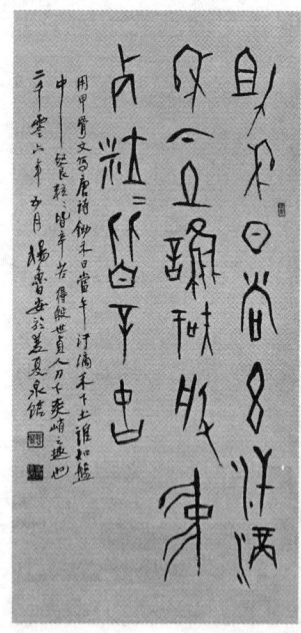
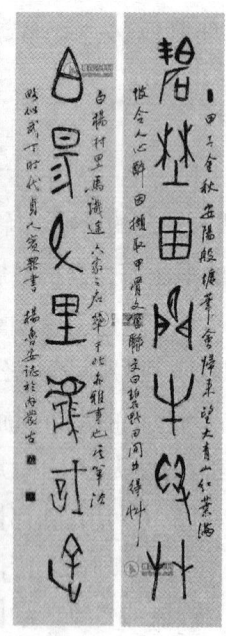

杨鲁安甲骨文书法

杨鲁安先生的甲骨文书法作品和甲骨入印作品,一改前代学人摹写甲骨的那种呆板、做作之气,生动、劲健,尽显刀笔文字瘦硬挺拔的风度和神韵。

杨鲁安不仅有丰富的甲骨文书法篆刻艺术的创作实践,而且在此基础之上,还长期坚持做甲骨文书法理论的研究。如他撰写发表了《甲骨文书体浅说》,此文详细地论述了甲骨文各期的书体风格和演变轨迹,并介绍了现当代诸多名家临摹书写甲骨文的各自特点。再如其《说以笔代刀写甲骨文》等,评述了二十世纪八十年代甲骨文书法艺术的盛况;指出写甲骨文应该"取法乎上",甲骨文书法家要懂一些甲骨文知识,多看甲骨实物和拓本,要购置基本的甲骨学论著和工具书;并与罗随祖商榷了如何正确评价罗振玉甲骨文书法;最后说到要把甲骨文写得活健美,必须要做到:存底版、强笔力、得韵味、明心画这四项功夫要领。

---

① 杨鲁安《甲骨文书体浅说》,《书法》1981年第6期。

7. 王强儒

"文革"之后过世的王强儒是我市著名篆刻家、甲骨文入印第一人王雪民之子,自幼受其家学影响,耳濡目染,渐有兴趣,又有王雪民耳提面命的教诲与指点,因此王强儒也是新中国成立以后天津市著名的篆刻艺术家。

据称,当年王雪民挂笔单卖印之后,由于其水平很高,名声很大,求印之人络绎不绝,王雪民刻不过来时,往往让儿子强儒代刻。但刻完后总是要经过王雪民的过目验证,不妥之处要亲自执刀修改,然后再出手送人。

王强儒专修美术、书法和篆刻艺术,天津市立师范毕业,书画篆印俱佳。长期在南开区某小学任教,培养弟子无数,桃李满津门。据王襄嫡长孙王成讲,由于王强儒的影响,王家人大大小小、男女老幼都喜欢刻印章,一家人吃过晚饭没事,都纷纷拿起印床刻印,于是院儿里尽是铮铮的金石之声。王强儒同辈的王家兄弟们都有治印的才能,但只有王强儒本领最强,水平最高。王成等小辈所刻印章,也都喜欢拿给七叔王强儒指点,不当之处王强儒总是要给予修改。王成至今保留的许多自刻印章,都有七叔帮助修正的刀痕。

王强儒为人和善,凡求其刻印之人,不论贵贱长幼,都一视同仁,让你满意而归。所以王强儒一生治印无数,造诣高深,洵为津门印坛名家。王襄晚年所用印玺图章,均出自王强儒之手。杨鲁安、李鹤年、华非等津门名

王强儒甲骨文篆刻

家手中,也都有王强儒所治印章。据称,王强儒的印章,还被当作中日友好的礼品送给日本友人,深受日本朋友的喜爱和珍重。

受王雪民的启发和影响,王强儒也是津门将甲骨文入印的名家。可惜的是,其甲骨文印章存世者不多。但愿上面所引一图,不是王强儒的绝无仅有之作。

第359页的图片里是一方为杨鲁安所作的姓名印章。"鲁安得之"四字朱文,系用典型的甲骨文第一期武丁卜辞文字,用刀爽利劲健,结字宏伟大气,线条有直有曲,章法安排也自然得当,颇得王雪民甲骨文印章之衣钵真传。

8. 蓝云

蓝云(1916—1992),字胜青,原名宝儒,别署石斋主人,栖鹤亭长,天津人。幼承庭训,受其祖父影响,酷爱书画篆刻。及长入市美术馆(馆址于今河北区中山公园)从俞祖鑫(品三)学习文字学,向王雪民学习摹刻汉印,向张穆斋学治古玺,并曾问艺于王襄、寿石工等名家。蓝云篆刻宗法秦汉,旁及吴让之、吴昌硕、黄牧甫、齐白石诸家,且常以陶文、镜文入印,另辟蹊径。蓝云作品风格神足气静,貌朴骨清,融前贤之长,且不失秦汉法度。晚年潜心篆刻研究,是其篆刻艺术创作的旺盛时期,治印逾数万方。蓝云生前为中国书法家协会会员,天津书法家协会会员,津门著

▲蓝云甲骨文篆刻
◀蓝云甲骨文书法

名篆刻大家。

蓝云二十余岁即名播京津，此后五十余年未曾辍刀。曾为赵朴初、冯其庸、李可染、艾中信等文化名人治印，津门书画家吴玉如、黄寿昌、吴云心、梁崎等用印多为其手泽。为本市及外省市培养了一批篆刻新秀，这些人目前皆活跃于各地印坛。

受王襄、王雪民等人的影响，蓝云青年时代亦曾专研甲骨文，有深厚的甲骨文等古文字学修养。所以在蓝云的书法或者印章艺术中，也融入了甲骨文字的风神和意蕴。有些作品是以甲骨文字入印，有些则是以笔墨表现甲骨文的书法。由于蓝云晚年多用力于爨宝子等魏碑书帖，所以其甲骨文书法也颇多金石意味，方刚挺健，颇与甲骨神韵相通。

9. 齐治源

齐治源（1916—2001），汉族，天津杨柳青人，为杨柳青年画家齐健隆九世孙。自幼随舅父王猩酋学北碑、汉隶及古文，兼学经史。27岁拜著名金石家王襄和印人王雪民学习金文、甲骨和治印，收集金石、碑帖、印谱资料和清代、近代名家书法千余件，收集近代名家篆刻名号印章千余方悉心研究。篆刻以先师王雪民为榜样，攻秦汉玺印，私淑黄牧甫派，以秦汉为宗，学黟山派。后又得陈邦怀、钟子年、寿石工指点。书法以碑为本，结合简牍、帛书、写经、并取清代、近代诸家之法，

齐治源书法篆刻

融篆、隶、草、楷为一体,行笔流畅,不计工拙,自得天趣。晚年喜刻多字印,古今名人诗词已刻500余方,另有《聊斋志异》篇目小印448方。书法、篆刻作品多次在国内外展出及在报刊发表。1982年和1984年先后在天津举办个人篆刻展览。编有《智园法书联语》。曾任天津市美术协会候补理事,兼任附设研究班篆刻导师,天津书法家协会理事,天津市职工书法研究会副会长,天津市文史研究馆特约馆员等职。

据称,由于受王襄和王雪民昆仲的影响,齐治源书法及篆刻作品中均有以甲骨文字为表现对象者,由于本人视野逼窄,涉猎不广,惜哉尚未见到齐氏的这类作品,有俟于将来的发现。

10. 周与九

周与九(1902—1958),祖籍浙江绍兴,天津人。年轻时曾从王襄学习甲骨文等金石文字,拜津门著名印人王雪民为师。1937年曾在天津劝业场开设"与九印社",曾被推举为墨园书法研究会会长。其所刻印章,宗法秦玺汉印,尤精于刻制小印,并能刻象牙、水晶、玉石诸印,效果与石章并无二致,深得老一辈和同好们称赞。与九先生还擅长刻瓷、刻竹、刻砚,无论是瓷笔筒、瓷盘、瓷砚屏或是竹扇股,都是精工细作,巧夺天工,曾创作了许多精湛绝妙的作品。因其善治印刻竹,王襄曾多次为其刻竹刻印拓本题辞,谓其刻竹治印兼诸家之长,书画皆妙。其"治印之学,昔与吾钊弟游。钊弟固精于刀笔,由殷之甲骨文、两周之金文、玺文与战国先秦之省变异文、汉之缪篆,并蓄而兼收之。至玺印之布局、结字有独悟处,不与时史同趣。与九之作,有青出于蓝之盛也"。①

---

① 王襄《题周与九刻竹刻印拓本》,《王襄著作选集》下,第2073、2074页,天津古籍出版社2005年版。

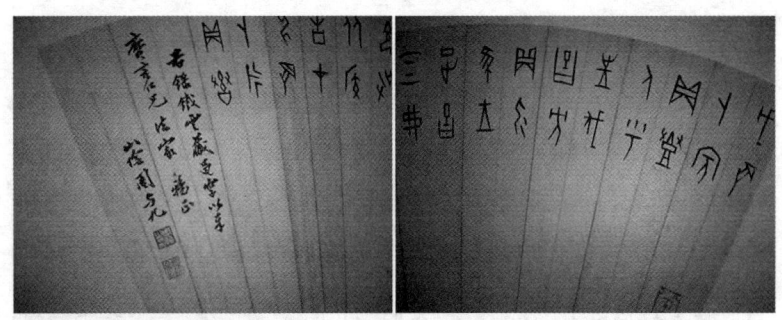

周与九甲骨文书法

由此可知,周与九也是以甲骨文入印的一代名家,艺高不让其师。惜哉,今不得见其印作而观之。而据李鹤年《孟广慧、王襄、王懿荣与甲骨》一文称,在津门书家书写甲骨文者中:"不以书名的印人周与九虽胎息不厚,但颇存形似。"以上图所示的周与九甲骨文书法扇面来看,李氏此言不为虚誉。

11. 陈荫佛

陈荫佛(1893—1950),天津人,本名宝树,字荫佛,后以字行。晚年斋名曰默庵,曰万卷千碑百炉十研轩。北京大学毕业,历任天津公私立学校教师、教务主任、校长、河北省立女子中学校长,长春大学国文教授。

陈荫佛酷嗜金石文字、书画、古砚、宣炉,收集汉魏名刻拓木极多,皆纸墨精良、字画可人,珍贵不让旧拓。其所藏敦煌石室唐人写本《妙法莲华经》后归收藏家杨鲁安,其"琴书侣"款宣炉不知所踪。身后藏品皆散佚。

陈氏长于书法,以甲骨文为最,善画,然不多做,问学于罗振

---

① 李鹤年《孟广慧、王襄、王懿荣与甲骨》,此为李先生应邀为河南安阳殷墟笔会所作交流论文,南开大学1984年10月印制。

玉。据李鹤年《孟广慧、王襄、王懿荣与甲骨》一文介绍津门甲骨文书法家时称："陈荫佛峭劲。"然而陈氏甲骨文书法作品并不多见，右列一甲骨集联，可以从中窥见其甲骨文书法之一斑。

12.黄寿昌

黄寿昌（1904—1986），字介眉，号小春申外史，晚号无求居士。天津人。少年时受业于华世奎学颜楷，临习《多宝塔》《颜家庙》及颜体行书。青年时期从师张君寿习汉隶，同时自习《十七帖》及章草等。又随李晴嗥、王君石习唐碑、魏碑。30岁开始临习殷墟甲骨文字，并广涉小篆、缪篆、金文等古文字。所临碑帖逾百通之多。一生以卖字为生计，1937年曾于瑞芝阁、梦花室南纸局订润卖字。以行楷著称于世，晚年以73岁高龄投师吴玉如门下，反复临摹隋《龙藏寺碑》。吴老感其至诚，曾书赠七绝诗勉之。有《草书诀》等行世。

李鹤年在《孟广慧、王襄、王懿荣与甲骨》一文中，介绍当代甲骨文书法艺术时称：

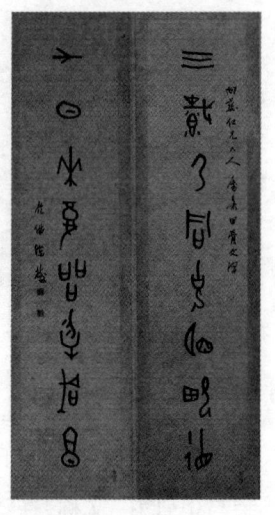

陈荫佛甲骨文书法

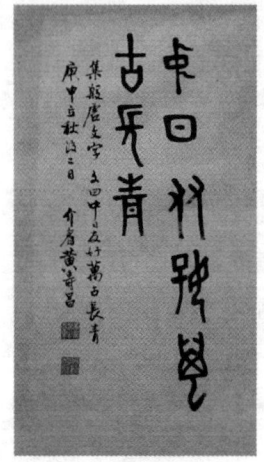

黄寿昌甲骨文书法

"天津的黄寿昌圆秀、工整。"惜哉不见其更多甲骨文作品面世,有俟将来之发现。

13. 冯星伯

冯星伯(1912—1987),名淦,字星伯,别署北拱亭长,以庚辛金斋颜其居,天津市人。幼承家学,酷爱金石书画,用功甚勤。16岁拜张寿、李采繁研习书画兼学训诂。后又结识溥心畬、商承祚等人,时常切磋书艺。学书主张碑帖并重,兼收并蓄。书法四体皆精,富有书卷和金石气,融会贯通。立"书合南北宗"之说,提倡"简化字入印"。别开新意,独步书林。所作篆书取清代邓石如、吴熙载诸家规范而自立面目,篆法婉转自如,结体独具韵趣,苍劲古朴;所作隶书自汉碑《张迁》入,以《史晨》《礼器》出,顿挫得法,方圆兼备,浑厚凝重;所作行草含蓄隽永,流畅洒脱。篆刻得力于书法,师法秦汉,以皖为宗,兼取赵之谦、王石经和吴昌硕等各家之所长,力求平正中藏变化,刚柔相济。所治大印气势磅礴,所治小印玲珑剔透。

冯氏书法、篆刻作品多次入选国内外重大展览并获奖。所治巨印"中日两国人民世世代代友好下去"被日本相关博物馆收藏。为国内外名人治印甚多,有《冯星伯篆刻选》留世。著有《论篆

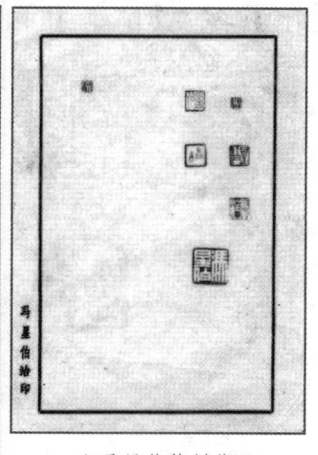

▲冯星伯篆刻作品
◀冯星伯书法作品

刻艺术》《文字起源与篆刻艺术》《论唐代诸家书法》《钤印名言丛辑》等。生前为中国书法家协会会员，天津书法家协会理事，天津职工书画研究会副会长，海河印社顾问，天津市文史研究馆馆员。

据云，冯氏受乃师辈影响，也曾有甲骨文书法篆刻作品，只是如今不得见而睹其风采。

14. 黄绮

黄绮（1914—2005），原名匡一，号九一，斋名笔帘留香处、五金屋、二象室、夜吟馆。安徽安庆人。祖籍江西修水，北宋书法家黄庭坚第三十二世孙。早年毕业于西南联大，师从闻一多、朱自清、罗常培、王力等学界名宿，打下了坚实丰厚的学术根基。留校任清华大学文科研究所助理，任闻一多助手。后来考入北京大学文学研究所，随唐兰攻读古文字专业。此后，先后任教于中法大学、昆明简师、安徽大学、张家口工程学校、天津津沽附中、津沽大学、天津师范学院、天津师范大学、南开大学、河北大学任教，1981年调河北省社会科学院工作。曾任中国书法家协会副主席，河北省书法家协会主席，省文联副主席、名誉主席。

黄绮涉猎广泛，博览群书，在诸多文化艺术领域都有着独特建树。在书法创作方面，其独特的铁戟磨沙体、三间书、方笔草等

▲黄绮甲骨文篆刻作品
▶黄绮甲骨文书法作品

独创书体享誉书坛。黄绮先生是个典型的学者型书法家,一生著述宏富,在语言文字学和书法研究上创见丰硕。古文字研究方面的专著《解语》《说文部首讲解》《说文解字三索》等,从字音、字形、字义探索中国文字的规律及特点,多有独到见解和会心诠释。

新中国成立后,黄绮在天津工作了十余年,为津门书法篆刻艺术增添了几多亮色。他以深厚的古文字学和书法功底对甲骨文书法篆刻艺术不懈探索,给后人留下了至可宝贵的文化遗产。

15. 李骆公

李骆公(1917—1992),原名英,后名立民,笔名黑沙骆,晚名骆公。福建福州人。自幼刻苦自学书画,1936年考入上海美术专科学校,积极投身革命活动,1940年上海美专西画系毕业,1940年8月在上海举办黑沙骆油画展。1944年毕业于东京日本大学艺术专攻科。1947年以来先后任东北大学讲师、辽东学院教授、津沽大学教授。1948年9月起任天津河北女师图画系、河北师院音艺系美术组教授,1951年夏始任天津河北师院美术系主任。在教学和艺术上曾进行油画与中国写意画结合的探索,为天津河北师院美术系的建设做出了贡献。1957年被错划为"右派"。历任哈尔滨美术研究所所长,河北师范学院美术系主任,美术家协会天津分会副主席,中国书法家协会理事,广西书协、广西美协副主席,桂林画院院长。1961年至1965年间发表首批诗文、书法、篆刻作品,并被介绍到港澳。1969年下放到广西,坚持草篆书法和篆刻研究,热心培育画童。1969年后精研草篆,作品新颖奇绝,壮阔大气,别具一格。1984年、1985年在日本、澳门举办个人书法篆刻展,出版有《李骆公书法篆刻集》。1992年12月28日,因病医治无效在桂林逝世,终年76岁。

李骆公在西洋油画基础上,结合用中国绢纸创作民族化油画,

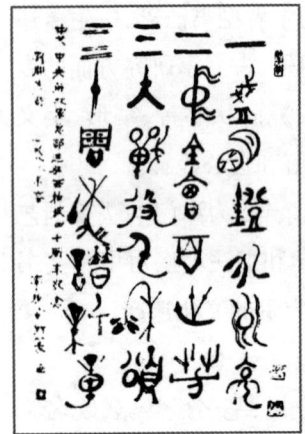 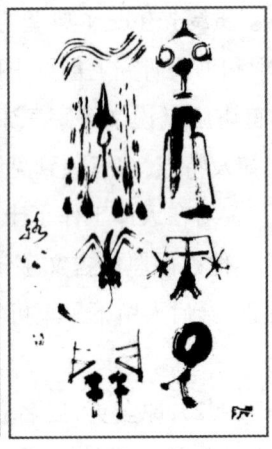

李骆公书法作品

成为中国民族化油画创始人之一。李骆公曾师承于多位名师,将中国文人写意画与西方现代艺术相融合,创造出调和中西的"写意油画"。

20世纪50年代后期,李骆公在津门工作期间,全力研究现代书法篆刻,经钱寿铁、王个簃指点并与邓散木、宁斧成结为挚友,遂以现代中西绘画形式美渗入书法篆刻,艺风突变。他的这类书法篆刻作品,融入了甲骨文、金文、小篆等古文字形体,化而为一,着力突出其象形意味,从而增强了书法和篆刻作品的图画感,颇能造成观者的视觉冲击力。对于李骆公的这类古文字变体书法篆刻作品,尽管在书法学界颇有争论,但其对甲骨文、金文等古文字的现代表现手段的积极不懈探索,还是应当受到充分重视的。

16. 刘恒

刘恒(1921—2001),号久庵、古丁,天津市人,已故著名篆刻家。刘恒自幼受李智超启蒙,学习书画,1943年考入国立北平艺专,与孙其峰同学,受教于溥松窗、吴镜汀、秦仲文诸名家,研习山水画。篆刻拜金禹民为师,并得到寿石工和黄宾虹的指教。1946年艺专毕业时曾两次与同学举办画展,后一心致力于篆刻艺术。生前为

刘桓篆刻作品

天津市书法家协会会员,天津海河印社顾问。篆刻作品多次入选各类展览,朱文巨印"龙潭浮翠"被评为"津门十景"篆刻比赛优秀作品。出版有《刘恒篆刻集》。

刘恒的篆刻传统功力深厚,大刀阔斧,游刃有余,白文浑厚古朴,朱文劲秀流畅,尤擅细朱文,为人所称道,识者宝之。著名甲骨学家陈邦怀赠诗曰:"古丁篆刻法于古,贻我石章韵味长,汉印白文如此美,不矜流派异寻常。"

在刘恒的篆刻作品中,虽然没有专门以甲骨文字入印的创作,但其印文中多有契文结构,而且因为其篆刻刀法率然强健,所以一些字形也颇有甲骨文字的风神。

17. 孙其峰

孙其峰(1920—),原名奇峰,曾用名琪峰。别署双槐楼主、求异存同斋主。山东招远人。1947年毕业于国立北平艺术专科学校国画科。曾先后从师于徐悲鸿、黄宾虹、李苦禅、王友石、汪慎生等名家。擅山水、花鸟画、书法、篆刻,兼治画史画论,曾任天津美术学院副院长,绘画、工艺系主任,天津市书法协会副主席,中国书法家协会理事等职。现为天津美术学院终身教授、中国美术家协会理事、天津市美术家协会名誉主席、天津市海河印社社长、北京中国画研究

▲孙其峰篆刻作品
▶孙其峰书法作品

院院委等。

孙氏幼嗜书艺，得自庭训。初临颜赵楷法。入北平国立艺专国画科后，学习汉隶、行草，旁及篆书、魏碑。其书法，取精用宏，锐意创新，形成了独具一格的书风，于金文、小篆、隶书、草书、行书各体所无不擅，其中以草书、隶书造诣最高，师古而不泥古，颇能领略古法而演绎新奇。

其篆刻取法金文、甲骨文、秦诏版权量文、古陶文、汉代碑额、瓦当文等古代篆书，也从邓石如等清代篆书大家得到不少的启迪。所以孙先生的篆书古朴雄浑，笔酣墨活，一扫过去有些书家写篆书那种字形板滞无灵和缺乏韵味的写法。孙氏印章中，实践以甲骨文字形入印，即使非契文印者，也多能透露出甲骨文等契刻文字的某些刀法与神韵。

18. 任秉鉴

任秉鉴，1923年9月生，天津人。出身于教师世家，一家五代共有30余人任教师，为全国优秀教育世家。祖父忠隽公是清朝军官，擅长数字、语言；祖母擅长剪窗花；外祖父是晚清税务官，擅长翰墨。父亲聘之公，一生从事小学教师工作，写得一手好字，母亲也会剪纸；大哥任秉钧是中小学美术教师，从教近60年，擅长国画花卉翎毛，并精于各体书法，篆、隶、章草、褚体楷书尤佳。任老先生自幼受家庭教育影响，喜欢画画，13岁上初中一年级时师从津门著名书法家萧纯之学习篆刻和篆书。后又在天津市美术馆拜篆刻名家王雪民为师，学习篆刻。后又受业于陈荫佛学书法、学古典文学。书法篆刻作品也曾受过津门四大书法名家之一的孟广慧点拨。

任秉鉴是银行退休经济师、天津市书法家协会会员、天津海河印社社员、石油四方印社社员、大港油田书协顾问、中国老年书画研究会会员、天津印社顾问。多年来一直喜欢书法、绘画艺术和民间剪纸艺术。近二十年，任老先生每年都创作多幅形态各异、技法多变的剪纸生肖画，个人出资举办"老有所乐"生肖剪纸艺术展览，普及国学知识，传播传统艺术。其中有一次还专门展览甲骨文知识。每次展览都有媒体的追踪报道，深受天津市民的重视和好评。

任秉鉴不仅长期从事书法、绘画、剪纸的创作，而且还坚持搜集相关资料，对

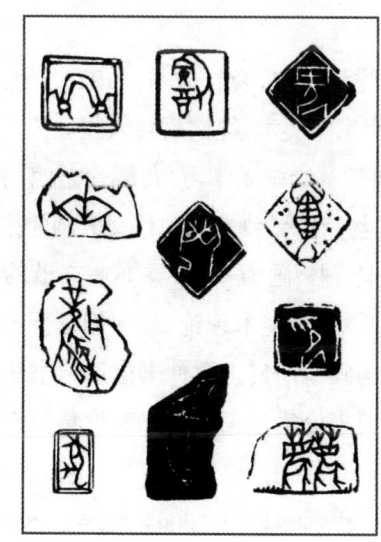

任秉鉴书法篆刻作品

甲骨文发现及收藏历史，对甲骨文字考释以及对甲骨文书法篆刻的理论，进行学术研究，其论文都有自己独到见解，足以立说。如其论文《浅析甲骨文的结构造型美》，认为甲骨文是线条造型艺术，以极少的笔画（线和点），以极其简练的结构来刻划事物的特征和本质，凡举"人""兕""死""吹""监""斗""女""舞""凤""猴""鱼""鹿""龟""郭"等甲骨文字形，揭示了甲骨文字的精炼、动态、多视角等造型之美。[1]

自13岁开始学印以来，任先生七十余年来治印5000余方，从中选取539方出版了《任秉鉴印选》。受乃师王雪民的艺术影响，其中以甲骨文字入印者不在少数。由于任氏有很好的甲骨文字等古文字基础，学养深厚，又多才多艺，艺术感觉良好，所以其甲骨文印章，金石味永，笔墨意长，尤其自创的以甲骨文字形所作生肖动物印章，形神兼备，刀法精熟，颇能得契文挺拔、高古的神采和风韵。

19. 王学仲

王学仲，别名夜泊、呼延夜泊，晚号黾翁。1925年生于山东滕县。青年时代毕业于北京京华美术学院，后转入国立艺术专科学校墨画科，又转入中央美术学院绘画系学习，曾随徐悲鸿、容庚、吴镜汀诸人学习。擅山水、人物、花鸟，致力于现代文人画的拓展。作品题材广泛，形式多样，融诗、书、画为一体，在亦庄亦谐的笔调中托物兴怀，富有情趣和哲理。精于美术理论，颇多创见。王学仲工书法，善诗文。出版有《中国画学谱》《王学仲书法选》《书法举要》《王学仲文艺论集》《王学仲美术论集》《王学仲书法论集》《王学仲书画

---

[1]任秉鉴《浅析甲骨文的结构造型美》，《甲骨文书法艺术论文集》，华文出版社1993年版。

诗文集》(日文版)、《夜泊画集》《王学仲书画旧体诗文诗选》《王学仲散文集》《王学仲诗词选》《黾勉集》等。

1953年在天津大学任美术课教师。1961年入中国美术家协会。1978年入文化部中国画创作组创作。1981年被聘为日本国立筑波大学艺术系教授二年余,并为东京上野火车站绘制大型壁画《四季繁荣图》。1985年天津大学建成"王学仲艺术研究所",任该所所长。1989年获天津市鲁迅文艺大奖,1994年获世界和平文化奖。曾任中国书协副主席、天津书协主席,现任中国书法家协会顾问,现代书画学会名誉会长,中华诗词学会顾问,天津大学艺术研究所所长、教授,广州美术学院客座教授,日本国立筑波大学艺术学系客座教授,北京中国炎黄画院副院长,天津画院特聘画师等职。2006年获中国书法兰亭奖终身成就奖。其故乡山东省滕州市于1987年建有"王学仲艺术馆",另有曲阜"王学仲书画馆",分别收藏其艺术作品、著作和王氏捐给该馆

王学仲书法作品

的文物藏品。

王学仲是个学者型的艺术大家,其艺术创作与理论思考两美并举,学艺双馨。其书法功力深厚,苍劲老辣,古拙雅趣,奇巧摇曳,碑味浓厚,雄浑博大。王学仲对于甲骨文字书法也特别重视。他曾几度讲学安阳,展示了其甲骨文书法作品,给人以耳目一新的感觉。据杜乙简《甲骨文二三事》中称:"王先生早年与王襄交往甚密,每有会晤,必及甲骨。"故其书法作品"不只是融合了篆、隶、行、楷,更重要的是吸取了甲骨文的章法、笔法和神韵"[1]。而上面一幅书法作品,则是直接书写甲骨文字,仍能以其素所积蓄之魏碑功夫,写出了厚重、大气的独特之甲骨文书法艺术作品。

20. 张牧石

张牧石(1928—),字介盦、又字扬斋,号邱园,别署月楼外史、茧梦庐、糜翁。天津人。当代著名诗人、书法篆刻家、金石书画鉴定家。早年毕业于天津法商学院法律系,书法篆刻师事寿石工,与张伯驹交厚。张伯驹将张牧石与陈巨来并称为篆刻界的"南陈北张",可见张伯驹甚爱张牧石之才。张伯驹晚年常用印章多出自张牧石之手。现为中国

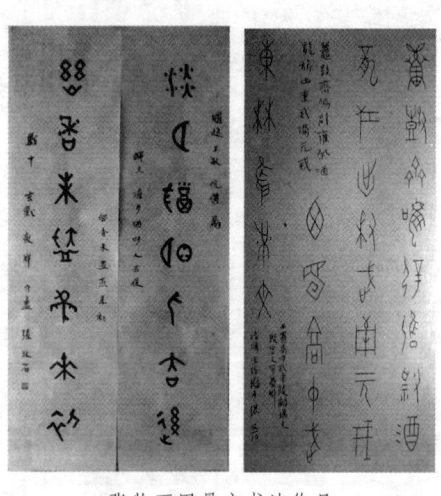

张牧石甲骨文书法作品

---

[1] 杜乙简《甲骨文二三事》,《安阳殷墟笔会论文选》,河南安阳市文联,1984年10月。

书法家协会会员,天津书法家协会理事,中华诗词学会常务理事,天津诗词社副社长,天津印社顾问,海河印社顾问,天津茂林书法学院古典文学教授,中国书画报编审。著有《待尽堂诗》《梦边词》《师卷印蜕》《茧梦庐诗词》《篆刻经纬》《牧石印谱》《张牧石诗词集》《张牧石艺略》等《茧梦庐丛书》八种。

作为津门的书法篆刻家,张牧石的艺术创作自然也涉及到甲骨文书法与篆刻。从上面所示两图来看,张氏在不同时期所写甲骨文书法,或纤细轻巧如铁线篆,或宽博厚重若钟鼎文,风格迥异,令人惊奇。

21. 华非

华非,字野予,1933年7月生,天津人。本姓李,祖父李荷生是绘画名家,后从母姓。天津著名的篆刻家、书法家、画家、陶瓷艺术家,收藏家、鉴赏家、学者。他的叔外祖华世奎、外祖华世龄是书法名家。青年时代,他先后拜宁斧成、邓散木、吴玉如为师,眼界大开,品位大升。青年和中年时代,他与郭沫若、茅盾、张伯驹、陈邦怀、赵朴初、吴作人这样的文化大家交往。著有《中国古代瓦当》。主编《泥模艺术》《邓散木印谱》《宁斧

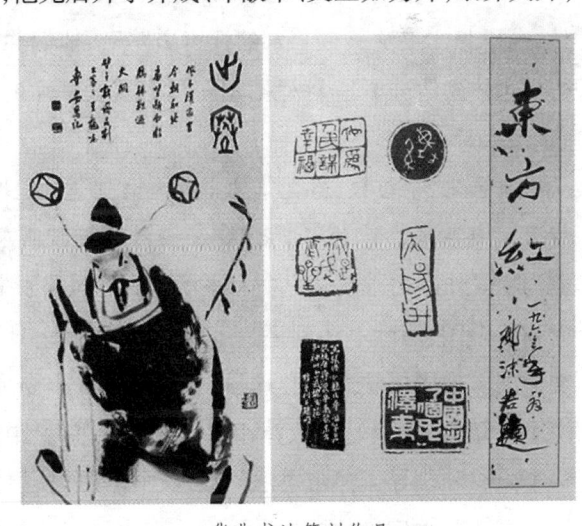

华非书法篆刻作品

成印谱》《宁斧成篆隶百家姓》等。曾在天津、青岛、香港举办个人书画展览。现为中国书法家协会会员、天津市海河印社顾问。

华非的书法篆刻作品中,也时见甲骨文字的影子。或将甲骨文的笔意和风神用于其它书体的创作之中,或以甲骨文字为表现对象,用现代刀笔表现甲骨文字的远古神韵。

四、第三代甲骨文书法篆刻家的风格探索与表现

第三代甲骨文书法家指出生于二十世纪四十年代,李鹤年、杨鲁安等人的弟子们这一辈人,其中以孙家潭、李泽润等人为代表。他们大都既是书法家,也是篆刻家,多年的篆刻和篆书书写的功底和积累,使得他们在前辈们的引领下,继续着对甲骨文书法艺术的风格探索和笔墨表现,各因其经历和体悟的不同而形成不同的风格流派。但是由于受到"文革"等政治因素的影响,除其中个别人之外,在甲骨文书法篆刻艺术的探索道路上,他们并没有比师父辈走得更远。当然这不是个人素质的原因,而是一个时代的局限。

22. 唐云来

唐云来,字浚泉,号无华斋主。1944年生,天津汉沽人。天津当代著名书法家。其书初学颜鲁公,继涉汉魏碑版墓志,后以米芾书翰为宗。作品追求率意纵横和平淡天真的风格。书法、刻字作品多次入展全国、国际书法刻字艺术展,多次入展中日、中韩、中新书法交流展。中国书法家协会理事,中国书协评审委员会委员,中国书协书法培训中心教授,天津市书法家协会主席,国家一级美术师。除了组织和领导天津市书法活动及创作以外,唐云来先生还非常注重书法艺术理论的探索和研究。在书法专业刊物和其他报刊上

发表了许多书学论文。著有《柳体学习指南》一书问世。

唐先生很早就注意到了甲骨文书法艺术的理论的总结和探索,其论文《浅谈甲骨文书法的美学价值》,1984年10月在首届安阳殷墟笔会上入选并在大会上宣讲,该文非常深入、全面地研究了甲骨文本身的书法艺术美质以及它给今天甲骨文书法艺术家带来的种种启示。受到与会学者和书法家们的广泛好评,被收入《安阳殷墟笔会论文选》中。

该文首先讲到了甲骨文的发现对现当代书法的冲击和推动。其次讲到了甲骨文是一种自觉的书法艺术,是当时的书法家——贞人将那个时代的人所认识的美充分表现出来的艺术品。作者还从甲骨文不同期别存在不同的书法风格,从甲骨文所表现的内容都是当时重要的事情来看,甲骨文都是当时书法家刻意追求的美的艺术。接着,作者又从甲骨文字的章法、结体和体势等方面的特点,分析了甲骨文字的美学价值及对当代甲骨文书法的艺术启示。

不过,唐先生在书法艺术创作中,多数是以行书的面貌出现,目前尚未见到其甲骨文书法艺术作品。

23. 顾志新

顾志新生于1945年,天津市和平区政协常

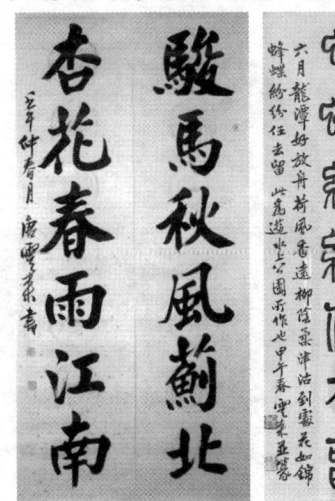

唐云来书法作品

委,中国书法家协会理事,中国书法家协会培训中心教授,天津印社常务副社长,中国内蒙古巴林石集团艺术顾问;美国洛杉矶荣誉市民,国家一级美术师,现为天津书协驻会副主席、篆刻委员会主任。师承著名书画家王学仲、孙其峰,授业于秦鄂生、苏白诸先生。精书法擅篆刻,从事西洋绘画多年,转作国画,尤擅画鱼,为世所重。自 1986 年始,多次担任全国中青年书法篆刻大展评审委员。作品入选《中南海珍藏书法作品集》《毛泽东纪念堂珍藏书法作品集》等。艺术传略收录于《中国美术年鉴》《中国印学年鉴》《中国篆刻年鉴五卷》,编著《放大圣教序集联》上下册。为华清宫、岳阳楼、庐山、武夷山、白云山、南岳衡山、黄河碑林、常德诗墙等几十处名胜古迹碑刻题字几十处。近年来随天津美术家代表团、中国艺术家小组出访韩国、美国、新加坡、以色列等国家,举办个人书画展览并出版作品集,曾三次出访日本,在东京举办个人书画展览。中央电视台曾拍摄《顾志新和他的书法艺术》专题片。

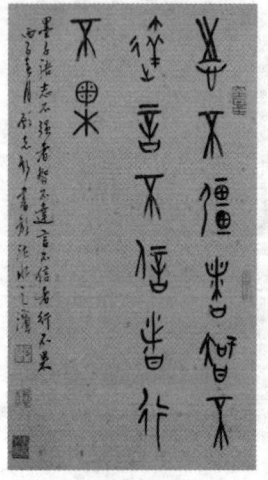
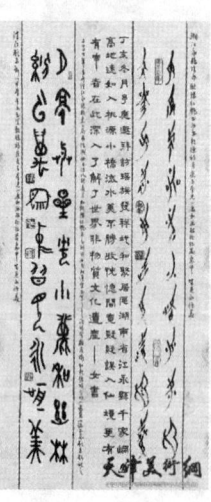

顾志新的书法篆刻作品中,也时见甲骨文字的踪迹。如上举甲骨文篆印"今夕大吉",

今夕大吉

顾志新书法篆刻作品

可谓代表。

24. 董鸿程

董鸿程,字壮飞,1945年生于天津芦台,16岁开始学习书法,20岁拜津门篆刻名家徐嘏龄为师,研习篆刻艺术。二十世纪七十年代初随王学仲教授深造,又得到津门书法大家陈邦怀、吴玉如等人指教。其作品清新典丽,含蓄委婉,曾多次获全国篆刻评比优秀奖;天津鲁迅文艺奖金优秀奖;业绩曾入典《中国新文艺大系·书法卷》《当代中国篆刻家大辞典》《当代书法艺术大成》等。中国书法家协会会员,任天津书协理事,篆刻委员会主任,评审委员,海河印社副社长等职。现任职于天津历史博物馆保管部,任副研究馆员,学术委员会委员。多年来从事古印章研究工作,曾编撰《天津历史博物馆藏古私印选》一函十卷;实用篆刻印谱丛书之《反字斋馆印》等;曾撰《印玺鉴赏》一章入编《文物鉴赏手册》。

董鸿程的篆刻作品中,也有以甲骨文字入印者,如右举甲骨文篆印"三盘暮雨"者是。

三盘暮雨

董鸿程书法篆刻作品

25. 李泽润

李泽润,字子永,别署泽之,号直了斋主人。1946年1月生,山东宁津

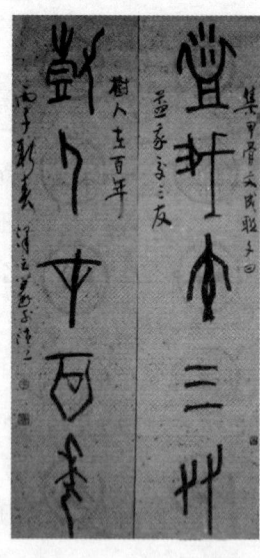

李泽润甲骨书法作品

人。天津师范大学化学系毕业,任天津市长征中学教师。幼承家学,诵诗文,习颜书。二十世纪六十年代初从师从黄绮、孙其峰、余明善等名家研习诗律、音韵、文字学,旁及金石书法。从事书法篆刻艺术四十余年,长于篆隶,喜简牍帛书,世称能诗工书擅篆刻。书法作品入选全国第二届中青年书法篆刻家作品展,获天津市首届书法篆刻展一等奖。所著《篆刻浅说》在《少年书法》杂志连载。现为天津市政协委员、中国书法家协会教育委员会副主任、天津市书法家协会副主席、海河印社副社长。他还是天津市文学艺术界联合会理论研究室研究员,国家一级美术师,天津市首届德艺双馨文艺工作者。

李泽润于篆刻书法之余,颇留心于甲骨文字之学。故其手下不乏以甲骨文字为表现对象的作品出现。以上两帧可谓代表。

26. 穆奎信

穆奎信,别署魁信、三有堂主。1947年生,北京市人。白幼酷爱书画、篆刻、收藏，20世纪60年代得到书画鉴定专家曹文耕、文字学专家陈邦怀和书画家孙其峰、王学仲教导，刻苦研习三代吉金文字、秦玺汉印、明清篆印流派，尤其对浙派及邓石如、吴让之、吴昌硕、齐白石有独到见解。在书画方面造诣很深，篆刻艺术尤为突出，作品曾多次参加国内外大展，并收入《当代中国作品集》《当代中国书法艺术大成》，出版《穆奎信篆刻作品集》《反字肖形印》。现为中国书法家协会会员，天津书法家协会理事，海河印社副社长，亚洲文化艺术交流协会会员。

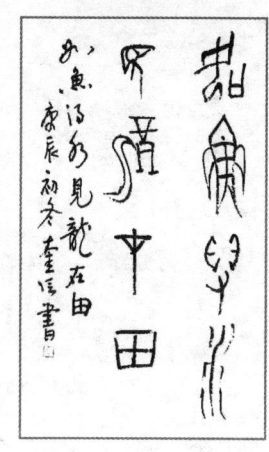

穆奎信甲骨书法作品

虽然穆奎信不是甲骨文书法篆刻的专门家，但由于他有深厚的古文字功底和篆刻的精湛技法，所以在他的作品集中，还是能够见到甲骨文字的影子。右图所举，即是其例。

27. 韩征尘

韩征尘，字子驰，号忍寒子，又号渔樵散人，室名归渔室。1945年9月生于天津。工书法，精篆刻。师从冯星伯。治印从汉印入手，近取明、清，以刀代笔，印作雄强奇肆，沉穆朴厚。作品入选1985年国际书法展、1986年全国"民族大家庭"书法展、1987年国际临书大展、1988年龙年篆刻大奖赛、1989年全国第四届书法篆刻展览并多次获奖，发表于《书法》《书法报》《西泠艺丛》等。其主要生平载入《当代书法家传记》《中国文艺家传集》《中国当代文学艺术界名

人录》《中国古今书家辞典》等。现为中国书法家协会会员、南京印社社员、海河印社副社长、天津炎黄文化研究会理事。供职于天津河西建材供应公司。

韩征尘的作品中，也时见甲骨文字，

韩征尘甲骨书法作品

如上举三幅。

28. 孙家潭

受老一代甲骨书法和篆刻家孟广慧、王襄、王雪民等人影响，杨鲁安、王强儒、周与九、蓝云、李鹤年、齐治源、任秉鉴等人可称为津门第二代甲骨文书法篆刻家。而师从于杨鲁安、蓝云、孙其峰等人的孙家潭，是目前非常活跃和颇具影响的天津第三代甲骨书法家的优秀代表。孙先生在甲骨书法和甲骨入印乃至甲骨入壶方面，都有自己独到的见解和创新。

孙家潭，别署其子、四灵印房、三省斋、三省、省斋、省人，1948年生于天津土城。1968至1986年在内蒙古工作，其间曾任察右前旗政协委员、文化馆长、文物管理所所长，1987年回津。

  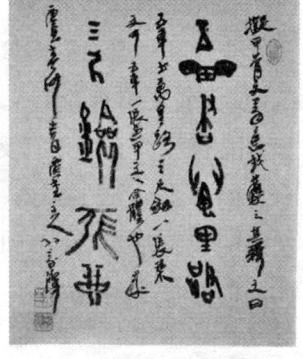

孙家潭甲骨文书法篆刻作品

1986年加入中国书法家协会，1994年加入西泠印社。现为天津印社社长、西泠印社学术研究委员会委员、西泠印社社员、中国书法家协会会员、中国民族古文字研究会会员。有《周玺秦汉印章》《独具慧眼》《孙家潭自传》《孙家潭书法篆刻集》等论著公开发表或出版发行。

二十世纪七十年代，在内蒙插队的孙家潭前去拜访老师杨鲁安。孙拿出自己刻的古文字印章，求杨鲁安指点。杨鲁安看后给予鼓励。然后拿出自己收藏的殷墟甲骨，让孙家潭观看，给他讲解甲骨文知识，如何将甲骨文字刻入印章中。并拿出自己书写的甲骨文书法，讲解如何以笔墨来表现甲骨文的风貌。

孙家潭的甲骨文书法，虽然是中锋用笔，但行笔快捷，结字爽利。其甲骨书法作品，大都融合了甲骨、金文甚至于陶文、简帛文字的特征，富于变化，令人耳目一新。

他刻的甲骨文印，线条粗犷，变化丰富。近年来，他又将这种甲骨书法艺术运用到刻壶的创作之中，精美的紫砂壶，配以古意盎然的甲骨文书法，不仅丰富了紫砂艺术，而且也为甲骨文书法艺术开拓出一个新的领域，扩大了甲骨书法篆刻艺术的表现范围。

孙先生不仅勤奋创作甲骨文书法篆刻作品,而且也善于从中总结规律和体会而形成自己的甲骨文书法篆刻理论。比如他撰写的《从甲骨文特征论其文字入印》一文,被收入《天津书法理论文集》中,首先简介了甲骨文的表现形式及其字形特征,其次谈了甲骨文的本质特征与篆刻艺术之间的联系,接着介绍了近现代篆刻艺术的发展和甲骨文入印的情况,最后结合自己多年的甲骨文入印的创作实践,畅谈了自己如何将甲骨文字入印的体会和经验。

五、新生代甲骨文书法篆刻家的笔墨尝试与创新

新生代甲骨文书法篆刻家,是指二十世纪五十年代以后出生的、按辈分来讲是孙家潭、李泽润弟子一辈的人,而且以写篆书和搞篆刻的人为多。这其中以邵佩英、朱彦民为代表。随着政治清明和经济发展,学术事业和文化艺术也都蒸蒸日上,这一代人赶上了更好的时候,除了在时间上没有被耽误之外,在书法学习和训练方面也有了更好的条件。所以这一代人以甲骨文字为表现对象的笔墨尝试和风格创新,意识更强一些,势头更猛一些,时代的因素决定他们会有更好的表现。但是由于年纪和阅历的限制,这种期待还需假以时日,不可操之过急。

29. 范永庆

范永庆,1953年生于天津,幼承家学,得其先祖父范明甫发蒙,后拜著名书家李鹤年、华非、王千诸先生为师,研习甲骨、篆书、装裱、刻字等,广取博收,犹长篆书,兼容历代名家体式,亲传李鹤年神韵,出版有《说文部首》等专著。多次参展天津市及国内书展和海峡两岸书艺交流活动,现为天津市书协会员、和平区书画研究会会

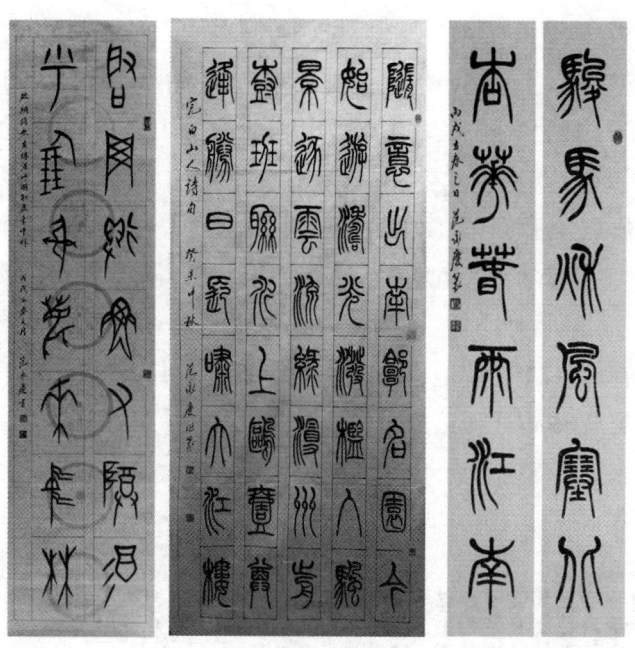

范永庆书法作品

员、天津南开中学书画研究会会员。

范永庆曾多次在我市进行甲骨文艺术讲座,颇有自家见解,深受世人好评。比如他根据长期观察甲骨文实物,认为甲骨的钻凿形式是多种多样的:钻的形式有圆有方,有不规则形状的,也有不施钻的;凿的形式,既有梭形,又有枣核形,更有不规则形。再比如对于贞人的性质,他认为贞人是集多种身份为一体的特殊人群,是史官,是巫师,是预言家,又是巫医,更是书法家、篆刻家,贞人是沟通人神之间的使者。对于甲骨的整治程序和辨伪方法,范氏也有其独到见解。

范永庆除了篆书之外,甲骨文书法也颇有可观之处。上举一帧,可窥其甲骨文书法艺术之一斑。

30. 王克礼

王克礼，字子敬，号静斋，别署鸿烈。原籍河北青县，1955年生于天津。现为中国书法家协会天津分会会员，中国中外名人文化研究会学术委员会学术委员，一级书画师，天津海河印社理事，天津书法研究会理事，天津天后宫书画会副会长，天津津沽书画会理事，天津盆景学会特邀理事。幼近翰墨，少时得师于澄安启蒙，初学颜柳、汉隶，后拜冯星伯为师。书法遍习真、草、隶、篆、钟鼎款识、殷商甲骨文字，刻苦临池，从未间断。篆刻远师封泥、秦汉铜印，近法清人吴昌硕、赵之谦诸家。作品曾获国际奥林匹克2000年书法大赛书法篆刻两项大奖，1983年获得天津书法大赛一等奖，艺术节篆刻大赛一等奖，1997年获世界美术书法家世纪末成就奖，同时入选世纪末成就大典，2003年获得天津市"职工艺术家"称号并获"十五立功奖章"。

王克礼书法作品

王克礼精于钟鼎文字,于甲骨文字也情有独钟。故其作品中也多见甲骨文字的神韵。

31. 李孝椿

李孝椿,别号沽水墨耘,1959年4月生,天津汉沽人。幼承家学酷爱书法,楷书学赵孟頫、文徵明,行书初习赵孟頫转而学王羲之,继临米芾。后又潜心研习北魏《张玄墓志》,并得启功、孙伯翔、李鹤年等人指教。所作融北魏墓志楷法与行草笔意为一体,用笔自然,结体秀韵,颇有刚柔相济、动静互补之特点。

自1983年以来,其书法作品先后20多次入选全国大展,分别获得金奖、银奖、优秀奖多次。有的作品收《全国青年书法篆刻作品选》及在《书法》《书法导报》《书法报》等发表,或为博物馆、纪念馆收藏,或被黄河碑林、神墨碑林等处勒石。撰写和发表的学术论文有:《线条书法艺术的生命》《砚边偶得》《张玄墓志管窥》《草书之我见》《感受兰亭》《试论唐书与唐诗》等。

现为中国书法家协会会员、天津市汉沽区文联副主席、汉沽书法家协会主席、中国历史博物馆艺术委员会客座教授、天津工会干部管理学院课座教授、天津大运河书画院理事,同时任天津书法家协会理事、理论委员会副主任。1991年曾代表天津出席全国业余青年文艺创作者代表会议。

李孝椿虽然写行楷和魏碑,几乎不涉及篆书和篆刻,但他却有对甲骨文字书法的尝试。右面一幅甲骨文对联,可以看出是受其行书流韵和魏碑笔意影响的。

李孝椿甲骨书法作品

32. 邵佩英

邵佩英，1962年7月生，天津市人，大专文化。曾进修于北京大学书法研究班。师从韩天衡、孙伯翔、唐云来、李润泽。现为中国书法家协会篆刻委员会委员，天津市书法家协会副主席，天津师范大学艺术学院美术系客座教授。

书法作品曾入选全国第二、三届正书大展，全国第七届书法篆刻展，第一届中国书协会员优秀作品展，荣获第四届全国楹联书法大展"全国奖"，第四届中国书法篆刻电视书法大赛优秀奖。篆刻作品入选全国第二届篆刻艺术展，西泠印社第二届全国篆刻评展，首届国际肖形印艺术展。刻字作品入选全国第二、三、四届刻字艺术展，第三、五、六届国际刻字艺术展，中日刻字艺术交流展。书学论文入选全国第二届现代刻字艺术理论研讨会。曾参与策划首届、二届中国（天津）书法艺术节，任组委会宣传部副主任。被授予中国书法家协会"德艺双馨"会员称号。

邵佩英篆刻和篆书功力极厚，所以偶尔书写甲骨文字，也颇能得其神妙之处。如左面一幅甲骨文

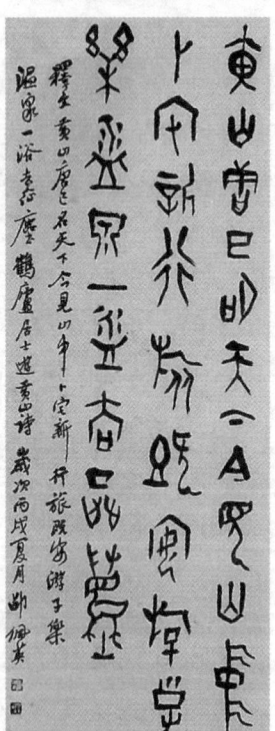

邵佩英甲骨书法作品

对联,所体现出来的瘦硬作风和金石意味,颇近似于杭州写甲骨文的名家刘江,而飞动与灵气则有过之无不及。

33. 朱彦民

朱彦民,1964年生,河南浚县人。1993年从殷墟甲骨文的故乡安阳考入在津的南开大学历史系攻读博士学位,1995年加入天津市书法家协会。2009年被聘为天津市书法家协会学术委员会委员。论文《八大山人书法作品中异写字之辨析》,入选由中国书法家协会主办的"全国第八届书学研讨会"。被批准为中国书法家协会会员。现为南开大学历史学院教授,中国社会史研究中心研究员,博士生导师,先秦史研究室主任。兼任天津市国学研究会副会长兼秘书长,天津市甲骨学学会(筹备)会长,中国殷商文化学会副会长,中国甲骨文书法艺术研究会顾问,国际易学联合会理事。

因为所修专业是甲骨学和殷商史,对甲骨文献多有涉猎,也经常摩挲甲骨实物。所以除了行草之外,其书法作品中有较多的甲骨文书法内容。早年曾经摹刻甲骨片,所以偶尔也以甲骨文字入印。所写甲骨文书法,与一般书法界的取径武丁时期大字甲骨不同,以学术界争论不休、字体瘦硬坚挺、有所谓复古之风的"历组卜辞"文字为造型基础,以行书或更快捷的笔意率然写就,力图表现甲骨文刻写时的率意和劲健,近年来也颇受到甲骨学家们的好评。

1992年摹刻甲骨片,被教育部设备司做成中小学历史课教具发行;1993年甲骨文书法作品,被收入《甲骨文书法艺术大观》;2004年甲骨文对联入选在北京人民大会堂举办的"古文字的起源——中日甲骨文书法艺术展览";2007年和2009年,参加了连续两届"华夏情甲骨文国际书法大展"并获优秀奖,作品被收入《华夏情甲骨文国际书法大展集萃》(上、中)。南京甲骨学会主办的国际

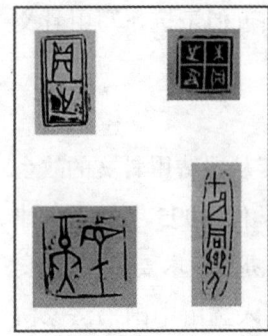 

朱彦民甲骨文书法篆刻作品

甲骨文艺术网聘请朱彦民教授为顾问,辟有专栏介绍"朱彦民甲骨文书法艺术"。

甲骨文书法艺术创作之外,也颇留意于甲骨文书法篆刻的理论探索,或考证或批评甲骨文书法历史。先后撰写并发表的甲骨文书学论文有《论甲骨文中的象形字》《浅说甲骨文书法艺术》《贞人非卜辞契刻者》《书法艺术探源》《论书法艺术的自觉时代》《古文字与书法艺术》《甲骨文字的来源与形成路径探索》《甲骨文书法艺术的先驱——孟广慧先生》《甲骨文入印的先驱——王雪民先生》等。著有《甲骨文书法探微》一书,待出版。①

六、回顾与总结、述评与展望

当然,除了上举一些书法家和其甲骨文书法篆刻作品之外,目前在天津从事甲骨文书法篆刻艺术创作的,还大有人在。比如姜钧杰、赵祥立、陈福春、刘洪祥、任云程、封俊虎、赵飙、张乃泰、李华钧、马魏华等津门书法家,尽管大都不是专门写甲骨的,但都有甲骨文书法艺术作品,或写甲骨文字书法,或刻写甲骨文入印等。限

---

① 朱彦民《甲骨文书法探微》,北京大学出版社2014年版。

于篇幅和材料，在此不能一一列举。

以上对六十年来天津甲骨文书法篆刻艺术史的简略回顾与大要综述，把这段历史初步做了四个阶段的分期。当然这只是为了便于描述的权宜之计，并不具有决断性，因为一个年高德劭的老书法艺术家，他可以横亘两个或跨越两个以上的时代。也就是说，不同辈份的书法篆刻家往往可以同时共处，往往进入了一个新时期之后，一些老艺术家老当益壮，临楮挥毫，不减当年，在新的条件下又能有新的作为。这当然也是天津甲骨文书法篆刻艺术能有发展和进步的一个重要因素所在。当然，这六十年的天津甲骨文书法篆刻艺术史所取得的成就，完全是奠基在孟广慧、王襄、王雪民、罗振玉、陈邦怀等老一代天津甲骨学家所开创的基业之上。没有这些大方之家的积累和铺垫，是建不起高楼大厦的。

天津是一个与甲骨文、甲骨学颇有关联的地方。可以这么说，殷墟甲骨文首先发现在天津，天津是中国甲骨学产生的摇篮。在这样一个地方，又率先催生了甲骨文书法艺术这样一个新的书法门类。这都是值得天津人自豪的事情。我们相信并且期待，有这么好的基础和环境，未来的天津甲骨文书法艺术，将会更加辉煌灿烂，耀人眼目。

（本文入选"天津书法六十年"学术研讨会，刊于《天津书法通讯》2009年下卷，总第29期，于此有所校改）

戊编 附录

《甲骨学在天津》讲座提纲

一、缘起

本人来自出土殷墟甲骨文的古都安阳，又在天津从事甲骨文的学习和研究，自然会关注甲骨学在天津的发展状况。

2006年本人承担了天津市社会科学研究"十一五"规划项目《甲骨学在天津》(项目批准号：TJLS06-1-003)，该课题研究正在进行之中。

2005年至2007年与天津电视台文艺部合作制作了专题片《甲骨学在天津》，该片目前正在后期制作，前两集于今年3月2日开始播出，之后反复播出多次，社会反响较好。播出部分已经获得天津市广电局优秀电视节目选题一等奖。

谨以此报告，纪念殷墟甲骨文发现110周年及天津市国学研究会成立一周年。

二、甲骨文发现在天津

在二十世纪初,中国文化史上有非常重要的"四大发现",它们分别是:殷墟甲骨、敦煌经卷、流沙坠简和明清大内档案,其中有三项发现后来都成为国际显学,一是敦煌经卷,二是殷墟甲骨,三是秦汉简牍。其中,殷墟甲骨文是目前中国境内发现的最早的系统文字,它已然成为中华古代文明的一个重要标志。

而作为中国最早的系统文字,殷墟甲骨文的发现,虽然至今已经超过百年了,但是对于最初发现的一些情况,学术界并没有一个完全令人信服的说法。如甲骨文究竟是谁发现的,在哪里发现的,通过什么渠道发现的等等,至今仍是一系列未解的谜团。

虽然学术界及广大世人大多认为殷墟甲骨文是北京王懿荣发现的,但是我们从大量的证据和资料来看,甲骨文的发现也与我们天津有着不解之缘。

关于甲骨文的发现,即究竟是谁发现的,是在哪里发现的,通过什么途径发现的等等问题,在学术界向来有不同的观点,总括起来足有七八种之多。但是能够引起大家注意的主要有两种不同的观点,一种认为是1898年由天津学者王襄、孟广慧发现的,另一种则认为是1899年由北京王懿荣发现的。所以同样是纪念甲骨文发现一百年的学术研讨会,台湾学术界是在1998年举行的,而大陆学术界是在1999年举行的。先后参加过两个纪念会议的著名甲骨学者杨升南曾经幽默地称,中国人过生日,有所谓过虚岁的习俗。台湾的一百年纪念是过虚岁,而大陆的一百年纪念过的则是整岁。

(一)关于王懿荣发现甲骨文的说法

虽然早期甲骨学著作对王懿荣较早收集甲骨文的事迹也多有记载,但多缺略不详。

王懿荣发现甲骨文的完整故事,最早是1931年一个笔名叫"汐翁"的人,在《华北日报·华北画报》发表的《龟甲文》一文中讲述的。文中说道,刘鹗到北京来时,住在王懿荣家里。正赶上王懿荣患疟疾,要服用"龙骨"。家人在宣武门外菜市口的达仁堂药店买来了中药"龙骨"。刘鹗见"龙骨"上有契刻篆文,于是拿给王懿荣看,当时二人都十分惊讶。因王懿荣本是金石学家,精通铜器铭文鉴赏的学问,认为龙骨上刻有文字,觉得应该是古老的东西,于是派人到药铺,买下刻有文字的"龙骨"。这样,一个生动有趣的关于王懿荣吃药发现甲骨文的故事就流传开来,以至于今。

然而"汐翁"到底是谁,已经无从考证。从名字来看显然不是真名,而应是作者的笔名。据天津师范大学一位研究围棋的余老师讲,"汐翁"这个人也曾经写过围棋史的文章。可见"汐翁"并非专门研究历史的学者,而是一个"万金油"式的业余文化人,道听途说的小报记者。正是这样一位非历史学界的业余文化人,道听途说的小报记者,他的观点直到今天还一直影响着学术界的视听,影响着中小学生、人民大众对历史常识的认知,这种情况实在令人感到无比的惊讶!

甚至"汐翁"这篇文字的原貌,如今也已难得一见。学术界知道有此事,是通过著名甲骨学家董作宾在其《甲骨年表》中对此文的摘引,并没有见到原文。据说当年天津学者李鹤年为了澄清事实的真相,曾花大力气甚至不惜巨金悬赏查找这篇"汐翁"的"大作"原文，但一直未能如愿。近年来天津甲骨学者任秉鉴一直致力于李鹤年的这项未竟事业。前年他终于辗转托人从北京大学图书馆善本书库中复印到了这页报纸。任先生是个不保守的人，他给我复印了一份，给北京的李学勤一份，给社科院考古所的冯时一份。

汐翁《龟甲文》原文如下（在这篇不到四百字的短文中，竟然有多处文字错误，就无论其观点和见识如何了）：

> 光绪戊成（戌字之误）年○丹徒刘铁云○鹗○客游京师○寓福山王文敏懿荣私弟（第字之误）○文敏病店○服药用龟板○购自菜市○达仁堂○铁云见龟板有契刻篆文○以示文敏○相与惊讶○文敏故治金文○知为古物○到药肆询其来历○言河南汤阴安阳○居民掊地得之○辇衍（即街字之误，卖也）粥（鬻字之误）○取直（值字之误）至廉○以其无用○鲜过问者○惟药肆买之云云○铁云遍历诸肆○择其文字较明者○购以归○计五千余板○文敏于次年殉难○铁云以被劾○戍新疆○遇赦归○到癸卯岁○乃以龟甲文之完好者千版○付石印行世○名曰铁云藏龟○此殷虚甲骨文字发见之原由也○藏龟行世○瑞安孙仲客（容字之误）先生○以数月之力○尽为之考释○箸（著字之误）契文举例一书○甲辰书成○于是学者始加以研治○今则甲骨日出不穷○治之者亦不乏人○法日二邦○皆有专门研究者○为我国古代文化上之一重大事件○世人所当注意也○

李学勤有着非常敏感的学术神经，他马上就写了一篇《汐翁〈龟甲文〉与甲骨文的发现》，指出了汐翁的种种虚妄之处和为文极其随意的特点，提醒引用者应该当心。①通过李先生的这篇文字，《龟甲文》及其所说的王懿荣吃药发现甲骨文的故事，应该说已经没有什么立足之地了。

而实际上，影响较大的王懿荣吃中药发现甲骨的说法，除了这样一个不堪的出处令人怀疑之外，还有许多疑点和漏洞，不能令人信服。

比如，在这个故事中说到了王懿荣是从宣武门外菜市口达仁堂药铺买的"龙骨"，但是根据学者们的考察和研究，北京菜市口在清朝光绪年间并不曾有过达仁堂中药铺，天津学者李鹤年就曾专门为此调查过。北京只有同仁堂，达仁堂最早是在天津开设的。而菜市口外的药店是西鹤年堂。

在这个故事文本里，王懿荣是在买回家的中药里发现甲骨文这种古老文字的，但这也是不可能的，因为根据早期的有关甲骨文发现文献记载，当初河南安阳小屯村民卖龙骨到药店时，要把上面的字道用刀刮削掉，因为药店认为带字之骨不吉利，拒绝收购。

那么有没有这种可能，即村民无意将一版没有刮掉字道的龙骨卖给了药店，而这版甲骨恰巧就被王懿荣买到了，于是在上面发现了甲骨文字呢？这也是不大可能的。按照常规，药店卖药是将"龙骨"捣碎并研成粉末，并不卖块状药，因此王懿荣不可能见到整块的龟板。

王懿荣家在王府井一带的四眼井锡拉胡同，与宣武门外菜市口隔着皇城，不能穿行，绕城步行要走一天，王懿荣的家人没必要走那么远买药。

实际上当年安阳小屯村民在耕种时发现了大量刻字骨头，

---

① 李学勤《汐翁〈龟甲文〉与甲骨文的发现》，《殷都学刊》2007年第3期。

并没有引起人们的重视,农民将骨头堆放在田地一旁。直到有一天,一个名叫李成的剃头匠生了一身的疮,这时情况才有了一些变化。

在光绪年间,小屯村有个农民叫李成的,他身上长了脓疮,一直不能治愈,当地有个读书人告诉他一个偏方,说是用字骨可以治好,李成把那些河边的骨头研成粉,敷在伤口处,没过几天,伤好了。李成病好后,开始收集这些骨头,向中药铺兜售,中药铺老板不相信,李成当场演示用字骨研末疗伤的奇效。中药铺老板这才相信,认为这就是中药里罕见的"龙骨",开始收购。小屯村从此热闹起来,人们开始到处寻找"龙骨"。因为中药铺老板拒绝收购有字的"龙骨",所以村民们都把收集来的字骨,削去上面的字道,然后才卖到药店中。

关于"龙骨"这味中药,据明代李时珍《本草纲目》记载,可以医治很多的病症。我们通过走访著名中医知道,这种所谓的"龙骨"实际上是史前时期的大型爬行动物的骨骼。除了可以治疗刀伤、止血之外,还可以治疗男子肾虚和女子漏下等多种疑难病症和妇科杂症。中医一般不用这种名贵的中药来治疗疟疾这样的小病。

所以,从以上种种现象来看,王懿荣吃药发现甲骨文的故事和由此而形成的一些学术观点,都应该予以重新的考量。

当然,王懿荣较早发现甲骨文的观点,也不能因为这个故事的虚假而轻易否定。因为在早期甲骨学著作里,如刘鹗、罗振玉和王国维等人的著作序言里,都提到了王懿荣较早收藏甲骨文的事情。他们都是治学严谨的学者,自然不比信口雌黄的汐翁,所以这一说法仍然应该受到学术界的重视。

(二)关于王襄、孟广慧发现甲骨文的说法

另外一种观点认为甲骨文是天津的王襄和孟广慧发现的。当时山东潍县古董商人范寿轩先来到天津兜售甲骨,在卖给王、孟少量甲骨之后,他才又去了北京,将剩余的甲骨卖给了王懿荣的。相比而言,王懿荣发现甲骨的说法,影响较大,而天津学者发现甲骨的说法,一般人不大知道。

王襄(1876—1965),字纶阁,初号符斋,后号簠室,天津人。是著名的金石学家、甲骨学家、书法家和收藏家。著有《簠室殷契类纂》和《簠室殷契征文》两部甲骨学著作。新中国成立后,曾出任天津文史馆第一任馆长。

孟广慧(1867—1939),字广慧,号远公。书法功力深厚,与华世奎、严范孙、赵元礼并称"津门四大家"。他不仅精研书艺,对金石文物极好收藏,尤以收藏古钱最为有名,曾编有《两汉残石篇》《广慧藏泉》等金石著作。

这两位天津学者在金石文字学方面的造诣,为他们最早发现和收藏甲骨文奠定了学养基础。清末民初,一些来自河南、山东、山西的古董商人,经常往来于河南、山东和津京地区,贩卖古董。其中有一位名叫范寿轩的山东潍县古董商,素与津门王襄、孟广慧相识。这么着,王襄、孟广慧才有机会接触到安阳出土的甲骨。

1898年秋,山东潍县古董商人范寿轩,像往常一样来天津兜售古董,他来到王襄家中,见到了王襄和孟广慧。范寿轩说起他在河南某地看见田里出土骨头,其中有些骨头呈条状,上面还有刀刻的痕迹,自己不知道是不是古董,没敢收购。这时,孟广慧说:"这东西可能是古代简册。"并希望他赶快去河南一趟,下次再来时带些看

看。王襄也在一旁附和,催促他回河南代为访求。于是,就有了第二年"范寿轩带甲骨到天津"之事。

　　1899年的秋天,范寿轩携带一百多片甲骨来到了天津,寓居在天津老城西门外大街的马家店客栈中。王襄闻讯后,与弟弟王雪民、书法家孟广慧、画家马景桐等人,赶到客栈去拜会范寿轩。在那里,见到了他们曾认为是"古简"的骨头片。

　　这些朽蚀薄脆的骨片,品相不佳,又不易收藏,而且要价甚高,一般以字论价,一个字就要一两银子,字多片大者更贵。范寿轩竭力推销,王襄、孟广慧虽然知道这是与传世墨迹、文献一样极有文物价值的古代契刻,应该珍重保存。但是,因为他们都是家境清贫的读书人,实在买不起这不挡饥寒的玩意儿。最后,王襄花较少价钱,从中选了些便宜的碎片买下来。王襄所得甲骨虽然不多,但他从中分辨出了龟甲、兽骨两种类型,并且推断出这是上古三代的占卜之物。

　　孟广慧确实知道这些甲骨的文物价值。但一问价钱,他立刻傻了眼:论字数,一个字一两银子!原来孟是个潇洒慷慨之人,平时卖字得钱也早已大手花光,家中并无多少积蓄。正在为难之际,孟广慧突然想起了叔父寄来的那笔钱。孟广慧的叔父孟继勋当时官任武昌盐道,因想念侄子,就汇来了几十两银子作盘缠,邀他到湖北团聚。眼前这些甲骨片对他来说太有吸引力了,于是孟广慧咬了咬牙,用这些银子买了一些甲骨,自己收藏起来。

　　几天下来,范寿轩见在天津卖不了多少甲骨,就将剩下的全都背到北京,卖给了王懿荣。由于孟广慧买不起大片甲骨,而当他得知一版片大字多的半个龟甲被王懿荣买走了,就很想前去看看。于是他通过王懿荣在天津的次子王翰甫介绍,专程到北京拜访了王懿荣,观看了那片自己无力购买的"半版整甲"。①现在此片仍保留在天津博物馆中。

以上这些细节,是王襄在其晚年发表的论文中提到的,而这些论文大都收录在其文集《王襄著作选集》②中。这就是说,在1898年秋天,也就是在王懿荣接触甲骨文之前,孟广慧、王襄在还没有见到实物的时候,就已经知道了甲骨文这种文物出土的信息,也已经大致推测出这些刻字骨头的性质是古代简册之类的文字材料。而且在王懿荣之前,王襄等人就已认出了这种古老文字,基本弄清了它的用途和大致的使用年代。

所以天津学者李鹤年生前一直主张,天津学者首先发现了甲骨文:孟广慧、王襄知道有甲骨比王懿荣早三个季度,而真正见到甲骨文实物也比王懿荣早了一个季度。孟、王收藏甲骨在王懿荣之先,他们没收购或没见到的才卖给了王懿荣。孟广慧、王襄是最早知道、鉴定和收购甲骨文的人,王懿荣在他们之后。③

我们基本上同意以上这一判断。不过如果这一观点所依据的材料属实的话,王襄、孟广慧见到甲骨文并鉴定其时代与性质的时间,不会比北京的王懿荣早很多。因为当时即使没有现代的交通工具,古董商从天津到北京的行程,也不会用多长时间。所以现在一些学者审慎地说,1899年秋天,天津的王襄、孟广慧与北京的王懿荣几乎同时发现了甲骨文的说法,我们认为还是可取的。重要的是

---

① 这篇著名的"半龟整甲",后来胡厚宣在《殷都学刊》1987年第1期上发有专文《释王懿荣早期所获半龟腹甲卜辞》,考证该片甲骨文字并加介绍,可以参看。
② 唐石父、王巨儒编著《王襄著作选集》,天津古籍出版社2005年版。
③ 李鹤年《王襄、孟广慧、王懿荣和甲骨》,南开大学1984年油印本,为李氏当年提交"殷墟笔会"的学术论文。

肯定了两地学者在甲骨文发现过程中都起到了重要作用,这是比较进步、比较和谐的观点。

(三)关于甲骨文发现两说的思考

过去甲骨学界说到甲骨文的发现,只提北京王懿荣而不及天津的王襄和孟广慧,这是不对的。但现在如果因为要强调天津王襄和孟广慧的发现之功,而否定王懿荣发现者的地位,同样也是不能令人信服的。两地学者过去在这一问题的一些交锋观点,都存在一定的问题。对此,我在去年的一篇论文中有所分析。①综合两地两说,全面地来看待这一问题,可能是目前解决这一问题的正确态度和途径。

实际上,王懿荣与王襄、孟广慧虽然暌隔京津,但他们之间并不陌生,相反他们的关系是非常融洽的,王襄、孟广慧对王懿荣也非常尊敬。在甲骨文刚发现不久,孟广慧就曾前往北京拜访王懿荣,借观了那片因自己财力所限未能得手的半版整甲,并请教了相关问题②。而王襄也和当时在津生活的王懿荣次子王翰甫过从甚密,时相切磋,交换甲骨学研究心得,并以兄弟相称。如1918年7月,王襄将《簠室殷契类纂》初稿送王懿荣次子王崇烈(字翰甫)请其教正。王崇烈阅后题道:"古人多有自为著述,且见某人撰述与己所见同,且高于己,即置笔而让之,或襄助赞补。余今于治殷文字之学,见纶阁二弟此著,其有同情乎?西人古之学者亦多此恉。余为此学二年,实不逮我纶阁之精且细,今而后将以余之一得坿于此书,

---

① 朱彦民《近代学术史上的一大公案——关于甲骨文发现研究诸说的概括与评议》,《邯郸学院学报》2008年第4期。
② 陈梦家《殷虚卜辞综述》,第648页,中华书局1988年版。

亦涓埃之益,则吾昆弟二人可成此业,不但为余二人之幸,亦上古文字之幸也。当共勉之。戊午六月,福山王崇烈展阅并记。"9月,王襄见王崇烈所释《殷虚书契待问编》,假归录副并题:"余集贞卜文字书成,阅翰甫兄治斯学有年,因就正之,冀有所理董也。出其所释《殷虚书契待问编》各文授襄,噫,翰甫兄于此学致力深矣。录副于册,以原书归之。戊午八月,纶阁记。"另外,王襄在自己的文集中,也多次提到王懿荣,或尊崇其气节道德与金石学问(《庚子辛亥忠烈像赞》),或题跋其信札书法册页(《王莲生书牍册》),或对李鹤年搜求的王懿荣旧藏甲骨拓本作了序言(《题王廉生所藏甲骨文拓》)。①从中正可看见早期甲骨学家之间惺惺相惜、敬佩对方道德学问的古人之风。如今,推究甲骨文发现者究竟是谁,从而形成的两说对峙并争局面,似乎成了甲骨学研究上的难题。这恐非两个王家人当初所愿意看到的结果吧!

总之,我们认为,甲骨文的发现有天津学者的功劳,与天津学者的智慧判断是分不开的。尤其是近年来王襄先生的遗作出版,这是甲骨文发现者本人的唯一一份亲笔记录。如此大量而珍贵的重要的资料的面世,表明甲骨文的发现与天津学者之间毋庸置疑是有着不解之缘的。这是甲骨学史上大事,像这样一些新的认识是值得而且也应该在甲骨学史上有所体现的。

天津有着很深厚的文化积淀,可谓人杰地灵,人才辈出。在二十世纪二三十年代,天津成为当时名副其实的国际大都市,政治、文化中心之一,文化氛围在中国也是首屈一指。当时不仅清朝遗老遗少、政界要人寓居天津,而且文化名流、收藏大家和著名学者等

---

① 以上所引内容,均见载《王襄著作选集》,天津古籍出版社2005年版。

等也都汇聚天津,这应该说是甲骨文首先在天津被发现的一个重要的条件。

究竟是谁最早发现的甲骨文,学术界的说法不尽相同。有的说是王懿荣,有的认为是王襄、孟广慧,也有人认为是刘鹗,还有的说是罗振玉,更有甚者认为是小屯村民最早发现了甲骨文。关于甲骨文发现的争论,如果限于现有的认识而无更多的资料证明的话,今后一段时间内还会持续地争论下去。今年是甲骨文发现110周年,今年8月份在王懿荣的家乡山东烟台,将举行一次大规模的学术纪念活动。在这方面,天津文化界、学术界应该做些什么呢?这是非常值得我们思考的事情。不过,不管是哪种说法,甲骨文的发现都是中国文化史上一次重大事件,为中国的文化史和学术史开辟了一个新的纪元,对发掘祖国优秀文化遗产和弘扬华夏文明具有重大的意义。

二、甲骨文收藏在天津

2004年7月4日下午3点30分,上海最大的艺术品拍卖公司——崇源公司公开拍卖20片殷墟甲骨,结果拍出了5280万元(一说4800万元)的天价。拍卖师在接受记者采访时称,这是全球首次甲骨文拍卖,不但"空前",也极有可能"绝后"。

为什么20片残缺不全的殷墟甲骨文,就能拍出如此令人不可思议的天价呢?其原因不仅在于殷墟甲骨文是世所罕见的文物珍品,而且还在于这20片甲骨本身非同寻常的收藏经历。原来它们是天津文物收藏名家孟广慧的旧藏(后来转到李鹤年手中),既是早期发现的甲骨实物的一部分,也是学术界最早收藏的甲骨实物的一部分,所以才能如此珍贵!

说到天津学者收藏和保护殷墟甲骨文的过程,大多充满了艰辛与磨难,可歌可泣,背后隐藏着许多不为人知的故事,凝聚着几代学人的爱国情怀。实际上,在天津研究和收藏甲骨文的不是一个人,而是一个群体,他们在金石学、文字学、训诂学、音韵学等方面具有深厚涵养。他们对甲骨的发现、收藏和研究都做出了不可磨灭的贡献。

甲骨的收藏与保护,与其他文物完全不同。甲骨经过占卜使用后,本身极易破碎,再加上经过三千年的土埋与水浸,多数已经腐朽质脆,一版甲骨稍不注意就会断裂破碎为数片或十数片。更不用说这是有利可图的珍贵文物,一经古董商介入买卖,更加重了对甲骨的破损。甲骨的收藏与保管都需要收藏者费尽心机、历经艰辛才能使国宝保存下来。

应该说,甲骨文的早期收藏与研究都与天津有着密不可分的关系,特别是第一代甲骨收藏家王襄、孟广慧和王懿荣以及他们的后人,对中国甲骨文的收藏、保护与研究做出了重大的贡献。甲骨学能有今天这样国际显学的地位,他们功不可没。

(一)王襄的甲骨文收藏

王襄是殷墟甲骨的发现者之一,也是著名的甲骨收藏家,同时也是唯一一位记载下来甲骨文发现和早期收藏过程的学者。这是非常珍贵的甲骨学史料。从他的文集中我们知道,他对甲骨的收藏可以说是一波三折,十分传奇。

王襄早年家境清贫,但当他于1899年秋天第一次从古董商范寿轩那里看到了珍贵的甲骨文之后,就开始了千方百计购求殷墟甲骨文的历程。由于当时他还是个穷书生,第一次只是力所能及地买了些小片。之后,他长期坚持收藏、鉴赏甲骨,总计约收藏有甲骨4000余片(然据李鹤年、杨鲁安称,王襄老人一生藏甲骨5000片)。他对这批通过节衣缩食购入的甲骨,视若至宝,爱护备至。

1900年5月,八国联军进攻天津,炮声隆隆。当时王襄老母重病在床,妻子也身怀六甲。他家的破房子在枪炮声中摇摇欲坠。王襄抱着一箱甲骨藏来躲去,生怕有半点儿闪失。6月18日,天津形势更加危急。王襄带着母亲、妻子逃到城外避难。老母终因贫病交加,撒手人寰。这时八国联军加紧攻城,猛炮轰击,东门里仓门口孙家胡同王襄家的房屋顷刻之间化为乌有。匆匆赶回家里的王襄望着一片瓦砾,伤心地痛哭起来。天亮了,王襄与其他人一样,在废墟上刨挖起来。老天有眼,王襄找到了自己床下那一箱甲骨。原来,他们一家逃难时,他用被子包住甲骨箱,塞到床底。结果甲骨完好无损,真是不幸中之万幸。待战乱平息后,王襄全家移居城内东门里大刘家胡同(今南开区东门内大刘胡同)15号院。后来他把甲骨埋在母亲坟旁,直到抗战胜利才取出来。

据称,王襄家里有一个称为刘妈的奶妈,她对王襄的甲骨收藏做出了平凡而重要的贡献。王襄把珍藏的每一片甲骨都用新的绵纸或棉花包裹好,然后分门别类地存放在大小不等的硬纸盒中(鞋盒子、点心食品盒子等),在包装纸(盒)上用毛笔标明甲骨文原形字、记日干支或帝系人名等,存放在家里的大柜中,对自己极为喜爱和珍贵的部分甲骨,另觅安全、稳妥之地收藏。民国初年,一次家中夜间闹贼,存放在前院西屋客房箱柜中的甲骨,险些被窃。一场虚惊后,王襄便将所藏甲骨时刻携带在身边,自1914年开始王襄供职于当时盐政系统,奔波于江南闽、粤、川、浙诸省,甲骨跟随他辗转各地,也从未分开。

王襄除收藏甲骨实物之外,还全力搜求甲骨拓片。他有甲骨拓片一巨册,是他在多年的辛勤收购、刻苦研究过程中,亲自蘸墨拓成的,是精力所聚的宝贵材料,朝夕把玩,修订补释,自己视若球图。与王襄一样,当时也住在天津的甲骨学家罗振玉,见而爱之,叹为大观,得未曾有,就想借去看看。王襄当初不肯,后来经不住罗氏多方婉求,就让他借去。但这一去,如同泥牛入海,一去不回。罗氏不仅将拓片据为己有,而且还选优付印。这就是罗振玉著名的甲骨著录书《殷虚书契续编》。他再也不敢来见王襄了,只从邮局寄来20元钱,作为补偿。朋友们劝王襄状告罗氏,王襄却说:"因此事而涉讼,未免遗笑士林。"其宽仁雅量,为常人所不及。

1934年夏,王襄由湖北沔阳乘火车返津休假,为了参观河南省博物馆展出的"新郑出土晚周文物"展览,决定途径河南开封作短暂停留。为了行动方便,便将随身携带的行李及装有甲骨的木箱,全部托交由铁路部门运回天津。并千叮万嘱,让火车押运员一定要小心再小心。当王襄返津提取行李时,却发现装有甲骨的木箱不见了,顿时大为惊慌,便急忙去车站询问、查找、交涉,可是怎么也找不到。后来又托友人去北京沿途各火车站查找,仍无下落,这样反复折腾了近五十余天,仍无结果。这可是他辛辛苦苦收集多年的甲骨精品啊。王襄为此事一个多月缓不过劲儿来,闷闷不乐,郁郁寡欢。就在无可奈何之际,突然一天有人把他的箱子送到了家里。王襄捧着箱子,不仅欣喜若狂。他急忙打开箱子,细加审视,木箱上盖前额已被撬开,但其中的甲骨竟毫发无损。这令他高兴之余又感到不可思议。原来,火车上有窃贼,在行李过秤时,就看准了王襄的这个用铁丝捆成双十字形、包裹十分结实的箱子,断定必为珍贵物品。待偷去打开一看，原来箱内并无金银珠宝，而只是些破纸、烂棉花包裹着的"朽骨败甲"，"不值几个钱"，懊丧之极，认为不大吉利，就把箱子扔在车厢上的隐蔽处。后来这箱子随车被运到张家口的一个车站。在铁路局的协助下，终于在张家口火车站找到了这只装有甲骨的木箱。因为箱子上有王襄的姓名和地址，所以就有好心人送到他家里。王襄十分感激，留客人吃饭，并酬以厚礼，以示不负于人。这件事后来他经常讲给人听，听者皆以为离奇而不敢置信。王襄十分庆幸珍藏的甲骨失而复得，从此，他再也不敢将甲骨随身携带至外地了。

1939年天津遇上了罕见的大水灾，"大水"殃及王家宅院，王襄及全家人惊恐万分，决定暂时移居英租界的元兴里"避难"，家中仅留有少数人护院。为了确保存放在大柜中的甲骨不被水淹，王襄特意将装有甲骨的纸盒放在大柜的顶层，四周用衣物垫牢，并嘱托护院人员要经常查看。待水灾过后，家人返回旧宅，察看大柜中的衣物和甲骨，安然无恙，王襄这才放下心来。

王襄收藏、保护甲骨文的故事，令人不由地想到林语堂小说《京华烟云》中的姚思安，为了保护所藏甲骨，不惜牺牲自己的生命。王襄在甲骨收藏过程中，也有类似的故事发生。

甲骨文自发现以来，很快就受到了国内外学术界的重视。一些外国学者和传教士也纷纷加入了高价收买甲骨的行列，于是一时间，众多珍贵的殷墟甲骨流向了海外。对于王襄等人收藏的第一批殷墟甲骨，因为时代较早，意义重大，经济价值自然不菲，这自然就引起了一些外国学人和传教士们的注意。

七七事变后，天津沦陷。王襄为了不给日本人做事，辞退工作失业在家，生计艰难。家中的"财路"已断，仅能靠卖点什物来维持生活。尽管如此,王襄仍经常涉访一些书店、古玩店,结识了一些书商、古董商人,坚持自己的学术研究、收集文物。天津"大罗天"一带(今和平区鞍山道与山西路交口西南侧,五十八中学所在地,过去是天津著名的古玩市场)的古董商常去他家,游说他用大价钱将甲骨出售给日本人,以解决生活之需。王襄不忍使甲骨这种珍贵的国之瑰宝流入异邦,便以甲骨在内地封存,未带在身边为由,搪塞过去。他宁肯典卖衣服和家中物品以勉强糊口,也不肯把一片甲骨卖给日本人。

1945年抗战胜利以后,物价飞涨,民不聊生。王襄家中已再无零散杂物可变卖,仅靠卖字难以维持全家的生活。北京来薰阁的陈济川(陈杭)、藻玉堂的王经理以及几位专家学者等,纷纷来到天津登门洽谈,要高价购买他收藏的甲骨,反反复复纠缠了一个多月。当他得知这些人是为外国机构收集甲骨的,便不为重金所动,一口回绝了他们。王襄曾说过:"甲骨是祖国的瑰宝,现在没有新的发现,将来也很难说会发现很多。卖给那些教会大学,将来也会流失异邦。等到中国人想研究就困难了!"。

为保护辛勤搜集来的甲骨瑰宝,王襄历经艰难困苦,自始至终带在身边,时时拿出欣赏、研究,没有出售,没有失散,最终得以完整的保存了下来。王襄在那么艰难困苦的条件下,能够将第一批收藏的殷墟甲骨完整的保存下来,防止它们流向海外,不仅说明他对祖国传统文化的热爱,而且表现出崇高的爱国情怀。

王襄老人最终迎来了新中国的诞生。1952年,王襄出任新成立的天津文史馆首任馆长。他为自己晚年能为国家做一点工作而激动不已。1956年,王襄以81岁高龄加入了中国共产党。他逢人就讲:"我这一把老骨头也枯木逢春了!"为了表示自己对新中国的一片真情,他毅然决定,把自己含辛茹苦积攒了一生所搜求的珍贵甲骨全部捐献给国家,为甲骨文的收藏找到了最安全最可靠的归宿。

在1956年(据杨鲁安讲,王襄老人捐献甲骨的时间为1953年),王襄将自己视为生命的甲骨,全部捐献给国家,现存天津博物馆。王襄老人于1959年又将自己收藏的全部甲骨拓片赠予《甲骨文合集》编辑部,至此王襄老人珍藏的甲骨材料得到了圆满的结局。

这位当年的晚清"举人"、候补知府,终于盼到了甲骨学研究的春天。王襄老人的爱国之心,也得到了世人的称赞与颂扬。

(二)孟广慧的甲骨收藏

和王襄一样,孟广慧对收藏的甲骨,也是珍爱有加,拱若珍璧,其中的收藏经历也是一波三折,多有磨难。

关于孟广慧最早的甲骨收藏,是孟广慧与王襄一起,于清光绪二十五年(1899)秋,在天津城西关"马家店"开始的。我们已经知道了他挪用他叔叔寄给他湖北省亲的钱,首次从山东古董商人范寿轩手中,以"一字一金"的价格购得一些甲骨。从而成为殷墟甲骨的第一批收藏者。

第二年(1900)四月,八国联军攻陷天津。这时,范寿轩又来天津城厢二道街探访局胡同孟宅兜售甲骨文。此时孟广慧又从范氏手中买到了一批甲骨。从孟氏所藏甲骨的包裹纸上写有"廿六册,二百零五至二百二十,字精者。庚子年九月二十一日夜抚过"[①]来

---

① 见陈梦家《殷虚卜辞综述》一书附录。

看,孟氏此时的收藏已超过 200 片。

1901 年范寿轩再一次到天津兜售古物,王襄、孟广慧又买到不少刻字甲骨。

此后,孟先生续有甲骨收藏。孟先生甲骨藏品最终达到了 430 多片。

据孟广慧的小儿子、至今健在的著名书法家孟昭联讲,孟广慧所藏甲骨 430 片,分装在两个纸盒子里,大小片数不等地用《两汉残石编》样稿纸包裹着。每个包裹上都写着收藏说明。

1939 年,天津发大水,老城一片汪洋泽国。时间急迫,来不及搬家。为了不使珍贵的甲骨片遭到损毁,孟先生毅然放弃了其他文物(比如墙上挂的唐伯虎绘画真迹),雇用黄包车把甲骨运到了地势较高的住所。终于使这批收藏较早的珍贵甲骨材料幸免于难,完好地保存下来。

日伪时期,也有一些外国收藏家多次打孟先生这批甲骨的主意。但孟先生大都推说把甲骨拿到外地求人制作拓片,不在手边为由,婉言谢绝,从而避免了珍贵甲骨向海外的流失。

1940 年 12 月,孟广慧先生去世。由于家境窘迫,家人为了敛葬,先后将孟广慧收藏的古钱、字画、碑帖文玩等卖出。孟的继夫人施氏委托孟的学生李鹤年整理其部分遗物,李于此时见到了这批甲骨。李托茹乡阁书店老板杨富村从中介绍,将孟所藏多年的430 片甲骨,以现金 200 元的价格转让。李鹤年计划将这些甲骨拓印出版,用来纪念自己的老师。从此,这批珍贵的早期发现甲骨,就到了另一位收藏主人、同样也是收藏家、书法家的李鹤年手中。

(三)李鹤年的甲骨收藏

李鹤年是津门著名书法家,同时也是天津甲骨收藏家。对李鹤年的甲骨情缘,世人知道得不多。但甲骨学界人都知道,李先生不仅是收藏大家,而且与王襄、孟广慧一样,为保存第一批珍贵的殷墟甲骨,含辛茹苦,忍辱负重,非常不易。2004年上海崇源艺术品拍卖公司天价拍卖的孟广慧早期甲骨,就是出于李鹤年之手。

新中国成立前,瑞宝斋古玩店经理邢宝华曾两次介绍英国人和日本人来找李鹤年,愿意出几十倍的高价买其收藏的甲骨。此时李鹤年经济拮据,但不忍心这批国宝外流,就推说这批甲骨现在外地雇人制作拓本,不在手边,看都没让他们看到。

新中国成立后,李鹤年受到政治迫害,生活困难,迫于生计,想把所藏甲骨卖给天津市人民政府,但天津不收。1951年,经郭沫若介绍,李鹤年将其中的400片甲骨以极低的价钱半捐半卖给文化部,现藏北京图书馆。自己留了30片供继续研究、观赏。

"文革"期间,李鹤年因为出身问题被抄家。这30片甲骨被查抄归公。当时李鹤年下放到葛沽劳动改造,李夫人厉声对红卫兵说,这不是四旧,而是国家文物,你们一定要交给国家保管。

直至1970年,著名学者李先登在天津清理"文革"查抄文物时才发现了这批珍贵甲骨。到八十年代,李先登先生将这批甲骨进行整理,撰文《孟广慧旧藏甲骨选介》发表在《古文字研究》上,将这一珍贵的学术资料介绍给学术界。[1]后来根据国家政策返还给李家20

---

[1] 李先登《孟广慧旧藏甲骨选介》,《古文字研究》第8辑,中华书局1983年版。

片,另外10片不知所终。

李鹤年去世后,这些甲骨由其夫人卞女士及其子女收藏。2004年在上海崇源拍卖公司以天价拍出的20片殷墟甲骨,正是孟广慧的当年旧藏,是学者收藏的第一批殷墟甲骨,非常珍贵。在这批甲骨出手之前,卞老夫人特意在李鹤年的遗像前点燃了三支香,祈祷说:"一定要找个好人家。"其情形就像闺女远嫁一样,感人至深。最后,这批甲骨由大连海昌集团竞得,海昌集团参加竞拍的人称,这批甲骨最后将捐献给国家。

(四)王懿荣后人的甲骨收藏

天津的甲骨学研究,还应该包括王懿荣的甲骨旧藏。王懿荣当时是北京的国子监祭酒,他怎么会与天津甲骨学研究有关呢?

我们说,王懿荣与天津甲骨学是密切相关的。这是因为:其一,古董商范寿轩是将殷墟甲骨首先带到天津兜售的,天津的王襄、孟广慧买不起很多,才背到北京卖给了王懿荣的,这就有一个收藏甲骨的先后关系;其二,王懿荣虽然是京城国子监祭酒,但他的儿子王翰甫当时在天津为官,与孟广慧、王襄关系友善,而且孟广慧曾经通过王翰甫到京城中拜访了王懿荣,观赏了其收藏的甲骨并请教了有关收藏的问题。

尤其重要的是,王懿荣殉难之后,家人变卖家中收藏,最后将所藏大部分甲骨卖给了刘鹗,而只留了一小部分由其子女收藏。而这部分甲骨,大多数留在了天津。其中一部分收藏在天津新声书院,一部分后来捐赠给了中国历史博物馆和天津博物馆。

王懿荣留给后人的那批甲骨,最后也由其孙女王福重教授捐献给了国家。王懿荣是个著名的爱国志士,其后人对甲骨的妥善保存和无私奉献,同样也是一种爱国情怀。这是非常值得赞扬的。

(五)天津学者甲骨收藏及其归宿

王襄、孟广慧、王懿荣、李鹤年等人的甲骨收藏,代表了甲骨文早期收藏的大致情况。但是实际上,天津的甲骨收藏还远不仅如此。后来的罗振玉、陈邦怀、方若(药雨)、方尔谦、杨鲁安以及许多不知名的收藏家,他们都有很多很好的甲骨藏品。另外,当年著名的甲骨学家明义士牧师的一些甲骨收藏,也曾在天津停留过相当长一段时间。英国驻天津总领事金璋,也在天津开始了他的甲骨收藏和初步研究历程。正是他们的共同努力,构成了天津甲骨学研究的坚实基础。

天津这些学者的甲骨收藏有一个共同的特点,都是在非常困难条件下收藏的,而且都保存得很好,后来大都捐献给了国家,这非常不容易,令人感动。这表明他们都具有崇高的爱国精神,值得后人学习。

在近年落成并投入使用的天津博物馆中,珍贵地收藏着王襄、王懿荣、陈邦怀、方药雨等人的早期藏品。这些甲骨文收藏家,他们视甲骨文为生命,想方设法收集甲骨,完好无缺的保存甲骨,后来又大都无偿地捐献给了国家。而天津著名的学者们也都不重金钱,虽千辛万苦,却百折不挠,有着无私的奉献精神,可歌可泣,感人至深。这不仅是甲骨之幸,也是中华文化之幸,是天津收藏界的骄傲。他们为中国古代文化瑰宝的继承发扬做出了卓越的贡献,也为后来的甲骨学研究打下了坚实的基础,真可谓是功在千秋,值得敬仰!

三、甲骨学研究在天津

天津学者是甲骨文的最早发现者，也是殷墟甲骨的最早收藏者，而且在甲骨学研究方面也做出了不可磨灭的贡献。他们对甲骨学的研究深入精湛、卓有建树，受到学术界的重视和好评。

参与早期甲骨学研究的天津学者，有王襄、孟广慧、陈邦怀、李鹤年等天津学人，也有客居天津的罗振玉、王翰甫、唐兰、商承祚、容庚等著名学者。1949年之后，南开大学、天津师范大学、天津社会科学院也先后有王玉哲、马汉麟、李先登、向光忠、崔志远、朱凤瀚等学者关注甲骨学研究，取得了令人瞩目的成绩。现在，仍有一些天津高校学者比如张荣明、朱彦民、杨效雷、徐勇、杜勇、沈立岩、蒋玉斌、陈杰、鲁鑫、陈家宁等，或专门研究甲骨学，或其研究涉及到甲骨学。由这些众多学者的共同努力，使天津的甲骨学研究在学术界赢得了极高的声誉。

（一）王襄甲骨文研究成果介绍

在此，我们以最具代表性的王襄的甲骨学研究为例，说明天津甲骨学研究的盛况。

王襄一辈子都在从事包括甲骨学研究在内的古文字学研究，可谓孜孜不倦，著作等身。他的甲骨学研究有两部代表作传世，其一是《簠室殷契类纂》，另一部则是《簠室殷契征文》。《簠室殷契类纂》和《簠室殷契征文》是两部较早的甲骨学著作。在甲骨学史上具有划时代的历史意义和重要的学术地位。

1920年，王襄出版《簠室殷契类纂》，释字873个。至1929年增订再版时，释字达957个。这是甲骨学史上最早的一部甲骨文字典。类纂依《说文》分部,每字下摹抄全辞,颇便研考,惜未能注明卜辞出处。这部字典不同于后来的其他甲骨文字典。它不完全是受当时的甲骨学巨擘罗振玉观点之限。罗氏考释不当之处,王襄就用自己的释法,或附入存疑之中。这是一部兼有学术性与开创性的甲骨文字典,有些字的考释现在看来还是正确的、可取的。后来的著名甲骨学家陈梦家在其《殷虚卜辞综述》中曾给予这部字典以很高的评价。由此书可知,王襄在孙诒让、罗振玉、王国维之后,在郭沫若、唐兰、于省吾之前,对于甲骨文字的考释工作做出了不可磨灭的贡献。

1925年,王襄根据自己所藏的甲骨,著录成《簠室殷契征文》一书,共收录甲骨1135片,分为天象、地望、人名、岁时、干支、贞类、政法、游田、杂事、文字等十二类,各为一编,每篇后都附有释文。由于此书拓片上石之前曾经剪接、描摹,文字多有毛笔痕迹,致使一些学者一度怀疑此书所收为赝品。其实,王襄精于鉴别,所收没有假片。

1. 王襄《簠室殷契征文》及其贡献

王襄考证出来的许多甲骨文字,对复原和了解商代的社会历史非常有用。比如殷商时代的人们喜欢饮酒,对于这样一种社会习俗,王襄在他的研究中也注意到了。他考证出来的"鬯"就是一种专门祭祀祖先用的美酒,而"爵"则是当时人们饮酒的酒器。这可以反映商代发达的酒文化。这与商代社会的"殷人尚酒"习俗是非常契合的。

王襄的甲骨学研究,非常注重对殷商时代礼俗的研究。翻开甲骨文材料集大成著录书《甲骨文合集》,在第1册第1版收录的就是王襄的藏品,可见此片的重要。文字的内容是:"[王]大令众人曰劦田十一月"。什么意思呢?王襄对该片做了最早的解释,"劦,祭名;田,即田祖",也就是说这是一种祭祀土地神以祈求农业丰收的典礼。关于"协田",学术界有许多不同的解释,但大多数认为这是一种农业耕作的方式,文句颇有些像文献中的汤"令亳众为之耕"的意思。但我们认为,三代之时,"国之大事,在祀与戎"。甲骨文不是像有些学者说得那样包罗万象,无所不有。它只能反映与王或王室有关的占卜事项,要么是战争,要么是祭祀,要么是田猎等等。甲骨卜辞和文献性质并不一样。它不可能反映当时日常生活中细枝末节的东西。

王襄的这一解释,被著名古文字学家张政烺认可并证实是正确的,张先生另作一篇《殷契协田解》论证并补充了这一观点,后世每年开春,皇帝在先农坛主持开耕典礼,应该说就是对商代农业礼俗的保留和发展。[1]

我们知道,商代是个崇尚占卜的时代,商代社会的一个重要文化特征,就是"尚卜"。也就是说,事无巨细,都要通过占卜问诸鬼神。所以当时的贞人具有很高的社会地位。王襄在《类纂》和《征文》中,不仅考释出来了"贞""卜""占"这些文字,而且也对商代的占卜制度多有发明。从王襄的著作中,我们得知了商族是个崇尚占卜的民族,事无巨细,都要问诸神灵,占以甲骨。甲骨占卜之前,负责占卜的贞人,在事先整治好的龟甲或骨版的背面,凿刻出凹槽,一般是一个圆形的"钻"配一个枣核形的"凿"。占卜之时,用炭火灼烧背面的钻凿,因为受热膨胀,正面就爆裂出一个"卜"字形状的裂纹。于是贞人就根据这个"卜"纹来判断事情的吉凶祸福。为了验证占卜,贞人在甲骨上契刻出占卜的内容、经过,这就是我们现在见到的甲骨文。

---

[1] 张政烺《殷契召田解》,《甲骨文与殷商史》,上海古籍出版社1983年版。

王襄的甲骨收藏中，有许多极为重要的史料。经过王襄的考证、释读，从而引起了学术界的广泛重视，有些问题也引发了一些激烈的学术论争。这一方面说明了王襄收藏的眼光，另一方面更表明了王襄是个学识渊博、极为敏感而研究能力极强的学者。

比如王襄甲骨藏品中"日月食"材料就是这样一个著名的例子。王襄对此作出了最早的解释，后来许多学者都对此进行殷代历法、天文学的研究，在前些年举行的"夏商周断代工程"中，也还在使用这些材料。可见其意义非常重大。

这一版由王襄收藏并率先考释的甲骨，著录在《簠室殷契征文》的"天象"卷第一页第一片。这是学术界首先揭示甲骨文中有反映商代日食现象的文字纪录。

这条关于日食的卜辞应该这样断句："癸酉贞：日夕有食，隹若？癸酉贞：日夕有食，非若？"意思是说，癸酉这一天的下午四五点钟到七点钟左右将会发生日食，占问这是吉利的征兆还是不吉利的征兆？

人们称太阳和月亮发生匿缺为"日食"和"月食"。对于这次日食发生的具体日期，学术界后来有过很多争论。可以肯定的是，由王襄发起的这场天文学研究的争论，具有非常重要的科学价值和历史意义。尤其是在近年来的"夏商周断代工程"中，这些材料和研究都显得异常重要，是年代学研究中的重要数据。

2. 王襄《簠室殷契征文》一书的风波

说到王襄甲骨学研究，他的研究著作在早期很不为人们重视，尤其是《簠室殷契征文》出版后，还引起部分学者的争议甚至诋毁，以至于一个时期内学者们对该书熟视无睹，不敢征引。为什么会出现这种情况呢？难道王襄的甲骨学研究真的水平不高吗？

其实，王襄的甲骨收藏和甲骨研究论著，在那个时代，都达到了甲骨学发展的最高学术水平，一些观点当时就受到学者的重视。至于一些学者认为王襄书中造假，实在是个冤案。之所以出现这种情况，还要从王襄《簠室殷契征文》一书的编著过程说起。

《簠室殷契征文》所收录的拓片，都是王襄从1899年以来所购甲骨的自制拓本，拓印精良。但是王襄为了在拓本编排上节省篇幅，易于印刷，也为了美观起见，就将拓本上没有文字的边缘部分大都作了规则形的剪切，而且在拓片上石之前曾经描摹，文字多有毛笔描画的痕迹，致使一些学者如郭沫若一度怀疑此书所收甲骨为伪品。

郭沫若曾在其《中国古代社会研究》中认为，"王襄所著文辞均经剪辑粉饰，未能存其真，殊为可惜"。他还曾刻薄地说："罗王之外，有天津王襄、丹徒叶玉森诸人，亦仅随波逐流而无其创获。"其他一些学者认为王襄著录多为伪片，其书多荒诞妄作，不可信据。据说，王襄本人就曾多次收到诋毁他论著的信函，集之成束，颇为可观。

蒙受了如此的不白之冤，对一个一门心思做学问的人来说，该是多么严重的一个打击呀！王襄当时的心态如何呢？一时间，王襄收到诋毁他著作的信函就有厚厚的一叠子。而王襄自己却非常自信，坦然处之。他曾说："塞口易，塞心难，自有河清之日。"

对于这场学术上的冤案，许多学者都表示了自己的看法，如著名的甲骨学家罗振玉、董作宾、胡厚宣、商承祚、孙海波等人，都站出来为王襄辩护。

后来到了1933年，这场冤案的始作俑者郭沫若，在看到罗振玉《殷虚书契续编》之后，其中就有王襄所藏的甲骨拓片，这才认识到自己当年看法有误。于是,郭沫若在《卜辞通纂》后记和述例中,公开承认了自己误解王襄的错误,而且也在自己的一些学术论著中,一再征引王襄的学术观点。

1965年王襄去世,郭沫若还应甲骨学家胡厚宣的邀请,郑重地为王襄题写了墓碑。此时郭沫若再次提到由自己制造的这场学术冤案,表示非常的抱歉。如今在天津北仓公墓,有一座墓前依然立着郭沫若书写的"殷墟文字研究专家王襄同志之墓"墓碑。

在甲骨学界,有四位贡献突出的学者,罗振玉(号雪堂)、王国维(号观堂)、董作宾(字彦堂)、郭沫若(字鼎堂),这就是赫赫有名的"甲骨四堂"。作为"甲骨四堂"之一的郭沫若,是个勇于改正错误、敢于自我批评的真正学者(他曾著有《十批判书》,以清算和改正自己以往的学术观点)。这种勇于自我批评、尊重学术道德的品格,是值得后来从事学术研究的人们学习和借鉴的。

天津学者的甲骨学研究,大都是像王襄先生这样的老一代学人在条件艰苦的情况下做出的巨大成就,这是我们现代人永远也不能忘记的。

王襄可以说是天津甲骨学研究的一个典型代表。他对甲骨学研究都有很高的造诣和学术成就,受到国内外学术界的重视和好评。

(二)天津学者甲骨学研究的成绩和特点

纵观天津学者的甲骨学研究,不仅学术水平高,而且涉及面广,几乎包括了甲骨学研究的所有方面,如甲骨学史、甲骨材料著录、甲骨文字考释、甲骨文分期分类、以甲骨材料研究殷商历史、甲骨文辞例、语法和卜法卜制等,应有尽有,非常全面,为甲骨学研究做出了重大贡献。让我们记住这些了不起的学者,让我们感谢他们为天津乃至中国的文化学术事业做出的不懈努力！

天津的甲骨学者不是一两个人，而是一个群体，一个学术团队，他们的水平之高、影响之大，是世所公认的。作为后来的学人，这些可敬的先辈们就是我们学习的榜样，有了前辈这么好的基础作为铺垫，我们更应该迎头赶上，继承先辈们的事业，把天津的甲骨学研究推向前进。诚愿今后天津有更多的学者参加到甲骨学的研究和普及工作之中，使天津的甲骨学研究更上一层楼。

四、甲骨文书法在天津

甲骨文不仅仅是一种冷冰冰的早期文字，而且也是一种优美的书法艺术珍品，给人们以美的陶冶和艺术的感染。在甲骨文研究的早期，"甲骨四堂"中的罗振玉、郭沫若、董作宾等人都曾对这种古老优美的文字产生兴趣，将它作为书法的源头和临写的范本。郭沫若就认为甲骨文是书法艺术的"一代法书"。

古代人们契刻在占卜甲骨上的文字是书法艺术吗？这种契刻而成的甲骨文字可以用笔墨形式来表现吗？答案是肯定的。

近现代以来，以甲骨文这种古老文字特有的美质为借鉴，而进行书法艺术和篆刻艺术创作的，大有其人。如今，已经形成了甲骨学的一个重要分支——甲骨文书法艺术学。现在，从事甲骨文书法艺术研究或创作的人，要远远比从事传统甲骨学研究的人为多，可谓盛况空前。2006年还成立了中国甲骨文书法艺术研究会，本人非常荣幸被聘为艺术顾问。

有资料表明，首先将甲骨文作为书法艺术看待，进而将两者结合起来进行艺术创作的，也是较早发现甲骨文的天津学者孟广慧和王襄。

孟广慧、王襄都是著名书法家,对文字字形的欣赏和喜爱,对于古代书体和金石文字的深厚学养,正是他们对甲骨文发现做出判断的知识基础。孟广慧和王襄的甲骨文书法,开创了甲骨学研究的一个重要分支——甲骨书法学。应该说,这是天津甲骨学者对甲骨学研究的贡献,也是对中国书法艺术的一大贡献。

(一)孟广慧的甲骨书法

孟广慧是当时津门四大书法家之一,书法功力深厚,技艺精湛,真草隶篆,诸体皆精。所以,当甲骨文这种独特而古雅的字形摆在他面前时,立刻就吸引了他。出于艺术家的敏感,孟广慧将甲骨文笔法用于书法创作。他是最早摹写甲骨文书法之人。

据王襄《孟广慧殷契序》称:大约是在1900年前后,王襄去孟广慧家拜访,正碰上有人向孟先生求字,孟先生正在为人写字。王襄见孟先生书桌几案之上,有殷墟甲骨文字,也有孟先生专攻的各种汉隶碑帖。于是王襄和孟先生聊天,知道了孟先生有意将甲骨文笔法运用到汉隶书法的创作之中。

孟广慧最先整理摹写的《孟广慧殷契》,是用笔墨对自己所藏甲骨文字的摹写,形成了最早的甲骨摹写本。后来甲骨文的著录就有了拓本和摹本两种基本的形式。孟广慧对甲骨文字的摹写,开了学术界摹写甲骨文的先河。

不仅如此,孟广慧先生在甲骨文发现之后,就将甲骨笔法,运用到自己的书法创作尤其是他擅长的隶书书法之中。应该说,将甲骨笔法运用到其他书体创作之中,孟是最早的一位书家。

据孟昭联称,1935年前后某年月日,年轻的李鹤年和弟弟李延年像往常一样,到老师孟广慧家里学习书法。除了要交的作业之外,他们拿出了一把扇子,让孟先生题字。孟先生挥毫题了几个甲骨文字。李氏兄弟俩看不懂,觉得很奇怪、很神秘。就向孟先生求教。孟于是拿出了自己珍藏的殷墟甲骨,向两兄弟讲解甲骨文的来历和知识。孟先生讲得兴趣盎然,两兄弟听得有滋有味,大开眼界。

世人只知孟广慧书法尤其是隶书写得好,但很少有人知道孟广慧隶书中掺入了甲骨文的笔意和神韵,所以才能出神入化,顾盼自雄。

有关孟广慧最早摹写甲骨文书法的证据、孟广慧甲骨文书法的艺术特点及其在甲骨书法学史上的地位,我专门撰写有一篇文字,准备在今年8月于烟台举行的甲骨文发现110周年学术研讨会上提交宣读。在此不做赘言。

(二)王襄甲骨书法和甲骨文集联

王襄是位治学严谨、造诣精深的金石学家,却很少有人知道他也是一位功力深湛的书法大家。正如李鹤年所说:"王襄先生是一位近代少见的书法家,只是因为被他学术上的地位和声名所掩盖。"

王襄的书法早年学吴大澂,对金文、小篆书法曾经下过大工夫。他书写的大篆和小楷甚至行书,都喜欢用方笔,写来苍秀朴茂。更因他有幸发现了甲骨文字,又经常心追手摹,因而在结构的变化、笔法的继承上,都有些古文字的悠远天趣,这在近代书法大家中也是不多见的现象。

据王襄后来著文回忆称:1900年,八国联军进入京津地区。王襄逃亡他乡避难。事变平息后回到天津,前往拜访孟广慧。孟先生拿出了他临写的殷墟甲骨文摹本一卷,王襄见后大为赞叹。王襄从孟先生处借回此卷,也比照着临摹一通。这是王襄临摹甲骨文字的开始。他是继孟广慧之后第二个临写甲骨文书法的人。

王襄为了方便自己或别人书写甲骨文书法,曾集甲骨文字形为联,如《簠室殷契集联》《题寄钊弟贞卜文集字》《簠室集古籀文联语》等。这些集联作品,除少数已经见诸报端外,因为没有正式出版,大多数不为世人所知。

平时经常见到王襄的书法作品,但其甲骨文书法则不常见。王襄的甲骨文书法,虽然结字以甲骨文字形为架构,然而其用笔仍是沿用金文大篆的笔意,所以其甲骨文书法厚重质朴。

1955年某月某日,正逢天津文史馆开馆两周年,文史馆全体馆员聚会。在宴席上,年望八旬的老馆长王襄意气风发,豪情满怀,连连举杯,与人畅饮。副馆长陈邦怀邀请王襄为文史馆题词,王襄略作思索,乘兴挥毫,写下了一幅甲骨文字对联:"无以岁华慰至老,所期述作有千秋"。众人在一旁观看,皆称颂不已。(原文见《王襄题跋》)

长期以来,人们对天津早期书家的甲骨书法艺术,不够重视。比如王襄老人当年精心编著的甲骨集联稿本,连同他的大量学术著作手稿,到现在还静静地躺在天津图书馆里,而且据我的目验,其收藏状况并不大好,往往任其尘封发黄,无法和世人见面,非常遗憾。这些集联作品时代之早,内容之精,意境之雅,是今天写甲骨书法的人所不能相比的,尤为值得重视。

而如今,一些出版单位,为了某种利益的驱使,竟然出版了学术界并不入流的一位业余甲骨文爱好者的《三千未释甲骨文字考释》这样的所谓甲骨学著作,竟然出版了既没有甲骨学常识又没有书法功底的某拳击师的《甲骨文书法作品集》,而让王襄这样真正的甲骨学家的学术著作和书法作品束之高阁,真不知道这是弘扬的什么样主旋律。

关于王襄的甲骨文书法艺术赏析,我也有专文论述。此不一一。

(三)王雪民甲骨入印

篆刻艺术是书法艺术大家庭中的重要门类。当甲骨文出现后,把甲骨文融入篆刻成为了一种趋向,这不仅丰富了篆刻艺术的创作形式,也使这种古老的文字散发出新的活力。这就是所谓的"甲骨文入印"。甲骨入印也是甲骨书法中的重要内容。

关于谁是将甲骨文字入印的第一人,书法篆刻学界有不同的说法。常见的说法有简经纶、杨仲子、易大庵等。这些说法,由于不了解甲骨文发现的过程,所以不符合历史的实际。

有资料表明,第一个甲骨文入印的篆刻家,不是别人,正是天津的著名篆刻家、甲骨学家王襄的胞弟王雪民。

王雪民(1883—1946),名钊,初字燮民,后称雪民,天津人,是王襄的胞弟,曾任职天津图书馆。他一生潜心金石,探索印学,在篆刻艺术上造诣精深,被誉为天津印坛高手。王雪民的篆刻路子正、学养深、技法精,创出一派"静、雅、活"三字特色的印风,是近代北方篆刻的领军人物。

王雪民自清宣统年间已开始以甲骨文入印(从王襄为其早期印谱题词所落年款可知),到民国初年日益成熟,并以甲骨文刻边款,到了四十年代已臻化境。而一些书法史论著中说的杨仲子、简经纶、易大庵等人,都是在1930年前后才开始以甲骨文字入印,远在王雪民之后。

据王襄讲，王雪民也曾参与了当年在天津老城西关马家店中第一批甲骨的鉴定与收购过程，而且王雪民对甲骨文字也深有研究，在王襄的《簠室殷契类纂》中，还征引了王雪民对甲骨文字考释的内容。这就是说，王雪民能够将甲骨文字引入篆刻艺术，他是有得天独厚的人生际遇和文字学修养的。

据王襄《题寄钊弟贞卜文集字》，某年月日，王襄将所临摹的殷墟甲骨文摹本，送给胞弟王雪民，令其刻印时查阅使用。王雪民非常高兴地收下了。并拿出自己刻成的甲骨文字印章，令长兄指点。兄弟两人认真把玩印章，并对照甲骨文摹本仔细商讨。王襄看后大加称赞，认为颇有甲骨文刀刻笔意。

据李鹤年《孟广慧、王襄、王懿荣和甲骨》称，1935年前后，年仅19岁的李鹤年要参加市里举办的书法比赛。因为还没有印章，于是就通过王襄介绍，拜访了王雪民，请求给自己刻方印章。王雪民知道李鹤年是孟广慧、王襄的高足，就马上爽快地答应了。于是，当即凑刀，为李鹤年刻了一方甲骨文字的姓名印章。李鹤年看了后大喜过望，马上跪倒在地，向王雪民表示感谢。

王雪民不仅以甲骨文入印，而且常用甲骨文刻边款。其甲骨文字印章，朱文利刃切冲，白文单刀直入，凭其直觉把武丁时期贞人宾、争、韦各家名下的文字刀法表现得淋漓尽致。这是正宗的甲骨入印路数，对后世的影响较大。

著名画家陆辛农作诗赞叹道："师古不泥具卓识，追幽探奥成婀娜。天人工巧两称绝，想见游刃如挥戈。"可见王雪民甲骨文字印章达到了出神入化的境界。

对于王雪民第一个甲骨文入印及其甲骨文篆刻艺术评价，我有一篇专门的文字《甲骨文字入印的先驱——王雪民先生》[1],网上也有电子版本的传播,我的博客里也有收录,可以浏览,在此就不多言了。

(四)罗振玉的甲骨文书法与甲骨文集联

作为"甲骨四堂"之首的罗振玉,是甲骨学的重要奠基人。他于1919年从日本回国,定居天津。1920年6月,他在天津建宅名曰嘉乐里,创办贻安堂出版发售海东编印各书,至1928年十年间一直生活在天津。诸如"今购得甲骨四十枚,费四五十元"之类的叙述常见于他这时期的信札中,表明他曾在天津进行甲骨的购买与收藏。他收藏甲骨达30000片,是中国个人收藏殷墟甲骨数量最多者。藏在嘉乐里的的30000片甲骨,精选8000片装箱。目前这些甲骨中的5883片分别存于山东、北京、吉林等地的图书馆和博物馆里,包装这些甲骨的木盒,仍保存着它们曾留存天津的痕迹。

在津期间,年过耳顺的罗氏学术研究达到了炉火纯青的地步,多所创造。其中关于甲骨学的研究著作也颇为不少。比如1927年他在天津增订出版了《殷虚书契考释》三卷,不仅对1914年所著《殷虚书契考释》一卷多所补苴和修正,而且增加了王国维的序言,对甲骨学研究提出了纲领性的意见。应该说,该书在当时代表了那个时代的甲骨学研究和甲骨文字考释的最高水平。所以说,天津甲骨学研究也应该包括罗振玉在天津的这段研究历程。

而罗振玉甲骨文书法和甲骨文字集联的创作,则是其在天津进行甲骨学研究的一个重要方面。

---

[1] 朱彦民《甲骨文字入印的先驱——王雪民先生》,《印说》2007年第4期。

1921年春,罗氏寓居天津,闲暇之余,遂以甲骨文字集成百联。罗氏自记曰:"自客津沽,人事旁午,读书之日几废大半。去冬,奔走南北,匍匐赈灾,四阅月间,益无寸晷。昨小憩尘劳,取殷契文字可识者,集为偶语,先后三日夕,遂得百联。存之巾笥,用佐临池。辞之工拙非所计也。辛酉二月,雪翁记于嘉乐里寓之殷礼在斯堂。"1921年2月,由罗振玉亲自手书的《集殷虚文字楹帖》墨迹本由贻安堂石印出版。这是第一部集甲骨文字为联的书法工具书。

虽然罗振玉《集殷虚文字楹帖》并不是学术界研究甲骨文书法的开端,但是他这种集甲骨文字为联的形式,为人们进行甲骨文书法创作打下了基础,对后来的甲骨文书法的兴起和发展产生了极大的影响。罗氏的《楹帖》及后来人们的续集,为那些没有条件见到甲骨文实物的人士提供了临习法帖,许多书法家学习甲骨文书法都是从这类甲骨文集联书入手的,影响所及,至今不衰。所以难怪人们说起甲骨文书法的历史,大都将罗振玉此集联楹帖作为开山鼻祖来看待。

罗氏《集殷虚文字楹帖》一册,包括四言联语11对,五言61对,六言4对,七言5对,八言18对,共得99对。罗氏虽然受甲骨文字释读数量所限,再加上当时甲骨文书法处于草创阶段而无所借鉴,所以不可避免有许多问题,甲骨文字也多有不确之处,但是该书基本如实遵照了甲骨文字的本形,不做随意省改,且造型工稳,还是有着极高艺术价值的。

罗氏之后,受罗振玉的影响,继起为甲骨文集联者,有章钰、高德馨和王季烈三人。罗振玉又将众人所作编为《集殷虚文字楹帖汇编》一书。1961年,旅日华侨书家欧阳可亮对罗氏《汇编》又重加编辑整理,由日本春秋学院出版发行。1986年10月,日本书家内山知也又对《汇编》作出整理译注，编辑为《甲骨文墨场必携——集殷虚文字楹帖汇编》一书，由东京木耳社出版发行，成为日本书法家学习甲骨文书写的必备工具书和参考书。1985年3月吉林大学古籍研究所也对《汇编》作了整理，由吉林大学出版社放大影印出版。该书前面增加了罗振玉甲骨文书法手迹影印件9幅，书后面附有罗振玉嫡孙罗继祖的跋文、姚孝遂的校记。其中姚先生的校记非常重要，这对当今甲骨文书法艺术的欣赏和普及，纠正甲骨文书法中的文字错误和随意书写等弊端，大有益处，功德匪浅。

而所有的这一切，都源于罗振玉当年在天津进行学术研究之余的雅兴而发。

(五)杨鲁安甲骨书法和甲骨文篆刻

王襄、孟广慧、王雪民等老一辈甲骨书法家的甲骨文临习和创作，对后来的津门书法有一定的影响。而真正能够绍述前人并有所发展的书法家，当推后居内蒙、近日仙逝的天津书法篆刻家、著名文物收藏家杨鲁安。

杨鲁安，别号师仓、龙公，还秋堂主。1928年5月出生于天津一个收集古玩世家的富裕回族家庭。1951年7月，杨鲁安毕业于南开大学经济系，在天津工作，后来到内蒙古支边。杨自幼学书，师从王襄、王雪民、方若、陈邦怀、吴玉如诸书学前辈，攻习古文字学、书法、篆刻及书学理论。诸体皆精，尤擅甲骨、金文和秦版小篆，所作笔势峭拔、风神爽健。为中国书法家协会会员、西泠印社理事兼收藏与鉴定研究室主任、北疆印社社长、中国书画函授大学内蒙古分校顾问。

据对杨鲁安的采访知道，他从大学时代就开始收藏甲骨，并进行甲骨文知识的学习。杨鲁安从文物市场买了几张甲骨拓片,放学后高兴地来到老师王襄家中,请老师鉴定。王襄看了后,连声称好。于是杨就甲骨文和书法的关系,向王襄请教。王襄侃侃而谈,杨鲁安点头称是。之后,杨鲁安在王襄的指导下,精心制作甲骨文墨本拓片。杨鲁安也有许多甲骨文实物收藏,在他生前已经大部分捐给了西泠印社。

受其恩师王襄、王雪民的影响,杨鲁安将甲骨文字的神韵引入到书法和篆刻创作之中,是一位独具特色、颇有建树的甲骨书法篆刻家。他的甲骨书法,力求使笔如刀,凌厉得势,疾中求涩,让一点一画表现出万毫齐力的强劲感。

所以杨鲁安的甲骨文书法作品和甲骨入印作品,一改前代学人摹写甲骨的那种呆板、做作之气,生动、劲健,尽显刀笔文字瘦硬挺拔的风度和神韵。

(六)孙家潭甲骨书法与甲骨篆刻

天津书法家中受老一代甲骨书法和篆刻家影响的,除杨鲁安之外,还有王雪民的儿子王强儒及门人周与九、蓝云、李鹤年、齐治源、任秉鉴等人。

而师从于杨鲁安、蓝云、孙其峰等人的孙家潭,是目前非常活跃和颇具影响的天津甲骨书法家。孙先生在甲骨书法和甲骨入印乃至甲骨入壶方面,都有自己独到的见解和创新。

孙家潭,别署其子、四灵印房、三省斋、三省、省人,1948年生于天津土城。1968至1986年在内蒙古工作,其间曰任察右前旗政协委员、文化馆长、文物管理所所长,1987年回津。1986年加入中国书法家协会,1994年加入西泠印社。现为天津印社社长、西泠印社学术研究委员会委员、中国民族古文字研究会会员。

二十世纪七十年代后期某年月日,身在内蒙古插队的孙家潭前去拜访老师杨鲁安。孙拿出自己刻的古文字印章,求杨鲁安指点。杨鲁安看后给予鼓励。然后拿出自己收藏的殷墟甲骨,让孙家潭观看,给他讲解甲骨文知识,如何将甲骨文字刻入印章中。并拿出自己书写的甲骨文书法作品,讲解如何以笔墨来表现甲骨文的风貌。

孙家潭的甲骨文书法,虽然是中锋用笔,但行笔快捷,结字爽利。其甲骨书法作品,大都融合了甲骨、金文甚至于陶文、简帛文字的特征,富于变化,令人耳目一新。

他刻的甲骨文印,线条粗犷,变化丰富。近年来,他又将这种甲骨书法艺术运用到刻壶的创作之中,精美的紫砂壶,配以古意盎然的甲骨文书法,不仅丰富了紫砂艺术,而且也为甲骨文书法艺术开拓出一个新的领域,扩大了甲骨书法篆刻艺术的表现范围。

天津早期甲骨书法、甲骨篆刻家师承关系图

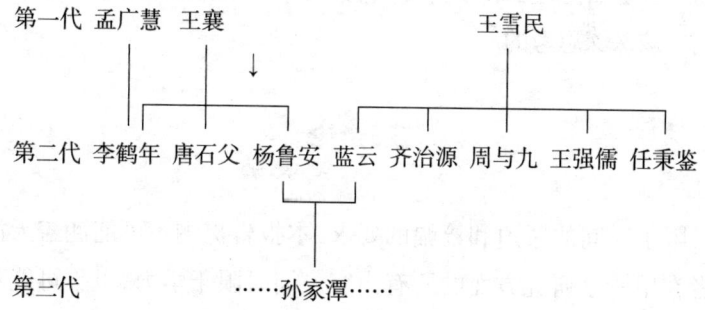

当然,目前在天津从事甲骨文书法艺术创作的,大有人在。比如我们天津市协主席唐云来老师,就曾长时间关注甲骨文书法艺术,其作品曾入选安阳殷墟笔会甲骨文还乡书法展,还发表有题为

《浅谈甲骨书法的美学价值》的论文。另外,像过去的华石斧、金息侯、陈邦怀、李鹤年等,现在的张牧石、孙其峰、任秉鉴、李泽润、范永庆、邵佩英、姜钧杰、韩征尘、赵祥立、陈福春、刘洪祥、任云程、封俊虎、赵飙、李孝椿、穆奎信、刘恒、董鸿程、王克礼等津门书法家,尽管大都不是专门写甲骨文的,但都有甲骨文书法艺术作品,或写甲骨文字书法,或刻写甲骨文入印等。由于资料不足和篇幅所限等因素,不再一一枚举。

盘点天津甲骨书法篆刻的艺术成就,我们不难发现,先辈们做出了突出的贡献。孟广慧不仅是甲骨文的发现者,而且也是甲骨文书法的倡导者,是他首先临写甲骨文成摹本,而这些摹本不仅是著录甲骨文非常有用的手段,而且也是甲骨文书法练习的第一步。可以说,孟广慧是第一个将甲骨文字的笔法运用到书法创作之中的书法家。而甲骨文发现者和研究者王襄的胞弟王雪民,则是第一个将甲骨文字入印的篆刻家。这是我们天津书法界值得骄傲、值得自豪的。但是如何继承和发扬先辈们开创的业绩,则是每个天津书法家们应该深深思考的。

五、余论

限于时间的紧迫和篇幅的要求,本报告提纲不可能涵盖天津学者在甲骨学研究方面的所有内容。同时限于学力,也不可能对甲骨学史上的一些问题骤下结论。不过可以肯定地说,甲骨文的发现、收藏和研究都曾与天津结下了不解之缘,天津学者对甲骨学的贡献是不能磨灭的。作为历史文化名城的天津,正因为有深厚的文化土壤,才有了像王襄、孟广慧、陈邦怀、王玉哲等这样一大批学养深厚的学者,他们在甲骨学研究领域做出了那么大的成绩,从而奠定了天津文化的品位,这是天津人的骄傲。而这些先辈学者在那艰难困苦的条件下,依然能够对传统文化执著追求,实在是令人敬佩!

一门学问的兴起和发展,需要几代学人的前赴后继、薪火相传。天津甲骨学研究有了这些可敬前辈的研究基础,相信后来者会继续努力,发扬光大,从而把天津甲骨学研究推向全国,推向世界,达到一个新的高度。因为有新的历史际遇和较好的学术条件,我们有理由相信,甲骨学在天津的未来发展将是可观的、辉煌的。

甲骨学研究是一门高精尖、高品位的社会科学研究的学问,相信它在天津的进一步发展会提升天津的文化品位。在构建天津市高品位文化方面,应充分发挥其应有的作用,令其产生积极的影响。

(本文为2009年6月28日在天津市社会科学界联合会四楼会议厅所作学术报告之提纲)

《甲骨学在天津》讲座学者点评

朱凤瀚教授点评发言

朱凤瀚,著名先秦史学家、古文字学家和青铜器专家。原中国历史博物馆馆长,国家博物馆原常务副馆长,北京大学历史系博士生导师,北京大学出土文献研究所所长。

诸位先生大家好!

首先,非常高兴在这里能够听到朱彦民先生这个精彩的学术报告。刚才朱先生讲话中提到天津很多学者,像王襄、孟广慧老一代学者,因为我这个年纪,没有能够直接倾听到他们的教诲。但他提到的许多其他老先生,像陈邦怀、李鹤年、杨鲁安先生等,我都可以说非常熟悉。陈邦怀先生应该说是我的老师,杨鲁安先生是著名收藏家,在天津也是值得纪念的人物。另外,刚才还提到一些所谓后一代人,其实像崔志远先生年龄比我还大,现在他在北京。他们可以说都对天津甲骨学做出了贡献。

那么我觉得,朱彦民教授的讲座,如果说成绩的话,起码有以下三点:

第一,过去讲天津甲骨学,都是简单地一带而过。像这样比较系统地来讲,其实很有难度。像他刚才讲的对甲骨文发现这一问题的评价,过去是争论比较多的问题。但我觉得彦民教授的考证非常精细,对许多很重要的学术问题评价也比较可观,这样的话对甲骨学史研究非常有贡献。而且在他的考证中,广泛利用了许多学者对甲骨学史这一段研究的成果,可以说是采诸家之长,因此他今天所讲的甲骨学史包括甲骨文发现的历史,我觉得是比较客观的,也是比较科学的。同时,我们刚才看到了他收集到了许多照片,这些照片都非常难得,像天津文史馆老一代学人的合影照片等,我以前就没有看到过,很是重要,价值很高,希望将来能够结集出版。

第二,他概述天津早期甲骨学者的研究成果,也是以往没有的。过去写甲骨学史时,提到甲骨学研究天津学者的贡献时,都是一带而过或偶尔提到。像王襄先生、陈邦怀先生都是《中国大百科全书》"考古学卷"收录的中国考古学家,这当然跟他们的包括甲骨学研究在内的学术研究成绩分不开的,这不仅是站在天津立场上,而且也是站在中国学术界立场上的,都给予很高的评价。我觉得朱彦民教授概括的甲骨学研究几个方面的成绩,是非常客观的,他非常精细地提到天津甲骨学著作,有些也是我第一次听到。这里,我想补充的是,陈邦怀的甲骨学研究成绩应该提到。陈老的几部甲骨学著作,在甲骨学史上都很有贡献。包括我们初出道时,都获益匪浅。早先在天津读研究生时,我有幸经常向陈先生请教,听了他的很多看法。陈先生在年纪很高时,还在进行甲骨学研究。当小屯南地甲骨文发现时，他给我写信，请我给他搞小屯南地甲骨的拓片，后来他据此新出土资料写了文章，发表在《历史研究》上。陈老当时已经九十，还在仔细认真地读书、研究、写文章，他的这种刻苦治学态度，对我们下一代学者影响很大。另外一个就是崔志远先生，他在天津市社科院工作多年。他当时有一个著作，是对《甲骨文编》的校记，这是他在胡厚宣先生的支持、鼓励之下所做的，好像也是天津市社科院的一个科研项目，但是没有出版，非常珍贵，将来如果能够出版，将是很有意义的。刚才彦民还提到了马汉麟先生，马先生最早在清华是跟陈梦家先生同事，二十世纪五十年代在南开教书。在陈梦家《殷虚卜辞综述》中提到了马汉麟先生的甲骨文研究。我的老师王玉哲先生长期在天津，虽然王先生是在北大毕业，后来曾在华中大学教书，但后来解放以后长期在天津工作，从来没有离开过天津，应该说是真正的天津甲骨学者。另外，陈邦怀先生的孙子陈雍，陈雍是我的老朋友了，今天没有到场，陈雍先生对甲骨文研究也很有贡献。现在我们看到的那个《殷墟甲骨刻辞摹释总集》，其实很早的时候是陈雍跟姚孝遂先生在北京编纂的，时间大概是七十年代后期，做了好几年的时间。这是应该提到的。还应该提到的是，今天在座的向光忠先生，应该说是我们的师长了，多年来在南开大学推动古文字教学和甲骨文研究。我相信今天可能是时间关系，彦民对这些没有展开讲，将来如果出书的话，都要将这些学者的研究成绩统统提到。彦民所讲的这些天津甲骨学研究尤其是早期甲骨文研究的成绩，我听了印象非常深刻。这可能是我第一次这么精细的听到天津学者的甲骨学成就。

第三，我觉得可能跟彦民教授的专长有关，彦民不仅是研究先秦史、甲骨学的学者，而且他在书法上的成就也是很高的。现在可以说是很年轻的书法家了。因此他尤其关注天津的甲骨文书法。我觉得他刚才讲得非常客观。甲骨文书法肇源于天津,包括甲骨文字篆刻入印肇源于天津,我觉得也非常客观。过去是从来没有人提到的,我觉得这作为天津书法艺术史,作为天津艺术史上的一个大事,确实应该提到。

所以总的来讲,我听了以后收获非常大。不仅是对过去的一些争论的总结,也提出了一些新的问题,还包括对今后的一些希望。我觉得这是一个非常好的学术报告。我希望彦民教授的这一研究能够在天津出版。刚才他提到的王雪民先生,我也是第一次听到。凡是在甲骨学史上有贡献的学者,我们都要提到。

前些年,我忘了多少年了,十好几年吧,不知道彦民参加了没有,好像是在天津市博物馆也召开了一个《甲骨学在天津》的会议。人参加的较少。当时有人讲天津没有文化,其实这个先生也是研究甲骨学的,我觉得很狂妄,人不要这样,你个人水平再高,你的学术起步的地方限定你的成绩。他这样讲很不合适。因此我觉得,彦民教授的这一研究将来出版,对天津学术会是一个正确的科学评价,而且也是对天津学术界的一个鼓励。

我当然希望天津的出版部门,能够有计划地出版天津学者的甲骨学研究著作,当然还包括其他研究著作。我们天津是一个历史文化名城,在学术方面有它的长处,不仅有一批优秀的学者,还有很重要的学术著作。

正如刚才彦民所讲的,我想天津甲骨学的成绩,一个是甲骨文的发现与研究的造诣,应该说天津是甲骨学的摇篮;另一个是甲骨文研究的特点,像朱彦民先生讲到的。我们天津所以有较高的甲骨学研究成绩,就是因为有像王襄、陈邦怀这样一流的学者,像王襄的《簠室殷契类纂》《簠室殷契征文》,像陈邦怀先生的《殷虚书契考释小笺》《甲骨文零拾》《殷代社会史料征存》等,都是甲骨学史上的不朽著作。再加上王玉哲先生等人的著作,所以天津学者能够在甲骨学史上留下光辉灿烂的不是一页而是数页,我觉得是跟这有关系的。

所以我非常寄希望天津能够出一些天津学者的甲骨学著作。我知道王襄先生的一些手稿,刚才彦民说在天津图书馆,其实我曾在南开大学图书馆看到过不少王襄先生的题跋手稿。比如说老先生对画像石拓片、金文拓片、甲骨拓片的题跋。我觉得那些如果能够照相制版,学术意义也将会很大。我想在天津文史馆等地方,也都应该有这些老先生的学术手稿。希望在天津能够给这些老先生出版不说是全集吧,至少是比较全的文集。我觉得这应该是天津学术界义不容辞的事情,这对向全世界宣传天津的文化成果应该说都是非常有意义的。

(甄健民先生插话:今天我们有没有请出版部门的同志参加会议呀?以后我们开这种学术会要注意邀请出版部门。如果说人家工作本身重视不重视不好说,你得给人家创造这种机会呀。)

是呀!其实他们(出版社)也在寻找好的选题。

(甄健民先生插话:以后我们再开学术会议,请新闻记者、摄影记者之外,也邀请出版社的人士。)

我谈不上是点评,只是谈一点个人感受而已。

谢谢各位师长,谢谢大家!

(主持人王处辉教授:谢谢朱凤瀚先生。朱凤瀚先生跟我是研究生的同学。他研究甲骨学可以说有些年头了。当1979年我们在南开大学历史系读研究生时,他追随王玉哲先生读先秦史,我是跟郑天挺先生学明清史。我们在一起住。那时他天天拿一个小纸片到图书馆去,临摹那些甲骨文拓片。或者研究殷墟出土的器物等。那时没有复印条件,只能这样手抄临摹。后来他坚持下来了,所以这些年他的对甲骨学、对先秦史的学术研究成绩是非常高深的。但是今天由于时间有限的关系,没有办法让你讲很多,我觉得很对不住你。下面我们请天津市书协副主席李泽润先生点评发言。)

李泽润先生点评发言

李泽润,天津市书法家协会副主席,中国书法家协会教育委员会副主任,海河印社社长,天津市政协委员,著名书法篆刻家。

今天听了朱彦民先生的发言,我很高兴。当然了,有些我是听懂了,有些没有听懂。

我个人接触甲骨文,是在"文革"以前。"文革"以后呢,陆续研究一些甲骨文材料,随即见到一些论著就买来学习,其中印象比较深的是,就有对甲骨文字的考释文章,比如有陈邦怀先生的一些论著,王襄老人的一些论著。对几代甲骨学家的研究著作,凡是我能见到的,我都会搜集阅读,比如王宇信、杨升南先生的《甲骨学一百年》等著作。所以当朱先生把讲稿提纲发给我时,我还能够看得懂其中所说的一些知识。

下面,我就谈一点个人的看法:

第一,我觉得朱先生《甲骨学在天津》这个选题选得好。能够选择这样一个题目,作为一个专门研究甲骨学的学者来说,说明他有深厚的学术底蕴,对甲骨学研究比较专深,尤其是对天津甲骨学研究的方方面面的熟悉和了解。从表面来看，天津只是中国大陆三十几个省的其中之一，包括宝岛台湾、香港、澳门等地，也都有甲骨文研究。看似这个题目好像是比较小的。但我认为，《甲骨学在天津》选题不是很小，换句话说，而是"兹事体大"。因为不论从甲骨文发现还是到早期甲骨学家的文字考释，天津无疑都是重镇。像孟广慧先生、王襄先生都是老天津卫人。另外也有一些著名甲骨学者像罗振玉、唐兰等人后来也曾旅居天津。所以说解决了这个问题，实际上就是解决了早期甲骨学史上许多纠缠不休的问题。所以这不是小事，不是一个天津市的甲骨学研究的问题。

其次，朱彦民先生在对甲骨文发现这个问题上，下了很大功夫。他从对新旧材料记载的分析，对汐翁《龟甲文》的批驳，到对卖龙骨的中药铺的考证，等等等等，从多方面、多层次考证了这一问题，可以说基本上已经解决了这一问题。我觉得得出的结论是公允的，也是可信的。从一个甲骨学的外行来讲，我个人认为，甲骨文是由王懿荣、王襄、孟广慧这一代学者共同发现的，这是不容置疑的了。他们老几位之间互相敬重，关系好极了。朱先生在这个问题上观点是站得住脚的。

再者，关于天津的甲骨学研究，朱彦民先生的报告中列举了许多天津的甲骨学者，对他们的研究成绩也有很好的综述。比如刚才朱先生提到陈邦怀先生。陈邦老到天津比较早，二十世纪二十年代就到了天津。他的研究著作也比较早。他在此之前就和王国维有过通信关系。还有其它一些天津甲骨学家的研究成果。当然今天可能因为时间有限的关系，朱先生没有讲更多的甲骨学家的研究成果，只是以王襄的甲骨文研究为代表了。将来出书的时候，希望能够将其他的甲骨学家研究著作也都包括进去。另外，

"文革"之前，王襄老人去世后，当时艺林阁有一个纪念王襄的捐献文物展览会，规模不小，其中展示了有许多的稿本。对这些老的专家学者的稿本进行印刷出版，或者是影印出版，对于学术的研究都是极其有益的。

刚才朱先生也提到了，徐州有一个甲骨文爱好者，把别的专家没有考释出来的甲骨文字，他一个人全都考释出来了，这可能吗？就我所接触的甲骨文研究著作，我都不信。如果说只是对甲骨文字字形进行隶定，变成楷书，这我也会。这太随意了。举出来这是甲骨文中的人名、地名、祭祀名，等等，这些我都会。但我们知道这根本不是甲骨文研究。那年在天津开书市，我看那本书就摆在那里，我看也不看。

谈到甲骨文书法，刚才朱先生也列举出好些位甲骨文书法篆刻艺术家及其作品。尤其是讲到甲骨文入印的先驱人物王雪民先生，虽然他把"甲子"的"子"刻成了"巳"字，但这证明王雪民甲骨入印时代比较早。我还见过蓝云先生的甲骨文入印作品，他是王雪民先生的弟子，可以说是甲骨入印的第二代人了。当然，现在则主要是孙家潭先生了，第三代甲骨印人。

今天听了朱先生的这个讲演，我觉得思路开阔，眼界较高，内容充实，观点公允，使我们深受教益。在此向他表示感谢！

我的发言完了，谢谢大家！

查洪德教授重点发言

查洪德，南开大学文学院教授，博士生导师。天津市国学研究会副会长，主要从事中国古代诗学和元代文学研究。

各位先生,大家好!

刚才朱彦民教授为我们作了一个精彩的学术报告。在座的朱凤瀚教授是全国著名的先秦史、甲骨学的权威,李泽润先生是甲骨文书法方面的权威,向光忠先生是文字学研究的权威,而我是干什么的呢?我是做元代文学和中国诗学研究的,离这个学科题目很远,但是由于种种原因,还必须在此说几句。

我和朱彦民教授是二十多年的老朋友了。他刚才在讲座中多次提到了安阳的《殷都学刊》,我们俩原来都在这个学刊工作过。我负责文学的编辑工作,而彦民负责历史稿件编辑和殷商文化、甲骨学的专栏。那个时候,他已经对甲骨学的研究和甲骨学专栏编辑工作,做出了很多的贡献。这些年来,他又利用甲骨文字材料,研究先秦历史上的一些非常重要问题,取得了很高的令人瞩目的成绩。今天由于时间的关系,他只能简单地讲一讲,可惜不能展开。

我今天在此就说几个字。

一个是,听了这个报告,我感到很自豪。因为我跟在座的其他先生们一样,在此之前,不可能很详细地了解甲骨学以及甲骨学与天津有什么关系。

再一个是觉得,听这个报告是一种享受。他讲的内容很丰富,视野很宏阔,态度又是那样的客观,结论又是很准确。可惜的只是不能展开。

再有就是我听完以后的一点个人感受,一种很突出的感受。古人说,一个人的学问大,谁的学问大,大到什么程度呢? 说:"圣人之学,其高如天,其近如地。"甲骨学在我心目中,那是高不可攀的,望而生畏的。但是听了彦民教授的讲演,讲得很亲切,感觉甲骨学和我的关系近了。娓娓道来,妙趣横生。所以我说,这是真正把学问做到了这样一种地步,以一种很简明的语言,让大家都能接受的语言,把这个很玄妙的问题讲得很清楚。这真是不简单。

再有一点,就是说说我的一点启发。其实说到甲骨文、甲骨学,与我们每个天津人、每个中国人都是有密切的关系的。甲骨文是中国人的骄傲,也是中国人的自豪。当安阳殷墟申报世界文化遗产之时,那一天按常规需要进行大会表决,本来是辩论、表决,然后通过。结果那天很特别,当进入表决程序时没有辩论,而是全场鼓掌直接通过了。可见殷墟甲骨文在世界文明史上有着多么崇高的地位了。那么,我们中国人应该为此感到自豪。

另外,像甲骨学专家们研究甲骨文时,他们与甲骨学有密切关系。其实,甲骨学和我们每个人都有密切关系。我们在各自的学术研究中,也涉及到一点甲骨学知识。比如你如果知道一些甲骨文知识,马上就会受到一些启发。这方面的例子很多。比如在我研究的古代诗学中,有所谓"气"的概念,这和甲骨文中的"贞"字有关联,那个解释"虚中无我之下",其中很能受到启发。

再有就是要了解一点甲骨学的常识。比如说,甲骨文是世界上最早的文字体系之一,是现在唯一尚在使用、绵延不断的象形文字体系;再比如说,甲骨文是中国二十世纪四大发现之一;由甲骨文发现而引起的殷墟考古是中国人进行的现代科学考古学的发端。等等等等。这些都不再具体说了。

因为我既然说不出多少太有价值的东西,就把时间让给更多的专家发言吧。

我就说这么多,谢谢大家!

向光忠教授重点发言

向光忠，南开大学文学院资深教授，中国文字学研究中心主任，著名文字学专家。

各位先生，大家好。我很高兴今天能够在这儿听这么一个学术报告。当朱彦民教授邀请我，问我能不能来时，我非常干脆地说能来、一定来。因为这对我来说，是给我一个学习的机会。

听了朱彦民教授刚才的讲演之后，我想谈谈我个人的一点肤浅体会。

刚才有位先生提到，说这个选题很好。我个人也觉得，《甲骨学在天津》，这个题目定得好。我这个人孤陋寡闻，就我所见所闻，这些年来关于甲骨学史著作不少，一些甲骨学史著作也都提到过天津学者的甲骨文研究情况。但一般都很简略。而作为一个专题而进行学术研究，我认为朱彦民教授做这样一个选题是前所未有的。

为什么说选题好呢？当然，这个题目本身来说，就有很高的学术意义和价值。我简单概括地讲吧，我觉得这个研究选题既有学术价值，又有社会意义。

就学术价值来说，因为我们写学术史，绝对不能缺失一些很重要的史实作材料。因为从这么多年来的关于甲骨文发现的争论来看，我们似乎可以这么说，在以往的甲骨学史研究中，关于天津的甲骨学研究，往往是不大受人重视的。朱彦民教授这样做，可以说是弥补了这方面的一个不足吧。诸位都知道，我国历史上有很好的史学传统，讲究史实，真正的史家就是排除各种各样的干扰，实事求是，唯实尚真。那么就甲骨学史来说，既然天津学者在甲骨文发现、甲骨文收藏、甲骨学研究甚至在甲骨文书法方面，有这么重大的贡献，那么这个史实，就应该、就必须在甲骨学史上充分地体现出来。我想，朱彦民教授的这一研究，其学术价值和理论意义，首先应该说在这里。

就社会价值来说呢，当然就全国范围来讲也可以说有其社会价值。那么我们就针对于天津来说，其社会价值更是很大的，很值得我们充分重视的。这些年来，我们天津市的各级领导，各级行政部门，都已经充分地认识到了天津这个城市的文化和文化蕴涵。其中包括，它的历史文化内涵、社会文化形象、城市文化品位，我们都要予以重视。当我们正要重视这一问题的时候，朱彦民教授的《甲骨学在天津》，把这一问题突出地提了出来，让我们天津市的有关领导知道了天津竟然还有这么高精尖的文化成就。我想我们的会议应该邀请天津市的领导参加，当然了有些领导可能知道这些，也可能不知道这些，可能有些领导还会觉得我跟甲骨学有什么关系呀，不过不要紧。这样一来呢，就可以和天津市的历史文化联系起来。天津历史不过六百年，但是就是这样只有一个六百年历史的城市，在发现三千年前的甲骨文方面做出了巨大的贡献，这不就充实了天津的历史文化和社会文化吗？当然，我们就此问题还可以多谈一些，但时间关系只能这么简单一谈了。

刚才我是从他的学术研究方面来说的，现在我想从他的治学态度再谈一点。就我个人的涉猎印象来看，甲骨文究竟是谁发现的，在过去甲骨学界主要有两派观点，一派是主北京王懿荣发现甲骨文，一派是主天津王襄、孟广慧发现甲骨文。在这两种说法之间，互不相能，往往会出现这样一种现象，即是此非彼，是彼非此。肯定王懿荣发现甲骨文的,就否定王襄、孟广慧的功劳;而肯定王襄、孟广慧发现甲骨文的,就会否定王懿荣的功劳。那么我根据搜集到的更为全面的资料来看,王懿荣、王襄、孟广慧他们都是甲骨文的发现者。所以我在校内给本科生、研究生讲课时这样讲,到校外讲课时也这样讲;在国内我是这样讲的,到了香港或海外,我也是这样讲的。所以在这一点上,我和朱彦民教授的观点是一致的。我想,朱凤瀚教授也是持这样一个观点的。因为这是比较客观的态度。

当然了,今天由于时间的限制,朱彦民教授没有办法讲更多天津甲骨学家的研究成绩,只以王襄研究成果的介绍做了个代表。但是我们说,如果将来成书,所有天津甲骨学研究的学者的成果,都应该是大书特书的,不可遗漏。这其中也一定要包括客居天津的罗振玉等人的甲骨学研究。你刚才在报告中也提到了,罗振玉在天津期间修订了《殷虚书契考释》这部重要的甲骨学著作。另外,我们知道,罗振玉发现和提携甲骨学研究人才,也是在天津。当年的容庚教授,当他来北方报考北京大学时,他带着他的《金文编》来到天津拜访罗振玉。罗振玉看了他的《金文编》之后,非常赏识他。知道容庚想考北京大学,罗振玉马上给北京大学金石学家马衡教授写信推荐容庚。但容庚到了北京,害怕考不上北京大学,就考辅仁大学去了。马衡接到罗振玉的推荐信,一直盼望着这个学生来,可是一直到考完了也没见容庚。老一代学人对年轻人才的重视由此可见一斑。后来马衡先生知道了,就派人把容庚找来,说我接到了罗先生推荐你的信,你别念辅仁了,来北大吧,直接读我的研究生。容庚是这样。而商承祚先生受到罗振玉的教导和栽培,也是在天津。当时受到王国维先生高度评价的四位年轻的甲骨学者:唐兰、柯昌济、商承祚、容庚,其中有三个人都与天津有关系。

另外，朱彦民教授你本人也是天津甲骨学者呀，也要把你自己的研究成绩包括在其中，这就是实事求是的客观做法。应该说，我们天津就是不断地有学者在进行甲骨学研究。不但是上面我们讲的王襄、陈邦怀等老一代人在甲骨学研究上取得了很大成绩，在座的朱凤瀚教授同样也是著名甲骨学者。朱凤瀚是二十世纪八十年代崛起的学术新星。不仅在天津，在中国来说都是著名的学者。别的我不知道，他们两个朱凤瀚教授和朱彦民教授，因为都是南开大学的，我很了解，在我的印象中，他们对甲骨学的研究，可谓用心甚深，用力甚勤，用这八个字概括，也正因为如此，所以他们取得的研究成绩很大很多。我八十年代带研究生时，就让研究生去听朱凤瀚的课，而且不是去旁听，一定要认真的学，要记学分。我对他们俩的学问很是钦佩的。天津学者就是这样一代一代传承下来的，在你们俩之后，应该还会有一些学者从事甲骨学研究。

但是我们天津的甲骨学研究，并没有受到足够的重视。去年我们在山东烟台开文字学会议，参观了王懿荣纪念馆。后来听当地学者讲，烟台市正在筹集巨资，准备在市中心建立规模更大的王懿荣纪念馆。而我们天津呢，怎样把王襄、孟广慧等人的突出贡献和学术业绩展现出来呢？我们能不能建一个类似的纪念馆或博物馆呢？过去，我当一有机会时，就会向有关部门呼吁。比如，当年天津要建津塔、津门时，我就给今晚报打电话，建议他们建津门时就利用甲骨文中"门"字的造型。他们问我为什么，我就讲，甲骨文是天津学者发现的，如果用甲骨文"门"字造型，非常具有文化的象征意义。就可以把天津学者和天津文化彰显出来了。最近我又提了一个建议，比如天津市建立博物馆征集方案时，我就提议用甲骨文的"天"字，或者用甲骨文"文"字作为造型，因为甲骨文是天津人发现的，有纪念意义呀。

好了，我就讲这些吧，谢谢大家！

杨效雷教授重点发言

杨效雷，历史学博士，天津师范大学历史文化学院教授，硕士生导师，国际易学联合会理事，天津市国学研究会秘书长。

作为辅助发言者，我大致谈三点感受，两点补充。

一点感受，朱教授（因为今天有两位朱教授，这里指朱彦民教授）的精彩演讲，言而有据，论不虚发，考证精细，逻辑严密，揭示了许多罕为人知的史实，纠正了人们认识上的许多误区，有极高的学术价值。这是第一点感受。

第二点感受，朱彦民教授有意识地将考古调查方法应用于史学研究，重视口碑史料的搜集和运用，对在座的莘莘学子们亦不无启迪。因为在座的有一些是我叫来的学生，所以我要如此讲。

第三点感受，朱彦民教授的精彩演讲，举重若轻，如话家常，为探讨如何更好地普及象牙塔里的学问，提供了一个良好的范式。

两点补充，一是补充两条卜辞和相关占卜知识，二是谈一点我在甲骨文书法方面的想法。

第一点举例，实际上在朱教授的文本中提到了，讲座中没有重点介绍，因为朱教授认为这是基础知识不用讲了，作为辅助发言，我要在此提及一下。商代是一个崇尚占卜的时代，占卜的对象不一而同，包括是否下雨这样的事情，比如说《甲骨文合集》第14138版"戊子卜，𣪘贞：帝及今四月令雨？贞：帝弗其及今四月令雨？王占曰：丁雨、不辛。旬丁酉，允雨。"是说戊子日这一天，由贞人殷进行占卜，占问上帝（这里上帝不是基督教的专利，在甲骨卜辞中已经明确出现了上帝的名字）在距今四天的辛卯日是否让下雨。这是正占。还有一个反占，上帝在距今四天的辛卯日是否不让下雨。商王占断说，辛卯日不下雨，在距今的第十天丁酉日下雨。这一版非常珍贵，叙辞、命辞、占辞都有，非常齐全，最后还有验辞，说过了十天，丁酉日，果然下雨了。类似的卜辞，我再举一个例子，比如《小屯南地甲骨》第42版，著录了下面这么一段卜辞："弜田其遘大雨，自旦至食日不雨，食日至昃不雨，中日至昃不雨？"说不要出去打猎，因为会遇到大雨，从日出到吃第一顿饭时不会下雨，从吃第一顿饭到太阳运行到南中天不会下雨，从太阳到南中天到太阳落山也不会下雨。有的学者应该这样翻译这段卜辞，不要出去打猎，因为会遇到大雨，从日出到吃第一顿饭时不会下雨吗？从吃第一顿饭到太阳运行到南中天不会下雨吗？从太阳运行到南中天到太阳落山也不会下雨吗？不管是把卜辞命辞当做肯定句还是疑问句，都是商代关于分时预报天气的内容。这都有助于我们对商代精确预测天气情况的了解。

第二点，是关于甲骨文书法的。我不会写书法，但我喜欢书法艺术。有朋友讲，书法作品讲究变化，一幅作品中如果一个字多次出现，一般而言要用不同的写法。比如说"诸行无常，诸法无我，诸漏皆苦，涅槃寂静。"如果是作为一幅书法作品的内容，其中有三个诸字，两个无字，应当要使用不同的写法。这种讲究变化的书法指导，可以追溯到甲骨文中。比如说《甲骨文合集》中第28466版，记载三天占卜田猎，"王其田，往来无灾"，有三个往字，三个来字，三个灾字，都有意识地用了三个不同的写法表示。所以，我们可以说甲骨文书法肇源于天津,我们也可以说甲骨文本身就有书法艺术存在。

以上是我的辅助发言,不妥之处,祈请方家批评指正。

鲁鑫博士重点发言

鲁鑫,南开大学历史学院博士毕业,先后师从朱彦民、朱凤瀚两位教授。现任教于天津师范大学历史文化学院,主要从事先秦史、古文字的教学和研究。

各位师长,大家好!

朱彦民老师是我在南开大学读书期间的硕士研究生导师,所以今天听了朱老师的报告,颇有一种回到当年课堂上聆听朱老师教诲的那种感觉。

下面我就简单地说一下,听了这次报告之后的三点学习体会。

第一,"发现"一词具有几层不同的含义。

(一)发现甲骨实物,不了解其价值——小屯地区的土著居民

王襄《题易橘园殷契拓册》(《河北博物院半月刊》,1935年,第85期):"当发现之时,村农收落花生,偶于土中捡之,不知其贵也。"另据考古工作者的发现,小屯村发现的一些隋唐时代墓葬的填土中就混有零星的甲骨残片,这说明早在隋唐时期,小屯地区的土著居民很可能就已经发现了这些刻有文字的龟甲和兽骨。

(二)发现甲骨实物,估计它是值钱的古董——范寿轩之流的古董商

王襄《簠室殷契》(1955年写成,发表于《历史教学》1982年9

期):世人知有殷契,自 1898 年始。潍友范寿轩售古器物来言:"河南汤阴(实为安阳)出骨版,中有文字。"征询吾人,欲得之否。

(三)发现甲骨文的文物价值和历史价值——王襄、孟广慧、王懿荣

王襄《簠室殷契》(《历史教学》,1982 年 9 期):翌年十月(1899 年),范君来,告之得骨版……既定其物,复审其文,知为三古遗品。

刘鹗《铁云藏龟·自序》:庚子岁(1900 年),有范姓客,挟百余片走京师,福山王文敏公懿荣见之狂喜,以厚价留之。(此处关于王懿荣首次购置甲骨文的时间记录有一年的误差,陈梦家、王宇信先生均有考证。)

其中当以第三种含义的发现最为重要。某件历史文物被不了解其价值的人发现,往往成为这件文物的一场灾难。若被了解其文化价值的人发现,将对这件文物的保存、研究、传播产生积极的促进作用。

第二,"古简"?一个有趣的误会。

王襄《题易穞园殷契拓册》(《河北博物院半月刊》,1935 年,第 85 期):范贾(范寿轩)售古器物来余斋,座上讼言所见,乡人孟广慧世叔闻之,意为古简。

王襄《簠室殷契》(1955 年写成,发表于《历史教学》1982 年 9 期):世人知有殷契,自 1898 年始。潍友范寿轩售古器物来言:"河南汤阴(实为安阳)出骨版,中有文字。"征询吾人,欲得之否。时有乡人孟广慧共话,极怂恿其往购,且言欲得之。孟氏意:此骨版为古之简策也。

为什么孟广慧会首先想到范寿轩提到的骨版是古之简策呢?魏晋之前,古人主要以简牍和丝帛作为书写的载体。关于简牍上的

文字是如何书写上去的，古人有一个误会。唐代学者贾公彦在其《周礼疏》中谈到：古者未有纸笔，则以削刻字。

就目前已发现的战国、秦汉时期的简牍来看，无一例外，均是用毛笔蘸墨书写的，并无用刀契刻而成的例子。当然，在先秦、秦汉时期确实存在一种作为书写工具的书刀，或名为削，其作用是将竹木简牍上需要修改的文字刮掉，类似于今天的橡皮。

孟广慧之所以认为这些刻字的骨版是古代的简策，其实是受到了古人错误观念的影响。不过，这一个小小的误解恰恰反映了孟氏对于中国传统典籍是非常熟悉的。甲骨文正是因为进入了王襄、孟广慧、王懿荣这几位在中国传统文化方面具备深厚学养的知识分子的视线之中，它的历史文化价值才被正式发现。作为历史文化名城的天津，其深厚的文化土壤正是产生像王襄、孟广慧这样的优秀学者的前提条件之一。

第三，"新学问"与天津。

1925年，王国维在清华大学作了一场题为《最近二三十年中中国新发见之学问》的报告，在报告中，王国维将当时学术界之新发现概括为五点：第一，殷墟甲骨文字；第二，敦煌塞上及西域各地之简牍；第三，敦煌千佛洞之六朝、唐人所书卷轴；第四，内阁大库之书籍档案；第五，中国境内之外族古遗文。在这五项新发现中，与天津直接相关者就有两项，一项是殷墟甲骨文，另一项是内阁大库之书籍档案。

所谓"内阁大库档案"，是指清代内阁所藏明清两代的官方档案，是研究明清史的第一手史料。民国初年成立的历史博物馆将一批较为破碎的内阁档案装了八千麻袋，总共十五万斤，以四千元价钱全都卖给了同懋增纸店，准备回炉造纸。当时寓居天津的罗振玉知道这件事后,以三倍价钱买回这批东西,并将其中的一部分运到天津,特辟"库书楼"以藏之。后来,寓居天津的著名藏书家李盛铎从罗振玉手中购入了这批档案。据徐中舒先生《内阁档案之由来及其整理》一文所记,李氏购得这批档案后,藏在天津的档案由库书楼迁至某家大院,后又迁至谦信货栈。(库书楼、某家大院、谦信货栈三址今在何处,我没有考证,希望有机会向研究天津地方史的学者们讨教。)

由此可见,在中国近代学术史上,天津是一个重要的舞台,很多重要的学术事件都与这座城市密切相关。其原因何在?因其独特的地理位置,紧邻政治、文化中心——北京。很多遗老遗少、政界要人寓居天津,而且文化名流、收藏大家和著名学者等等也都汇聚于此。这些条件使得天津成为一座具有浓厚文化氛围的城市。

时至今日,北京仍然是全国的政治文化中心,天津与北京之间的文化交流也因通信、交通的便利而日趋频繁。此外,近些年来天津的经济建设发展很快,这也为天津文化事业的发展提供了坚实的物质基础。我想,通过对"甲骨学在天津"这样一个课题的探讨,一定能够对天津的文化建设起到更进一步的促进作用。

罗澍伟先生补充发言

罗澍伟,天津社会科学研究院历史研究所原所长,主要从事天津城市史研究、地方史志研究,著名历史学家。

我很高兴参加今天的这个《甲骨学在天津》的国学研究论坛。刚才听鲁鑫博士讲,天津是中国的历史文化名城。讲到朱彦民教授的这个讲演，可以说是在丰富和补充天津作为中国历史文化名城在历史文化的内涵方面，做出了很大的贡献。使天津人甚至是中国人更认识到天津这个历史文化名城的渊源了。

第二，近一二十年来，甲骨学在天津一直是天津学者关注的一个课题。先后在文史馆、博物馆等单位召开过一系列相关的会议或座谈。但是我认为，今天朱彦民教授的这个讲演，可以说是一个集大成的研究成果。可以说他把近二三十年来学者们关于甲骨学在天津的研究提升到一个新的水平了。尤其是他把甲骨学和书法艺术结合起来了，我想这都是很新的做法。

还有一点，刚才我们的王会长也提到了。那就是今天的会议，我们不仅请到了一些著名学者，而且也把天津对甲骨学有贡献的老一代甲骨学者和甲骨收藏家的后裔召集来了，我想这表示了我们天津市国学研究会对知识的尊重，对老一代学人的尊重。这也应该说是我们国学研究会的一个创新吧。

那么还有一点，我觉得就是朱彦民教授在报告里面提到的，他不仅讲到了一些学术问题，而且特别讲到了老一代学人的思想品德问题。朱教授在报告中作了对王襄先生作了较多的介绍。由于财力所限，王襄先生出于经济的原因，不可能把搜集到的甲骨文，原原本本地全部拓印出来。于是他在编书时就对甲骨拓片做了一些剪裁，所以许多人都认为王襄作伪。尤其是以郭沫若先生为代表的，斥责王襄的做法，言语非常刻薄。甚至说："近日甲骨作伪者，以王襄为最甚。"王襄先生听到这些话后，表示沉默。而他的一些学生和朋友，都希望他写文章反驳这个问题，主张他为自己辩护。但王襄先生并没有反驳，只说了十个字。这十个字可以说代表了老一代学者的崇高的思想境界和胸怀。他说："塞口易，塞心难。河清终有日也。"最终也没有写一篇文章来反驳郭沫若先生对他的误解。这个问题一直到中华人民共和国成立以后，郭沫若先生见到了王襄先生的藏品之后，他感到非常的内疚。所以一九六五年王襄先生去世，郭沫若先生就亲自给王襄写了墓碑。这个墓碑，现在还在天津北仓公墓里收藏保存着。

最后一点是，我们国学研究会在开会时，特别注重对一些国学研究与地方关系的开掘。那么甲骨学只是国学研究的一个方面而已。另一方面，近现代以来，尤其是二十世纪二三十年代以来，出现了国学式微的这么一个趋势。在天津方面，我们的许多老前辈特别关注这些问题，也出现了许多的专门国学研究家，也出现过一些国学研究机构，比如出现过民间的国学研究所，出现过专门的国学研究机构崇化学会。今后我们在开展国学研究的过程中，应该重视国学与天津历史文化方面的关系。今天朱彦民教授的这个《甲骨学在天津》学术报告，恰好正是国学与天津地方文化极有关系的一个显例，我觉得在这个方面开了个好头，是一个良好的开端。希望把这样一个先进的也可以说是优秀的好经验和好方法，继续下去。

好的，谢谢大家！

讲座现场互动

听众一：主持人您好！我想提一个问题。非常感谢诸位前辈和老师在弘扬中国传统文化方面的努力。朱老师您好！除了咱们中国人研究甲骨文，其他国家学者研究甲骨文的情况，您能不能给介绍一下？

朱彦民：我简单地给你说一下吧。因为这不是三言两语就能说明白的。正如我一开始讲的那样，甲骨学如今已经是一门国际显学了，一门非常显赫的学问。不仅中国学者在研究，世界上许多国家和地区的学者都在研究，而一些著名的汉学家，本身就是造诣深厚的甲骨学家。尤其是与我们一水之隔的近邻日本，有许多学者研究甲骨学，水平非常之高。他们在资料的整理、编纂和对材料的深入分析方面，颇有独到之处。当然欧美国家，比如加拿大、美国、英国、瑞典等因为都有甲骨文收藏，所以也都有研究甲骨学的学者。限于时间，不能一一列举。如今作为国际显学的甲骨学，作为世界文明的一个重要成果，正在日益受到越来越多的世界范围的学者们的重视。

听众一：那他们的研究有什么特点呢？

朱彦民：比如日本学者，在甲骨材料的搜集整理和深入开掘方面，做得非常之好，是我们应该学习的。

听众二：朱老师您好！听了您的报告，使我学到了许多方面的知识。非常感谢！作为一个大学问家，您能不能谈谈甲骨学研究的意义？

朱彦民：哈哈，我还没有资格说是大学问家，尤其今天有朱凤瀚教授等人在座，更不敢这样说。不过对于这个问题，我可以简单地谈一下。殷墟甲骨文的研究，也就是现在我们所说的甲骨学，虽然看似是一种高深的学问，但正如刚才查洪德教授所讲，甲骨文不仅仅是甲骨学家研究的课题，而是与我们每一个人都有关系。因为我们现在每个人都在使用的中国汉字，从古至今，一脉相承，绵延不断。而世界上其它古代文明的文字，与现代人类生活隔绝断裂了，现在已成为一门绝学了。我们的汉字则不一样，从甲骨文到现在连绵不断。所以，甲骨文对于文字学研究来说，是非常重要的原始材料。文字学意义之外，我想甲骨文更有其历史学的意义。甲骨文发现之后，成了我们解读上古历史也就是我们所说的包括殷商史在内的先秦时代历史的一种重要的珍贵史料。过去我们祖先留传下来的上古文献，屡经篡改，所以在读古书时，会有很多困难和困惑。所以到了二十世纪的二三十年代，在中国文化学术界掀起了一场声势浩大的古史辨运动。以顾颉刚先生为首的古史辨派认为，中国的上古史体系是不可靠的，要推倒重来。这个上古史体系就包括了甲骨文所反映的殷商时代，认为不可靠。从那个时候以后，要写中国历史教科书，编著中国通史，审慎的学者往往从秦汉著笔，或从周代写起，在此以前的历史就不写了。这样就人为地割裂了多少年的中国文明历史。正是由于甲骨文的发现，以及早期甲骨学家像王国维先生那样的研究，利用甲骨文字研究上古世系，尤其是殷商王室世系，结果就证明了司马迁所写的《殷本纪》有所本据，真实可靠。由此再推测《史记》所记的《周本纪》《夏本纪》甚至前面上古的《五帝本纪》等上古史体系，司马迁都是有所本据的，所以他是信史。应该说这对当时的古史辨派是一个很大的冲击。上古史并不是不可靠，而是可靠的。这就极大地提升了人们对中国上古历史的信心。这就是甲骨文的功劳。后来在利用甲骨文材料研究殷商时代的社会历史方面，甲骨文在其中所起的作用、所产生的威力，更是不可低估的。当然除了文字学和历史学以外，在考古学、文化史学等诸多方面，甲骨文研究都在其中起到了作用。当然不是一两句话能讲得完的。不知道我这样讲，能不能达到你得满意？

听众二：非常感谢！在此，顺便我想说一点题外的话。过去曾经有人反复地探讨一个问题，就是象形文字的问题。中国的早期文字是象形文字，而西方国家的早期文字也应该是象形文字。我对这一问题作过多年的思考和观察,得出来一个猜想。我认为,在所有国家的文明发展初期,所使用的文字必定是象形文字。只少英文中的一些材料,能够证明这一问题。希望今后能继续探索这一问题,来证明我这个猜想。谢谢大家!

主持人王处辉教授:学术的研究就是需要大胆假设、小心求证。希望你能把这一猜想假设,早日变成科学的结论。没有多少时间了,自由讨论就到此为止。

王处辉教授总结发言

下面我们就进入论坛的下一个环节,由我代表国学研究会对今天上午的学术论坛作一个总结发言。

今天上午我们利用两个多不到三个小时的时间,就甲骨学在天津这样一个话题,我们请南开大学历史学院教授、博士生导师朱彦民先生作了一个精彩的学术报告。他的准备很充分,但由于时间所限,不能展开来讲。好在在座的都是这方面的方家里手,对报告能够听得很清楚。如果有什么问题,以后还可以跟他继续交流。

在刚才的报告和自由讨论中大家提到,甲骨文是世界文明当中唯一种依然使用的最古老人类文明的象形文字之一。像中东的那些写在泥版上的楔形文字,不易保存。像玛雅的那些象形文字也很古老,但至今人们已经不大认识了,至少是给殖民主义者所破坏了。我们的甲骨文则不是这样,甲骨文和我们现在使用的汉字是一个系统,一脉传承下来的,是我们中华文明的标志信号。甲骨文反映了我们祖先对于社会、对于自然、对于人生、对于未来的很多的认识和追求,所以说对它的研究是非常必要的,也是现在国际汉学研究中的一个重要热点之一。对这一点大家都是很清楚的。

对甲骨文发现在天津,和甲骨学研究在天津这样一个史实,应该说这是没有问题的。过去我们知道,说到甲骨学往往说"甲骨四堂"等,很少提到天津。没有对天津学者在甲骨文发现、收藏、传播和研究当中所起到的作用进行充分的认识。我想今天通过朱彦民先生的报告,列举了大量确凿的事实和依据,使大家很清楚地认识到甲骨学在天津的成就,或者说在甲骨文的发现、传播和研究过程中,天津学者起到了很重要的作用。对这一点,我们应该理直气壮地讲,让人们去了解、去认识。我想对这一问题的进一步研究,是天津市国学研究的一个重要内容,也将是天津国学研究具有中国水平乃至世界水平的一个突破点。研究国学要有一流的研究成果,这是很重要的。所以这个讲座,是天津市国学研究会成立一周年来的一个重要活动。在此,我代表天津市国学研究会对朱彦民先生致以衷心的感谢。同时也要感谢专程从北京赶来的朱凤瀚先生。感谢天津书协副主席李泽润先生和其他出席论坛的知名专家学者。

今天可以说是群贤毕至,一流学者云集,他们每个人都可以做一两个小时的讲演,甚至不用稿子,都一定会是国内一流水平或者说是世界一流水平的。比如说向光忠先生、查洪德先生等,他们都是高水平的学者,他们都能够讲得很好。但是由于时间有限,他们的发言都很简洁。我刚才说了,主持人很不好干,很对不起你们,千错万错都是我的错,以后我们还有机会。再开这种会时,我们要掌握好时间,包括学术主讲、点评发言、重点发言和自由讨论,争取让更多的人有发言的机会。意犹未尽的,希望大家还可以在下面继续讨论。这次会议没有谈尽兴的,我们下次还可以接着聊。我们的这种论坛将会有很多,随着沟通的时间增多和相互了解,从而构成一个学术群体,这其中也是一个学术深化和学习的过程。相信各位在整个过程中增加了知识,提高了见识,也相信我们天津国学会的学术论坛能够一如既往地搞下去,并且越做水平越高。

在天津市国学研究会成立一周年之际,我们还会有一些其它的工作要做。我们陆续请到了一些全国的知名学者和文化大家作我们的顾问,他们都很支持我们的学会。这些名家名字在人手一册的宣传册页上都有了,在此就不一一念了。在这些知名学者们的支持之下,我们国学会一年来有了长足的发展,学术研究水平不断提高。在今后,我们还要做以下几项工作。比如国学会将举办甲骨文讲习班,包括甲骨文书法的培训,同时还要举办国学讲座和经典解读讲习班等等。如果大家有意参加的话,可以到国学会来报名。国学会的网站、电话在宣传册上都有了,大家登陆网站可以参看。不管是国学会的会员,还是非国学会会员的志愿者、爱好者,都欢迎大家来参加天津国学会的一些活动,让我们一起努力,把天津市国学研究会办成最好的国内地方国学研究的重要基地。

还有一个学会小通知,就是天津社联和李祖光处长对我们学会很重视,给了很多的支持,现在国学会有了一个新的办公地点,就在这个楼的三楼306房间。这是很不容易的一件事。那是我们大家共同的家。大家有事,可以到那里去和值班的秘书处老师交流,或者通过他们替你联系上你所要找的天津或者全国有关专家和学者。

那么我的总结发言就是这些,谢谢大家!

孟昭联《甲骨文字汇》序言

摆在我桌案上这部厚重的三大函套《甲骨文字典》(朱按：此书出版时改为《甲骨文字汇》)手写本书稿,是津门老书法家孟昭联先生半辈子的心血结晶。看着它,我心中不由得涌起一股浓浓的感动与敬意来。

在天津,对稍有文化的人提起华(华世奎)、孟(孟广慧)、严(严范孙)、赵(赵元礼)"津门四大家"的,没有不知道的,几乎家喻户晓。孟昭联先生就是孟广慧(广慧)先生哲嗣。孟昭联先生自幼学习书法,子承父业,诸体兼备,功力深厚,尤其喜作擘窠大字,擅写榜书,是当代津门书法名家。

我与孟昭联老先生的结识,是在2006年。那一年,我主持了一项天津市社会科学研究年度项目《甲骨学在天津》,并与天津电视台文艺部合作,制作了一部《甲骨学在天津》的电视专题片。因为内容涉及到在天津发现甲骨文的孟广慧和王襄,需要孟广慧之子孟昭联先生与王襄嫡长孙王成先生出镜访谈。我作为该片总撰稿与访谈嘉宾,与电视台文艺部的导演登门拜访了两位老先生。从此认识了孟昭联这位与甲骨文有着不解之缘的津门书法大家。

在我的这一甲骨学史课题研究中,不仅着重考证甲骨文发现在天津、甲骨文收藏在天津、甲骨文研究在天津,而且还有一个重要的创新观点,就是甲骨文书法艺术的形成也是在天津。津门学者孟广慧、王襄,不仅是甲骨文的发现者,同时因为他们也都是著名书法家、金石学家,所以他们也是甲骨学重要分支——甲骨文书法艺术的开拓者。该研究成果已经以书稿结项,但因为种种原因,至今未能出版。不过其中关于甲骨文书法形成这一部分,我这些年陆续有所公布。继 2007 年发表了《甲骨文入印的先驱——王雪民先生》[1]之后,2011 年 10 月我应邀出席在安阳"中国文字博物馆"召开的第三届中国文字发展论坛"古文字研究与古文字书写"学术研讨会上,提交了一篇论文《甲骨文书法艺术的先驱——孟广慧及其甲骨文书法》,在大会上发言宣读。这一观点受到与会学者的一致好评,论文被收到《中国文字博物馆》2011 年第 1 期中,应该说产生了不小的影响。[2]

殷墟甲骨文发现至今已有 116 年了,关于甲骨文发现的争论,已经渐渐尘埃落定,天津的孟广慧、王襄与北京的王懿荣共同于 1899 年秋季发现了殷墟甲骨文,这已成为学术界的一个共识了。但是至于是谁首先将甲骨文字纳入书法艺术的范畴? 或者说究竟是谁首先用书法艺术的眼光看待甲骨文字? 拟或说究竟是谁首先对甲骨文字做了书法艺术的研究和探索? 历来甲骨学、甲骨书法学和

---

[1] 朱彦民《甲骨文入印的先驱——王雪民先生》,《印说》2007 年第 4 期。
[2] 朱彦民《甲骨文书法艺术的先驱——孟广慧及其甲骨文书法》,《中国文字博物馆》2011 年第 1 期。

近现代书法史的研究者都没有将这个问题弄清楚,借此机会,很有必要再作一辨。

目前所能见到的关于此问题的讨论,包括甲骨学家对甲骨学史的追索、甲骨书法家对甲骨文书法艺术特征的总结和书法史论家对近代书法史的回顾,大家的观点几乎都陈陈相因地集中在一点上,那就是著名的甲骨学家、位列"甲骨四堂"之首的罗振玉先生,1921年编写《集殷虚文字楹帖》为甲骨书法开端的史料,因而罗振玉也就成了甲骨文书法第一人。这种观点几乎众口一词,似成定论。也有人认为其他人对甲骨文书法的首创之功。比如潘主兰先生把董作宾当作了甲骨文书法艺术第一人看。但是我并不以此为然,有时一些似乎已盖棺定论的事情,往往是陈陈相因、最靠不住的说法,经不住仔细的推敲和时间的考验。

极少有人能够联想到最早发现甲骨文的津门书家孟广慧先生是尝试对甲骨文进行艺术借鉴的开山之人。但还是有人慧眼独具,令人敬佩。比如华奎先生曾云:"甲骨文被发现之初,学者们对甲骨文的研究主要是从语言文字学和社会历史学方面来进行研究考证的,据载津门孟广慧先生一见甲骨文便诧为奇宝,爱其笔画劲挺高古。遂倾囊购得若干以为临池之范,可谓研习甲骨文书法艺术之第一人。"[1]

不过因为华奎对孟氏的生平事迹和书法艺术不甚了了,云:"但惜墨迹不传,姓氏也随之泯杳。"故又不得不改从众说,"所以真正使甲骨文的研究由语言文字学和社会历史学领域延伸到书法艺术领域者,当首推罗振玉先生。"前后不免自相矛盾,不知何所持守。

---

[1] 华奎《甲骨文书法艺术的魅力与局限》,安阳市文学艺术界联合会、安阳市书法家协会编《甲骨文书法艺术论文集》,第64页,华文出版社1993年版。

实际上，华奎先生在此提供了一条非常重要的线索，即孟广慧与甲骨文书法艺术兴起的关系。但孟广慧并非华氏所云"墨迹不传，姓氏泯杳"，而是近代天津著名的书法大家。我们认为，孟广慧不仅是甲骨文发现史上最重要的人物之一，而且在甲骨书法艺术发展史上也是不应该被轻易遗忘的人。

材料表明，孟广慧（定生）先生，才是真正的甲骨文书法第一人，是最早将甲骨文与书法艺术结合起来的先驱者。罗振玉等人的甲骨集联及甲骨书法创作活动远在孟氏之后。

孟广慧（1868—1940），字定生，也作定僧。别号很多，如远生、錞于室、问梅吟社、白云山人、君子泉等。祖籍山东邹县（一说安徽寿县）。天津著名书法家。他家学渊源，自小受父辈熏陶，很小就能读书写诗。5岁开始练习书法，8岁能写擘窠大字，12岁能摹写何绍基字。他壮年游历闽、浙、苏、鄂各省名山大川。曾与画家马家桐同隶端方幕府。

孟氏终身临摹古帖法书，功力深厚，于各种书体无所不能，无所不精。但他不愿拘泥于一家书体，受之拘束。他把"真草隶篆"综合一体，又结合颜、柳、欧、赵、苏、黄、米、蔡历代书法家之特色，形成了自己独有的风格，书写自如随心所欲，尤其是擅长隶书和行书。据称他多在深夜作书，对砚墨有精心地研究。他擅长临摹古代书法大家，就连用墨浓淡都掌握相似，达到以假乱真的地步，被书界誉为"津门临写南帖北碑第一好手"。有一次，全国书法名家赴南京笔会，孟广慧当场写了十副对联，书体各异，四座震惊。民国初年袁克文举办全国书法展览，他的作品被评为"亚东第一"，因而有"南郑（孝胥）北孟"之说。1915年，孟广慧以金文、鸟虫篆、草篆、隶书等书体写成六条屏书法作品，参加了巴拿马太平洋万国大博览会,在中国馆中展览。与会人士大为惊叹,评价非凡。孟广慧与"华(世奎)、严(修)、赵(元礼)",往来至为密切,书法齐名,并称近代"津门四大家"。

孟广慧以县学生出身,一生甘为布衣,无意仕途,毕生致力于诗文书画,浸淫于金石文字。其作品书体不一,风貌各异,深受世人喜爱。天津有许多著名的老字号匾额如"中国大戏院""耀华学校""正兴德茶庄""宝和轩茶园""祥德斋糕点店""润善堂药店"等都出自孟广慧之手。他早年还曾为天津东门内孔庙写过碑文等。但孟广慧留下的文本作品并不算多,他说少者为贵,宁可受穷也不可多写。

孟广慧有名士风度,潇洒不羁,性情豪爽。他的兴趣广泛,喜好京剧、昆曲、曲艺等艺术门类。书法之外,还颇喜绘画,自己不会画却能教画。20世纪30年代津门名画家杨清我和后来的女画家曹履晋等人就是他的入门弟子。孟氏还是著名诗人,1921年与严范孙等津门名宿一起组建了著名的"城南诗社"。他还好交往、重友谊,与弘一法师李叔同从小要好,曾为他的60寿辰题写大"寿"字。然自视清高,不肯屈尊权贵。徐世昌与他原系表亲,在总统任上聘他做秘书,他竟婉谢。温世珍任沦陷时的天津汉奸市长,恳请他担任秘书,他更拒不出仕。曹锐为曹锟的四弟,有权有势,财大气粗,为庆母寿,指定他写泥金笺纸十二大条屏,傲慢地予金万元银币,他毫不理睬。但对一般群众,孟却是另一种态度,担水人、磕灰者、理发师、洋车夫等劳苦群众如有所请,无论多少,予取予求,绝不论价。

孟广慧自幼还喜好古物,收集文物及古代书法用纸、扇面、信笺,所藏古物有些至今都是难遇之品。因家藏汉代乐器"錞于",遂以"錞于室"为斋号。藏品中尤以古代钱币为多,其收藏大钱为最出名。著有《两汉残石编》《广慧藏泉》等著作传世。在孟氏的收藏品中，最重要的应属殷墟甲骨文收藏了。

孟广慧是甲骨文最早的发现者和购藏者之一，与王襄、王懿荣齐名。他前后共收购甲骨430片，孟氏去世后家人为葬殓将甲骨卖给了其弟子李鹤年。(李鹤年后来将其中的400片捐献到国家文化部，剩下的30片自己留着研究观赏。"文化大革命"中李鹤年被抄家，30片甲骨被抄走。后来落实政策将其中的20片归还给李氏。李去世后，其夫人子女于2004年7月4日将这20片甲骨委托上海崇源艺术品公司拍卖，拍出5200万的天价。这20片正是孟广慧的早期收藏。当然这是后话。)而孟氏自己一生贫寒，不置产业，卖字终身，全无定价，本着"穷人吃药，阔人付钱"的原则而定高低。直到临终时，他的藏书中只翻出两元钱的伪币。1940年因病去世，享年73岁。

实际上，殷墟甲骨文最终能被学术界发现而视为珍宝，还应该归功于这位书法造诣颇高的津门名士孟广慧先生。

1898年，32岁的孟广慧闲居天津。这年秋季的一天，山东潍县古董商范寿轩来到天津兜售古物。王襄家是天津有名的世宦名门，又是收藏大家。所以范寿轩像往常一样来到王襄家里。这天正好孟广慧也在王家。闲谈中，范寿轩讲到他在河南见到一种地里挖出的骨头，上面还有刀刻的划道。孟广慧听了后说，这可能是古代的简册。并催促范贾再来时带来这种古物一观。

第二年秋天范寿轩又来到天津。孟广慧和王襄终于见到了他们原来认为是"古简"的甲骨实物。倾其财力买了一些破碎的小片，但孟、王两人都是读书人，买不了许多。于是范贾就将剩下的背到了北京，卖给了大清国子监祭酒、著名金石学家王懿荣。孟广慧对自己没能买到手的其中一块字多完整的半甲,恋恋不舍,专门为此跑到北京找到王懿荣借看这片甲骨。从此,甲骨文告别了中药"龙骨"时代,由稀见的古代文物而成为金石学家和书法家们研究历史文化和书法艺术的珍贵资料。

关于这段历史,王襄先生记载甚详:"世人知有殷契,自公元一八九八年(即清光绪二十四年)始。潍友范寿轩售古器物来言,河南汤阴出骨版,中有文字,征询吾人欲得之否。时有乡人孟广慧共话,极怂恿其往购,且言欲得之。孟氏意此骨版为古之简策也。翌年十月范君来,告以得古骨版,期吾侪到彼寓所观览。"在另一文中又称:"范贾售古器物来余斋,座上讼言所见。乡人孟广慧世叔闻之,意谓古简,促其诣车访求。时则清光绪戊戌冬十月也。翌年秋,携来求售,名之曰龟板,人世知有殷契自是始。"①两次均说孟广慧断为"古简"或"简策","极怂恿其往购,且言欲得之","促其诣车访求"。这使得古董商对此物重视起来,并于来年将这种新出土的古物带到了京津地区,求售于古物收藏家和金石学者。这样甲骨文就被真正地发现了。

过去一些甲骨学论著在提到甲骨文发现这一重大事件时,往往只说北京王懿荣因害疟疾吃中药在"龙骨"上发现了甲骨文字,陈陈相因,传为故实。而对于孟广慧、王襄等人在天津也较早地发现甲骨文的历史事实置之不理。究其原因,或者是出于对这段历史知之不详,援引成说;或者是出于某些甲骨学权威之论的不加怀疑,视为定论。这都有情可原。但是在有关甲骨文发现的一些早期资料陆续公布的今天,我们实不应该置一些文献记载于不顾,而再

---

①王襄《簠室殷契》《题易穞元殷契拓册》,《王襄著作选集》,天津古籍出版社 2005 年版。

度重复那些早已被学人质疑的陈词滥调。

其实,著名甲骨学家胡厚宣先生早就说明甲骨文发现的事实真相:"孟、王两氏的蒐求甲骨,至少当和王懿荣氏同时。这一点很多学者都忽略了。"当今著名甲骨学家王宇信先生也称:"王襄、孟广慧还是可以与王懿荣一起,做为甲骨文的最早发现者,在甲骨学史上应有一定的地位。"②"至少当和王懿荣氏同时",虽然是一句含糊的推测之语,但是这一推测确有道理。"至少同时"的言外之意是,至迟两家同时,但很有可能孟广慧、王襄发现甲骨文比王懿荣要早。

所以在此,我们也仿照胡先生的话,称:至少是由于孟广慧对甲骨的最初判断和他对古董商的催促,才引起了古董商的重视,才使得甲骨文最终和学者见面而发现了。

孟广慧最早见到并对甲骨文感兴趣,是因为他是当时著名的书法家,平生对古代金石文字有天生的嗜好和偏爱。他对这种新发现的古文字有一种艺术家的敏感,是甲骨文这种独特而古雅的字形吸引了他。于是倾其家财,尽力购藏。据王襄先生记载:"余与定老皆寒酸,闻其高价,皆爽然若失。自叹窭人子,见此瑰宝,力不能得,只有深惜而已。襄则取块小之龟甲一包,论定其值,携之归,不虚所见云尔。定老则留恋不忍舍去。后闻之云,此次购得巨大之边条与凹形之骨数十片,费去数十百金。定老固非雄于资者,何得此项巨金? 盖其叔志青先生继埙,时官武昌盐法道,适寄旅费至,欲其游湖北。故把彼注兹,以成其大愿,所谓千载一时也。"孟广慧得到

---

① 胡厚宣《五十年甲骨文发现的总结》,第22页,商务印书馆1955年版。
② 王宇信《甲骨学通论》,第38页,中国社会科学出版社1989年版。

这些难得一见的甲骨文字,不惜将其叔父寄给他的旅费用上,成就大愿。可见其喜爱之深。

孟广慧在初次购藏甲骨文之后不久,就将自己所藏的甲骨文字实物,进行笔墨临写,形成摹写本。这就是后来有名的甲骨文摹本《孟广慧殷契》。在甲骨学研究的早期,甲骨文的著录有拓本和摹本两种基本的形式。如果说刘鹗《铁云藏龟》是最早的甲骨拓本著录,那么孟广慧的这本《孟广慧殷契》应当就是最早的甲骨摹本著录了。但可惜的是,这个摹本一直深锁柜中未能出版。

对此,甲骨学大家陈梦家先生在其《殷虚卜辞综述》中称:"孟广慧是最早鉴定与收藏甲骨之一人。他的甲骨今归文化部,我们曾加以整理,孟氏在包皮上亲笔写下了'十六册,二百〇五至二百二十,字精者,庚子九月二十一夜抚过。'由此可见,庚子那年孟广慧已经摹写过卜辞。"同书又云:"庚子冬孟广慧选其所藏之字精者抚摹之。"①

陈梦家先生见到并加以整理的甲骨,当是 1952 年李鹤年捐献给文化部的孟广慧旧藏甲骨 400 片,故而在包裹这些甲骨的纸皮上有当年孟广慧亲笔所写文字。通过这些文字,我们知道了至迟到 1900 年秋九月,孟广慧就开始了对甲骨文中比较精美的片子进行摹写。这距离 1899 年冬十月学术界发现甲骨文还不到一年的时间。因为目前没有发现王懿荣、王襄等人在这个时间对甲骨文整理、摹写的纪录,因此完全可以说,这是目前所见到的最早的对甲骨文进行摹写和研究的资料记载。进一步地说,称孟广慧为甲骨文书法的第一个研究者也不为过分。

王襄先生更是详细地介绍孟广慧摹写甲骨文字的当时情形:

---

① 陈梦家《殷虚卜辞综述》,第 648 页,中华书局 1988 年版,第十二章附录:一、有关甲骨材料的记载。

"翌年庚子,清朝与列强构衅,国难作,襄始避地他乡,殷契之学遂置,不复讲求。而定老于此时(按庚子之难,即指八国联军攻入北京1900年),摹其所得成书一卷。及难平,出以相示,襄假之照录一通,是为襄临写各家殷契之第一本。当是时,殷契之发见将及三年,而未有著述立说以倡此学者。"①

王襄、陈梦家都是甲骨学史上重要的学者。他们的言论我们自当视为珍贵资料。也就是说,在甲骨文发现后的第二年即1900年,孟广慧就已经开始甲骨文字的摹写和研究了。当此之时,王懿荣殉难于北京,其所购求之大量甲骨尚躺在王家的箱柜之中。距离刘鹗出版《铁云藏龟》(1903年)尚有三年的时间。所以说此时学术界自然"未有著述立说以倡此学者"。孟氏的摹写、研究自是开研习甲骨文字风气之先。

至于孟广慧所摹写的甲骨文摹本究竟如何,惜乎我们至今无由得见。所能知道者,是王襄先生1924年曾对孟广慧所摹甲骨文本的追记,云:"卷中契文,孟氏摹本笔画偶有未妥者,惟甲骨非吾藏,无由校订,识之以昭读者,知慎取焉。"②孟氏最早的摹本,因为无所借鉴,故而可能有许多未识之字,其"摹本笔画偶有未妥者",可以想见,也在所难免。

孟广慧对甲骨文的整理与摹写等工作,实是最早的(广义上的)甲骨学研究工作。而关于这一点,学术界重视不够,因此孟广慧在甲骨学研究上的贡献和在甲骨书法艺术史的地位,常常被人忽视而不见之于甲骨学史的诸多著作之中。这不能不说是一件非常

---

① 王襄《孟广慧殷契序》,《王襄著作选集》,天津古籍出版社2005年版。
② 王巨儒《王襄年谱》,附载《王襄著作选》,天津古籍出版社2005年版。

遗憾的事情!

现在的甲骨学史论著,往往把孙诒让先生当作甲骨文字第一个研究者。这是因为孙氏于 1904 年写成了《契文举例》(1917 年出版发行)一书。这距离第一部甲骨文著录书刘鹗《铁云藏龟》出版的 1903 年,只不到两年的时间。而没有出版自己甲骨文研究成果问世的孟广慧,早在 1900 年即对甲骨文进行整理、选萃和临摹,只是这一成果未能出版发行,自然不被人重视,惜哉!

当然,如前所述,孟广慧所以较早地自觉整理、摹写甲骨文字,是因为从文字精美的书法艺术角度而引起了浓厚的兴趣。按照王襄先生的说法:当时"惟孟定老世叔与予知为古人之契刻也,可以墨迹视之。"①"作为书法家的孟广慧,对于甲骨文的发现、鉴定和收藏,只为其丰富书法内涵服务。"也就是说,孟广慧是把甲骨文当作等同于他经常临习的后世法书墨迹来看了。如果说我们无法称孟广慧是最早的甲骨文研究者,那么则完全可以说,孟广慧是学术界最早将甲骨文字摹写与书法创作结合在一起的一代书家,是甲骨文书法艺术的第一人。

由于性情的原因,潇洒倜傥的孟广慧一生述而不作,对自己的书法艺术也从来不立文字。但与其同时期关系密切的王襄先生记载了一些他临写甲骨文字的情形,可供我们来研究早期甲骨文书法艺术的这段历史。王襄对孟广慧所摹写的《孟广慧殷契》,曾有过一段精彩的议论:"忆昔年访定老于崞于室,适为人作书。见几案之上,殷契与汉碑杂陈,知君研求殷契有素,于彀、宾、亘、韦(按,皆武丁时代掌管卜契的贞人卜师之名)诸史之笔法运用于汉隶之间,宜

---

① 王襄《题所录贞卜文册》,《王襄著作选集》,天津古籍出版社 2005 年版。

汉隶之独步一时，为流辈所倾倒。"①可见孟氏是把甲骨文字当作与汉隶碑版一样的法书名帖来研习了。他将甲骨文中殻、宾、亘、韦等武丁时代的贞人名下文字之笔法，运用到他所擅长的汉隶书体之中，故其隶书书法多有古意，为常人所不及。

所以天津美院的著名美术史论家王振德先生在《翰墨珍苑》序言中，称孟广慧"30岁后又开始蒐集并摹写甲骨文字，致使其书法越写越精，逐渐对殷商甲骨文字及秦汉以下篆隶魏碑、行书楷书书写自如，随心所欲，被书界誉为'津门临写南帖北碑第一好手'"。其隶书"行笔稳重圆转，结体平中寓奇，不仅有篆书意趣，而且融入甲骨文字的朴拙洗炼，显然是借临古而开今的创作"。"孟广慧是现代最早发现并临写甲骨文的学者之一。他最先整理的《孟广慧殷契》揭开了临写与研究甲骨文的序幕。"②

世人只知孟广慧书法精妙，尤其是隶书写得好，但很少有人知道孟广慧在隶书书体中掺入了甲骨笔意和神韵，所以出神入化，顾盼自雄。尤其是孟广慧所写瘦硬清简一类的隶书，多含有甲骨文字的刀笔韵味。在他临写的为数不多的青铜器铭文中，也多有以甲骨文笔意书写金文的情况，以甲骨文笔法写出金文的字形，使得这些本来静穆厚重的金文字体变得纤巧遒劲，别有一番意趣在其中。这一点，如果不懂得书法用笔的奥妙，如果对甲骨刀笔文字的高古神韵无所知晓，是难于理解的。也正因为如此，后来的人很难真正理解孟广慧书法的高妙所在，也很难学到孟氏书法的艺术真髓。

总之，孟广慧先生在甲骨文发现之后，很快就临摹甲骨精片上

---

① 王襄《孟广慧殷契序》，《王襄著作选集》，天津古籍出版社2005年版。
② 王振德《情痴翰墨，播惠人间——孟广慧其人其艺》，载《翰墨珍苑——孟广慧、孟昭连、曹履晋书画作品选》，天津杨柳青画社2000年版。

的文字，形成了第一部甲骨文摹本；并参照甲骨文字的笔法，运用到书法创作中，即将甲骨笔法融汇到其他书体尤其是其精擅的隶书书法的书写之中。孟广慧先生对甲骨文字的摹写和其对甲骨文笔法的应用，实开学术界对甲骨文摹写的先河，是书法界对甲骨文书法借鉴研究的第一人。

殊为可惜的是，由于孟广慧先生生于乱世之中，又去世较早，留下来的书法作品本身就十分稀少。关于他临写的甲骨文摹本和甲骨文书法作品，就更是少见了。故而天津的一些书家多是根据其数量较多的隶书作品来分析其中的甲骨文笔意，实为无奈之举。

综上所述，孟广慧的甲骨文书法艺术借鉴与创新的事实，应该说是书法史上开一代风气的重大事件。而今甲骨文书法艺术异常繁盛，如火如荼，追本溯源，孟氏之功实不应再被忽视而置之不理。

在中国古代书法史上，父子同为书法名家的，确实不少。比如王羲之与王献之，苏东坡与苏迈、苏过，米元章与米友仁，赵孟𫖯与赵雍等等。俗话说，有其父必有其子，这些父子书法家，均是门里出身，家学渊源，父亲耳提面命，亲传衣钵，儿子近水楼台，刻肖其父，故能得其真髓，成名成家，与乃父齐名一时。然而也有父子年龄相差很大，父亲亡故，儿子尚幼，不能多得乃父面授亲传者，如欧阳询与欧阳通父子就是如此。欧阳通为欧阳询第四子，少夫人徐氏出。欧阳询去世时，欧阳通尚年幼。母徐氏盼子继承父业，亲自督教书法。那时其父亲的手迹大多散存于民间，徐氏不惜以重价购回。欧阳通朝夕临摹，书法大进，尽得父法。遂与其父有"大小欧阳"之称。

孟广慧与孟昭联这对父子书法家，也正与唐代欧阳询与欧阳通父子相似。父亲去世时，孟昭联只是个十二三岁的懵懂少年，没有得到父亲更多的书法指点与临池教诲。不过孟昭联自幼聪慧，在父亲的影响下四岁起执笔写字，九岁就参加了天津市书法展览会，十一岁时已能为商号写一米大字牌匾，一时间名动津门。父亲过世后，虽然生活没有着落，母子两人靠变卖父亲留下来的字画度日，但母亲还是坚持让他读书成才。他先后拜"津门四大家"赵元礼和严范孙五弟严台孙等人为师，刻苦攻读，焚膏继晷，勤奋临帖，进步很大。他把临帖和读帖结合起来，遗貌取神，融会贯通，熔铸自家风貌，终成名家，可谓不辱门风者也。

因为是孟广慧之子，更因为其本人也是书法名家，所以孟昭联先生的作品多次被天津市领导人作为礼物，赠予国际友人。有日本朋友慕名求他写《般若波罗蜜多心经》，称他的字写得动静结合，苍浑有力。多次参加全国以及国外书法展并获奖，选刻碑林，编入中国当代书法家图鉴辞典与世界名人录和各种作品选集一百多册。先后获得"世界杰出华人艺术家""国际金奖艺术家""中国实力派百杰书法家""跨世纪百杰书画艺术大师""书画艺术行业拔尖人才"等等种种称号，受聘为东方书画艺术家中心、中华书法艺术研究会、当代国际华裔书画海联会、国际羲之书画院、南京长江书画院、上海浦江民族画院、桂林炎黄书画研究院的研究员、书法师、顾问、理事、院士、名誉院长等，并被吸收为联合国教科文组织专家成员，享受了诸多至高荣誉。

在《孟昭联书法作品集》中，我们发现他的许多书法作品是用甲骨文写就的，不仅如此，与乃父一样，他的许多篆、隶书法作品也都透露着甲骨文笔法的挺劲简直风神。他深知父亲在天津书法史上的地位，也深知父亲与王襄当年对甲骨文发现与甲骨文书法创立的功绩。所以孟昭联也是很早就注意研究甲骨文字，书写甲骨文字，与其说是克绍其裘，家风使然，毋宁说是他有一种强烈的责任心和使命感，即让津门甲骨文书法艺术应该有所传承，不要断链。可以说，正是这种与甲骨文的不解情缘，才形成他们父子两代人独特的书法艺术风格。

正是由于这份难以割舍的甲骨情结，孟昭联先生在古稀之年以后，又开始了搜集、整理和研究甲骨文字形的艰苦历程。孟先生坚持不懈，玉汝于成，十几年下来，已搜集到5000多个甲骨文字，并将它编辑整理成一部《甲骨文字典》。该字典将每个甲骨文字形搜集齐全，统领在该字的楷书字形之下，往往一个甲骨文字会有数个或十数个字形，可以说是甲骨文中的异体字总汇，孟先生一一为其注释字义，加上注音，条分缕析，并编制索引，方便检索，颇见功夫。一开始，孟先生是为了自己书写甲骨文书法的方便，可以随时查阅甲骨文字字形。后来，觉得既然费了一番辛苦，就应该贡献社会，不能自己独享，于是决定正式出版，嘉惠士林。由此也可见孟先生的无私奉献精神，功德无量。

前面说过，在中国古代书法史上，多有父子书法家。而在甲骨学史上，称为父子甲骨文专家者则为罕见。一百多年前，孟昭联先生的父辈发现、收藏和研究甲骨文早已传为学林佳话。津门学者王襄曾于1920年编著了甲骨学史上第一部甲骨文字典《簠室殷契类纂》，也早为学界称道。而一百多年后的今天，作为孟广慧哲嗣的孟昭联先生，依然子承父业、情系甲骨，不仅把甲骨文融入书法艺术创作之中，成就一代甲骨书法名家，而且述而有作，编撰完成了这部惠益甲骨文书法家的《甲骨文字典》，则不能不说是中国甲骨学史上的一段奇缘。

今年年初，天津市国学研究会换届选举，鄙人不才，承蒙众人错爱，被推选为会长，承乏为津门国学事业服务。因为孟昭联先生与我有旧，并且对于国学会的事情多有助益，非常热心，多次不顾高龄与体弱，欣然出席国学会的活动，现场挥毫，捐献佳作，令人感动，所以就诚聘孟先生为学会顾问。日前与国学会诸位领导前去看望病中的孟先生。孟先生提出了出版这部著作的想法，并殷殷嘱托，希望我能为此书作序。作为后辈学人，我当然没有资格做此事。于是连忙推辞，希望孟先生找个年高德劭、学术有成的大家写序。但孟先生说，天津研究甲骨文的，只有我比较了解他。北京是有甲骨学名家，但恐怕劳动不起。再说，此书想在孟先生八八米寿之前出版，另找他人也恐来不及了。仔细想想，孟先生说的也是实情。于是，在孟先生及其家人的坚持下，也在国学会诸位领导的劝说下，我诚惶诚恐，这才勉强答应了此事。兹不顾举鼎绝膑之危，不自量力地写了上面的一些文字，权作是对孟先生此书以及两代孟先生之于甲骨学的贡献，做一番蹩脚的介绍而已，绝不敢称为序言的。

言不尽意，为律一首殿后，敬申贺忱：

曾向津门问卜辞，数峰荦确是前师。
王翁类纂征文史，定老霜毫写骨龟。
孟氏芳邻欣健子，谢家宝树发新枝。
贺公米寿期何物？千卷字书傍砚池。

晚辈朱彦民恭撰于津门怀醰堂
岁次乙未羊年孟秋七月乞巧节

（本文作为序言，载于孟昭联《甲骨文字汇》，天津古籍出版社2015年9月出版）

后 记

我是来自河南安阳(老家浚县以前属于安阳地区)的学子,因此很早就接触到了出土于安阳的殷墟甲骨文。可以这么说,学习甲骨文就是家门口的事情。后来到河南安阳师范学院(当时叫安阳师范专科学校)中文系就读,不仅学习的内容(比如汉语课与历史课)都涉及到甲骨文,而且也有机会到甲骨文出土地安阳市西北郊小屯村殷墟遗址进行考察了。尤其是到了即将毕业之际,正好赶上了学校要成立旨在培养安阳当地甲骨文研究人才的殷商文化研究班,从当年即将毕业的中文、政史两个专业招收学员。非常荣幸,我是那六个学员之一,经过笔试和面试,被录取留了下来,正式开始了亦工亦学的甲骨文学习。

因此,我自认为是一个与甲骨文有缘的人。后来的攻研读博,都是基于甲骨文的因缘。

1993年秋天,我有幸负笈津门,在南开大学历史系攻读博士学位。出于对甲骨文的特殊敏感,一开始我就注意到天津这个城市与殷墟甲骨文发现、收藏与研究有关。在后来的学习和工作中,自觉不自觉地关注到了津门甲骨学的历史与发展状况。同时也是因为我也喜欢写甲骨文书法，故而逐渐注意到将甲骨文字作为书法篆刻艺术的表现对象，可能也是肇始于天津。一时间，我为这一发现感到非常兴奋。但是因为博士生的学习过程和毕业后工作生活都比较紧张，一直没有机会从容从事这方面的正式研究。不过私下里，我悄悄地将此课题研究纳入视野之中，搜集了一些相关的材料，而这些材料大都能够证明我对于以上这些问题的判断。

直到 2006 年我在南开大学历史学院被评聘为教授，原来规划中的科研也基本告一个段落，于是马上将注意力转向"甲骨学在天津"这一课题。当年，我申报了天津市社会科学研究年度项目《甲骨学在天津》，经过评委的严格评审，终于批准立项资助。至此，我才正式将这个题目正式纳入了研究工作的日程中。

记得当时的天津电视台文艺部师露漪导演，敏感地意识到了这个课题之于天津的文化价值与宣传意义，辗转找到我，说动我要与我合作，拍摄一部同名的文化专题片。在这部专题片中，我作为总撰稿，并作为访谈嘉宾出镜接受访谈。这一工作对我的材料搜集和视野开拓来讲，都是有意义的。因为接触了到了不少天津市的与甲骨文有关的人士，比如甲骨文发现者孟广慧哲嗣孟昭联、王襄嫡长孙王成，甲骨文收藏家李鹤年女儿李广琴儿子李广瑜，甲骨学研究著名学者孟世凯、王宇信、朱凤瀚、宋镇豪、李先登等，也包括移居内蒙古呼和浩特的甲骨文收藏家杨鲁安和他的甲骨文书法篆刻弟子孙家潭等等，不仅外出采访，也去凭吊了天津市内的当年孟、王发现甲骨文的马家店遗址，更为重要的是，因为要拍摄天津博物馆藏甲骨，我个人也终于见到了珍贵的当时收藏在二宫天津市历史博物馆库房的甲骨实物，并且亲自上手观摩，得见真迹。经过一年多的拍摄和后期制作，四集的电视专题片《甲骨学在天津》（当时限于经费,只是制作出两集)出炉行世,播出之后好评如潮。当年就获得了天津市文化广播电视新闻系统的一等奖。

我个人的这个课题,也在时断时续之中,逐渐丰富起来,研究成果的稿子也越积越厚。到了2009年结项之时,因为自觉得还没有正式完成,还有一些地方未曾触及,也还有一些资料未搜集到手,于是先以书稿结项。打算结项之后,再从容补充修改,直到臻于完璧。但是由于后来有了的别的课题和其他任务,占据更多的精力和时间,怠慢了这一书稿的修改进程。书稿虽然也在缓慢的进步之中,但直到现在也没有完全达到"齐清定"的出书标准。

今年春天,好友王振良兄打来电话,称问津书院要出一系列的天津文史系列著作,希望我的天津甲骨学研究成果放在他们这里出版。当他得知我的这一书稿的状况时,建议先将我已经发表的相关论文结集出版,也是使得的。于是就有了这本论文集的出版。不过虽然是论文集,但也可以按照书稿的内容结构,将其分为甲骨文发现在天津、甲骨文收藏在天津、甲骨学研究在天津、甲骨文书法在天津和附录等五个部分,虽然系统性不及书稿那样完整和周到,但读者从目录中也可以看出天津甲骨学的方方面面,至于个人的观点如何,能否得到读者诸君的接受,还在其次。

在此,非常感谢王振良兄的热情鼓励和尽心帮助!没有他的帮助,这部书稿可能还会在书箱里躺一阵子。也感谢我的好友陈益民教授,为此书稿撰写了辞采华美的序言,对该书观点多有褒奖,为此书的出版增色添彩不少。

作者朱彦民

岁次丁酉孟秋月朔日写于津南新居

《问津文库》已出书目

(总计 106+3 种)

◎ 天津记忆

沽帆远影　刘景周著	59.00 元
荏苒芳华:洋楼背后的故事　王振良著	49.00 元
津门书肆记　雷梦辰原著/曹式哲整理	49.00 元
故纸温暖:老天津的广告　由国庆著	28.00 元
沽上文谭　章用秀著	38.00 元
百年留踪:解放桥的前世今生　方博著	39.00 元
南市沧桑　林学奇著	79.00 元
津沽漫记:日本人笔下的天津　万鲁建编译	39.00 元
忆弢盦:来新夏先生纪念文集　焦静宜编	92.00 元
与山河同在:天津抗日杀奸团回忆录　阎伯群编	38.00 元
楮墨留芳:天津文化名人档案　周利成著	30.00 元
布衣大师:允文允武的艺术名家阎道生　阎伯群著	30.00 元
口述津沽:民间语境下的堤头与铃铛阁　张建著	28.00 元

大地史书:地质史上的天津　侯福志著	29.00元
丹青碎影:严智开与天津市立美术馆　齐珏著	28.00元
立宪领袖:孙洪伊其人其事　葛培林著	30.00元
津门开岁:徐天瑞日记解读　王勇则著	58.00元
水产教育家张元第　张绍祖编著	36.00元
八年梦魇:抗战时期天津人的生活　郭文杰著	28.00元
沽文化诠真　尹树鹏著	48.00元
圈外谈艺录　姜维群著	38.00元
记忆的碎片:津沽文化研究的杂述与琐思　王振良著	38.00元
水产教育家张元第集　张绍祖编	58.00元
应得的荣誉:女医生里昂罗拉·霍华德·金的故事　[加]玛格丽特著/胡妍译	38.00元
海河巡盐:国博藏所谓《潞河督运图》天津风物考　高伟编著	58.00元
析津联话　章用秀著	58.00元
顶上功夫:宝坻剃头匠的历史记忆　甄建波著	68.00元
四当明霞:藏书目里的章钰及其交游　李炳德著	68.00元
津沽旧事　郭凤岐著	198.00元
守望家园:天津市非物质文化遗产散论　李治邦著	78.00元

◎ **通俗文学研究集刊**

望云谈屑　张元卿著	39.00元
还珠楼主前传　倪斯霆著	38.00元
品报学丛.第一辑　张元卿、顾臻编	38.00元
云云编:刘云若研究论丛　张元卿编	38.00元

品报学丛.第二辑　张元卿、顾臻编　　　　　　32.00元
刘云若评传　张元卿著　　　　　　　　　　　　32.00元
郑证因小说经眼录　胡立生著　　　　　　　　　78.00元
品报学丛.第三辑　张元卿、顾臻编　　　　　　48.00元
刘云若传论　管淑珍著　　　　　　　　　　　　48.00元
品报学丛.第四辑　张元卿、顾臻编　　　　　　58.00元
走近姚灵犀　张元卿、王振良编　　　　　　　　58.00元

◎三津谭往
三津谭往.2013　王振良主编　　　　　　　　　39.00元
三津谭往.2014　万鲁建编　　　　　　　　　　39.00元
三津谭往.2015　孙爱霞编　　　　　　　　　　48.00元
三津谭往.2016　孙爱霞编　　　　　　　　　　58.00元
三津谭往.2017　孙爱霞编　　　　　　　　　　68.00元
三津谭往.2018　孙爱霞编　　　　　　　　　　68.00元
三津谭往.2019　王云芳编　　　　　　　　　　68.00元

◎九河寻真
九河寻真.2013　王振良主编　　　　　　　　　59.00元
九河寻真.2014　万鲁建编　　　　　　　　　　59.00元
九河寻真.2015　万鲁建编　　　　　　　　　　88.00元
九河寻真.2016　万鲁建编　　　　　　　　　　98.00元
九河寻真.2017　万鲁建编　　　　　　　　　　98.00元
九河寻真.2018　万鲁建编　　　　　　　　　　98.00元
九河寻真.2019　万鲁建编　　　　　　　　　　98.00元

◎ 津沽文化研究集刊

《雷雨》八十年　耿发起等编	55.00元
陈诵洛年谱　张元卿著	48.00元
碧血英魂:天津市忠烈祠抗日烈士研究　王勇则著	98.00元
都市镜像:近代日本文学的天津书写　李炜著	38.00元
天津楹联述略　李志刚著	36.00元
口述津沽:民间语境下的西沽　张建著	56.00元
口述津沽:民间语境下的西于庄　张建著	108.00元
紫芥掇实:水西庄查氏家族文化研究　叶修成著	58.00元
芦砂雅韵:长芦盐业与天津文化　高鹏著	58.00元
王南村年谱　宋健著	78.00元
国术之魂:天津中华武士会健者传　阎伯群、李瑞林编	78.00元
来新夏著述经眼录　孙伟良编	198.00元
举火烧天:天津抗日杀奸团纪事　杨仲达、陶丽著	68.00元
口述津沽:民间语境下的丁字沽　张建著	168.00元
口述津沽:南开学子语境下的公能精神　胡海龙著	168.00元
口述津沽:民间语境下的吴家窑新村　张建著	88.00元
契学初曙:天津甲骨学论集　朱彦民著	88.00元

◎ 津沽名家诗文丛刊

王南村集　王燨原著/宋健整理	68.00元
严范孙先生古近体诗存稿　严修原著/杨传庆整理	48.00元
星桥诗存　苏之銮原著/曲振明整理	58.00元
退思斋诗文存　陈宝泉原著/郑伟整理	88.00元

待起楼诗稿　刘云若原著/张元卿辑注	42.00元
刘大同诗集　刘建封原著/刘自力、曲振明整理	88.00元
碧琅玕馆诗钞　杨光仪原著/赵键整理	58.00元
石雪斋诗稿(附遂园印稿)　徐宗浩原著/张金声整理	68.00元
紫箫声馆诗存　丙寅天津竹枝词　冯文洵原著/杨鹏整理	88.00元
思暗诗集　华世奎原著/阎伯群整理	38.00元
止庵诗存　周学熙原著/宋文彬整理	128.00元
沽上梅花诗社存稿　孙爱霞整理	88.00元
天津文钞　华光甝编纂/石玉点校	68.00元
津沽诗集六种　侯福志整理	99.00元
津门诗钞校笺　梅成栋编纂/杨鹏校笺	168.00元

◎津沽笔记史料丛刊

严修日记(1876—1894)　严修原著/陈鑫整理	138.00元
桑梓纪闻　马鸿翱原著/侯福志整理	42.00元
天津县乡土志辑略　郭登浩编	98.00元
严修日记(1894—1898)　严修原著/陈鑫整理	128.00元
周武壮公遗书　周盛传原著/刘景周整理	128.00元
天后宫行会图校注　高惠军、陈克整理	128.00元
津门诗话五种　杨传庆整理	78.00元
《北洋画报》诗词辑录　孙爱霞整理	198.00元
桑梓纪闻(增补本)　马鸿翱原著/侯福志整理	68.00元
袁克文集　吴瞳瞳整理	58.00元
卢木斋集　卢靖著/罗容海整理	88.00元
天津朱卷集成　刘宗江编	580.00元

◎ 名人与天津

李叔同与天津　金梅编　　　　　　　　　　68.00元
我与曲艺七十年　倪钟之著　　　　　　　　68.00元
辛笛与天津　王圣思编著　　　　　　　　　88.00元

◎ 梓里寻珠

传承与突破：近代天津小说发展综论　李云著　78.00元
从租界到风情区：一个中国近代殖民空间在历史现实中
　　的转义　李东晔著　　　　　　　　　　68.00元
赶大营研究：天津商帮与近代新疆的经济开发　张博著　68.00元
屏庐铅椠：藏书家刻书家金钺研究　胡艳杰编著　68.00元

◎ 随艺生活

方寸芸香：藏书票里的书故事　李云飞编　　98.00元
问津书韵：第十三届全国读书年会文集　杜鱼编　78.00元
开卷二〇〇期　董宁文、董国和、周建新编　168.00元